Kunsttheorie und Kunstgeschichte
des 19. Jahrhunderts in Deutschland

Band 2

Kunsttheorie und Kunstgeschichte des 19. Jahrhunderts in Deutschland

Texte und Dokumente

Band 2

Herausgegeben von
Wolfgang Beyrodt, Ulrich Bischoff
Werner Busch und Harold Hammer-Schenk

PHILIPP RECLAM JUN. STUTTGART

Architektur

Mit 39 Abbildungen

Herausgegeben von
Harold Hammer-Schenk

PHILIPP RECLAM JUN. STUTTGART

2., bibliographisch ergänzte Auflage

Universal-Bibliothek Nr. 7889

Gesamtherstellung: Reclam, Ditzingen. Printed in Germany 1996
RECLAM und UNIVERSAL-BIBLIOTHEK sind eingetragene Marken
der Philipp Reclam jun. GmbH & Co., Stuttgart
ISBN 3-15-007889-X

Vorwort

Eine Quellensammlung zur deutschen Kunst, Kunsttheorie und Kunstgeschichte des 19. Jahrhunderts bedarf einer gewissen Rechtfertigung. Das zur Verfügung stehende Material ist nahezu unerschöpflich und häufig genug kaum exakt zu klassifizieren. Nachdem sich im Laufe des 18. Jahrhunderts eine auch und gerade über Kunst räsonierende Öffentlichkeit herausgebildet hatte, sah sich das 19. Jahrhundert einer Vielfalt von Formen gegenüber, in denen über Kunst geschrieben wurde. Da spätestens seit Diderot auch das Laienurteil als notwendig und berechtigt galt, schwand die einst so klare Einteilung einerseits in Künstler, die sich zur Kunst äußerten, und andererseits in Historiographen und gelehrte Kunsttheoretiker, die sich, bei allen Unterschieden im Detail, einer gemeinsamen klassizistisch-idealistischen kunsttheoretischen Basis verbunden sahen. Kunsttheorie für die bildende Kunst wurde seit der Mitte des 18. Jahrhunderts von einer allgemeinen Ästhetik überlagert, der normative Anspruch klassischer Lehre in Frage gestellt und damit beispielsweise auch die Berechtigung geläufiger Gattungsdefinitionen. Der Kunstbegriff selbst wurde fragwürdig, man vermeinte, seiner in der Historisierung wieder habhaft werden zu können. Die Einsicht in die historische Relativität des Schönheitsbegriffes führte zu der nicht wieder auflösbaren Spannung zwischen weiterhin erhobenem absoluten Anspruch an die Kunst und der historisch erfahrenen Unmöglichkeit der Einlösung dieses Anspruches in der Kunstpraxis. Ideal und Realität waren auch durch die vermeintliche Autonomisierung der Kunst nicht mehr zu versöhnen.

Die vorliegende Quellensammlung soll einen Überblick über die Entwicklung der deutschen Kunst und Kunstkritik im 19. Jahrhundert geben. Werner Busch richtet in seiner Auswahl von Texten zur Kunsttheorie und Malerei (Bd. 1) das

Hauptaugenmerk darauf, die im gesamten 19. Jahrhundert in Deutschland vorhandene idealistische Basis des Kunstbegriffes deutlich werden zu lassen. Harold Hammer-Schenk und Ulrich Bischoff dokumentieren für die Gebiete der Architektur bzw. der Skulptur und Plastik (Bd. 2 und 3) anhand zahlreicher Beispiele die Vielfalt der zum Teil gänzlich neu entstehenden Gattungen, Stile und Aufgaben. Der Abschnitt mit den von Wolfgang Beyrodt zusammengestellten Quellen zur Entwicklung der Kunstgeschichte (Bd. 1) reflektiert in der Geschichte dieser Disziplin die Bedingungen, unter denen über Kunst geurteilt wurde; insofern fungiert er als verbindendes Element zwischen dem mehr theorieorientierten ersten Beitrag und den folgenden, die sich vornehmlich mit der Kunstpraxis befassen.
Verwandte Quellensammlungen zur deutschen Kunst und Kunstgeschichte des 19. Jahrhunderts gibt es nicht. Im englischsprachigen Raum sind vor allem zwei Textzusammenstellungen zu nennen, die eine gute Ergänzung zu der hier vorgelegten Auswahl bilden: Elizabeth G. Holts »A Documentary History of Art«, deren 3. Band sich mit dem 19. Jahrhundert beschäftigt,[1] und die vier Bände von Lorenz Eitner[2] bzw. Linda Nochlin[3] aus Horst W. Jansons Reihe »Sources and Documents«. Für die besondere Entwicklung in Deutschland sagen diese Bände wenig aus, sie stellen jedoch den gesamteuropäischen Kontext her. – Für die Architektur ist auf einzelne Bände der Reihe »Bauwelt Fundamente« hinzuweisen, die allerdings wesentlich spezialisierter ausgerichtet sind. Fritz Schumachers »Lesebuch für Baumeister«[4] ist für einen engeren Kreis von Architekten gedacht; seine Textauswahl bestimmen sehr weitgespannte, um nicht zu sagen verwirrende Interessen. – In Nikolaus Pevsners »Architectural Writers«[5] liegt das Schwergewicht auf englischsprachigen Theoretikern, wenngleich auch der eine oder andere deutsche oder französische Architekt zu Wort kommt. Pevsners Sammlung hebt sich von allen anderen dadurch ab, daß die Quellen in nur kurzen Passagen, eher als Zitate, in eine Gesamtdarstellung einbe-

zogen sind; das Ergebnis ist gewissermaßen eine Literaturgeschichte der Architekturschriftstellerei des 19. Jahrhunderts.
Die vorliegenden Texte haben einführenden Charakter; sie wenden sich vor allem an Kunstgeschichtsstudenten und an Schüler der gymnasialen Oberstufe sowie an Leser mit Interesse für interdisziplinäre Zusammenhänge. Im Hinblick darauf sind die Quellenkommentare als Interpretationshinweise, nicht etwa als spezialisierte historische Einordnungen verfaßt.
Die klassische Trennung in die Bereiche Malerei, Architektur sowie Skulptur und Plastik wurde beibehalten, um die unterschiedliche Gewichtung der Aufgaben ebenso deutlich werden zu lassen wie deren unterschiedlichen historischen Stellenwert.

Anmerkungen

1 Elizabeth G. Holt, *A Documentary History of Art*, Bd. 3: *From the Classicists to the Impressionists,* London / New York 1966.
2 Lorenz Eitner, *Neoclassicism and Romanticism 1750–1850*, Bd. 1: *Enlightenment/Revolution*, Bd. 2: *Restoration / Twilight of Humanism*, Englewood Cliffs (N. J.) 1970.
3 Linda Nochlin, *Realism and Tradition in Art. 1848–1900*, Englewood Cliffs (N. J.) 1966; Linda Nochlin, *Impressionism and Post-Impressionism*, 1874–1904, Englewood Cliffs (N. J.) 1966.
4 Fritz Schumacher, *Lesebuch für Baumeister*, Berlin 1947, Nachdr. Braunschweig 1977 (Bauwelt Fundamente, Bd. 49).
5 Nikolaus Pevsner, *Some Architectural Writers of the 19. Century*, Oxford 1972.

Einleitung

Die Auswahl der Quellentexte zur Architektur ist in vier Abschnitte gegliedert. Im ersten werden grundsätzliche Bestimmungen und Definitionen wiedergegeben, die um 1800 formuliert wurden, aber über die Charakteristik der Zeit hinaus eine allgemeine, auch für die folgenden Jahrzehnte gültige Abgrenzung der Architektur zu den anderen Künsten enthalten. Im darauf folgenden Abschnitt wird die für das Jahrhundert überaus wichtige Frage nach den verschiedenen Baustilen angesprochen. Die Texte geben eindeutige Auskünfte über die Motive der Stilwahl und können doch kein Gesamtbild zeichnen, denn sie beziehen sich jeweils auf eine spezielle Situation. Es sind die Zusammenhänge, die erkennen lassen, daß die Stilwahl nicht willkürlich war, nicht bloße Laune von Architekt oder Auftraggeber. Vor allem wird erkennbar – scharf und deutlich in der Reichstagsdebatte über den Stil von Postgebäuden –, daß die verschiedenen Stile bewußt eingesetzt wurden, daß die Motivationen für eine Stilwahl von den örtlichen und zeitlichen Bedingungen abhängig waren. An diesen umfangreichen Abschnitt schließen sich Dokumente an, die eines der wichtigsten Gebiete der Architektur des 19. Jahrhunderts betreffen, die Stadtplanung. Beispielhaft werden hier Bremerhaven als Stadtgründung und Berlin als ein durch das ganze Jahrhundert hindurch erweitertes Stadtgebiet vorgestellt. Der vierte Abschnitt enthält Textauszüge zu einzelnen Baugattungen. Hier treten die »Fehlstellen« wohl am deutlichsten hervor. Jedem, der mit der Architektur des 19. Jahrhunderts nur etwas vertraut ist, werden die fehlenden Baugattungen einfallen: Universität, Bank und Börse, Fabrik und Gaswerk, Wasserturm und Lagerhaus, Schule, Schloß und viele andere, die alle wichtig waren – wichtig für die Benutzer, für die Entwicklung der Architektur als Fach, nicht unbedeutend für das soziale Selbstverständnis eines ganzen

Jahrhunderts, wenn man etwa an die Errungenschaften im Krankenhausbau denkt. Jede dieser Baugattungen könnte hier sinnvoll genannt und begründet werden, doch reichte dafür nicht der verfügbare Raum.
Priorität muß zweifellos der Wohnungsbau genießen, und zwar der für die ärmeren Teile der Bevölkerung. Keine noch so aufwendige Großarchitektur konnte seit der zweiten Hälfte des Jahrhunderts darüber hinwegtäuschen und kann es viel weniger heute, daß in diesem Bereich die größten Anstrengungen unternommen werden mußten und quantitativ auch unternommen wurden. Kein Gebiet wurde innerhalb der Architektur des 19. Jahrhunderts in einem derartigen Umfang zum Gegenstand theoretischer und praktischer Bemühungen wie der Wohnungsbau.
Die anderen hier vertretenen Baugattungen sind z. T. deshalb aufgenommen, weil sie Neuschöpfungen des 19. Jahrhunderts sind, wie etwa Bahnhöfe oder Kaufhäuser, oder aber besonders wichtig für die bauliche Entwicklung und die Sozialstruktur der Zeit waren; ersteres trifft für die Kirchen zu, letzteres ist für den Brückenbau anzuführen, der eine überragende Bedeutung für die Verkehrsentwicklung und damit für den Warenaustausch, in der zweiten Hälfte des 19. Jahrhunderts auch für den Personenverkehr hatte.
Die hier abgedruckten Quellen können also nicht einen vollständigen Abriß der Architekturgeschichte des 19. Jahrhunderts geben, und die Kommentare sollen nicht eine scheinbare Folgerichtigkeit der Entwicklung oder ein letztlich einheitliches Bild aufzeigen oder gar konstruieren, sondern die oft gegensätzlichen, widersprüchlichen und sprunghaft verlaufenden Strömungen aufzeigen und einige Einzelerscheinungen, die nach dem gegenwärtigen Forschungsstand als typisch bezeichnet werden können, herausheben.
Ist der Begriff »Quelle« in den Geschichtswissenschaften für frühere Jahrhunderte schon vielfältig interpretierbar, so ganz besonders für das 19. Jahrhundert. In unserem Zusammenhang wird er für alle zeitgenössischen Äußerungen bean-

spruchت, die Aussagen über die Architektur enthalten und schriftlich niedergelegt sind. Die Abgrenzung zu den »Darstellungen« der jeweils behandelten Sachverhalte ist damit fließend, man kann jedoch mit guten Gründen auch solche analysierenden, interpretierenden Darstellungen, sofern sie zeitgenössisch sind, unter dem hier angewandten Begriff der Quelle fassen. Berücksichtigt wurden also nicht nur die Äußerungen einzelner Architekten und Architekturtheoretiker, wie sie in Büchern und Bauzeitschriften vor allem zu finden sind, sondern auch Berichte, die Aussagen über die Rezeption des jeweiligen Gebäudes oder des Sachverhalts machen. Ausgewertet wurden auch populäre Zeitschriften, etwa die »Gartenlaube«, die oft pointiert das Urteil einer breiten Öffentlichkeit widerspiegeln.

Die hier vorgelegte Auswahl mit ihren kurzen einführenden Texten soll Erklärungen geben für die verschiedensten Erscheinungen der Architektur des 19. Jahrhunderts, Erklärungen aus den zeitgenössischen Äußerungen heraus, die über nur ästhetische, geschmackliche Urteile hinausgehen und einen Bereich verstehbar machen, der uns noch in einer großen Anzahl von Denkmälern umgibt.

Architektur um 1800

Architektur als »schöne« oder »mechanische« Kunst

Die Einleitung zu Christian Ludwig Stieglitz' Darstellung der »Baukunst der Alten« (1796) enthält eine Standortbestimmung der Architektur seiner Zeit. Die Frage, ob die Baukunst zu den schönen Künsten zu rechnen sei, ist insofern von Bedeutung, als der Versuch einer »Herabstufung«, den Stieglitz in der Zuweisung der Baukunst zu den mechanischen Künsten vornimmt, den Hinweis auf ein neues Selbstbewußtsein einschließt.
Das Paradoxon wird dahingehend gelöst, daß Stieglitz die »Wohlgefälligkeit der Form« als Inhalt der Baukunst durchaus anerkennt, aber als eine Sinngebung bestimmt, die vor der Erfüllung der alltäglichen Notwendigkeit, Schutz des Menschen im weitesten Sinne zu sein, zurücktreten muß. Architektur als Schritt vom Zustand »wilder Nationen« zu »Bildung und Geschmack« bedeutet nicht nur den Schritt zu einer Verfeinerung der baulichen Formen, sondern auch zur Beherrschung der Natur durch Architektur; folglich sind auch Wegebau, Hafenbau oder Fabrikbau Teile der Baukunst. Die Betonung der Zweckhaftigkeit der Architektur und die bewußte Einreihung aller ihrer Sparten unter die mechanischen Künste werden zum Versuch, die Einheitlichkeit des Faches zu bewahren, aber auch, es mit einem neuen Sinn zu füllen angesichts einer beginnenden Spezialisierung in Ingenieurarchitektur und Baukunst.
Der zwei Jahre später erschienene Aufsatz von Karl Heinrich Heydenreich, sicher eine Erwiderung auf Stieglitz' Arbeit, versucht die über die Erfüllung des bloß technischen Zwecks hinausgehenden Qualitäten von Architektur festzustellen und damit die Unterscheidung in zwei Bereiche zu fixieren,

die in der späteren Entwicklung eine entscheidende Rolle spielte. Bis ins erste Jahrzehnt des 19. Jahrhunderts bleibt die personale Einheit von Architekt und Ingenieur in weiten Bereichen der Architektur noch erhalten; erst danach, sicher auch unter dem Einfluß der Aufbauarbeiten nach den Napoleonischen Kriegen, setzen sich die getrennte Ausbildung und vor allem die seit dem 18. Jahrhundert sich abzeichnende getrennte Praxis durch.

1

Christian Ludwig Stieglitz

Die Baukunst der Alten

(1796)

Das Studium der Baukunst ist in jedem erleuchteten Zeitalter und bey jeder gebildeten Nation sehr geschätzt worden, und man hat dieselbe nicht nur als eine nothwendige und allgemein nützliche, sondern auch als eine angenehme Kunst aller Achtung gewürdiget.

Gewöhnlich wird diese Kunst den schönen Künsten beygezählt; eine Meynung, durch welche diejenigen, die ihr beypflichten, in verschiedene Widersprüche verfallen. Sie fühlen, daß die Baukunst bey der Vergleichung mit andern schönen Künsten verliert, deren Werke durch Leichtigkeit, Freyheit und auch dadurch viel Anmuth erhalten, daß sie Abbildungen natürlicher Gegenstände sind, da hingegen die Werke der Baukunst nach der Schnur und dem Bleywurf emporsteigen. Sie fühlen, daß die Baukunst, da sie eine Tochter der Nothwendigkeit und des Bedürfnisses ist, auch schon durch ihren Ursprung gegen andere schöne Künste herabgesetzt wird, die ihr Daseyn dem Vergnügen zu danken haben. Um sie aber dennoch zu den schönen Künsten rechnen zu können, so eignete man ihr eine Wirkung auf das Herz zu.

Diese Wirkung kann ihr zwar auf keine Weise abgesprochen werden, da alle ihre Werke eine Beziehung auf den Menschen haben, und daher vermögend sind, Empfindungen mancherley Art zu erwecken und zu nähren; allein sie wird dadurch noch nicht zu dem Range einer schönen Kunst erhoben, weil eine solche Wirkung nicht der erste und eigenthümliche Zweck der schönen Kunst ist, und doch nach diesem Zwecke das Wesen einer jeden Kunst beurtheilt werden muß, um zu erfahren, ob sie zu den *schönen Künsten*, oder zu den *Künsten des bloßen Sinnenreizes*, oder zu dcn *mechanischen Künsten* gehöre.

Die schöne Kunst beabsichtiget unmittelbare Wohlgefälligkeit der Form, unmittelbar Vergnügendes, und dieses muß daher auch der erste und höchste Bestimmungsgrund ihrer Form seyn. Der erste und eigenthümliche Zweck der Baukunst hingegen ist nicht diese unmittelbare Wohlgefälligkeit der Form, sondern Befriedigung eines Bedürfnisses und möglichst bequeme Schützung des Menschen, und aller Dinge die ihm angehören, vor dem nachtheiligen Einflusse der Witterung, die Schönheit der Form aber ist nur eine Nebenabsicht der Baukunst. Auch hat sie keine eigenthümliche Schönheit, sondern sie erborgt dieselbe von der bildenden Kunst.

Betrachtet man nun das Wesen der Baukunst auf diese Art, so findet man, daß man ihr unter den schönen Künsten einen falschen Platz angewiesen hatte, und daß sie zu den Künsten des physischen Bedürfnisses, oder zu den mechanischen Künsten gehöret. Unter diesen aber nimmt sie den ersten Rang ein, da ihre Wirkungen von großer Würde sind, und gewisse Werke derselben, Empfindungen des Erhabenen, des Edeln, des Großen erregen können, übrigens auch diese Werke, wegen der schönen Form, die ihnen mitgetheilt wird, eine nahe Verwandtschaft mit der schönen Kunst haben.

Wenn wir bedenken, wie sehr die Baukunst von den Griechen, besonders zu der Zeit des Perikles, war verbessert worden, mit welcher Vollkommenheit und Schönheit sie durch die Freygebigkeit und Prachtliebe dieser Nation, durch die

Errichtung mannigfaltiger Gebäude, deren Ueberbleibsel unser Erstaunen erwecken, ausgeführt wurde; wenn wir bedenken, wie ausserordentlich schmeichelnd es in jenem prachtliebenden Zeitalter für den Geist des Menschen seyn mußte, Gebäude zu errichten, welche den Beobachter mit Bewunderung und Entzücken erfüllten; so wird es uns nicht wunderbar scheinen, daß man dem Studium der Baukunst die größte Aufmerksamkeit schenkte, und daß die Baukünstler die größte Aufmunterung von Männern von Geschmack erhielten, deren ganzes Bestreben war, berühmt zu werden.

Männer von dem höchsten Range verehrten diese Kunst wie Lehrlinge, und sie hielten es nicht unter ihrer Würde, die Regeln derselben sorgfältig zu studiren. Und selbst noch in unsern Zeiten giebt es Leute von Stande, welche sich mit der Baukunst beschäftigen, und die Regeln derselben so gut kennen und Baurisse und wirkliche Gebäude so zu beurtheilen wissen, daß ihre Bemerkungen dem Genie des größten Baukünstlers Ehre machen würden.

Solche Beyspiele reizen zur Nachahmung; und man darf sich daher nicht verwundern, daß der Baukunst jetzt die größte Aufmerksamkeit gewidmet wird. Die häufigen Reisen nach Italien und in andere Länder, welche durch Ruinen der schönsten Werke der Baukunst berühmt sind, haben bey vielen angesehenen Männern unsers Zeitalters, Liebe zur Kunst erweckt, und ihnen eine genaue Kenntniß derselben und Richtigkeit des Geschmacks mitgetheilt. Uebrigens haben auch verschiedene berühmte Baukünstler, vorzüglich unter den Engländern, den größten Fleiß und die sorgfältigste Beobachtung angewandt, diese Muster der Kunst zu untersuchen und abzuzeichnen, und die freygebigen Unterstützungen, welche ihnen zu Theil wurden, haben sie in den Stand gesetzt, ihre Arbeiten öffentlich bekannt zu machen, wodurch jetzt diejenigen, welche die Baukunst zu Hause studiren und denen es nicht vergönnt ist, jene Länder selbst zu besuchen, unterstützt werden und einen Vortheil genießen, der sonst nur durch Reisen nach Athen und Rom konnte erlangt werden.

Die Wichtigkeit der Anwendung dieser Kunst erwirbt ihr die Aufmerksamkeit aller, die auf Bildung und Geschmack Anspruch machen. Ohne die Baukunst würde der Mensch einer sichern und bequemen Wohnung entbehren, und, wie die ersten Erdbewohner, wie noch jetzt viele wilde Nationen, in unansehnlichen elenden Hütten wohnen müssen. Sie trägt zur Vervollkommnung eines Landes sehr viel bey, indem sie Wege, Brücken, Hafen, Schiffe anzulegen lehret, und dadurch auch den Handel befördert. Sie giebt dem Lande Sicherheit, und beschützt es durch Festungen und Schlösser vor den Einfällen und den Gewaltthätigkeiten der Feinde. Durch sie erhalten die Städte die nothwendigen Manufactur- und Fabrik-Häuser, Schulen und andere ähnliche Gebäude, die Dörfer die Gebäude zur Aufbewahrung und Verarbeitung der eingeerndteten Früchte, so wie auch ihre Schulen und Kirchen. Sie dient nicht nur zur Verschönerung der Städte, die mit Tempeln, Pallästen und Prachtgebäuden gezieret werden, sondern sie verschönert auch das Land durch schöne, zierliche Rittersitze und Landhäuser. Sie trägt zur Bildung des menschlichen Geistes und zur Erweckung des Gefühls für Richtigkeit und Genauigkeit sehr viel bey, indem sie die Begriffe von Ordnung, Uebereinstimmung und einer strengen Regelmäßigkeit berichtigt und deutlicher macht. Daher kann man das Studium der Baukunst zu der Erziehung gebildeter und geschmackvoller Menschen beynah für unumgänglich nöthig halten. Und wenn die Erweckung und Ausbildung dieses Gefühles bey der Erziehung der Reichen nicht ist versäumet worden, so hat sich die Baukunst viel davon zu versprechen. Denn nur durch Leute von ansehnlichem Vermögen, oder von hohem Range, kann die Baukunst, sowohl in Absicht der Ausführung großer Werke, als auch in Absicht der Schönheit, die zweckmäßigste Aufmunterung zu erhalten hoffen.

2

Karl Heinrich Heydenreich

Neuer Begriff der Baukunst als schöner Kunst

(1798)

Die Frage, ob *die schöne Architektur* eine eigentlich so zu nennende *schöne Kunst* sey, und mit Dichtkunst, Tonkunst, bildender Kunst, Gartenkunst u. s. w. auf gleichem Range stehe, ist in den neuesten Zeiten ein Gegenstand lebhafter Dissension und heftiger Streitigkeiten geworden. [...]
Wenn ich indessen immer die schöne Architektur unter denen der Verschönerung fähigen mechanischen Künsten oben an setze, so ist damit die Sache bey Weitem nicht genug bestimmt. Jedes Gebäude ist der Verschönerung fähig, aber nicht jedes ist ein Werk der schönen Architektur. Bringt man das Eigenthümliche eines solchen Werkes auf feste Begriffe zurück, so zeigt es sich, daß der peinlich gezogene Unterschied zwischen *schöner Kunst*, und *der Verschönerung höchst fähigen mechanischen Kunst*, in Beziehung auf *Architektur* nicht viel mehr als eine Spitzfindigkeit ist.
Ein Gebäude, welches über seinem Naturzwecke, vor dem Wetter zu schützen, keinen höhern Zweck hat, ist, es möge noch so sehr verschönert seyn, ein Werk der gemeinen Baukunst. [...] gewissen Gebäuden ist der physische Zweck Mittel für einen höhern und an sich edlern Zweck, wie z. B. bey Kirchen, Gebäuden zu Versammlungen in Staatsangelegenheiten, Arsenalen, Gebäuden für die Cultur der Wissenschaft und Kunst, Landhäusern u. dergl. Wenn sich der Architekt bey der Entwerfung von solchen den schönen Ausdruck des höhern Zweckes vorsetzt, so beabsichtigt er ein Werk der schönen Architektur. Zwar ist er durch den physischen Zweck, aber dennoch nicht in *dem* Grade gebunden, daß nicht seinem Genie eine freye Sphäre für die Erfindung offen

bliebe, innerhalb welchen er nach seinem Gefühle die Formen wählen darf.

Wenn es dem Künstler gelingt, seinem Gebäude solche Formen zu geben, daß der Gedanke des physischen Zweckes ganz verschwindet und der Betrachter sogleich durch den Anblick zu dem höhern Zwecke erhoben, und zu einem freyern Spiele unter Bildern, die mit ihm zusammenhängen, begeistert wird, dann ist sein Werk ein Werk der schönen Architektur. Es versteht sich von selbst, daß es außerdem allen Gesetzen eines zweckmäßigen und verhältnißmäßigen Gebäudes Genüge leisten muß.

Setzen wir ein Landhaus. Soll es ein Werk schöner Architektur seyn, so müssen wir, so wie wir es in seiner Lage, (die auch mit zu seiner Erfindung gehört,) sehn, ländliche Ruhe, sanfte Stille und Einfalt athmen, diese Gefühle müssen uns aus der Form entgegen kommen, wir müssen, hingerissen vom Anblicke, Dichter werden; und in diesem Zeitpunkte mit Bildern eines patriarchalischen Friedens, und idyllischer Unschuld ein schwärmerisches Spiel treiben. Von dem Innern kann man diesen Eindruck nicht fordern, da es vereinzelt ist, und keine Totalansicht gewährt, wie das Aeußere.

Man kann jedes Werk der schönen Architektur ansehn, als *eine dichterische Darstellung des höhern Zweckes des Gebäudes in schönern architektonischen Formen, bey deren Empfindung alle blos physische Rücksichten gänzlich verschwinden.*

Beruf und Ausbildung des Architekten

Die Tendenz, den Architektenberuf immer stärker an der Alltagspraxis zu orientieren und nicht auf die Baugattungen einer »Schönen Kunst«, also auf Schloß, Kirche, Palais usw. zu beschränken, verlangte eine Änderung der Ausbildung. Ar-

chitekten, sofern sie überhaupt eine akademische Ausbildung erhielten, waren meist auf die Kunstakademien, etwa in Berlin, Dresden oder Wien, angewiesen.
Die komplizierter werdenden Bauaufgaben und das ständig steigende Bauvolumen vor allem in den großen Staaten konnten nicht mehr von den eher handwerklich ausgerichteten Baumeistern bearbeitet werden.
Am Beispiel der Gründung der Bauakademie in Berlin wird deutlich, wie diesen neuen Anforderungen begegnet werden sollte. Preußen hatte durch seine riesigen Gebietseroberungen in Schlesien und Polen seit der Mitte des 18. Jahrhunderts »Kolonisationsaufgaben« von bisher nicht gekannten Ausmaßen durchzuführen. Diese Aufgaben konnten nur bewältigt werden, wenn die Architektenausbildung entsprechend umorganisiert wurde. Aufgaben der Landvermessung, des Wegebaus, des Städtebaus, des Brückenbaus, des Wasserbaus usw. standen im Vordergrund. Die politisch-wirtschaftlich begründeten Erfordernisse sollten durch eine neue Bauakademie befriedigt werden. Eine Kabinetts-Ordre Friedrich Wilhelms III. betont die Notwendigkeit der Gründung »eines Instituts [...] worin theoretischer und praktischer Unterricht in der Oekonomie und Baukunst ertheilt werde. Ich glaube es wohl, daß die bey der Akademie der Künste befindliche Lehranstalt, da sie den Prachtbau zum Hauptgegenstand hat, in ihrer jetzigen Gestalt dazu nicht geschickt ist, darum aber kann Ich mich nicht gleich zu einer eigenen ganz neuen Anstalt entschließen. Die Fundamente der Pracht- und Oekonomie-Baukunst sind dieselben, und da diese schon in der [...] Akademie gelehrt werden, so bedarf es dazu nicht neuer Lehrer mit neuen Gehälten; [...].«[1] Aus diesen Gründen erstaunt nicht, daß das neue »Institut« in den ersten 13 Punkten seines Lehrprogramms meist bautechnische Fächer enthielt. Zudem war die Ausbildung, besonders im Sommer, von praktischen Übungen auf Baustellen begleitet. Die neue Bauakademie wurde gemeinsam von Kunstakademie und Ober-Bau-Departement geleitet, worin sich zunächst eine Gleichrangig-

keit von Theorie und Praxis ausdrücken sollte. 1802 wurde der Einfluß der Baubehörde zugunsten noch größerer Praxisnähe erweitert.
Erstes Ziel der neuen Akademie war also die Ausbildung von Architekten für den Staatsdienst. Private Architekten, im heutigen Sinn gab es ohnehin fast nicht: die an den Akademien ausgebildeten fanden überwiegend Anstellung an den Höfen. Die städtischen und dörflichen Gebäude der Bürger, sofern es sich um größere Anlagen handelte, wurden meist von den Hofarchitekten ausgeführt, die Mehrzahl der Bauten jedoch von Bauhandwerkern und Maurern.

3

Johann Albert Eytelwein

Nachricht von der Errichtung der Königlichen Bauakademie zu Berlin

(1799)

Es ist größtentheils ein vergeblicher Wunsch der ersten Männer unsers Jahrhunderts gewesen, daß doch einmal Theorie und Praxis vereinigt, die nachtheilige Trennung beyder aufgehoben und durch wechselseitige Annäherung eine genaue Vereinigung entstehen möchte. Die schlimmen Folgen dieser Absonderung haben stets der Baukunde als Gegenstand der Wissenschaft und Kunst geschadet, weit mehr aber ihrer glücklichen Anwendung, zur Erreichung bestimmter Zwekke des gesellschaftlichen Lebens. Der Baumeister erhielt sehr oft seine Bildung, indem er die Baukunde vorzüglich als Gegenstand der schönen Kunst betrachtete, ohne sich um das mechanische derselben zu bekümmern. Er hielt es auch wohl unter seiner Würde, wenn er in das Detail der Ausführung gehen sollte, ohne welches es doch nicht möglich ist, zweck-

mäßige Baue anzuordnen und auszuführen. Der bloß praktische Baumeister, welcher zur Ausführung gebildet wurde, vernachläßigte sehr häufig den ästethischen und wissenschaftlichen Theil, und es war ihm hinreichend, das, was er nicht wußte, mit dem Namen Theorie oder Studierstubensubtilität zu belegen. [...]
Lange vergebens wünschte der Baumeister, welcher die Bedürfnisse der Architektur übersehen konnte, ein Institut, wo hinlänglicher Unterricht über alle Zweige der Baukunst in gehöriger Verbindung ertheilt würde, und wobey Theorie und Praxis, Hand in Hand, zur Bildung des angehenden Baumeisters beytrügen. Besonders wichtig war dieser Wunsch in Absicht des Preußischen Staats, wo verhältnißmäßig so sehr viel auf Königliche Kosten gebauet wird, und sehr große Summen auf Baue aller Art verwendet werden. [...]
Das Königl. Ober-Bau-Departement, ließ durch die Geh. Räthe *Riedel, Gilly* und *Eytelwein* einen Plan zu einer Lehranstalt ausarbeiten, welcher die Bildung angehender Baukünstler zum Zweck hatte, und legte solchen am 15. Februar 1798 dem Königl. General-Direktorium zur Beurtheilung vor. Von Seiten des Königl. Staatsministers Hrn. Freyherrn *von Heinitz*, als Kurator der Akademie der Künste und mechanischen Wissenschaften, und von des Königl. Staatsministers Hrn. Freyherrn *von Schrötter*, als Chef des Ober-Bau-Departements, wurde diese wichtige Angelegenheit mit der ihnen eigenen Sorgfalt zur Beförderung alles dessen, was dem Vaterlande, den Künsten und den Wissenschaften nützlich seyn kann, und welche stets das allgemeine Beste zum Zweck hat, betrieben, und es entstand eine Kommission aus Mitgliedern des Ober-Bau-Departements, des Ober-Hof-Bauamts und der Akademie der Künste, unter dem Präsidio des Königl. Kanzlers und Geheim. Raths Hr. *von Hoffmann*, welche den Plan einer Anstalt zur Bildung angehender Baukünstler in allen seinen Theilen prüfte, aufs neue bearbeitete, und einen vollständigen Entwurf zur Errichtung einer Bauakademie den 14. Februar d. J. überreichte. Bey diesem

neuen Plane wurde angenommen, daß die bereits bei der Königl. Akademie der Künste bestehende architektonische Lehranstalt erweitert, in eine allgemeine Bauunterrichtsanstalt, unter dem Namen einer Bauakademie verwandelt und mit der Akademie der Künste und mechanischen Wissenschaften in Verbindung bleibe. Die Bildung der Baugewerke sollte alsdenn durch eigene Kunstschulen bewirkt werden, wie solches auch jetzt in Berlin, Königsberg, Breslau, Magdeburg und Halle der Fall ist, und auf deren Erweiterung noch ferner gesehen wird.

Es wäre zu weitläuftig, den Entwurf der angeführten Commission genau durchzugehen, da er überdem noch einige Abänderungen erlitten hat. Es ist hinreichend, anzuführen, daß des Königs Majestät, die von den jetzigen hohen Kuratoren der Bauakademie zur zweckmäßigen Bildung der Baumeister gethanen Vorschläge, und die gesammten Grundsätze zur Errichtung der Bauakademie unterm 13. April d. J. genehmiget, so daß dieser als der *Stiftungstag* angesehen werden kann.

Hiernach ist die Bauakademie ein zugehöriger Theil von der Akademie der Künste, und stehet unter dem gemeinschaftlichen Kuratorio des Chefs der Kunstakademie und des Ober-Bau-Departements.

Der besondere *Zweck* geht auf die theoretische und praktische Bildung tüchtiger Feldmesser, Land- und Wasserbaumeister; auch Bauhandwerker mittelst der Kunstschulen.

Zur Erreichung dieses Zwecks und zur Beförderung eines reinen Geschmacks in der Architektur, wird in nachstehenden Wissenschaften und Künsten in den vorgeschriebenen Grenzen, Unterricht ertheilt.

1. *Arithmetik.* Rechnung mit ganzen Zahlen und Brüchen. Lehre von den Decimalbrüchen, Verhältnissen, Proportionen und Progressionen. Anwendung auf Regel de Tri,[2] [...]. [...]

2. *Algebra.* Die ersten Gründe derselben, [...]. [...]

3. *Geometrie.*

a) *Elementargeometrie.* Von der mathematischen Lehrart. Gesammte Elementargeometrie mit Beweisen; Anwendung auf verschiedene Gegenstände der Feldmeßkunst und Baukunst; Berechnung der Figuren. Eintheilung der Felder, durch geometrische Construktion und durch Rechnung.
b) *Ebene Trigonometrie* und dahin gehörige Berechnungen.
c) *Körperlehre* und Anwendung auf die Berechnung der verschiedenen Baukörper, welche in Modellen vorgezeigt werden.
d) Erste Begriffe von den Curven und deren Eigenschaften.
4. *Optik* und
5. *Perspektive.* Von den perspektivischen Parallellinien und Winkeln. Von den Längen, Höhen und Flächenräumen. Vom Aufreissen körperlicher Figuren. Lehre vom Schatten. Orthographische Projection. Anwendung des Vorhergehenden.
6. *Feldmeßkunst* und *Nivelliren.* Von den Maaßen, welche in den Königl. Provinzen beim Feldmessen vorkommen. Vorzeigung und Erklärung des Gebrauchs der verschiedenen Feldmesserinstrumente. Von den körperlichen Projektionen. Anwendung auf die verschiedene Bestimmung der Weiten und Höhen. Ausmessung ganzer Figuren, Felder, Wege, Flüsse etc. nebst Auftragung derselben auf dem Papier. Vermessung einer ganzen Feldmark und eines Landes. Eintheilung der Forsten. [...]
7. *Statik* fester Körper. Specifisches Gewicht der Körper. Vom Hebel, Schwerpunkt und der Waage, mit Anwendung auf den sichern Stand und die Unterstützung der Körper. Zusammensetzung und Zerlegung der Kräfte, mit Anwendung auf die Verbindungen in der Zimmermannskunst, Winkelbänder, Streben, Dächer, Häng- und Sprengwerke.
8. *Hydrostatik.* Vom Gleichgewicht und Druck des Wassers. Anwendung auf Schützbretter, Schleusenthüren und Deiche. [...]

9. *Mechanik fester Körper.* [...]
10. *Hydraulik.* [...]
11. *Maschinenlehre.* Allgemeine Theorie vom Maschinenwesen. Von den Kräften belebter und unbelebter Körper und deren Anwendung bey Maschinen. Von den Mehl- Schroot- und Graupenmühlen, deren Berechnung und Anordnung. Desgleichen von Walk- Loh- Oel- Papier- Pulver- Hammer- und Pochmühlen; ferner von Säge- Steinschneide- und Hexelmühlen, Windmühlen, Krahnen etc. [...]
12. *Bauphysik.* Allgemeine Eigenschaften der Körper. Vom Wasser, dem Feuer, der Luft, dem Rauche, den Dämpfen, dem Blitz, dem Magnet etc. nebst den Kennzeichen und vorzüglichsten Eigenschaften der Baumaterialien. [...]
13. Uebersicht von den *Baumaterialien* und *Bauhandwerken.* Von den vorzüglichsten Arbeiten bei der Ausführung eines Baues, nebst der *Konstrukzion* einzelner Theile eines Gebäudes, und *Einleitung* in die gesammte Baukunst.
Von den Baumaterialien; Arbeiten des Zimmermanns, Steinmetz, Tischlers, Schlössers, Schmidts etc. Von den Holz- und Steinverbindungen nebst Steinschnitt. Mauern, Feuerungen, Schornsteinen, Gewölben, Holzwänden, Balkenlagen, Dächern, Treppen, Thüren und Fenstern etc. Brunnen. Vom Abputz. Vom Baugrunde und allen demjenigen, was der Stadt- und ökonomischen Baukunst gemein ist.
Hiermit schließt sich das Allgemeine des Unterrichts und darauf folgt:
14. *Oekonomische Landbaukunst.* Von den Landgebäuden überhaupt. Auswahl des Orts zu Dörfern, Vorwerken, Schäfereyen, Kolonien etc. Wohnungen für Landedelleute, Beamte, Gastwirthe, Krüger, Prediger, Schulmeister, Schmiede, Bauern, Kossäten, Tagelöhner, Kolonisten, Schäfer etc. Vom Bau der Scheunen, Diemen,[3] Pferde- Rindvieh- Schaafe- Schweine- und Federviehställe. Remisen. Getreidemagazinen. Brauhäuser und Branntweinbrennereyen. Von Kalk- und Ziegelöfen. Anlegung der Brunnen, Tränken,

Gehegen, Fischteichen, Backöfen etc. Von den Dorfkirchen, Schulen etc. Uebung in der Veranschlagung und Entwerfung dieser Gebäude.

15. *Stadtbaukunst.* Zuerst von den Ordnungen, guten Verhältnissen, der Schönheit, Festigkeit und Bequemlichkeit. Von der Anlegung einer Stadt; Auswahl des Orts zu den verschiedenen Gebäuden. Von Pallästen, Landeskollegiengebäuden, Rathhäusern, Kirchen, Thürmen, Akademie-Bibliothek- und Manufaktur-Gebäuden. Schulen und Schauspielhäusern, Hospitälern, Zuchthäusern, Reitbahnen, Magazinen, Zeughäusern und Kasernen, Lazarethen, Wachen, Gefängnissen; Stadtthoren, Stadtmauern, Kirchhöfen; öffentlichen Brunnen- und Wasserleitungen. Denkmälern. Cloaken etc. Von Bürgerhäusern und besonders für Bäcker, Brauer, Schmiede, Schlösser etc. Von Gewächshäusern, Spritzenhäusern, Eisgruben etc., nebst Uebung in der Entwerfung und Veranschlagung dieser Gebäude.

16. *Strom-* und *Deichbaukunst.* Vom Strombau überhaupt. Von den Quellen, Entstehung der Flüsse. Von den Ueberschwemmungen. Von dem Eisgange, Gefälle, den Wassermaaßen, Stromkarten, Geschwindigkeiten der Flüsse, Tiefenmessungen etc. Vom Faschinenbau überhaupt. Von Anlegung der verschiedenen Strombaue und ihren Wirkungen. Vom Reguliren ganzer Ströme, durch Strom-Baue und Durchstiche. Vom Bau der Uferbefestigungen, Deckwerke, Buhnen, Faschinenüberfälle und Coupirungen. Von den Pflanzungen und Schlickzäunen. Vom Graben der Kanäle und Durchstiche. Von Entwässerung und Bewässerung der Ländereien, Eindeichung der Brücher und Polder. Vom Rückstau. Bau der Deiche; Beschützung derselben; deren vortheilhafteste Anlegung. Einrichtung des innern Bruchs. Veranschlagung dieser Baue und Vergleichung der Vortheile, welche eingedeichte Gegenden gewähren, mit den Unterhaltungskosten.

17. *Schleusen-Hafen-Brücken-* und *Wegebaukunst.* Von den Pfählen, Rammen, Fangdämmen, Bollwerken und Futter-

mauern. Dem Baue der Mühlen- und Freiarchen;[4] der hölzernen und massiven Siehle, Wehren und Ueberfälle; der Flöß- und Schiffahrtsschleusen, nebst den vielen Rücksichten bey Anlegung derselben. Der massiven und gewölbten Kanäle; der Hafenwände aller Art. Von hölzernen und massiven Brücken, Schiffbrücken und Fähren etc. Eisbrecher. Vom Bau der Wege und Chausseen. Hierzu die Lehre von Veranschlagung dieser Bauwerke.

18. *Kritische Geschichte der Baukunst* mit Rücksicht auf die verschiedenen bildenden Künste.

a) Kritische Geschichte der Konstrukzion.

b) Chronologischer und geschichtlicher Theil der Baukunst bei den verschiedenen ältern und neuern Völkern.

c) Geschichte der Gebäude.

19. Unterricht im *Geschäftsstyl.*

20. *Freye Handzeichnung* und *Bauverzierungen.*

21. *Architektonische Zeichnung.*

22. *Situation-* und *Kartenzeichnung.*

23. *Maschinenzeichnung.*

IV. Diese Vorlesungen sind in zwey Hauptabtheilungen getheilt, in *Sommervorlesungen* vom ersten April, mit welchem sich immer ein neues akademisches Jahr anfängt, bis zum ersten October, und in *Wintervorlesungen* vom ersten October bis zum ersten April. Sämmtliche Collegia werden entweder in einem ganzen oder halben Jahre beendet, damit in jedem Jahre neue Zöglinge hinzutreten können, die Geschichte der Baukunst allein ausgenommen, auf welche zwey Winter gelesen wird. [...]

Außerdem sollen die Baueleven in den Sommermonathen bey allen Arten von Bauen in der Provinz angestellt werden, um dadurch den *praktischen Unterricht* vollständig zu erhalten. [...]

Damit aber der vorstehende Unterricht durch die Lehrer zweckmäßig ertheilt werde, und die Baueleven unter der nöthigen Aufsicht stehen, damit ferner dafür gesorgt werde, daß besonders für das Cameralbauwesen tüchtige und

geschickte Baumeister zugezogen werden, so ist ein eigenes *Direktorium* sämtlicher Lehranstalten der Bauakademie errichtet worden, [...]. [...]
Dieses Direktorium ist aus vier Mitgliedern zusammengesetzt, unter welchen das Präsidium jährlich nach der durch das Loos getroffenen Vereinbarung, wechselt, so daß es aus dem für dieses Jahr präsidirenden Ober-Hof-Bau-Rath Herr *Becherer*, ferner aus den im Präsidio auf ihn folgenden Geheimen Ober-Bauräthen Herrn *Eytelwein*, *Riedel* senior und *Gilly* bestehet.
VI. Ein jeder Eleve, welcher die Bauakademie besuchen will, muß ein Alter von 15 Jahren erreicht haben, und nur in außerordentlichen Fällen kann das Direktorium eine Ausnahme gestatten. Außerdem muß derselbe eine gute leserliche Hand schreiben, und über einen ihm zu bestimmenden Gegenstand einen orthographisch richtigen Aufsatz verfertigen können; eine Grundlage in der lateinischen und französischen Sprache besitzen; mit Fertigkeit alle Rechnungen des gemeinen Lebens verrichten können, übrigens aber sich den Gesetzen der Akademie unterwerfen. Unter dieser Voraussetzung wird zum Besuchen der Akademie erfordert, daß sich ein jeder bey dem präsidirenden Direktor melde, von demselben einen Receptions-Schein erhält, worauf ihm ein für allemal gegen Erlegung von zehn Rthlr. an die Bauakademis-Kasse eine gedruckte Matrikul eingehändigt wird. [...]
VII. In Absicht der *Dauer* des gesammten Baustudiums, werden nach der getroffenen Einrichtung, wornach mit Ausschluß der Geschichte, die sämtlichen übrigen Collegia in einem Jahre angefangen und beendet werden, die Feldmesser nur 1½ Jahr und die Baukünstler 2½ Jahr zur Vollendung ihrer Studien auf der Akademie nöthig haben, und es wird also zur Vollendung des ganzen Studiums, ein Zeitraum von 4 Jahren erforderlich seyn, wenn der Eleve die Akademie ohne Vorkenntnisse betritt. [...]
Während der Zeit, daß die Eleven die Bauakademie besuchen, wird für deren praktische Unterweisung im gesammten Bau-

wesen auch dadurch gesorgt, daß ihnen die vorzüglichsten Modelle vorgezeigt und erklärt werden, zu welchem Ende auch schon eine bedeutende Modellsammlung vorhanden ist, und durch den Ankauf der Modelle des Geh. Raths Herr *Gilly* ansehnlich vermehrt wurde. Nach gemachten guten Fortschritten, werden die Eleven bey den vorfallenden Bauen in der Königl. Residenz und in den Provinzen mit Nutzen praktisch beschäftigt, und nach dem Befinden, als Cadets oder Aufseher angestellt; auch sollen einige Eleven, welche den meisten Fleiß und die beste Applikation zeigen, auch eine Aufgabe von einiger Wichtigkeit am besten bearbeitet haben, zur Belohnung, um sich noch mehr vervollkommnen zu können, auf *Reisen* gesandt und ihnen die zu diesem Ende erforderlichen Reisegelder aus der Bauakademiekasse bewilliget werden.

VIII. Für die Ausbildung der Bauhandwerker ist zwar durch den ihnen in den Provinzial-Kunstschulen zu gebenden zweckmäßigen Unterricht gesorgt; es können aber auch solche Baugewerksleute, welche vorzügliche Fähigkeiten und Talente besitzen, und deshalb mit guten Zeugnissen von den Kunstschulen versehen sind, den freyen und unentgeldlichen Zutritt zu denjenigen Vorlesungen der Bauakademie, welche ihnen vorzüglich nützlich sind, erhalten. [...]. [...]

Dem Patrioten und Freunde der Baukunst bleibt nun kein anderer Wunsch übrig, als daß durch die bewirkte Vereinigung mehrerer Kräfte zu einem gemeinschaftlichen für die bürgerliche Gesellschaft so wichtigen Zweck, auch die landesväterliche Absicht des Königs Majestät erreicht und nach dem Wunsch der hohen Curatoren, alles in Erfüllung gebracht werde, was die Bedürfnisse des Staats in dieser Absicht fordern, wozu gewiß ein jeder Lehrer und Eleve nach seinen Kräften beytragen wird.

Berlin, den 20sten Dezember 1799.

Epochen und Stile

Klassizismus

Das Verhältnis zur Antike am Beispiel der Walhalla

Gegen die verspielte, als irrational und unnatürlich eingestufte Kunst des Barock und Rokoko versuchten seit der Mitte des 18. Jahrhunderts verschiedene Künstler und Bauherrn eine nüchterne, aufklärerische Architektur zu setzen. Dabei wurde zumindest in den Anfängen, also in der zweiten Hälfte des 18. Jahrhunderts, durchaus auch eine gesellschaftliche Neubewertung der Künste beabsichtigt. Die neuen Voraussetzungen und Ausdruckswerte der Künste, besonders auch der Architektur, die im Bereich von Natürlichkeit, Einfachheit und Wahrheit gesehen wurden, waren zentrale Begriffe bürgerlichen Denkens, die bewußt gegen die Vorstellungen einer adelig-feudal bestimmten Kunst gesetzt wurden. Besonders in der griechischen Antike glaubte man diese Ideale verwirklicht zu finden und unterzog deshalb sowohl die literarischen als auch vor allem die archäologisch greifbaren Zeugnisse in Griechenland und Italien eingehenden Untersuchungen. Kupferstichwerke sorgten für die Kenntnis der bedeutendsten Bauten und vermittelten die Regeln und Grundlagen ihrer Entstehung. Jedoch konnten Bücher die Reise nach Italien oder gar Griechenland nicht ersetzen, denn nur vor den Originalen erschloß sich die Kunst der Antike: »Den ächten Jünger architektonischer Plastik, empfange zuerst Italien, die heilige Mutter, die treue Pflegerin der Kunst unter heiterem Himmel. Hier erhalte er die höchste Weihe der Kunst, durch Beschauen, durch rastloses, ernstes Studium der herrlichen Ueberreste des Alterthums. An diesen köstlichen Reliquien nähre sich seine Einbildungskraft, ergötze sich seine

Geschmacklust, bestimme seine artistische Urtheilskraft sich zur Festigkeit, auf dass er nie einem blossen Modegeschmack fröhne, wie gross auch die Versuchung sey, welche Ansehen des Ortes, der Nation, der Machthaber, ihm bereiten«, schrieb Weinbrenner 1810 in seinem Lehrbuch.[5]

Zwar kommt die Übernahme der antiken Architektur den nüchternen Forderungen an das alltägliche Bauen, wie es im Vordergrund des Lehrprogramms etwa der Berliner Bauakademie stand, entgegen, andererseits lassen Weinbrenners Sätze auch das Element einer euphorischen Begeisterung erkennen, die über die bloß rationale Aufnahme der Antike hinausgeht. In ähnlicher Weise betont auch der folgende Text von Leo von Klenze die »bloße« Begeisterung, die bereits losgelöst ist von tieferen kunstreformerischen Inhalten. Diese Haltung ist aber die typische und geht vor allem auch überein mit der Tatsache, daß klassizistisches Bauen, trotz aller bürgerlichen Gedanken in der ursprünglichen Theorie, sehr stark von den Bauaufgaben des Adels und seiner Repräsentationsbedürfnisse bestimmt blieb. Aus diesen Aspekten wird deutlich, daß der Klassizismus keine einheitliche Bewegung war, weder in seinen Motivationen noch in der zeitlichen Abfolge oder gar innerhalb einzelner Richtungen oder Kunstlandschaften. Deutliches Zeichen dafür ist, daß kaum einer der Architekten der Zeit um 1820 ausschließlich in antikisierenden Stilen baute. Schinkel, Gilly, Gärtner, Weinbrenner oder Laves haben trotz leidenschaftlicher Bekenntnisse zur Antike auch andere Stile verwendet, ihre Auftraggeber haben das auch gefordert. (Vgl. auch die Abschn. 1, 2 und 41.)

Die hier wiedergegebenen Texte, die die Planung und den Bau der Walhalla betreffen, sollen an einem Beispiel, das eine sehr exzeptionelle Bauaufgabe vertritt – eine Denkmalarchitektur –, die Vielschichtigkeit klassizistischer Strömungen aufzeigen. Der Auftrag für den Bau der Walhalla entsprang einer Idee des bayrischen Kronprinzen Ludwig im Jahr 1807. Große Teile Deutschlands waren von Frankreich besetzt –

eine patriotische Tat, ein Denkmal nationaler Größe sollte das Vaterlandsgefühl stärken. Ein 1814 ausgeschriebener Wettbewerb führte zu keinem Ergebnis; Leo von Klenze wurde 1816 beauftragt, neue Pläne zu entwerfen, die nach vielfältiger Modifikation schließlich 1830–42 ausgeführt wurden. Bei Donaustauf, am Rande des Donautals östlich von Regensburg, entstand der Bau als Ruhmeshalle bedeutender Deutscher.[6]

Schon einer der ersten wichtigen Kritiker des Projekts, Peter Cornelius, stellte die verschiedenen Widersprüche des Planes fest. Vor allem erstaunt die Tatsache, daß für ein nationales Monument ein antiker Stil gewählt wurde und nicht ein nach damaliger Meinung deutscher, die Gotik. Jedoch war das für Auftraggeber und Architekt überhaupt kein Widerspruch, denn der hohe Rang der griechischen Architektur und die Identifikation mit den ihr zugeschriebenen Qualitäten und Assoziationswerten legten eine solche Verbindung mit nationalen Interessen nahe. (Vgl. Abb. S. 35.)

Klenze denkt bei seinen Plänen nicht an die wörtliche Kopie eines griechischen Tempels, sondern er sieht sein Ziel in der Neuschöpfung in Nachfolge bedeutender antiker Bauten, ja er setzt sich selbst in Parallele mit antiken Künstlern. Die Antike wird Maßstab eigenen Könnens und ist Absicherung der eigenen Position in der Geschichte. Den Gedanken der bloßen Nachahmung weist der Architekt von sich, werden die Bauten doch mit neuen Formen und Bezügen ausgestattet, so daß sich die Vorstellung von Gleichrangigkeit mit der Antike, ja von Verbesserung ihrer Architektur bildet.

Der Begriff der künstlerischen Freiheit spielt gerade in der strengen Regelhaftigkeit der klassizistischen Architektur eine große Rolle und wird bei Klenze zum »poetischen Gedanken«, der in seinen Plänen investiert sei. Die enorme Treppenanlage, der innere Ausbau und der landschaftliche Bezug sind ihm Beweis für solche Neuschöpfungen. Zu berücksichtigen ist hierbei, daß der wesentlich geschultere Betrachter der Zeit um 1830 diese neuen Elemente viel deutlicher beobachtete als der

heutige und deshalb der Gedanke einer geschichtlichen Verbindung von Antike und fortgeschrittener Gegenwart anschaulich werden konnte.
Der »poetische Gedanke« enthielt vor allem den romantischen Impuls des Unternehmens, der in der Einheit von Architektur und Landschaft erfahren werden sollte. Die landschaftliche Eingebundenheit und Dominanz der Walhalla wurde betont durch Bezüge auf eine nahegelegene Burgruine und die Salvatorkirche; die von Klenze sicher sehr bewußt zitierte Rede des Innenministers läßt gleichsam am Horizont großräumige Verbindungen aufscheinen, die in dem Bau einen nationalen Kristallisationspunkt sehen.[7]
Als die Walhalla 1842 fertig wurde, war ihr Stil nicht mehr zeitgemäß: »Aber indem wir auch den Bestrebungen der neuern Völker unseren Beifall und unsere Ehrfurcht zollen, denken wir keineswegs dem Herrn v. Klenze in der Verehrung der antiken Kunst nachzustehen. Im Gegentheil, [...] nur darin denken wir anders als er, daß wir ihre Monumente nicht für die Muster gelten lassen, nach denen wir unsere Monumente modeln sollen, sondern nur für Muster, die uns große Lehren geben können, [...].« Aber auch die Intentionen hatten sich, zumindest in ihrem Bezugspunkt, gewandelt. War die Walhalla ursprünglich ein nationales, patriotisches Monument für das ganze Volk, so wurde dieses, der politischen Entwicklung in Bayern entsprechend, bei den Einweihungsfeierlichkeiten (am 18. Oktober, dem Jahrestag der Völkerschlacht bei Leipzig) in gebührendem Abstand vom eigentlichen Festgeschehen gehalten, obwohl, Wallfahrern gleich, Tausende gekommen waren: »[...] ein großes politisches Fest ist es doch gewiß, wenn eine Nazion an dem Jahrestage ihrer Wiedergeburt zur Weihe eines Monumentes zusammentritt, das der Größe ihrer Vergangenheit und ihrer Zukunft gewidmet ist. [...] Die Anordner des Walhallafestes hatten anders gedacht: nirgends war (wenn man das freundlich geschmückte, aber vom Schauplatz entfernte Donaustauf und seine Ruine ausnimmt) eine festliche Dekorazion, nirgends

eine bunte Flaggenstange, nirgends ein Laubkranz; und das Volk, die Seele aller Feste war ferngehalten: denn nur eine Uniform, ob landesthümlich oder fremd, berechtigte dem deutschen Ehrenfeste beizuwohnen, und nur wenig Anderen war es [...] gegönnt, eine Ausnahme von der strengen Verordnung zu machen.«[8]

4

Leo von Klenze

Sammlung Architektonischer Entwürfe für die Ausführung bestimmt

(1842)

Am 4. Februar des Jahres 1814 erschien in öffentlichen Blättern ein Aufruf an Teutschlands Architekten, Entwürfe zu mehreren Bauanlagen zu machen, unter welchen auch das Denkmal begriffen war, welches Se. königl. Hoheit der Kronprinz von Bayern dem Andenken großer Teutschen zu errichten beabsichtigte.

In diesem Programme war über die Form und den Styl desselben Folgendes gesagt:

»Das Gebäude, längliches Viereck, mit sich frei herumziehendem Säulengang, auf dreifachem Sockel ruhend, erhält nur ein Geschoß und auch nur eine Halle, keine Wohnzimmer; und (wofern es der Schönheit nicht schadet) zwei Nebengemächer zur Aufbewahrung von Stühlen und Bücherschränken. Breite und Länge wird nicht vorgeschrieben, nur daß es ein großes Gebäude sey. Darin sollen hundert Büsten gleich aufgestellt werden, doch muß Raum für mehrere bleiben, ohne daß Eine dieser hundert deßhalb brauchte verrückt zu werden; auch angegeben werden wie 30–40 Namen von Männern, deren Bildnisse mangeln, auf würdige Weise anzubringen wären.

Walhalla bei Donaustauf. Architekt L. v. Klenze, 1842.
Lithographie nach einem Gemälde von Klenze

Die Beleuchtung muß ein Hauptbedacht für den Künstler seyn; gesetzt man wollte dem Gebäude Licht wie vielen antiken Tempeln ertheilen, daß es nämlich zum Theil offen wäre, so würde der Himmelstrich kein Hinderniß seyn, weil sich in der Höhe wohl Glas anbringen läßt. Das Dach, die nothwendig befundenen Verzierungen im Innern, alle Theile überhaupt, sollen wie das Ganze im reinsten antiken Geschmack gezeichnet seyn. Auch wird eine Zeichnung des Fußbodens nach den schönsten Mustern altgriechischer Tempel erwartet.
Die Pforte von Erz, nicht glatt aber in großen Massen verziert, muß in allen Theilen genau angegeben werden, über ihr die Inschrift: *Walhalla!*
Für eine andere Inschrift, kurz das Jahr und den Erbauer angebend, worauß der Raum vor dem Säulengang oder sonst wo gewonnen werden.
Dieser (das Peristyl) sey von dorischer Ordnung, die Säulendurchmesser jedoch nicht viel über fünf bayerische Fuß.
Das Gebäude, das in eine freie Gegend auf eine sanfte Anhöhe mit Baumgruppen zu stehen kommt, wird äußerlich von Marmorquadern aufgeführt, nach innen kömmt der Feuchtigkeit wegen eine Backsteinwand, die mit Marmorplatten belegt wird.
Zum allgemeinen Augenmerk diene, daß nicht Zierlichkeit, sondern gediegene Größe die erste Bedingung ist: am besten wenn beide vereiniget werden können; besser noch es zeige sich als würdige Nachahmung des großen im Alterthume, denn als minderschöne Selbsterfindung.
Aeußerlich groß verbinde es damit die innerliche den Geist ausfüllende Größe; die Masse muß durchdringenden Eindruck bewirken, bleibenden, dem Gegenstand angemessenen.«
Als die durch dieses Programm veranlaßte öffentliche Bewerbung in den eingesandten Arbeiten keinen Entwurf geliefert hatte, welchen Se. königl. Hoh. zur Ausführung würdig erachteten, erfolgte an mich der Auftrag, einen neuen Anschlag zu machen.

Als nun nach den nöthigen Erörterungen das griechische Tempelschema als das passlichste bestätiget und festgehalten worden war, entwarf ich im März 1821 einen Plan, welcher von dem hochsinnigen Bauherrn gutgeheißen ward, und der jetzt vollendeten Ausführung zur Basis gedient hat. [...]
Regensburg, eine in der Geschichte Teutschlands und Bayerns so berühmte Stadt, auf einem der Knotenpunkte teutscher Hauptstraßen, an einem Hauptstrome Teutschlands und in einer reizenden Gegend gelegen, wo Ebene und Gebirge sich berühren, und ein milderer Himmel der Erhaltung von Bauwerken günstig ist; Regensburg ward von Sr. Majestät dem Könige als der Ort bezeichnet, woselbst der Bauplatz für die Walhalla gesucht werden sollte.
Es ging also im Frühjahre 1826 an mich der Auftrag, gemeinschaftlich mit drei erfahrnen Jngenieur-Officieren dahin zu reisen und eine vorzuschlagende Baustelle von ihnen in strategischer Hinsicht prüfen zu lassen.
Nach Erforschung der einzelnen Punkte (deren Anzahl an dem reizenden linken Donauufer nicht geringe war) ward von Sr. Majestät dem Könige eine Felsenhöhe in der Nähe des Städtchens Donaustauff, welche ihren Gipfel in den Fluthen des alten Ister spiegelt, als Bauplatz der Walhalla bestimmt. [...]
Sehr reizend und durch den Gegensatz imponirend, erscheint ganz in der Nähe, auf einem steil gegen den Fluß abfallenden Felsen, die malerische Ruine der im dreißigjährigen Kriege gebrochenen Veste Donaustauff, welche, Dank der Sorgfalt ihres Besitzers des Fürsten v. Thurn und Taxis, wohl erhalten wird. [...]
Seine Majestät der König bestimmte aber den 18 October des Jahres 1830 für die feierliche Grundsteinlegung dieses Denkmals [...]. [...]
Der bestimmte Gedächtnißtag jenes großen Völkerkampfes, welcher den teutschen Boden vom Joche fremder Herrschaft befreite, sah Seine Majestät den König begleitet von Chören feierlicher Gesänge und festlichem Donner des Geschützes,

auf dem gekräuselten Wellenrücken des alten Ister getragen am Fuße, und bald darnach auf dem Gipfel des Walhallaberges erscheinen, wo 30 000 Menschen im Sonnenscheine eines heiteren Herbsttages des festlichen Augenblickes warteten, in welchem ein teutscher Fürst das Zeichen zum Beginne plastischer Verherrlichung teutschen Verdienstes geben wollte.
Nachdem die Anwesenden auf geschmückten Tribunen die angewiesenen Plätze eingenommen hatten, eröffnete der Minister des Innern, der dem teutschen Parnasse leider zu früh entrissene Dichter Eduard v. Schenk, die Festlichkeit mit folgender schönen Rede.
»Das Wort Seiner Majestät unseres allergnädigsten Königs hat uns heute an erhabener Stätte zu einer erhabenen Feier versammelt.
Die Stätte auf der wir stehen ist ein Berg, umkränzt von Eichen, dem Sinnbild teutschen Sinnes; zu unsern Füßen rauscht der mächtige Donaustrom und bringt uns die Grüße eines verbrüderten Nachbarlandes, in dem er entsprungen; nordwärts wölben sich beschattete Hügel, die bis an den gewaltigen Böhmerwald reichen; südwärts glaubt unser Blick, über die mit Getreide gesegnete Ebene Bayerns weggleitend, die schneeigen Gipfel seines fernen Hochgebirges zu entdekken; neben uns ragen die Trümmer der Veste Stauf, wo ehedem ein starkes Rittergeschlecht gehaust, und aus dem nahen Regensburg, dem ersten Sitze der Bayerfürsten, wo Otto von Wittelsbach belehnt worden, erhebt sich wie ein Fels der herrliche Dom. So umgeben uns rings Bilder teutschen Fürstenthums, teutscher Kraft, Gottesfurcht und Kunst.
Wohl wurden, seit Bildung und Gesittung in Teutschland einheimisch geworden, viel herrliche Gebäude darin gegründet; Jahrhunderte lang übte sich die beharrlichste Kunst oft am Bau eines Domes; die teutschen Lande sind erfüllt mit Kirchen und Palästen, Burgen und Schlössern, und die jüngste Zeit hat jeder Art von Kunst Tempel und Hallen geschaffen, würdig des alten, schönen Vaterlandes der Kunst. Auch haben einzelne große Männer Standbilder und [. . .] Denk-

steine erhalten, mehr jedoch im Sinne der einzelnen Völkerstämme, als im Geiste des teutschen Gesammtvolkes. Nie aber noch ist allen großen Männern, die Teutschland seit den zwei Jahrtausenden seiner Geschichte erzeugt hat, ein Denkmal gesetzt worden. [...]
Es war in den Tagen der tiefsten Erniedrigung Teutschlands, zu Anfang des Jahres 1807, wo das teutsche Reich nach gerade tausendjähriger Dauer, mehr noch durch innere unheilbare Mängel als durch äußere Gewalt zusammengebrochen und dessen einzelne Trümmer allmählich unterjocht wurden; in dieser düstern Zeit war es, als der Kronprinz von Bayern, damals ein zwanzigjähriger Jüngling, den Entschluß faßte, dem teutschen Ruhme ein Denkmal zu stiften, mit ahnungsvoller, vom Erfolge nicht getäuschter Seele vorherschauend, daß derselbe nur augenblicklich verdunkelt, nicht erloschen sey, und daß aus den Trümmern des veralteten Reichsverbandes dereinst nach heldenmüthiger Befreiung ein kräftig verjüngter Staatenbund erstehen würde. [...]
Ueberspringen wir mit geistigem Auge die Jahre bis zu Walhalla's Vollendung und denken wir uns das Gebäude prangend auf dieser Höhe in seiner ganzen Majestät, welch ein Anblick wird den Wanderer, der sich dem Ufer der Donau naht, – den Schiffer, der sie durchsegelt, überraschen! Er gewahrt auf dem Gipfel dieses Berges einen großartigen Tempel von weißem Marmor, würdige Halle der Verklärten, ruhend auf mächtigen dorischen Säulen, umgeben am Abhange des Berges von cyklopischen Mauern und bis tief hinab von prächtigen, nach beiden Seiten auslaufenden steinernen Treppen, in deren Mitte sich die für die Brustbilder der noch Lebenden bestimmte Halle der Erwartung befindet. [...]«
Der Bau begann nun im Frühjahre 1831 mit aller Thätigkeit, und zwar mit der Fundirung der oberen Terrassenabsätze und des Tempels selbst. [...]

Obwohl durch das oben mitgetheilte Programm das dorische Tempelschema der Griechen für den Bau der Walhalla festgestellt worden, so ward dadurch doch keineswegs die Nachahmung oder auch nur das Annähern an die einzelnen Formen und Verhältnisse irgend eines bestimmten Tempels der Art bedingt.

Dem Architekten ward also noch immer dieselbe Freiheit gelassen, welche den Erbauern der Tempel von Pästum, Selinus und Agrigent; welche dem Libon in Olympia, Skopas in Tegea, Menesikles in Athen, und welche selbst Iktinos und Kallikrates bei dem Baue des Parthenon, des Megaron von Eleusis und des Apollontempels in Phigalea gestattete, eben so weit von einander abweichende als gleich treffliche Werke der Architektur zu erschaffen, obwohl sie alle ein und demselben althergebrachten und lange vor ihnen erfundenen und festgestellten dorischen Tempelschema folgten, und ohne daß das geläuterte Kunsturtheil des Alterthums sie deßhalb für Nachahmer gehalten hätte.

Nebst dieser, dem griechischen Tempelbaue inhärenten Freiheit artistischer Entwicklung konnte der Walhalla durch die architektonische Anordnung ihres Unterbaues und die Verbindung desselben mit dem eigentlichen Tempel eine Gestaltung gewonnen werden, zu welcher die Ueberbleibsel des griechischen Alterthums kein, so viel uns bekannt auch nur annäherndes Vorbild gewährten, während das Innere des Denkmals bei ganz verschiedenartiger Bestimmung auch eine von der inneren Gestaltung antiker Tempel ganz abweichende und eigenthümliche Anordnung gestattete.

Es blieb also bei dieser architektonischen Aufgabe monumentaler Art im Allgemeinen hinreichender Stoff, um der ersten Forderung, welche Kunst und Künstler an eine solche zu stellen berechtigt sind: *Freier Entwicklung eines poetischen Gedankens* Genüge leisten zu können.

Der Platz war so gewählt worden, daß die südliche Giebelseite des Tempels den Haupteingang und den Zugang für die Fußgänger auf den Terrassen und Treppenabsätzen – welche nöthig wurden, um dem Gebäude auf dem schmalen Bergrücken Raum zu verschaffen – die nördliche aber die Auffahrt darbot.

Der Erforderniß, dem Ankommenden möglichst wechselnde und mannichfaltige Ansichten des Baues in malerischer Verbindung mit den Umgebungen zu gewähren, schien durch diese Lage Genüge geleistet werden zu können.

Indem die Hauptübersicht des Ganzen sowohl von vorne als von beiden Seiten her auf dem Wege zwischen dem Flusse und der Höhe welche die Walhalla krönt, auf das günstigste gewonnen ward, trat die Rückseite des Tempels bei dem Wechsel der sich in großen Krümmungen den Berg hinanziehenden Fahrstraße in stets wechselnde Verbindung mit der Fernsicht, welche sich hier, wie schon oben gesagt, über ein weites Gebiet von Bergen und Gefilden ausdehnt. [...]

Steigt man aber von der Terrassenseite hinauf, so wird ein steter Wechsel des architektonischen Bildes dadurch erlangt, daß die Treppen bald von vorne, bald von der rechten, bald von der linken Seite ansteigen, und so bald die eine, bald die andere Ansicht gewähren, bald den Tempel verstecken und bald ihn wieder enthüllen. [...]

Es schwebte nun bei dem Entwurfe dieses Denkmales, gleichsam als Poetisches desselben, dem Architekten stets ein solches Fest, welches als eine zu gewissen Epochen wiederkehrende Nationalvereinigung sich gestalten könnte, und die zweckmäßigste Benützung des Ganzen zu einem solchen vor Augen, und als geeignetstes Motiv desselben den jedesmaligen Einzug eines neuen Walhalla-Helden in den Bau durch Inauguration eines neuen Brustbildes bezeichnet. [...]

Verhältnisse und architektonische Formen

In der Gestaltung der Verhältnisse und Profilirungen haben wir gesucht denselben Weg zu gehen, worauf es den größten Architekten Griechenlands gelang, ihre dorischen Tempel – obwohl sie durchaus nach ein und demselben, durch Ursprünglichkeit, constructive, usuelle und statische Zweckmäßigkeit und langen Gebrauch geheiligten Schema arbeiteten und deßhalb den mit dem hellenischen Geiste der Kunst nicht vertrauten Kunstrichtern unserer Zeit oft nur als Nachahmer erscheinen – zu Werken hoher Eigenthümlichkeit zu machen.

Da Lage, Licht, Farbe des Materials, Zeitbegriffe, Erfordernisse und Umstände hier ganz andere als bei Tempeln dorischer Ordnung in Griechenland waren, so konnte und durfte unserer Ansicht nach hier auch kein griechisches Verhältniß und keine griechische Form sklavisch nachgeahmt, sondern nur die großen Lehren, welche wir aus dem Anblicke und der Vergleichung griechischer Monumente abstrahiren müssen, angeordnet und befolgt werden.

Neugotik

Der Dom in Köln

Gotik als Stil und inhaltlich interpretierbare Form war seit dem Ende des Mittelalters niemals ein allgemein als überholt angesehenes Mittel der Architektur gewesen. In allen späteren Jahrhunderten hat man Neubauten in diesem Stil errichtet. Während des 19. Jahrhunderts erreichte er allerdings die Stellung einer vorherrschenden Bauweise, die hauptsächlich im Kirchenbau dominierte, jedoch bei öffentlichen Großbauten wie Rathäusern oder Postgebäuden und vor allem auch im

Villenbau weit verbreitet war. Aus sehr verschiedenen Motivationen, die in den einzelnen Jahrzehnten unterschiedlich bewertet wurden, auch neue Inhalte aufwiesen, fand dieser Stil in fast allen Baugattungen Verwendung.
Die Anfänge der Neubewertung der Gotik liegen in der zweiten Hälfte des 18. Jahrhunderts; gotische Bauten in fürstlichen Parkanlagen, aber auch hymnische Äußerungen, wie Goethes Aufsatz »Von deutscher Baukunst« (1772), enthielten bereits die beiden wichtigsten Komponenten der romantischen Neugotik, der Zeit um 1800 bis 1830: die Charakterisierung der Gotik als merkwürdigen, geheimnisvollen, mittelalterlichen Stil und ihre Verbindung mit dem Gedanken einer nationalen, einer deutschen Bauweise. Beide Komponenten werden deutlich in der Geschichte der Vollendung des Kölner Doms. Das Repertoire der romantischen Beurteilung umfaßte Begriffe wie »Schauer«, »Ehrfurcht«, »Phantasie«, »Grenzenlosigkeit«.
Georg Forsters Notiz, anläßlich einer Reise verfaßt, ist eine der frühen Beschreibungen des Domes, die versucht, mit diesen Begriffen den Eindruck des Raumes zu umschreiben. Allerdings liegt für Forster der Reiz des Domes nicht in seiner Unvollendetheit, wie sie als Vergänglichkeitsmotiv bei gotischen Ruinen in Schloßparks des 18. Jahrhunderts vielfach aufgefaßt wurde; für ihn verspricht gerade die Vollendung das größere Erlebnis, erst in der Fertigstellung wird der Dom zur »Wirklichkeit« (vgl. Abb. S. 45). Das vordergründig »romantische« Erlebnis der Gotik darf nicht darüber hinwegtäuschen, daß Forster sehr wohl auch die sozialen Fehlentwicklungen des »finstren, traurigen Kölln« mit seinem intoleranten Klerus und den Massen von Armen sah.[9]

5

Georg Forster

Ansichten vom Niederrhein

(1791)

So oft ich Kölln besuche, geh ich immer wieder in diesen herrlichen Tempel, um die Schauer des Erhabenen zu fühlen. Vor der Kühnheit der Meisterwerke stürzt der Geist voll Erstaunen und Bewunderung zur Erde; dann hebt er sich wieder mit stolzem Flug über das Vollbringen hinweg, das nur Eine Idee eines verwandten Geistes war. Je riesenmäßiger die Wirkungen menschlicher Kräfte uns erscheinen, desto höher schwingt sich das Bewußtseyn des wirkenden Wesens in uns über sie hinaus. [...] Wir fühlen, Jahrhunderte später, dem Künstler nach, und ahnden die Bilder seiner Phantasie, indem wir diesen Bau durchwandern.

Die Pracht des himmelan sich wölbenden Chors hat eine majestätische Einfalt, die alle Vorstellung übertrift. In ungeheurer Länge stehen die Gruppen schlanker Säulen da, wie die Bäume eines uralten Forstes: nur am höchsten Gipfel sind sie in eine Krone von Aesten gespalten, die sich mit ihren Nachbaren in spitzen Bogen wölbt, und dem Auge, das ihnen folgen will, fast unerreichbar ist. Läßt sich auch schon das Unermeßliche des Weltalls nicht im beschränkten Raume versinnlichen, so liegt gleichwohl in diesem kühnen Emporstreben der Pfeiler und Mauern das Unaufhaltsame, welches die Einbildungskraft so leicht in das Gränzenlose verlängert. Die griechische Baukunst ist unstreitig der Inbegrif des Vollendeten, Uebereinstimmenden, Beziehungsvollen, Erlesenen, mit einem Worte: des Schönen. Hier indessen an den gothischen Säulen, die, einzeln genommen, wie Rohrhalme schwanken würden und nur in großer Anzahl zu einem Schafte vereinigt, Masse machen und ihren geraden Wuchs

Köln. Dom von Südosten. Kupferstich von J. Poppel (1841) nach einer idealisierenden Rekonstruktionszeichnung von E. Gerhardt

behalten können, unter ihren Bogen, die gleichsam auf nichts ruhen, luftig schweben, wie die schattenreichen Wipfelgewölbe des Waldes – hier schwelgt der Sinn im Uebermuth des künstlerischen Beginnens. Jene griechischen Gestalten scheinen sich an alles anzuschließen, was da ist, an alles, was menschlich ist; diese stehen wie Erscheinungen aus einer andern Welt, wie Feenpalläste da, um Zeugniß zu geben von der schöpferischen Kraft im Menschen, die einen isolirten Gedanken bis auf das äußerste verfolgen und das Erhabene selbst auf einem excentrischen Wege zu erreichen weiß. Es ist sehr zu bedauren, daß ein so prächtiges Gebäude unvollendet bleiben muß. Wenn schon der Entwurf, in Gedanken ergänzt, so mächtig erschüttern kann, wie hätte nicht die Wirklichkeit uns hingerissen! [...]
Gegen das Ende unseres Aufenthalts weckte die Dunkelheit in den leeren, einsamen, von unseren Tritten wiederhallenden Gewölben, zwischen den Gräbern der Kuhrfürsten, Bischöfe und Ritter, die da in Stein gehauen liegen, manches schaurige Bild der Vorzeit [...].

Verschiedene Momente trugen zu dem Entschluß bei, den Kölner Dom zu vollenden. Im Jahr 1814 fand Georg Moller (1784–1852) einen Teil der alten Pläne für die Westfassade, Joseph von Görres (1776–1848) erließ seinen Aufruf zur Vollendung, und Kronprinz Ludwig von Bayern sah in dem zu vollendenden Dom ein deutsches Nationaldenkmal. Der Sieg über Napoleon in der Völkerschlacht bei Leipzig, 1813, hatte die nationalen Beweggründe vertieft.
1815 wurde Köln preußisch, so daß auch die neue Regierung politische Ziele mit der Unterstützung des Vorhabens verfolgen konnte. Seit 1823 wurden Restaurierungsarbeiten vorgenommen, doch begann erst mit dem Regierungsantritt Friedrich Wilhelms IV. (1840) die breite staatliche Förderung. Am 4. September 1842 wurde der Grundstein für den Weiterbau gelegt, gefeiert noch als Zeichen nationaler Einigung, die der

König in seiner Rede betonte: »Meine Herren von Köln! Es begibt sich Großes unter Ihnen. Dies ist, Sie fühlen es, kein gewöhnlicher Prachtbau. Es ist das Werk des Brudersinnes aller Deutschen, aller Bekenntnisse [...]. Hier, wo der Grundstein liegt, dort mit jenen Thürmen zugleich, sollen sich die schönsten Thore der ganzen Welt erheben. Deutschland baut sie, – so mögen sie für Deutschland, durch Gottes Gnade, Thore einer neuen, großen, guten Zeit werden!«[10]
Das Zustandekommen des Beschlusses, den Dom zu vollenden, war nicht nur das Verdienst national gesinnter Publizisten, sondern auch das Ergebnis baugeschichtlicher Arbeiten, die erst die historischen und technisch-handwerklichen Voraussetzungen klärten. Zu den am Weiterbau des Domes Interessierten gehörte vor allem Sulpiz Boisserée, Schriftsteller und Antiquar, der über Jahrzehnte für den Aufbau arbeitete. Seine nüchterne Baugeschichte des Domes entwarf gleichzeitig das Idealbild der deutschen Gotik, charakterisiert durch das Emporstreben des Spitzbogens, der auch zum Bild des »germanischen Charakters« wurde. Diese enge Verbindung von positivistischer Forschung und Ideologie kennzeichnete für Jahrzehnte die Baugeschichtsschreibung zur Gotik. (Vgl. Bd. 1, Beyrodt, Abschn. 9.)

6

Sulpiz Boisserée

Geschichte und Beschreibung des Doms von Köln

(1823)

Die alte Kirchenbaukunst, welche man sehr dunkel und irrig die gothische nennt, zeichnet sich durch die glücklichste Verbindung scheinbar entgegengesetzter Elemente aus. Riesenhaft in ihren Entwürfen, kühn und sicher in werkverständiger Ausführung erfüllt sie uns mit Staunen, wärend sie durch

eine höchst erfinderische, Alles gestaltende und verzierende Künstlichkeit unsere freudigste Bewunderung erregt. Drei Jahrhunderte lang, vom dreizehnten bis zum sechszehnten, war sie in ganz Europa herrschend; aber die Geschichte sagt uns nicht, wie sie entstanden. Kein Schriftsteller ist auf uns gekommen, der die Grundsätze derselben aufgezeichnet hat, wie Vitruv von der Baukunst der Griechen und Römer.
Wir sind lediglich auf ihre Denkmale hingewiesen. Doch auch über diese hat ein trauriges Schicksal gewaltet: keines derselben ist zu der beabsichteten Vollendung gediehen; die meisten sind sogar nach frühern und spätern Planen, aus verschiedenartigen Theilen zusammengesetzt.
Der Dom von Köln, eines der größten und vollkommensten Gebäude dieser Art, obwohl auch unvollendet, wurde indessen durch eine besondere Fügung begünstigt. Dieser Wunderbau, in allen wesentlichen Theilen nach einem und demselben Plan im reinsten Styl angelegt, ist durch keine fremdartigen Zusätze entstellt, und man besitzt selbst noch den ursprünglichen Entwurf desselben; so daß aus dem Bestehenden und Beabsichtigten ein Ganzes von der höchsten Einheit und Vollständigkeit zusammengesetzt werden kann, und so wie es aus dem Geiste des Baumeisters hervorging.
Darum wählte ich dieses Gebäude zum Musterbilde der alten Kirchenbaukunst. Es schien mir ein, dem Ruhme der Vorfahren gebührendes, allen wahren Kunstfreunden willkommenes Unternehmen, wenn ich wenigstens im Bilde auszuführen suchte, was das Mißgeschick der Zeiten in der Wirklichkeit nicht hat zu Stande kommen lassen.
Zugleich glaubte ich einzig und allein auf diese Weise zur Beantwortung der, von den ausgezeichnetsten Schriftstellern so oft aufgeworfenen Frage, über den Ursprung, das System und die Ordnung dieser Baukunst, einen festen Grund legen zu können. Denn nur nachdem eines der Hauptdenkmale vollständig, wie es der Baumeister gedacht hat, bis in alle einzelnen Theile auf das genaueste untersucht, und die bei dem Entwurf und der Ausführung desselben befolgten

Grundsätze erforscht worden, mag es gelingen, einerseits den Ursprung der hier gefundenen Grundsätze zu entdecken, und andererseits die weitere Entwickelung derselben bis zum Verfall, mithin das System in seinem ganzen Umfange samt seinen verschiedenen Abweichungen und Veränderungen nachzuweisen.

Hauptcharakter der alten Kirchenbaukunst

Gerade dies Emporstreben der im schönsten Ebenmaaß und Verhältniß geordneten Theile und Glieder, bei steter Wiederholung des Ganzen im Einzelnen, ist es, was so erhaben auf das Gemüth eines jeden wirkt, der den kölner Dom betrachtet, was ihn wie mit Geistesschwingen ergreift, wenn er in das Innere der Kirche eintritt.

Der Baumeister vermied, um diese Wirkung hervorzubringen, an dem ganzen Gebäude, so viel als möglich, die wagerechten Linien, und da wo sie nach den Gesetzen der Baukunst nothwendig waren, um durch Gesimse Abtheilungen zu machen, suchte er sie zu unterbrechen, so daß die senkrecht oder pyramidalisch aufsteigenden Linien stets vorherrschend blieben. Hiebei kamen ihm im Innern die hohen in einem Zug fortlaufenden Säulen, und am Aeußern jene thurmartigen Widerhalter, und besonders die Spitzgiebel trefflich zu statten.

Im Innern finden wir daher auch keine lang fortgeführte wagerechte Linien, und am Aeußeren erscheinen solche nur in dem Gesimse des untern Chor- und Schiffgeschosses, und in dem Forst des großen Daches. Doch selbst an dem letztern Theil, hat der Baumeister die gerade Linie noch durch eine zackenartige mit Laubspitzen endigende Verzierung aufgehoben. An dem untern Geschoß des Kreuzes hingegen treten nach Maaßgabe der an der Vorderseite, bei dem Hauptgang getroffenen Anordnung, Spitzgiebel über den Thüren hervor, und so sind gleichfalls sämmtliche Fenster der Thürme und des obern Schiffes und Chors mit Spitzgiebeln überbaut, wodurch das die Geschosse abtheilende Gesimse stets unterbrochen wird. [. . .]

Vegetabilischer Charakter

Durch die reiche Verzierung tritt nun auch die vollkommenste Uebereinstimmung mit der Pflanzenbildung ein. Im Innern der Domkirche haben wir schon die Aehnlichkeit der Fensterverzierungen mit den Pflanzenformen bemerkt; diese Fensterverzierungen gehören ebenfalls dem äußern Gebäude an, und finden sich hier auch noch in den Kleeblättern, Kreuzblumen und Rosen, aus denen die durchbrochenen Geländer und die Füllungen der Fenstergiebel und Thurmhelme zusammengesetzt sind.

Am meisten aber kommt jene Uebereinstimmung in dem unmittelbar aus der Pflanzennatur entlehnten Blätterschmuck zum Vorschein, womit wir die Gesimse, die Hohlkehle der Fensterbogen, den Dachforst, die Giebel, Thürme und Thürmchen belaubt sehen. [. . .]

Diese Verzierung der Giebel- und Thurmspitzen erinnert an den aus den frühesten Zeiten des Christenthums herkömmlichen, durch die Kreuzzüge noch allgemeiner gewordenen Gebrauch, das Zeichen des Kreuzes allenthalben zu Schutz und Schirm aufzustellen; und es ist ganz der sinnvollen Weise des Baumeisters gemäß, wann er das Zeichen des Kreuzes zu einem lebendigen Zweige, zum Baum des Lebens umwandelt.

Durch diese Fülle von Laubwerk und blumenartigen Zierrathen, die wir an allen großen Werken aus der schönen Zeit dieser Bauart bemerken, wurde die auf dem Weg architecktonischer Gliederung entstandene innere Aehnlichkeit mit der Pflanzenbildung, auch in der äußern Gestaltung zur Erscheinung gebracht, und so der vegetabilische Charakter der Kirchenbaukunst vollkommen entschieden.

Fragen wir nun nach dem Grunde dieser eigenthümlichen Entwickelung, so finden wir zwar, daß die Pflanzenwelt, als der schönste Schmuck der Natur, von jeher der Kunst die angemessenste Zierde dargeboten hat, aber nirgend sehen wir die vegetabilische Verzierung so ausschließend angewandt, so innigst mit dem Wesen des Ganzen verwebt, wie in der Kirchenbaukunst, ja hier hört sie eigentlich auf, Verzierung im gewöhnlichen Sinne des Wortes zu seyn; sie stellt sich dem Auge nicht als ein von Außen hinzugefügtes, sondern als ein aus innerem Wachsthum Hervorsprossendes dar.
Darum ist man denn auch nicht bei der freilich sehr treffenden Vergleichung mit einem Walde stehen geblieben, sondern hat diesen eigenthümlichen Baustyl selbst von den heiligen Hainen der alten Deutschen abzuleiten gesucht.
Allein die Geschichte widerspricht dieser der Einbildungskraft schmeichelnden Vermuthung. Denn die Denkmale aus den Zeiten in denen das Christenthum in Deutschland und die übrigen nordischen Länder eingeführt wurde, tragen nicht die geringste Spur einer solchen Nachahmung. Sie sind vielmehr alle in der rundbogigen, schweren romanischen oder byzantinischen Bauart erbaut, welche die Missionarien mit der lateinischen Sprache des Gottesdienstes und der byzantinischen Art der Sculptur und Malerei aus Italien einführten. [. . .]
Die Kunst aber, wenn sie bei einem Volke sich eigenthümlich entwickelt, wird auch immer den ursprünglichen Lebensgeist dieses Volkes athmen, und dies ist gerade bei der Baukunst ganz vorzüglich der Fall. In dieser Hinsicht nun bietet sich uns zur befriedigendsten Erklärung jenes vegetabilisch-architecktonischen Charakters, das tiefe Naturgefühl dar, wodurch die germanischen Völker sich von jeher ausgezeichnet haben, ein Gefühl, welches sich in den Dichtungen des dreizehnten Jahrhunderts, als freudige ja schwärmerische Verehrung des Frühlings so lebhaft und schön ausspricht, und sich auch sonst in manchen zum Theil noch herrschenden Gebräuchen kund giebt. [. . .]

Die Vollendung des Domgebäudes

In dieser Vollendung wäre das Gebäude wie ein Berg Gottes, wie ein anderes Zion gewesen, den Bewohnern der Stadt und des Landes zum steten Ziel frommer, freudiger Erhebung kunstreich aufgerichtet.
Schon jetzt ragen die beiden größeren Theile des ausgeführten Baues wie gewaltige Felsen über die anderen Kirchen und Wohnungen hervor, und sind dem Auge des aus der Ferne Kommenden Stunden weit erkennbar.
Welch ein Anblick müßte es erst gewesen seyn, wenn die Thürme ihre durchbrochenen Helme mit den reichen Blätterkronen in den blauen Himmel erhoben hätten.
Bei dieser Betrachtung drängt sich uns der so oft ausgesprochene Wunsch auf, daß die Enkel den von den Voraltern begonnenen Wunderbau vollenden möchten. [...]
Hiezu aber gehört der beharrliche Wille eines mächtigen Fürsten, und die Begünstigung eines langen glücklichen Friedens.

Die Verbindung von deutschem Nationalismus, rheinisch-katholischem Unabhängigkeitsstreben und dem Bedürfnis nach Festigung der preußischen Macht in der neugewonnenen Provinz kennzeichnet die verschiedenen Motive für die Vollendung des Domes, der mit diesen breitgestreuten Interessen das Spektrum angibt, in dem im gesamten 19. Jahrhundert die Rezeption der Gotik stand. Die ungeheure Begeisterung für den Dom, die sich in der Gründung von 70 Unterstützungsvereinen in ganz Deutschland und dem Ausland spiegelt, täuschte allerdings über die durchaus kritischen Stimmen hinweg.[11]
Nicht ohne Gewicht war hier Heinrich Heine, der 1842 noch bei der Leitung der Pariser Filiale des Dombauvereins mitgearbeitet hatte und schon zwei Jahre später die Problematik des Unternehmens sah:

Doch siehe! dort im Mondenschein
Den kolossalen Gesellen!
Er ragt verteufelt schwarz empor,
Das ist der Dom von Köllen.

Er sollte des Geistes Bastille sein,
Und die listigen Römlinge dachten:
In diesem Riesenkerker wird
Die deutsche Vernunft verschmachten!

Da kam der Luther, und er hat
Sein großes »Halt!« gesprochen –
Seit jenem Tage blieb der Bau
Des Domes unterbrochen.

Er ward nicht vollendet – und das ist gut.
Denn eben die Nichtvollendung
Macht ihn zum Denkmal von Deutschlands Kraft
Und protestantischer Sendung.

Ihr armen Schelme vom Domverein,
Ihr wollt mit schwachen Händen
Fortsetzen das unterbrochene Werk
Und die alte Zwingburg vollenden![12]

Heines Hoffnungen auf Nichtvollendung blieben unerfüllt, der Dom wurde fertig; die Einweihung am 15. Oktober 1880 in Gegenwart des Kaisers und preußischen Königs und fast aller deutscher Fürsten wurde zu einer rein protestantischen Angelegenheit. Katholische Würdenträger hatten aus Protest gegen den »Kulturkampf« ihre Teilnahme abgesagt.
Die Einweihung, so pompös sie auch ablief, war nicht mehr das begeisternde Ereignis, das man in den 40er Jahren erhofft hatte; die Einigung Deutschlands war inzwischen durch politische Mittel erzwungen worden.
Für die architekturgeschichtliche Entwicklung des 19. Jahrhunderts jedoch war die Vollendung des Kölner Domes nicht

ohne Folgen. Die »Deutsche Bauzeitung« schrieb 1880: »Als der Gedanke einer Herstellung und Vollendung des zur Ruine gewordenen Kölner Domes zuerst gefasst wurde, war das Verständnis für die eigenartige Schönheit unserer vaterländischen Baudenkmale auf das tiefste gesunken; ja beinahe ein Haß gegen dieselben hatte sich verbreitet und es galt für eine That der Aufklärung sie zu zerstören und zu beseitigen. Durch die Erweckung des historischen und nationalen Interesses für diese Bauten, wie es zunächst an den Kölner Dom sich heftete und an ihm erstarkte, hat sich durch die gleichfalls von hier ausgehende Kunstforschung und Kunstwissenschaft unterstützt – allmählich auch das Interesse und das Verständnis für ihren künstlerischen Werth belebt. [. . .]

Das für unser Fach wichtigste Ergebnis der dem Dom aufs neue zugewendeten Bauthätigkeit, ist jedoch die Begründung einer neuen Kölner Bauhütte und die von ihr ausgegangene Wieder-Erweckung einer lebensfähigen und schöpferischen Schule mittelalterlicher Baukunst und mittelalterlicher Handwerks-Technik.«[13]

Direkt wirkte der Dombau durch die aus der Bauhütte hervorgegangenen Architekten, wie z. B. Vincenz Statz und Friedrich Schmidt, die zahllose neugotische Bauten errichteten; zu erinnern ist nur an Schmidts Rathaus in Wien (1872–83) oder an St. Mauritius in Köln (1859–61), sowie den Dom in Linz a. d. Donau (1859–1924), beide von Statz entworfen.[14] *Nicht nur die bei den Dombauarbeiten gewonnenen Kenntnisse über mittelalterliche Bautechnik, sondern auch die Beispielhaftigkeit des Unternehmens wurde für die Denkmalpflege zu einem wichtigen Ansporn für die Restaurierung vieler kleiner, bis dahin vernachlässigter Denkmäler.*

Gotik als allgemeiner Stil

Die Propagandisten

Neben dem direkten Einfluß von Mitgliedern der Kölner Dombauhütte war für die Verbreitung der Neugotik eine Anzahl von Architekten verantwortlich, die mit dieser Hütte nur lose in Verbindung standen, die aber durch die Propagierung des Stils in der Öffentlichkeit wirksam wurden.
Gottlob Ungewitter, Architekt und Akademielehrer in Kassel, hatte enge Beziehungen zu rheinischen Neugotikern und vertrat fast bedingungslos diesen Stil. Vor allem entwarf er eine Gegenposition zur herkömmlichen Akademieausbildung, deren Festhalten an antiken Mustern nach seiner Meinung zu einer Verödung gerade der Kleinbauten führte, für die antike Stile nicht geeignet seien. Hier schaffe der universale gotische Stil Ersatz, da er für alle Baugattungen modifiziert werden könne. Für Ungewitter, der durch seine Musterbücher einen weiten Einfluß besaß, war die Gotik nicht so sehr der deutsch-nationale Baustil, sondern aus bautechnischen, ökonomischen, klimatischen und ästhetischen Gründen der einzig verwendbare.
Von kaum geringerem Einfluß war Conrad Wilhelm Hase aus Hannover.[15] *Seine Wertschätzung der Gotik erwuchs aus der alltäglichen Baupraxis in der Provinz. Die mittelalterlichen Dorfkirchen dienten ihm als Gegenmodelle zu den Mustern der herkömmlichen Lehrprogramme an den Akademien und Bauschulen. Ihr Formenreichtum sollte zum wirksamen Moment der Erneuerung in der erstarrenden Routine des Architektenberufs führen. Gegen die strenge Symmetrie der klassizistischen Architektur, gegen die Verwendung von Säulen und Stuck, gegen die starre Raumfolge setzte Hase, vor allem im Profanbau, die Flexibilität kleinteiliger, oft verwinkelter, aber wohnlich-funktionaler Raumeinheiten und erreichte damit ein im Äußeren aufgelockertes Erscheinungsbild*

seiner Bauten. Das entscheidende Kriterium für den Innovationswert der mittelalterlichen Architektur sah er in der Verwendung des Backsteins als »neuem« Material. In der zunächst schwierig erscheinenden Handhabung vorgefertigter Ziegel für die Feinheiten gotischer Formen lag für ihn gerade der Reiz (vgl. auch Abb. S. 67). Es ist ja für die Neugotiker insgesamt bezeichnend, daß sie, so verbissen sie ihren Stil auch verteidigten, von bemerkenswerter Flexibilität bei der Wahl neuer Baustoffe waren; man denke auch daran, daß sie z. B. im Gußeisen durchaus Eigenschaften erkannten, die dem Haustein der gotischen Architektur adäquat waren.

7

Gottlob Ungewitter

Lehrbuch der gothischen Constructionen

(1859)

Die in den ersten Decennien unseres Jahrhunderts in Deutschland allgemein gültigen und selbst jetzt noch in vielfacher Hinsicht äusserst werthvollen Lehrbücher über Landbaukunst von Gilly, Wolfram etc. bezeichnen als die drei Hauptertordernisse eines jeden Bauwerkes: die Zweckmässigkeit, die Dauerhaftigkeit und die Schönheit. Letzterer jedoch wird von vorn herein eine secundäre Stellung angewiesen und dieselbe nur in soweit zulässig erklärt, als sie den ersten beiden Eigenschaften nicht widerstrebe.

Diese überaus vernünftige Auffassung ist nur insoweit irrig, als sie die Möglichkeit eines Conflictes zwischen der Schönheit und ihren bevorzugten Schwestern zulässt, und selbst dieser Irrthum ist begründet durch die damals allgemein herrschenden Begriffe von architektonischer Schönheit. Sie wurde daher allgemein adoptirt, insbesondere zum Glaubensartikel der Staatsbaubeamten gemacht, und war insofern von äusserst nachtheiligen Folgen, als die grosse Mehrzahl dieser letzteren, weit entfernt im vorkommenden Falle den Ursachen jenes Conflictes nachzuforschen, und dieselben, soweit möglich, aus dem Wege zu räumen, im Gegentheil sich dabei beruhigte und die in jener Auffassung enthaltene Licenz weiter ausdehnend, selbst die Hässlichkeit als zulässig erachtete. Man sprach das zwar nicht direct aus, aber man gelangte doch auf diesem Wege zu dem Begriff, und zwar zu dem ausgesprochenen der »schönen Architektur«, zu der die gewöhnliche Baupraxis sich gegensätzlich verhielt. Der ersteren gehörten denn beinahe ausschliesslich die in grossen Städten aufzuführenden Prachtbauten, die Paläste, Theater, Museen, der letzteren aber die weitaus überwiegende Mehrzahl der Nutzbauten, der landwirthschaftlichen und Communalbauten, ja selbst die kleineren Kirchen an. Dass eine derartige Auffassung, wonach ganze Kategorieen von Werken aller Schönheit baar und ledig zu bleiben hatten, wonach der überwiegenden Mehrzahl der Menschen im Leben nur unschöne Bauwerke, und bei dem alle Handwerke beherrschenden Einfluss der Architektur nur unschöne Gegenstände zu Gesichte kommen konnten, die endgültige nicht sein dürfte, sieht sich leicht ein.

Wir haben schon oben die damaligen Schönheitsbegriffe als die Ursachen des gerügten Missverhältnisses bezeichnet. Es waren dieselben aber die der antiken Architektur, wie man annahm, zu Grunde liegenden, deren Formen für alle Zeiten als Ideale zu gelten hatten, an deren Mustergültigkeit kein Zweifel statthaft sein konnte. [...]

Da aber die Schönheit, welcher man auf solchem Wege nachtrachtete, mit dem Zweck des Gebäudes in keinerlei Beziehung stand, so musste sie der Zweckmässigkeit widerstreiten, da die Natur des Materials keine Berücksichtigung finden konnte, so musste die Dauerhaftigkeit gefährdet werden. Es war sonach nicht allein die Möglichkeit, sondern beinahe die Nothwendigkeit jenes Conflictes gegeben.

Wir haben in dem eben Gesagten nur den gewöhnlichen Standpunkt der Baubeamten und Baumeister der antikisirenden Richtung bezeichnen wollen. Dass es in derselben hochbegabte Künstler gegeben hat und vielleicht noch giebt, auf welche unsere Schilderung nicht passt, denen es selbst gelungen ist, jenen todten und fremden Formen ein neues Leben einzuhauchen, sie den modernen Bedürfnissen anzupassen, soll nicht in Abrede gestellt werden. Wie diminutiv aber ist ihre Zahl, wie gering ihr Einfluss auf die grosse Menge der Architekten!

Die Unzulänglichkeit der griechisch-römischen Architektur führte denn auch schon in den dreissiger Jahren auf allerlei das System durchlöchernde Licenzen. Man begann damit, den verschiedenen Stylperioden des Mittelalters gewisse Aenderungen, gewisse Einzelformen zu entlehnen und mit der antikisirenden Conception des Ganzen zu verbinden, und liess sich auch wohl durch das pikante Ansehen solcher Neuerungen verleiten, den Kreis dieser Licenzen weiter auszudehnen. [...]

Es liegt in der Natur der Sache, dass diese Bestrebungen, jedes einheitlichen Principes ermangelnd, völlig aus der individuellen Ansicht jedes Einzelnen hervorgehend, sich in eine zahllose Menge auseinandergehender Richtungen zerspalten mussten, aus welchen sich dann schliesslich die Idee herausbildete, dass die jetzige Kunstperiode als ein Durchgangszustand angesehen werden müsse, aus welchem die Architektur der Zukunft sich noch entwickeln werde, dass mithin der neue Messias noch zu erwarten sei. [...]

Es möchte nun wenig daran liegen, ob man diese künstlerische Form in dem Styl des 13. oder des 12. Jahrhunderts, in dem gothischen oder romanischen oder altchristlichen erblikken will. Wir möchten aber annehmen, dass wenn die romanische Kunst zu den grossartigen Kathedralenbauten des 13. Jahrhunderts nicht ausreichend war, sie den vielgestaltigen Aufgaben der Gegenwart noch weit minder genügen wird, dass aber keine Aufgabe erdacht werden kann, zu deren

Lösung aus dem Princip der gothischen Constructionen die Mittel sich nicht entwickeln liessen.
Dem oben geschilderten absoluten Schönheitsbegriff der antikisirenden Richtung steht dann die Schönheit der gothischen Architektur darin gegenüber, dass sie für jede einzelne Aufgabe eine besondere ist, dass sie für eine jede aus dem innersten Wesen derselben sich construirt und als die nothwendige Folge der wohlverstandenen Dauerhaftigkeit und Zweckmässigkeit darstellt. Sie gestaltet sich demnach für jeden Einzeltheil als die seinem structiven Zweck angemessenste Form, für das Ganze aber als die der Bestimmung des Werkes am besten dienende und dieselbe zum klarsten Ausdruck bringende Conception.
So ist die Schönheit der Kathedrale eine andere als die der Pfarrkirche, die Schönheit des kirchlichen Baues im Allgemeinen eine andere als des weltlichen. So ist sie für jede der vielfach verschiedenartigen Aufgaben der weltlichen Baukunst wieder eine besondere, dem Charakter derselben angemessene. Die Einheit aber in der endlosen Verschiedenheit ihrer Lösungen wird durch den Zusammenhang einer jeden mit der Structur der Kirche hergestellt. So schliesst die Kathedrale die gesammte Formentwickelung aller übrigen Werke in sich, gleichwie der Geist, der unter ihren Gewölben wohnt, alle Räume durchdringt. Gerade dieser Zusammenhang mit der Kirche, diese Präponderanz des religiösen Charakters in der gothischen Kunst hat man derselben gern zum Vorwurf gemacht und sie deshalb auch wohl für ungeeignet erklärt, weltlichen Zwecken zu dienen. [...] Der Palast, das Rathhaus, das Wohnhaus sind freilich von der Kirche verschieden, aber gebetet wird doch in allen, den durch die Religion sanctionirten Zwecken dienen doch alle, und es würde daher ihre äussere Form dem innersten Kern ihres Wesens widersprechen, wenn sie ihre Entstehung aus der Gestaltung der Kirche nicht zur Anschauung brächten. [...]
Wie dem nun auch sei, so viele Richtungen sich im Ganzen geltend machen, der Zug nach der gothischen Kunst ist seit

einer Reihe von Jahren im Wachsen begriffen. Man ist es endlich vielfach müde geworden, sich die antikisirenden oder zeitgeistlerischen Conceptionen octroyiren zu lassen, mit denen manche Baubehörden so überaus freigebig sind. Kirchliche und weltliche Werke erheben sich aller Orten, welche von der Umkehr von dem seither betretenen Wege, von einem mehr oder minder glücklichen, aber doch immer ehrlichen Streben Zeugniss ablegen.
Nach dem eben Gesagten ist es nun der Zweck unserer Blätter, die verschiedenen Constructionen der gothischen Kunst, die Gestaltung der Einzeltheile aus ihren verschiedenen Functionen, aus den Eigenthümlichkeiten der Materialien, nach den Werken des Mittelalters zu erklären und die Vereinigung derselben zu einem Ganzen darzustellen. [...] Eine scharfe Scheidung der nationalen Eigenthümlichkeiten konnten wir dabei um so weniger eintreten lassen, als dieselben sich auch im Mittelalter nur ungesucht entwickelt haben, als man auch damals die von anderen Nationen gewonnenen Resultate, soweit sie erreichbar waren, studirte und benutzte.

8

Conrad Wilhelm Hase

Backsteingotik

(1859)

Es ist wohl nicht mehr hinwegzuleugnen, dass die christlich-germanische Bauweise im deutschen Vaterlande mehr und mehr wieder Geltung und festeren Boden gewonnen hat. Die früher allgemeine und noch immer bestehende Abneigung gegen die Wiederbelebung derselben, wurzelt hauptsächlich ja auch nur im Kreise *der* Bauleute, bei deren künstlerischer Jugendbildung die Gelegenheit nicht geboten wurde, sich mit dem Geist und Wesen der mittelalterlichen Kunst so vertraut machen zu können, um aus der Erkenntniss ihrer tief innerlichen Schönheit sie lieb gewinnen, und sich zu eigen machen zu müssen. Der grösste Theil des deutschen Volkes dagegen begrüsst schon seit langer Zeit mit Freuden jeden wiederbelebten Keim heimathlichen Wesens, und diese im deutschen Gemüthe begründete, überall sich kundgebende freudige Hinneigung zu Allem, was dem vaterländischen Geiste verwandt ist, sichert der heimathlichen Kunst den Sieg in nicht mehr ferner Zeit.

Wie im Hannoverschen Lande bei den Staatsprüfungen der angehenden Bauleute bereits seit längeren Jahren nicht einseitig die Kenntniss der antiken Bauweise, sondern mit ihr verbunden die aus derselben hervorgehende Entwickelung der christlichen Kunst beansprucht ward, muss es mit Freuden begrüsst werden, dass ein mächtigerer deutscher Nachbarstaat[16] in jüngster Zeit als nothwendig anerkannt hat, bei der Staatsprüfung der Bautechniker neben der sonst ausschliesslich geforderten Bewandertheit in der antiken Bauweise auch Kenntniss der mittelalterlichen Baukunst zu fordern, um zunächst Restaurationen mittelalterlicher Kirchen stylgerecht ausführen zu können.

Damit ist zwar gewissermassen gesagt, dass im Uebrigen die Bauleute in der ihnen auf der Akademie oder sonst wo eingeübten Weise bauen werden, diese daher als ihr Hauptstudium betrachten müssen, und nebenher gelegentlich auch wegen des Kirchenbaues die mittelalterliche Kunst einzuüben haben, ungefähr so, wie man früher glaubte, dass ein Jurist, der Verwaltungsbeamter werden wollte, auch das Bisschen Strassen-, Brücken- und Wasserbau kennen könne, was einem studirten Manne doch nicht schwer fallen dürfte. [...]

Und doch, sage ich, dürfen wir obige Verordnung unseres Nachbarlandes mit Freuden begrüssen, indem sie nur gute Früchte tragen kann. Bedenkt man, dass die grösste Zahl der Bauleute von ihrer Akademie entfernt, dem Staatsdienste einverleibt und in einen entlegenen Landestheil versteckt, selten oder auch wohl nie wieder Gelegenheit haben, Musterbauten in der ihnen auf der Akademie angewöhnten sogenannten classischen Weise sehen zu können und darum gar bald in eine manierirte Schablonenkunst, wenn's überhaupt noch so weit geht, verfallen müssen, so hülfreich ihnen auch die Literatur oder Kupferwerke zur Seite stehen, so ist es einleuchtend, dass bei einigem bereits vorschriftlich erweckten Interesse für die christliche Kunst, dasselbe in diesem Zustande der Verlassenheit ohne Frage fast auf jedem kleinen Dorfe durch die bis dahin kaum beachteten Kirchen angeregt werden muss. Jede kleine mittelalterliche Kirche bietet irgend etwas Interessantes, jedes Nachbardorf weckt durch neue Formen an seiner Kirche neues Interesse, und benachbarte Dörfer und Städte bieten überall reichen Stoff und Nahrung zur eigenen Fortbildung für die ganze Lebenszeit. – Und eine Lebensaufgabe ist das Studium der Kunst; nicht mit der Schule oder der Akademie ist es abgethan; hier kann nur angeregt werden, was bei eigener Praxis reifen soll, was nur bei dem eigenen Studium der Denkmäler durch Anschauung der Wirklichkeit als *schön* und wahr erkannt werden kann. Hier in der Praxis erst erkennt der junge Baumeister, dass locale Verhältnisse bindend und bedingend wirken, dass verschiedenartige Materialien verschiedene Formen beanspruchen, dass bei dem Mangel von Sand- oder Hausteinen der kleine Ziegelstein durch geschickte künstliche Fügung das Bauwerk dauerhaft macht und durch eine aus der Natur des Materials gebildete Gliederung zu der Würde monumentaler Bedeutung erhebt. Das Alles hat er zwar schon auf seiner Lehranstalt gehört; in der Praxis aber ist es ihm, als müsse er das Alles noch einmal wieder und zwar gründlicher lernen, und hierzu helfen ihm die alten Monumente, denn seine Vorfahren hatten dasselbe Material und dieselbe Schwierigkeit zu besiegen, und haben sie so vortrefflich besiegt, dass er bald fühlen wird, wie selbst eine stylgerechte Bildung eines solchen speziellen, durch locale Verhältnisse veranlassten Zweiges mittelalterlicher Bau-

weise zur Lebensaufgabe werden muss, wenn wir so Vollendetes wie unsere Vorfahren leisten wollen.
Wenn wir somit die Monumente eines bestimmten Landstriches als Lehrmeister für neue Kunstschöpfungen auf demselben Boden zu betrachten haben, so dürfte auch ebensosehr allem Neuen, was in diesem Sinne und in dieser Richtung bereits geschaffen ist, die nöthige Beachtung und Würdigung nicht versagt werden, und somit dürften denn auch die nachfolgenden Blätter als ein willkommener Beitrag zur Wiederbelebung des nordischen Backsteinbaues betrachtet werden.

Nun ist die Gotik, wie schon bei Ungewitter erkennbar, nicht ausschließlich als Kirchenstil propagiert worden. Exponiertester Vertreter einer Richtung, die versuchte, sie zum allgemeinen Baustil schlechthin zu machen, war der Jurist August Reichensperger, Redakteur des Kölner Domblattes (seit 1842), Mitglied des Preußischen Abgeordnetenhauses (1850–63 und 1870–86) und 1867–84 Mitglied des Reichstages als Centrums-Abgeordneter für Krefeld. Sein kompromißloser Kampf für die Gotik war zunächst begründet in der Formierung eines politischen Katholizismus im Rheinland, mit antipreußischer Haltung. Im Laufe der Jahrzehnte verselbständigte sich sein Eintreten für diesen Stil jedoch zu einer Vorstellung von der Gotik als germanischem Baustil, als Ausdruck deutscher Baugesinnung. Die Gotik als Kirchenstil war schließlich kaum mehr in Frage gestellt, ihre Anwendung im Profanbau jedoch umstritten. Auf diesen Bereich verlegte Reichensperger das Schwergewicht seiner Aktivitäten in den 70er Jahren, als die Reichsbehörden immer mehr Monumentalbauten errichteten. Wie stark sich seine Ansichten verhärteten, zeigen die beiden Beiträge zu den Reichstagsdebatten über die Gestalt deutscher Postgebäude.
Seit den frühen 40er Jahren war die kunstgeschichtliche Forschung zu dem Ergebnis gekommen, daß die Gotik nicht in Deutschland entstanden sein konnte, sondern in Frankreich

ihren Ursprung hatte. Hinter diese Tatsache konnte auch Reichensperger nicht mehr zurück; um aber den Stil für Deutschland als Nationalstil zu retten, führte er den Rassenbegriff in die Architekturdebatte ein und postulierte gleichsam ein natürliches Recht der Deutschen auf diesen Stil. Es ist schwer, Reichensperger gerecht zu werden. Trotz seiner konservativen Haltung entwickelte er etwa in den Debatten über den Bau des Reichstages in Berlin weitsichtige Gedanken. So trat er für Funktionalität und harmonisch gruppierte Baukörper ein, als allgemein repräsentative, imposante Großarchitekturen gefordert wurden. Sein Einfluß im Reichstag war trotz der oft Heiterkeit erregenden Penetranz seiner Einlassungen nicht gering, und eine Anzahl von Entwürfen für Gebäude des Reiches wurde auf seine Intervention zu neuerlicher Bearbeitung zurückgegeben.

Mit Reichenspergers dogmatischem Eintreten für die Gotik erreichte die Bewegung ihren Höhepunkt. Bis in die 90er Jahre blieb die Gotik der bevorzugte Stil für Kirchenbauten, wurde aber auch sehr häufig im Villenbau und für staatliche Repräsentationsbauten verwendet.

Weitere Teilnehmer an den Reichstagsdebatten waren u. a. die Abgeordneten: Georg Adolph Demmler (1804–86), Hofbaurat aus Schwerin, der dort das Hoftheater (1832) und das Schloß (seit 1840) errichtet hatte. Demmler, Abgeordneter der SPD, war Teilnehmer der Revolution von 1848; Friedrich Hammacher, Rentier aus Berlin, Abgeordneter für den Kreis Herzogtum Lauenburg; Otto Möller, Arzt, Abgeordneter für die Deutsch-Freisinnige Partei; Hermann Römer, Abgeordneter der National-Liberalen Partei für Hildesheim; Heinrich von Stephan, seit 1876 General-Postmeister, nach Errichtung des Reichspostamtes (1880) dessen erster Staatssekretär, was heute einem Minister entspricht.

9

Debatte im Reichstag über die Architektur der deutschen Postgebäude

(1878)

Abgeordneter *Demmler*: Meine Herren, schon in der vorjährigen Reichstagssession habe ich mir die Ehre genommen, über einige Post- und Kasernenbauten meine technischen Erinnerungen dem hohen Hause vorzulegen. [...]
Das hohe Haus hat oft Erinnerungen über den Baustyl gemacht, namentlich bei den Bauten für das auswärtige Amt etc., so daß ich es bedaure, daß in die Kommission, worin doch eigentlich die ganze Reichsverwaltung sich konzentrirt, keine künstlerische oder technische Fähigkeit hineingewählt worden ist, um ihre Kenntnisse und Erfahrungen dort im Interesse des Reichs verwerthen zu können. Aus diesen Gründen, meine Herren, habe ich mich verpflichtet gehalten, außerhalb dieser Kommission stehend, abermals die uns vorliegenden Neubauten der Post und Telegraphie in neun Städten – respektive in Guben, Flensburg, Hansdorf, Fulda, Pforzheim, Braunschweig, Hildesheim, Hannover, Münster in Westfalen – im Büreau einzusehen, nicht allein die Pläne, sondern auch die Materialien- und Kostenanschläge. [...]
Vor allen Dingen, meine Herren, habe ich bei Durchsicht dieser Kostenanschläge gefunden, daß namentlich die Ausgaben für die Entwürfe, also für die wahrhaft künstlerisch technische Fähigkeit, ganz exorbitant in den Anschlägen sind aufgenommen worden. [...]
Dann, meine Herren, glaube ich auch, daß es die amtliche und künstlerische Ehre der Herren Postbauräthe erfordert, daß sie darauf halten, daß ihnen auch die Entwürfe zu den Neubauten, die in ihren Distrikten liegen, übertragen werden müssen. Meine Herren, das findet hier auch nicht statt; denn in Braunschweig und in Münster sind die Entwürfe von

einem Baurath Raschdorff in Köln, in Hildesheim von dem Baurath Hase – ob er noch einen andern Titel hat, das weiß ich nicht – angefertigt worden, und ich glaube, Herr Kollege Reichensperger (Krefeld) wird es mit Freuden vernehmen, wenn ich ihm sage, daß diese drei Entwürfe für Münster, Hildesheim [vgl. Abb. S. 67] und Braunschweig im gothischen Styl entworfen sind und zwar auf den speziellen Antrag und man kann wohl sagen, Befehl – denn bei der Stellung, die der Herr Generalpostmeister überall einnimmt, kann man wohl von einem militärischen Befehl reden, wenn derselbe bestimmt, daß die Pläne im gothischen Styl entworfen werden sollen.

Nun, meine Herren, im allgemeinen haben jene drei Städte eine alterthümliche Bauart, und da habe ich nichts dagegen, wenn die Bauten auch dem Styl der Städte sich anbequemen, und wenn dort kein fremdartiger Bau hingestellt wird. Aber, meine Herren, die Gothik, so sehr ich sie schätze, paßt nicht für Gebäude von so profanen Zwecken. Ich will sie höchstens für Schulhäuser zugeben, aber auch nur sehr modifizirt, ferner für Kirchen, hier ist der Styl christlich-germanisch, und für Rathhäuser eignet sich die Gothik, wo sie auch zur Ausführung gekommen; aber bei Postgebäuden, wo wir nur bestimmte geringe Etagenhöhen haben und gar keine größeren hohen Säle, da ist durchaus kein gothischer Baustyl konsequent und harmonisch durchzuführen, und wird derselbe durchgeführt, wie es in diesen drei Plänen der Fall ist, so sehen die Pläne auf dem Papier sehr gut aus, aber in Wirklichkeit wird man sich sehr täuschen. Denn bei all diesen Gebäuden in Braunschweig u. s. w. sind die Sturze der Fenster von den drei Etagen *horizontal* oder haben sehr flache Bögen, und das gothische liegt nur in den Ornamenten, die darüber in Spitzbogenform angebracht sind, in der Entfernung sieht man nur die dunklen Fenster mit wagerechtem Abschluß und beachtet weiter nicht das gothische Maßwerk darüber.

Ich will mich nun, meine Herren, speziell auf Braunschweig beschränken; da hat man, um der ganzen Façade einen gothi-

Hildesheim. Postgebäude. Entwurf von C. W. Hase, 1878. Zeichnung; in der Ausführung (1878–1880) gering verändert

schen Anflug zu geben, nun zu beiden Seiten des Eingangs zwei Thürme projektirt, und meine Herren, wie hoch glauben Sie nun, daß diese Thürme sind? Sie sind inklusive der Helmstange bis zu ihrer Bekrönung mit einem Doppeladler 145 Hamburger Fuß hoch. In den beiden Langfronten sind auch Thürme, jeder ist 115 Fuß hoch; dann sind auf diesen hohen Dächern respektive 25 und 40 Fuß hohe Erker. Nun frage ich den Herrn Generalpostmeister, ich frage Sie alle, meine Herren: wozu sollen alle diese für ein Postgebäude durchaus werthlosen unmotivirten architektonischen Zuthaten? Daher kosten diese Gebäude auch 7 bis 800 000 Mark. Meine Herren, das ist ein Hervorsuchen der Gothik und eine Anwendung der Gothik auf Bauten, wo die innere Zweckmäßigkeit und Bestimmung der Räume entschieden die Gothik verwirft. [...]

Präsident: Der Herr Abgeordnete Dr. Reichensperger (Krefeld) hat das Wort.

(Heiterkeit.)

Abgeordneter Dr. *Reichensperger* (Krefeld): Meine Herren, es war nicht meine Absicht, in Bezug auf die gegenwärtige Vorlage um das Wort zu bitten; der geehrte Herr Vorredner hat indeß die Profangothik so hart angelassen, daß ich nicht umhin kann, ein Wort der Vertheidigung dafür zu sprechen. Meine Herren, ich glaube, daß der geehrte Herr, der sich so viel um die Baukunst und zwar nicht blos – das setze ich voraus – um die moderne Baukunst, sondern auch um die alte gekümmert hat, sich doch einigermaßen hätte vergegenwärtigen sollen, was alles vom 12. bis ins 16. Jahrhundert auf dem Gebiet der profanen Baukunst in gothischem Styl geleistet worden ist. Ich meine, wenn er nur einen ganz oberflächlichen Blick auf die alten Rath- und Zunfthäuser geworfen hätte, die doch alle *nicht* kirchlichen Zwecken dienen, dann würde er zu größerer Milde gegen die Profangothik gestimmt worden sein. Aber ich verweise ihn nicht bloß auf das Alterthum, ich bitte den geehrten Herrn, doch einen kleinen Ausflug über den Kanal zu machen; da wird er sehen, wie seine englischen Herren Kollegen Bauten *aller* Art im gothischen Styl aufführen, und zwar geschieht das gerade von den anerkanntermaßen ersten, den renommirtesten Meistern, von Meistern, die eines europäischen Rufs sich erfreuen. Ich will Sie nicht erst auf das englische Parlamentshaus, welches Sie ja alle kennen, als den ersten großen Versuch im gothischen Profanstyl, aufmerksam machen; ich will eben nur auf den Justizpalast verweisen, der jetzt fast in gleicher Ausdehnung, wie das Parlamentshaus, in der City, gegenüber der im Renaissancestyl erbauten Paulskirche sich erhebt. Aber nicht bloß bei solchen Bauten, sondern selbst bei Eisenbahnanlagen, von welchen der gothische Styl nach der bei uns herrschenden Ansicht sich erst recht fernzuhalten haben soll, sind im klassischen, oder, besser gesagt, im pseudoklassischen Styl begonnene Bauten im gothischen Styl fortgesetzt worden, weil man ihn, wenn richtig verstanden, als den zweckmäßigsten und zugleich billigsten erkannt hat. Ich sage wohlbedacht: »wenn richtig verstanden«. Dann gebe ich dem Herrn Vorredner vollkommen Recht, wenn die Gothik bloß in Aeußerlichkeiten gesucht wird, wenn es die sogenannte Papiergothik ist, abgeschrieben aus diesem oder jenem Sammelwerk, oder meinethalben selbst aus Viollet-le-Duc.[17] Ich gebe sie ihm alsdann vollkommen preis; ich gebe sie ihm preis, wenn *Ueberflüssiges* mit großem Kostenaufwand gebaut wird, wenn z. B. Thürme angefügt werden, die durch nichts motiviert sind, so möge man sie streichen. Die Gothik, die nun einmal hier aufs Tapet gebracht worden ist, ist, mit einem Wort, wenn gründlich verstanden und richtig gehandhabt, die Baukunst der Zweckmäßigkeit und des gesunden Menschenverstandes.

(Heiterkeit.)

Das war sie, das war sie durch den ganzen christlichen Okzident hindurch während dreier Jahrhunderte, und sie kann das wieder werden, wenn nur die Herren Architekten sich auf den rechten Weg begeben wollen. Mit dem Hineinpfuschen in die Gothik ist freilich nichts geholfen; sie erfordert einen ganzen Meister; ein ganzer Meister aber kann nur erstehen, wenn sozusagen das ganze Denken und Leben sich auf diese, allerdings sehr schwierige Kunstweise wirft. [. . .]

Präsident: Der Herr Abgeordnete Römer hat das Wort.

(Unruhe.)

Abgeordneter *Römer:* Meine Herren, ich wollte mich zunächst nur dem Vortrag des Herrn Vorredners vollständig anschließen, indem ich jedes Wort desselben unterschreibe. Der Hauptgrund aber, weswegen ich mich zum Wort gemeldet, ist aber der Umstand, daß der Herr Generalpostdirektor von dem ersten Redner bezüglich des gothischen Baustyls zu scharf angegriffen worden ist. Denn gerade was die Beurtheilung des Baus in Hildesheim [vgl. Abb. S. 67] anlangt, muß ich zunächst bemerken, daß, obschon der Ort nur von bescheidener Größe ist, der Herr Generalpostdirektor sich doch zweimal nach Hildesheim begeben und hier die Frage des Neubaus sehr sorgfältig geprüft hat, daß er dann, obschon in Hannover ein tüchtiger Baubeamter ist, der das Postwesen vertritt, doch erkannt hat, daß Hildesheim wohl würdig, ja, daß es hier eine Nothwendigkeit sei, der Baukunst Rechnung zu tragen. Derselbe hat denn auch, und gerade den ersten Architekten, den wir in Hannover haben, einen der ersten Gothiker, den Baurath Hase, beauftragt, die Entwürfe für unser Postgebäude zu entwerfen. Der Herr Generalpostdirektor hat aber auch in anderer Beziehung für unsere Kunstdenkmäler sehr guten Willen gezeigt, indem er einem sehr werthvollen Erker, der leider zu beseitigen war, einen anderen geeigneten Platz angewiesen hat. [. . .]

Präsident: Der Herr Generalpostmeister hat das Wort.

Bevollmächtigter zum Bundesrath Generalpostmeister Dr. *Stephan*: Meine Herren, fürchten Sie nicht, daß ich das empfindliche Kapitel der Gothik weiter berühre; ich wollte nur meiner Freude darüber Ausdruck geben, daß es mir mit Zustimmung der Budgetkommission und, wie ich hoffe, des hohen Hauses gelingen wird, in diesen drei alten deutschen Städten Gebäude im christlich germanischen Styl aufzuführen. Ich kann versichern, daß wir darin christlich leben und germanisch arbeiten wollen. [...] Ich habe allerdings die besten Architekten aufgefordert, die mir in Deutschland bekannt waren, für diese gothischen Entwürfe, deren Ausarbeitung bekanntlich eine besondere und nicht häufige Vertrautheit mit den Eigenthümlichkeiten dieses Styls erfordert, namentlich in seiner Anwendung für moderne Verhältnisse und praktische Bedürfnisse, die Herren Baumeister Raschdorff in Köln und Hase in Hildesheim, welche durch hervorragende Bauten in diesem Styl das Problem seiner Anwendung für heutige Profanbedürfnisse in genialer Weise gelöst haben. [...]

Präsident: Der Herr Abgeordnete Demmler hat das Wort.

Abgeordneter *Demmler*: [...] Was nun die verschiedenen Stylarten betrifft, so will ich darauf nicht weiter eingehen; das würde das hohe Haus zu kunstgeschichtlichen Studien führen. Ich erkenne aber an, daß der Herr Abgeordnete Reichensperger, was die Kunstgeschichte, namentlich die über die gothische Baukunst, betrifft, unendlich viel gründlichere Studien gemacht hat, wie ich; aber was er anführte von England, so ist dort vielfach kein empfehlungswerther reiner gothischer Styl zur Ausführung gekommen, vielmehr ein gemischter Styl

(große Heiterkeit)

– der paßt für alle Ritterburgen, der paßt für die Burgen unserer gegenwärtigen Aristokratie auf dem Lande. Ich habe selbst im Seebad zu Dobberan am heiligen Damm im gothischen Styl ein großes Gebäude in früheren Jahren in demselben Styl, wie in England, erbaut; das ist der sogenannte Windsorstyl. [...]

Präsident: Das Wort wird nicht weiter gewünscht; ich schließe die Diskussion.
Der Herr Berichterstatter hat das Wort.

Berichterstatter Abgeordneter Dr. *Hammacher*: Meine Herren, die Bemerkungen des Herrn Kollegen Demmler haben im kühnen Flug die Debatte weit über den Gegenstand, der zur Diskussion gestellt war, hinausgetragen. [...] Wir haben in der Budgetkommission geglaubt hauptsächlich darauf unser Augenmerk richten zu müssen, ob die räumlichen Dispositionen in den Gebäuden selbst angemessen seien, und uns namentlich in jedem speziellen Fall gefragt, ob nicht in unnöthiger Weise auf die Einrichtung von Wohnungen für Beamte gerücksichtigt sei, aber die Ansicht gewonnen, daß auch in dieser Richtung die Baupläne der Post- und Telegraphenverwaltung die Kritik wohl ertragen können.
Was nun den Baustyl betrifft, meine Herren, so habe ich namens der Budgetkommission und als Ergebniß der auch von dieser darüber gepflogenen Diskussion hervorzuheben, daß es einen hocherfreulichen Eindruck machte, zu sehen, wie die Telegraphen- und Postverwaltung bemüht ist, die neuen Gebäude in ihrem architektonischen Charakter gewissermaßen zu individualisiren und dem baulichen Charakter der Orte anzupassen, in denen sie errichtet werden sollen. Es wurde von den Mitgliedern der Kommission, die örtlich unterrichtet sind, bestätigt, daß das namentlich bei Münster, Hildesheim und Hannover, also bei den Plänen zutrifft, die der Baumeister Raschdorff und Baurath Hase entworfen haben.

10

Debatte im Reichstag über die Architektur der deutschen Postgebäude

(1883)

Abgeordneter Dr. *Möller*: [...] Wer von Ihnen, meine Herren, das Postmuseum hier in Augenschein genommen hat, wird sich an einer großen Reihe von Modellen prächtiger Gebäude erfreut haben, welche gegenwärtig die Reichspost in verschiedenen deutschen Städten repräsentiren. Ueber den Stil dieser Gebäude mich zu äußern, vermeide ich, denn da könnte ich zwischen zwei Feuer gerathen. Ich kann nur sagen, im allgemeinen haben mir diese Gebäude sehr wohl gefallen. Aber ich beschränke mich darauf, zu betonen, daß, wenn man ein Museum, eine Kunstakademie, eine Universität baut, ich es ganz in der Ordnung finde, wenn man solche Gebäude mit einem gewissen künstlerischen Schmuck ausstattet. Es entspricht das dem idealen Zwecke, dem solche Gebäude dienen sollen, und das kommt gleichzeitig dem Kunstgewerbe zu statten, dessen Förderung uns allen ja am Herzen liegt.

Die Post aber ist eine Verkehrsanstalt, welche vor allem dem öffentlichen Nutzen zu dienen hat, und deswegen meine ich, daß künstlerische Bestrebungen nicht eigentlich in ihr Gebiet fallen. [...]

Präsident: Das Wort hat der Herr Abgeordnete Dr. Reichensperger (Krefeld).

Abgeordneter Dr. *Reichensperger* (Krefeld): Es gibt gewisse Dinge, von welchen ich glaube, daß man sie zweifellos unter den Begriff »Luxus« subsumiren kann. Es sind das angeflogene, mit dem Organismus und dem Zwecke des betreffenden Bauwerks in keiner Beziehung stehende Zuthaten, die man möglicherweise an sich für mehr oder weniger schön halten mag. [...]

Weiter, meine Herren, gehören zu den Luxusgegenständen, die man füglich vermeiden kann und soll, auch die Balustres, mit welchen gewisse Baubeamte so gerne ihre Gebäude, namentlich wenn sie von größerer Ausdehnung sind, zu schmücken suchen. Indem diese Baukünstler eine Abneigung gegen aufstrebende Dächer haben – sie erscheinen ihnen nicht »klassisch« genug – fühlen sie, daß der Bau nach oben hin doch in irgend einer Weise verschönert werden muß, daß man nicht wohl mit einer trockenen geraden Linie ihn abschließen kann, daß dadurch das Auge sich verletzt fühlt. Demzufolge wird dann oben eine Balustrade aufgesetzt, eine Balustrade, die keinen praktischen Zweck hat, auch nicht einem idealen dient. [. . .]
Nun möchte ich im allgemeinen noch den Wunsch aussprechen, daß der Herr Staatssekretär es fest im Auge behalte, daß er der Chef des *deutschen* Postwesens ist, daß er darum möglichst die bezüglichen Bauwerke im deutschen Styl oder – um denselben allgemeiner zu bezeichnen – im germanischen Styl ausführen lassen möge. [. . .] Der germanische oder gothische Styl, der während mehr als drei Jahrhunderten das ganze christliche Abendland beherrscht hat, ist wahrlich nicht in Verknöcherung übergegangen; er ist vielmehr im Zerfließen abgestorben, er war in Ueberkünstelung gerathen. Aber daran allein ist er keineswegs gestorben, sondern zufolge des Hereindringens der wälschen Mode, eine Thatsache, die gewiß vielen unter Ihnen, meine Herren, längst bekannt ist. Um jenem Zerfließen entgegenzuarbeiten, ist nur nöthig, daß man wieder zurückgeht zu den einfachen konstruktiven Prinzipien der Gothik, daß man möglichst wieder das dreizehnte und das vierzehnte Jahrhundert studirt, deren bauliche Schöpfungen aber nicht kopirt, sondern im Geiste der Meister dieser Jahrhunderte neues zu schaffen sich bemüht. [. . .]
Wenn man mir vielleicht einwendet, eine Einwendung, der ich gar oft schon begegnet bin, sowohl in Druck als in Rede, daß der sogenannte gothische Styl in Frankreich entstanden,

also kein germanischer, sondern ein französischer sei, so erwidere ich, das ist eine vollkommen historische Unrichtigkeit. Die germanische Rasse ist allein berechtigt, diesen Styl den ihrigen zu nennen, und zwar von jeher. Derselbe ist aus demjenigen Lande zu uns an den Rhein gekommen, in welchem damals die *Franken* in jeder Beziehung herrschten; die Franken aber waren damals doch wahrlich keine Franzosen im heutigen Sinne des Wortes, ebensowenig, wie die an sie gränzenden Normannen, bei welchen der gothische Styl ungefähr gleichzeitig ins Leben trat, [...]. Also nicht von den Franzosen haben wir den gothischen Styl überkommen, das sei hiermit ein- für allemal von mir aufgestellt; er ist aus der germanischen Rasse, aus ihrem Genie hervorgegangen, und ist es auch weder den Spaniern, noch den Italienern, noch den Engländern, noch auch den Franzosen selbst eingefallen, ihn als französische zu bezeichnen; im Gegentheil haben die Italiener bis zu Vasari hin ihn nie anders genannt als *architectura tedesca*. [...]

Statt der Mansarden möge man Giebel machen, die dem aufsteigenden Dachwerke sich anschließen, es ergänzen, mit ihm eine Gesammtwirkung hervorbringen – aber, wohlgemerkt, Giebel, die nicht durch das Hauptgesims, wie ich dies bei mehreren der vorliegenden Entwürfe gesehen habe, von dem unteren Baue abgetrennt sind. Giebel, meine Herren, sind, meines Erachtens, mitunter äußerst zweckmäßig; hinter denselben kann man kleine Räume anbringen für Dienstboten und für allerhand häusliche Zwecke, für welche große im Hauptbau liegende Zimmer nicht passen. Für die Giebel lege ich also ein entschiedenes Fürwort ein.

Besonders hat man sich auch wohl noch an den *Thürmen* gestoßen, die mitunter vorkommen. Meine Herren, mir ist ein überflüssiger Thurm immer noch lieber, als eine Kuppel. [...]

Vizepräsident Freiherr zu Franckenstein: Das Wort hat der Herr Bevollmächtigte zum Bundesrath, kaiserlicher Staatssekretär des Reichspostamts Dr. Stephan.

Bevollmächtigter zum Bundesrath, Staatssekretär des Reichspostamts Dr. *Stephan*: [...] Wir haben das Prinzip, daß im allgemeinen die Bauten des Reichs *würdig* sind, daß sie nicht zurückstehen hinter besseren Privatbauten – ich will nicht sagen: den üppigsten Privatbauten, von denen man ja bei der neueren Bauentwickelung namentlich hier in Berlin Beispiele sieht, die nicht gerade sehr nachahmenswerth sind, besonders die Häufungen in der deutschen Renaissance – und nicht hinter den öffentlichen Gebäuden der Einzelstaaten. Der Bausinn in der Nation hat nun aber unzweifelhaft zugenommen, und wenn Sie sich umsehen in verschiedenen Städten Deutschlands, ja auch sogar in den Dörfern, die in der Nähe großer Städte belegen sind, so werden Sie finden, daß Bautrieb und Bauverständniß im Volke in erfreulicher Weise hervortreten; Sie finden überall architektonische Züge, ein Streben, den Bau über das nackte Bedürfniß hinaus nach Kunstmotiven zu gestalten und eine gewisse Ornamentik hineinzulegen; man ist von der Einförmigkeit und Oede der früheren Bauweise abgekommen, und das liegt im Zuge der Zeit. [...] Denn dieser Aufschwung der Baukunst hat sich noch jedesmal gezeigt, wenn Völker in ihrer geschichtlichen Entwickelung gewaltige Fortschritte machen, und große Epochen anbrechen, wie sie uns die Gnade Gottes beschieden hat.

(Zustimmung.)

Das zweite Prinzip, von welchem wir bezüglich der stilistischen Anforderungen ausgehen, was auch nicht anfechtbar sein dürfte, ist der Anschluß an den Styl der betreffenden Städte, wie dieser sich in ihrer besseren Zeit, natürlich nicht in der Zeit nach dem dreißigjährigen Kriege, sondern in der Zeit des blühenden Mittelalters, des größten Wohlstandes Deutschlands, entwickelt hat. Da bauen wir also in Städten, die einen überwiegend gothischen Charakter haben, gothische Gebäude; gerade die Postverwaltung ist diejenige gewesen, welche in ihren Profanbauten die Gothik, zumal im

Nordgebiete und auch unter Anwendung des Ziegelbaues, besonders gefördert hat. Unter anderem haben wir gothische oder, wenn Sie wollen, germanische Gebäude aufgeführt in Rostock, Thorn, Danzig, Graudenz, Kolberg, Rendsburg, Braunschweig, Hildesheim, Münster, Erfurt, und wenn ich im nächsten Jahre vielleicht mit der Vorlage für Köln sollte kommen können, so hoffe ich, daß der verehrte Herr Abgeordnete Reichensperger jedenfalls seine Zustimmung mit Freuden ertheilen wird, daß auch in Köln ein Bau im deutschen Style aufgeführt werde. Als ausschließlich germanisch kann ich diesen Styl nicht ansehen. Warum hat Herr Reichensperger den romanischen Styl gar nicht erwähnt, der länger als der gothische in Deutschland geherrscht hat und in welchem eine Reihe ausgezeichneter Gebäude aufgeführt sind, von der Laacher Abtei bis zum Bamberger Dom, ein Styl, der, wenn er auch einen römischen Namen trägt und auf antik-römischer *Basis* beruht, doch wesentlich befruchtet worden ist durch germanisches Wesen, und vermöge des Gruppenbaues dem deutschen individualisirenden und gleichwohl dem Gesammtorganismus sich einfügenden Geiste wesentlich entspricht? Ich glaube, im ausschließlichen Sinne des Herrn Abgeordneten kann man nicht von einem alleinigen nationalen Style sprechen, und ich kann nur das wiederholen, was ich bei früheren Gelegenheiten bereits gesagt habe: wenn Sie alles nach *einem* Modell und in einer einzigen Stilart ausführen wollen ohne Rücksicht auf den verschiedenen Charakter der Städte, auf Umgebung und Bedeutung, daß ein solches Vornehmen gerade *ganz undeutsch* sein, zu einer Schablone, einem Kanon führen und Künstlerflug wie Geistesfreiheit vernichten würde.

Gegenpositionen zu Antike und Gotik

»Den Künstlern welche sich zur Säcular-Feier Albrecht Dürers am sechsten April 1828 zu Nürnberg versammeln«, widmete der Architekt Heinrich Hübsch sein berühmt gewordenes Buch »In welchem Style sollen wir bauen?« (1828). Daß die Wahl gerade auf diese Versammlung fiel, geschah sicher nicht allein aus Verehrung für Dürer, sondern auch zur Erinnerung an jene Epoche, die das Mittelalter überwunden und die Entstehung einer bürgerlichen Kultur entscheidend gefördert hatte.
Die Schrift sollte vor allem eine Kampfansage gegen den Klassizismus sein. In den ständig sich wiederholenden Zitaten aus antiken Architekturen sah Hübsch einen entwicklungsgeschichtlichen Rückschritt, für den die trockene Gelehrsamkeit von Architekturtheoretikern verantwortlich sei. Ein neuer Stil müsse vor allem aus den Bedürfnissen und gesellschaftlichen Voraussetzungen der Gegenwart heraus gebildet werden. Erwägungen über praktische Bedingungen wie Klima, Sparsamkeit, Bautechnik und Baumaterial sollten im Vordergrund der Überlegungen stehen. Der von Hübsch propagierte Rundbogenstil vereinte Merkmale der Romanik, der Renaissance und der frühchristlichen Architektur. Wichtigster Formträger war für ihn der Rundbogen als Konstruktionselement. Natürlich verwendeten ihn auch die Anhänger antiker Bautraditionen, doch pflegten sie den Rundbogen mit Architraven, Dreiecksgiebeln oder Säulenstellungen zu verkleiden. Gegen derartige »Lügen« stellte Hübsch ein Konzept, bei dem Erscheinungsbild und Konstruktionsprinzip übereinstimmten. Zweifellos war die Verwendung dieses Stils, der ja nicht nur in bescheidenen bürgerlichen Bauten genutzt wurde, wie die Darlegungen von Hübsch vielleicht nahelegen, auch aus der wirtschaftlichen Lage Deutschlands in den Jahrzehnten nach den Napoleonischen Kriegen zu erklären. Hübsch hat den Stil für die unterschiedlichsten Bauten verwendet, z. B. für die

Technische Hochschule, ehemals Polytechnikum (1833–35), und die Kunsthalle (1843–46), beide in Karlsruhe (vgl. Abb. S. 81).[18]

11

Heinrich Hübsch

In welchem Style sollen wir bauen?

(1828)

§ 6

Wenn wir [. . .] einen Styl gewinnen wollen, welcher dieselben Eigenschaften, die wir an den als schön anerkannten Bauarten anderer Völker so sehr erheben, besitzen soll; so muß derselbe nicht aus einer früheren, sondern aus der *gegenwärtigen* Beschaffenheit der natürlichen Bildungsmomente hervorgehen: also erstens aus unserem gewöhnlichen Baumateriale, zweitens aus dem heutigen Standpuncte der technostatischen Erfahrung, drittens aus der Art von Beschützung, welche die Gebäude in unserem Clima für sich selbst der Dauerhaftigkeit wegen ansprechen, und viertens aus der allgemeineren Eigenschaft unserer Bedürfnisse, die in dem Clima, vielleicht auch zum Theil in der Cultur begründet sind.

Unser *Material* besteht, um mich vor der Hand nur auf Deutschland zu beziehen und um nur auf den Steinbau einzugehen, in Sandstein, oder in solchen Steinarten, welche hinsichtlich der relativen Festigkeit sehr weit hinter dem Marmor zurückstehen. Ein Balken kann, wenn er auch nichts als sein eigenes Gewicht zu tragen hat, seltene Ausnahmen abgerechnet, höchstens auf zwölf Fuß frei gelegt werden; und dabei bleibt immer noch zu fürchten, daß er später etwa bei eintretendem starkem Froste breche. Hat ein Stein nun gar außer seiner eigenen Last noch eine andere zu tragen, so muß er fast so hoch sein, als er der Länge nach frei liegt. [. . .]

Was den Grad unserer *technostatischen Erfahrung* betrifft, so haben wir die kühn construirten Gebäude des Mittelalters vor uns, und stehen in dieser Beziehung weit über den Griechen. Jeder Sachverständige würde heut zu Tage einen Pfeiler oder eine Säule, welche nur ein Eilftheil ihrer Höhe zum Durchmesser hat, ohne Bedenken (d. h. unter übrigens nicht ungünstigen Umständen) errichten, da hingegen selbst bei den schlankeren griechischen Säulen der Durchmesser selten mehr, als ein Achtheil ihrer Höhe beträgt: ferner würde er mittelst einer Bogenstellung [. . .] eine Decke mit zwei Drittheilen der Pfeiler- oder Säulen-Zahl unterstützen, welche bei einer griechischen Säulenstellung [. . .] die noch nicht einmal die nächste Säulenweite hat, auf dieselbe Länge verwendet wurden. Demnach bedürfen wir bei Anwendung des Gewölbes zur Deckenunterstützung bei Weitem nicht die Hälfte der in der griechischen Architectur verwendeten Masse, ohne dabei den Einsturz fürchten zu müssen, dem wir bei der Horizontalbedeckung mit unseren gebrechlichen Steinarten für die Dauer ausgesetzt sind. Da nun überdieß bei einem Bogen kleine Stücke anwendbar sind, ein Architrav aber aus einem einzigen Steinbalken bestehen muß, dessen Anschaffung und Versetzung an Ort und Stelle mit verhältnißmäßig großen Kosten verbunden ist; so kostet schon bei ganz gewöhnlichen Dimensionen eine Säulenstellung wohl *viermal* so viel, als eine ebenso opulent verzierte Bogenstellung.

§ 7

In unserem *nördlichen Clima* müssen die Gebäude viel sorgfältiger gegen Regen und Schnee geschützt werden, als im Süden. Die Dachschräge darf bei der gewöhnlichen Eindekkung mit Schiefer oder gar mit Ziegeln nicht so flach angelegt sein, als an den griechischen Monumenten. Ferner muß an allen horizontalen Gesimsen oder dgl. die obere vorspringende Fläche wegen des Wasserabfalls stark geneigt sein,

Karlsruhe. Kunsthalle. Architekt H. Hübsch, 1845.
Lithographie

wenn nicht irgend ein Zweck es durchaus anders verlangt, wie z. B. der Fall eintritt bei Freitreppen oder solchen Vorsprüngen, worauf etwas gestellt werden soll. [...]
Was die *heutigen Bedürfnisse* betrifft, so werden unsere Gebäude in einer Größe erfodert, welcher sich die Gebäude der Griechen auch nicht entfernt näherten. Wie klein würde selbst ein größerer griechischer Tempel einer heutigen Stadtkirche gegenüber stehen! [...]

§ 9

Indessen ließ sich der Genius der griechischen Schönheit nicht so schnell verdrängen, und wir können uns selbst an den spätesten griechischen Monumenten immerhin über die Einheit – indem wenigstens durchgängige Horizontal-Überdekkung statt findet – und über die geschmackvollen Verzierungen trotz ihrer Überladung erfreuen; zumal wenn wir damit die Mißgestaltung vergleichen, welche die griechische Architectur unter den Händen der Römer erleiden mußte. [...] Ob man nun gleich in Allem und also auch in der Architectur die Griechen sklavisch nachahmte, so mußte doch für die sehr ausgedehnten römischen Bedürfnisse die Horizontal-Überdeckung namentlich bei den hierzu weniger tauglichen Steinarten (Marmor wurde damals noch nicht zum Bauen verwendet) ungenügend sein. Das Gewölbe bot zu große Vortheile dar, um trotz aller Gräcomanie verabschiedet zu werden, und so ist denn die ganze römische Architectur nichts anders, als ein *Streit* zwischen diesen beiden *heterogenen* Constructionsarten, der Bogenstellung und der griechischen Säulenstellung. [...]

§ 10

Aus der in den beiden vorigen §. §. enthaltenen Darstellung ist leicht zu entnehmen, in welcher Art wir heute bauen müssen, wenn wir uns vorsetzen den griechischen Styl nachzuahmen. Was kann alsdann unsere Architectur vor der römischen voraus haben? Sie muß ihr sogar noch nachstehen, weil die Römer doch wenigstens dasselbe Clima und wiewohl ausgedehntere, doch ziemlich gleichartige Bedürfnisse mit den Griechen hatten, und später auch größtentheils in Marmor bauten. Man wähnt zwar in den neusten Zeiten, seit der näheren Bekanntschaft mit den griechischen Monumenten, weit über den Römern zu stehen; jedoch bezieht sich die für so wichtig gehaltene Verbesserung der neusten Architectur nur auf Details. [. . .] Können wir gleich den consequenten Griechen mit der Horizontal-Überdeckung ausreichen und das Gewölbe entbehren? Man gibt sich zwar alle Mühe und scheut keinen Umweg, um wenigstens an dem Äußern der Gebäude ohne Gewölbe durch zukommen; damit die grelle Inconsequenz nicht allzusehr in die Augen springe, und damit nicht, wenn hier eine Bogenstellung steht und daneben auf eine nicht halb so geräumige Säulenstellung die doppelte und dreifache Masse verwendet ist, jedes Kind sogleich frage: warum man statt letzterer nicht ebenfalls eine Bogenstellung gewählt habe, da man nun doch einmal wölben könne. Ist es indessen auch gelungen, die Façade ohne Gewölbe zu Stande zu bringen; so ist der Widerspruch nur aufgeschoben, nicht aber aufgehoben: denn welches Erstaunen ergreift den Beschauer, wenn er sich durch die engestehenden äußeren Säulenhallen hindurch gewunden hat, und im Innern plötzlich ganz geräumige Gewölbe antrifft!

Und genügt für unsere Gebäude *ein* Stockwerk, wie für jene der Griechen? In welche Scylla oder Charybdis gerathen wir aber bei einem mehrstöckigen Gebäude! Entweder wir stellen ohne weiters mehrere Säulenstellungen über einander. Alsdann erhalten wir kein Ganzes, sondern so viele einzelne auf einander gehäufte Gebäude, als Stockwerke da sind, weil das schließende *Hauptgesimse* fehlt, welches alles darunter Befindliche zu einem Ganzen verbindet: denn das Kranzgesimse der obersten Säulenstellung kann nicht dafür gelten, da es nicht größer und weiter ausgeladen ist, als die Kranzgesimse der unteren Säulenstellungen. Ergreift man den anderen Ausweg, und gibt einem aus mehreren Stockwerken bestehenden Gebäude nur *eine* bis zum Dache reichende Säulenstellung; so ist dieß eben so falsch, und macht den Eindruck, als wenn die Säulenstellung früher für sich bestanden hätte, und die kleinen Stockwerke später dazwischen gebaut worden wären – wie wirklich alte Monumente in Italien auf diese Weise benutzt sind.

Der *Säule* muß alles Übrige nachstehen; sie wird als der einzige, der Schönheit fähige Theil angesehen und so zahlreich als nur immer möglich angebracht, so daß der große Eindruck eines freien Raumes gar nicht mehr gefühlt wird. Auch sucht man ihr immer die möglichste Größe zu geben, und glaubt dadurch den Eindruck des Gebäudes zu erhöhen, während dem hieraus gewöhnlich die entgegengesetzte Wirkung hervor geht. Nun können aber wirklich freie Säulenstellungen am Äußern unserer Gebäude, wo selten offene Hallen motivirt sind, nur selten angebracht werden; daher man denn in der Regel zu einer *Basrelief-Architectur* d. h. zu Halbsäulen oder Pilastern seine Zuflucht nimmt.

§ 11

Muß nun der Unbefangene erstaunen, wie man einen solchen *Nothbehülf-Styl* und *Lügen-Styl* griechisch nennen und schön finden könne; so muß sich sein Erstaunen aufs Höchste steigern, wenn er näher betrachtet, welche Opfer man in Bezug auf Bequemlichkeit, Dauerhaftigkeit und Kostenaufwand dieser zusammen geborgten und geflickten Schönheit bringt. [...]

§ 12

Im Betreff des *Kostenaufwandes*, welchen die Ausführung des antiken Styls veranlaßt, tritt nicht selten der Fall ein, daß das eigentliche Gebäude weniger kostet, als seine Portiken. In §. 6. ist bereits näher angegeben, daß eine für uns ganz unbrauchbare Halle nach griechischer Art wenigstens *viermal* so viel kostet, als eine brauchbare ebenso reich verzierte Halle, wobei die Bogenstellung angewendet ist. [. . .]
Mit der *Dauerhaftigkeit* steht es nicht weniger schlimm. Die freiliegenden Steinbalken brechen in unseren kalten Wintermonaten sehr leicht, und werden sich auf die Länge sehr schlecht halten, da der Stein durch das Alter mürbe wird. Gegen das Wetter sind aber die im antiken Style erbauten Gebäude so wenig geschützt, daß es Noth thäte, während der rauhen Jahrszeit wieder besondere Gebäude über solche Abkömmlinge eines südlichen Himmelsstrichs zu bauen, wie man die exotischen Gewächse bewahrt. [. . .]
Die antiken Giebelfelder sind so flach, wie unsere Dächer bei Schiefer- oder gar Ziegel-Bedeckung nicht sein dürfen, weßwegen man denn häufig zur Metall-Bedeckung, die leicht das Zehnfache und Zwanzigfache kostet, greifen muß. [. . .]

§ 13

Nachdem ausführlich dargethan ist, daß sich mittelst des griechischen Styls die Aufgabe der Architectur für die heutigen Bedürfnisse und das nördliche Clima unmöglich auflösen läßt, und daß alle bisherigen Versuche weder den ersteren richtig nachahmten, noch die letzteren befriedigend lösten, so kehren wir um so zuversichtlicher zu dem Resultate zurück, welches nach §. 6. aus der gegenwärtigen Beschaffenheit der Gestaltungsmomente hervorgeht. Hiernach ist die Haupteigenschaft, welche den neuen Styl von dem griechischen unterscheidet: statt der Horizontal-Überdeckung

im Steinbau *Gewölb-Überdeckung*, oder statt der antiken Säulenstellung mit horizontalem Gebälke eine *Bogenstellung*. [...]
Obgleich nicht alles Zweckmäßige schön ist, so kann doch das Zweckwidrige unmöglich als schön angenommen werden, wenn man die Architectur nicht zu einer Art von Crocodillschluß machen will, wo die Unmöglichkeit der genügenden Auflösung schon im voraus in den Prämissen liegt. Demnach müssen sich alle, welche den bisherigen Resultaten nicht widersprechen können, entschließen: dem antiken Style den Abschied zu geben, und wenigstens die *Basis* des neuen Styls anzunehmen, woferne sie nicht beweisen können, daß die Bogenlinie absolut häßlich, oder weniger schön als die gerade Horizontallinie sei. [...]
Um auch die zu Gebot stehende Autorität für den neuen Styl zu vindiciren, so ist seit den letzten Jahrzehnten die mittelalterliche Kunst in ziemlich allgemeinen Credit gekommen; so daß jetzt nicht leicht mehr eine Stimme die Schönheit derselben zu lästern wagt. Nun kann aber eine Bauart, welche vorerst schon die Basis – nämlich vorherrschende Gewölb-Construction – mit der mittelalterlichen gemein hat, und ihr also in keinem Falle sehr unähnlich werden wird, nicht leicht häßlich ausfallen. [...]

§ 15

Die Gebäude des altbyzantinischen Styls weichen zwar von jenen des Basiliken-Styls der Haupt-Anordnung und Gestalt nach ab, aber die Elemente beider sind eigentlich nicht von einander verschieden. Und wie auch selbst früher in Betreff der Länder keine strenge Trennung wahrzunehmen ist, so finden sich bei den Kirchen, welche im westlichen Europa vom zehnten Jahrhunderte an in dem sogenannten *neugriechischen, vorgothischen* oder *Rundbogen-Style* erbaut wurden, gewöhnlich beide Anordnungen mit einander vermischt. [...]

Maria Laach. Abteikirche, 12. Jahrhundert.
Holzstich um 1855

§ 16

In der höchsten Ausbildung erscheint der Rundbogen-Styl an der zu Ende des zwölften Jahrhunderts erbauten Kirche der *Benedictiner-Abtei Laach* ohnweit Coblenz. Hier sind die Pfeiler der Schiffe so schlank und so weit aus einander gestellt, wie in den späteren Kirchen des Spitzbogen-Styls. [...] Ich muß diese Kirche für die schönste erklären, die ich je gesehen; und wenn mir auch hierin vielleicht nicht Jeder beistimmt, so wird er doch zugeben, daß dieselbe im Rundbogen-Style das Höchste ist, wie dieß die pericleischen Monumente im griechischen Style sind. [...] [Vgl. Abb. S. 87.]

§ 17

Mit dem dreizehnten Jahrhunderte erscheint der sogenannte *neugothische* oder *altdeutsche* Styl, worin die Bogen und Gewölbe nicht mehr nach einem Halbkreise oder Rundbogen, sondern nach einem aus zwei Kreisstücken zusammengesetzten sogenannten Spitzbogen gebildet sind – daher die Benennung *Spitzbogen-Styl* am passendsten ist – worin ferner alle Theile sehr leicht gehalten und auffallend in die Höhe gezogen sind. [...]
Jedoch herrscht, wie der Unbefangene sich nicht verhehlen kann, gewöhnlich eine große Überladung, da namentlich äußerlich die wesentlichen Formen des eigentlichen Gebäudes unter der Unzahl von Verzierungen gar nicht mehr durchscheinen; es herrschet eine zu weit getriebene Durchbrochenheit, da selbst die Thurmdächer ganz durchlöchert sind, so daß darunter andere eigentliche Dächer angebracht werden mußten [...]. Der Rundbogen-Styl steht gegenüber, wie ein *vor*-raphaëlisches Bild einem *nach*-raphaëlischen: in ersterem stört zwar häufig die mangelhafte Zeichnung, aber in letzterem, wo diese Seite kaum etwas zu wünschen übrig läßt, sucht man dagegen vergebens die rührende Schlichtheit des ersteren. [...]

§ 18

Bei der aus Stein bestehenden *Pfeiler-Überspannung* kann, wie bereits in §. 6. dargethan wurde, von der Construction aus *einem Stücke* nach Art des antiken Gebälkes nicht mehr die Rede sein. Dieselbe muß immer *gewölbt* und nach einer *Bogenlinie* gebildet werden; da die Pfeiler oder Säulen, welche bei der Deckenunterstützung im Innern und im Äußern (an der offenen Seite der Hallen) angewendet werden, natürlicher Weise immer möglichst weit, selbst bei dem beschränktesten Raume wohl über *sechs* Fuß von einander entfernt stehen. Wollte man statt des halbkreisförmigen Bogens den Spitzbogen wählen, so müßte eben so gut ein organischer Styl entstehen: indessen wird sich bald Jeder durch die Ausübung überzeugen, daß die stark in die Höhe strebenden Verhältnisse des Spitzbogen-Styls unseren Anfoderungen nicht entsprechen, welche nicht selten eher zu dem Gegentheile, der Anwendung des gedrückten Bogens oder des Kreisabschnitts führen. [...]

Bei einer *steinernen Decke* sind alle verschiedenen Arten von Gewölben mit und ohne vorspringende Rippen oder Gurten, deren Aufzählung und Beschreibung zu umständlich ist, anzuwenden: je nachdem bald die eine, bald die andere dem zu überwölbenden Raume am angemessensten, oder aus sonstigen Rücksichten vorzuziehen ist. [...]

Wie der oberste Grundsatz in der Kunst Wahrheit sein soll, so darf man die leeren *Wände*, welche aus der Bestimmung hervorgehen, nicht durch fingirte Constructionen verblenden. Man muß sich auf den Standpunct des älteren griechischen und des Rundbogen-Styls versetzen, welche die Schönheit und Opulenz der Wände nicht in häufigen Vorsprüngen, sondern in sorgfältiger dauerhafter Construction und reiner Bearbeitung der Fläche und innerlich (namentlich in Italien) in Wandgemälden suchten. [...]

Die Überspannungen der *Thüröffnungen*, worüber sich die Wand fortsetzt, müssen gleich den Pfeiler-Überspannungen, etwa mit Ausnahme der schmäleren Öffnungen, *überwölbt* werden. Da aber die Thürflügel sowohl besser construirt, als auch geöffnet werden können, wenn sie viereckig sind; so wird man in den meisten Fällen besonders bei den Haupteingängen den von dem Bogen umschlossenen Raum von der eigentlichen Thüröffnung trennen. Dieser Raum dient alsdann entweder als Fenster, oder er wird ganz geschlossen und ist ein sehr geeignetes Feld für Inschriften, architectonische Verzierungen und Gegenstände der Bildhauerei und Malerei, welche hier von keinem Eintretenden übersehen werden können und zugleich geschützt sind, wenn die Thürfläche vor der Wandfläche zurücksteht. [...]

Die *größeren Fensteröffnungen* müssen ebenfalls *überwölbt* werden; allein bei den *kleineren* bis zu vier Fuß breiten Öffnungen möchten, wenn die Fensterrahmen aus Holz bestehen und geöffnet werden sollen, in den meisten Fällen *gerade Sturze* anwendbarer sein. [...]

Bei der *Profilirung* der einzelnen Glieder wird durch Aushöhlung und rasche Biegung mit dem wenigsten Aufwande der größte Effect hervorgebracht, wie wir uns im griechischen und im Spitzbogen-Style, welche beide sich hierin wunderbar begegnen, belehren können. [...]

Hiemit wäre das vorgesetzte Ziel erreicht und für den *neuen Styl* ein streng *objectives Skelett* aufgestellt, welches, wie ich glaube, bestimmt genug ausgebaut ist, daß der Künstler dasselbe durch seine Individualität beleben kann.

Es wird Jeder sogleich erkennen, daß der neue Styl am meisten Ähnlichkeit mit dem Rundbogen-Style erhalten muß – ja daß er im Wesentlichen der Rundbogen-Styl ist, so wie dieser geworden wäre, wenn er sich ohne alle nachtheilige Rückerinnerung an den antiken Styl ganz frei und unbefangen hätte entwickeln können. Diese Ähnlichkeit ergibt sich aus der Natur der Sache, und wurde nicht durch den Einfluß von Autoritäten oder individueller Vorliebe herbeigeführt. [...]

Der neue Styl wird demnach mit aller Geschmeidigkeit die verschiedenartigsten Aufgaben immer auf dem nächsten Wege zu lösen vermögen; während dem ihm die Gegner unter allen Fehlern wohl am wenigsten denjenigen der Buntschäkkigkeit in Zusammenstellung der Hauptformen aufbürden möchten. Er wird sich frei in der Gegenwart bewegen und jeder billigen Anfoderung ohne Scheu entsprechen. Der Architect wird sich dabei nicht mehr so verlassen sehen, als bei den beschränkten Mitteln der griechischen Architectur – gleich einem Maler, welcher die ausgedehnten Vorwürfe christlicher Kunst mit der armen Anzahl von antiken Physiognomien darstellen sollte. Die Gebäude werden nicht mehr einen historisch-conventionellen Character erhalten, so daß dem Gefühle, ehe es sich kund geben darf, zuvor archäologischer Unterricht ertheilt werden muß; sondern sie werden einen wahren natürlichen Character erhalten, wobei der Laie dasselbe fühlt, was der unterrichtete Künstler.
Die Gebäude werden sich ganz nach der individuellen Phantasie der einzelnen Künstler, also sehr mannichfach verzieren. [. . .]
In jedem Falle werden die Gebäude, welche selbst mit den unglücklichsten Verzierungen begabt, aber im Betreff der Elemente consequent gestaltet sind, als Kunstwerke viel höher stehen, als die getreusten Nachahmungen der Antike.

Die Vorstellungen von Hübsch fanden eine große Zahl von Anhängern, die sich weitgehend einig waren in der Ablehnung antiker Baustile. Die Auseinandersetzung wurde auf zwei Ebenen geführt, einer technisch-konstruktiven und einer ästhetisch-moralischen. Beide standen unter dem Einfluß eines bewußt historisierenden Verhaltens, d. h. man suchte Argumentationshilfen und Vorbilder in der Vergangenheit. Mit den Mitteln einer bautechnischen Kritik konnte die Antike, wie bei Hübsch schon zu erkennen war, abgelehnt werden; ihre bloß äußerliche Übernahme, ohne ihre Kon-

struktionsprinzipien, galt dagegen als unwahr und unehrlich. Die Gotik als Stil und prinzipiell andere Form der Konstruktion (Gerüstsystem, flexibles Wölbungssystem) konnte aus diesen Gründen nicht abgelehnt werden, sie bot zudem preiswerte Möglichkeiten der Konstruktion. Deshalb wurde ein Argument zu Hilfe genommen, das über Jahrzehnte hin vor allem von den Anhängern der Neuromanik verwendet wurde und das Rudolf Wiegmann, Professor für Baukunst an der Akademie in Düsseldorf und einer der wichtigsten Theoretiker des Rundbogenstils bzw. der Neuromanik, vielfach anführte: Die Gotik sei aus künstlerischen Gründen abzulehnen, weil »jener Styl ein historisch und artistisch vollkommen abgeschlossener und vollendeter ist, ein fertiges Ganzes, das alle Perioden des Daseins vom Keime an bis zur Blüthe und zum gänzlichen Verfall durchlaufen hat. [...] Der deutsche Spitzbogenstyl kann demnach nicht derjenige sein, an welchen unsere heutige Architektur sich anschließen müsste. Es bleibt uns also nur der romanische Rundbogenstyl übrig.«

Die Gotik erfuhr von Kritikern wie Wiegmann zudem eine dem bürgerlich-aufgeklärten Selbstbewußtsein entsprungene Ablehnung. Dieses Selbstbewußtsein war geprägt von historisch-wissenschaftlichem Denken: Die Gotik sei »in mancher Hinsicht zwar eine schöne, aber doch einseitig bewegte Epoche [des Mittelalters], entzündet von einer Schwärmerei, die jedem Licht wahrer Wissenschaft und aller Besonnenheit Feind war, und Hand in Hand mit despotischer Hierarchie und drückendem Feudalismus, aus dem Schweiße und dem Aberglauben des fanatisirten Volks diese herrlichen Münster und Dome aufsteigen ließ – Werke, deren Erbauung heutiges Tages die Einkünfte ganzer Staaten aufzehren würde, – so fällt es in die Augen, daß dieser Styl, so bewundernswürdig seine Werke auch sind, für unsere razionelle Zeit nicht paßt. [...] Was einfach, zweckmäßig, wahr und ohne Künstelei möglich war, hatte man allmählich verachten gelernt; – man hatte das Alles in den vielversprechenden Anfängen des Rundbogenstyls im dreizehnten Jahrhundert verlassen. Die

Elemente jenes Bogenstyls sind aber so vernunftgemäß, unserem Material, Klima und Bedürfnisse so angemessen, wie keine anderen, und haben sich noch nicht ausgelebt.«[19]
Der Schritt in der Entwicklung von Hübsch zu Wiegmann liegt darin, daß letzterer viel stärker zur Neuromanik tendierte, die zwar auch in Hübschs Vorstellungen Teil seines Rundbogenstils war, jedoch weit mehr von Renaissanceformen überlagert wurde – ein Traditionsstrang, den Gottfried Semper wieder aufnahm.
Die Architekturentwicklung in der Zeit von etwa 1840 bis nach 1900 hat gezeigt, daß die Vorzüge des Rundbogenstils für billiges Bauen genutzt wurden; allerdings überwiegend zugunsten von Bauaufgaben, die in der Wertskala tiefer standen. Vor allem wurden Arbeiterhäuser, Fabriken, Kasernen und Lagerhäuser in diesem Stil gebaut, besonders in der zweiten Jahrhunderthälfte. Der Rundbogenstil wurde zum quasi funktionalistischen Stil des 19. Jahrhunderts, während die Neuromanik, die ja in der Entstehungszeit vieles mit ihm gemeinsam hatte, für gehobenere Baugattungen Verwendung fand, ja nach etwa 1890 zumindest in Preußen fast in den Bereich eines Staatsstils rückte, gefördert durch Wilhelm II. Die bürgerlichen Tugenden von Sparsamkeit und Zurückhaltung, mit denen Hübsch und Wiegmann den Rundbogenstil rechtfertigten, waren mit dem wachsenden Reichtum nach der Industrialisierung zur Begründung für den Stil der Klasse unterhalb des Bürgertums geworden, während sich dieses aus dem Repertoire der Baugeschichte, mit jeweils fundierter kunsttheoretischer Begründung, neue Stile zu seiner Selbstdarstellung suchte.

Gottfried Semper protestierte in der hier zitierten frühen Arbeit auf andere Weise als Heinrich Hübsch gegen die routinierte Übernahme antiker Formen. Seine Argumentation ist in vielen Äußerungen politisch-demokratisch gefärbt. Auch er verlangt eine zeitgemäße, d. h. den Erfolgen der Revolution von 1789 Rechnung tragende Architektur, doch kommt er nicht, wie Hübsch, zu einem konkreten Vorschlag. Das mag u. a. an dem Charakter der Schrift liegen, die sich vorrangig mit der Vielfarbigkeit antiker Architektur beschäftigt, einem seit etwa 1800 diskutierten Thema.[20] Sempers gegenwartsbezogene, architekturkritische Einschübe in einer historischen Arbeit sind deshalb wichtig, weil sie den Widerstand gegen den Klassizismus dokumentieren, ohne die Antike als Vorbild aufzugeben. Zudem weist er in eine neue Richtung, die auch schon Hübsch andeutete: die Forderung nach Materialgerechtheit in der Architektur. Eisen, Holz, Stein verlangten jeweils eigene Bearbeitung und Formung; sie dürften nicht andere Materialien vortäuschen, sondern sollten aus ihren eigenen konstruktiven Möglichkeiten heraus genutzt werden. Seine unzweideutigen, wissenschaftlich fundierten Nachweise, daß die antike Architektur bemalt war und nicht in dem strahlenden Weiß des Steins erglänzte, wie der Klassizismus es meinen ließ, wird zum Argument gegen eine oberflächliche Anwendung antiker Formen, deren Nachahmung für den Klassizismus gerade zu der Zeit an Reiz verlor, als er sie farbig gestalten sollte.[21] In den architekturtheoretischen Arbeiten des französischen Architekten Jean-Nicolas-Louis Durand (1760–1834), die in vielen Auflagen erschienen und zu den verbreitetsten architektonischen Lehrbüchern des frühen 19. Jahrhunderts gehörten, sah er die Antike zu einem auf Schemata und geistlose Kopierbarkeit reduzierten Steinbruch der Baugeschichte verkommen. Auch diese quasi mundgerechte Aufbereitung tradierter Modelle und auf ein beschränktes Formenrepertoire reduzierte Bauanleitung waren für Semper ein deutliches Signal für den Niedergang der antikisierenden Architektur.

12

Gottfried Semper

Vorläufige Bemerkungen über bemalte Architectur und Plastik bei den Alten

(1834)

Man macht der Architectur unserer Zeit den Vorwurf, dass sie im Wettlauf der Künste hinter ihren Schwestern zurück bleibt und den Bedürfnissen, die eine ganz neue und, wie es den Anschein hat, für die Kunst vortheilhafte Gestaltung der Dinge nothwendig macht, keinesweges mehr entspricht. Leider lässt sich dieser harte Vorwurf nicht ganz widerlegen. In dem Gefühle ihrer Schuld und gedrängt von ihren Gläubigern, hilft sich die halbbanquerotte Architectur durch's Papier und bringt zweierlei Sorten davon in Umlauf, um sich wieder zu erholen. Die erste Sorte sind die *Durand*schen Assignaten,[22] die dieser Schachbrettskanzler für mangelnde Ideen in Cours setzt. Sie bestehen aus weissen Bögen, die nach Art der Stickmuster oder Schachbretter in viele Quadrate getheilt sind, auf denen sich die Risse des Gebäudes ganz mechanisch ordnen. (Man vergleiche das *Durand*sche Werk: précis des leçons d'architecture etc.)

Wer zweifelt noch an ihrem vollgültigen Werth, da man nun alles, was die Alten nur wie Kraut und Rüben durch einander warfen, die heterogensten Dinge ohne vieles Kopfzerbrechen unter Einen Hut bringt, da durch sie der nagelneue Polytechniker zu Paris binnen sechs Monaten sich zum vollendeten Baukünstler bildet, da ihre Quadrate, auf denen sich, wie von selbst, Reitbahnen, Thermen, Theater, Tanzsalons und Concertsääle, in Einen Plan zusammenfügen, den grossen Akademischen Preis davon tragen, da ganze Städte, wie Manheim und Karlsruhe, nach ihren strengen Principien erbaut wurden?

Die zweite Papiersorte, die in der allgemeinen Ideennoth nicht minder zu statten kommt, ist das durchsichtige Oelpapier. Durch dieses Zaubermittel sind wir unumschränkte Meister über alte, mittlere und neue Zeit. Der Kunstjünger durchläuft die Welt, stopft sein Herbarium voll mit wohl aufgeklebten Durchzeichnungen aller Art und geht getrost nach Hause, in der frohen Erwartung, dass die Bestellung einer Walhalla à la Parthénon, einer Basilike à la Monréale, eines Boudoir à la Pompéi, eines Palastes à la Pitti, einer Byzantinischen Kirche oder gar eines Bazars in türkischem Geschmacke nicht lange ausbleiben könne, denn er trägt Sorge, dass seine Probekarte an den rechten Kenner komme. Was für Wunder uns aus dieser Erfindung erwachsen! Ihr verdanken wir's, dass unsere Haupt-Städte als wahre Extraits de mille fleurs, als Quintessenzen aller Länder und Jahrhunderte emporblühen, so dass wir, in angenehmer Täuschung, am Ende selber vergessen, welchem Jahrhunderte wir angehören.

Doch, Scherz bei Seite, fördert uns dieses alles? Wir wollen Kunst, man giebt uns Zahlen und Regeln. Wir wollen Neues, man giebt uns Etwas, das noch älter ist, und noch entfernter von den Bedürfnissen unserer Zeit. Sie sollen wir vom Gesichtspunkte des Schönen auffassen und ordnen, und nicht bloss Schönheit da sehen, wo der Nebel der Ferne und Vergangenheit unser Auge halb verdunkelt. So lange wir nach jedem alten Fetzen haschen und unsere Künstler sich in den Winkeln verkriechen, um aus dem Moose der Vergangenheit sich dürftige Nahrung zu holen, so lange ist keine Aussicht auf ein wirksames Künstlerleben.

Nur Einen Herrn kennt die Kunst, das Bedürfniss. Sie artet aus, wo sie der Laune des Künstlers, mehr noch, wo sie mächtigen Kunstbeschützern gehorcht. Ihr stolzer Wille kann wohl ein Babylon, eine Persepolis, ein Palmyra aus der Sandwüste erheben, wo regelmässige Strassen, meilenweite Plätze, prunkhafte Hallen und Paläste in trauriger Leere auf die Bevölkerung harren, die der Gewaltige nicht aus der Erde zu stampfen vermag, – das organische Leben Griechischer Kunst ist nicht ihr Werk, es gedeiht nur auf dem Boden des Bedürfnisses und unter der Sonne der Freiheit.

Aber welcher Art ist unser Bedürfniss und wie sollen wir es künstlerisch bearbeiten?

Das in jeder und auch in künstlerischer Beziehung wichtigste Bedürfniss eines Volkes ist sein Cultus und seine Staatsverfassung. In den Zeiten, die der Menschheit am meisten zur Ehre gereichen, war beides Ein Bedürfniss, oder vielmehr das Eine ein höherer Ausdruck des Anderen. Es würde zu weit führen, zu erörtern, ob und in wiefern das Protestantische Christenthum eine Richtung nahm, die dieser Verbindung des Staats mit der Kirche nachtheilig wurde, mehr noch der Kunst, und wie darauf der Indifferentismus sich entspann, unter dem die Kunst vollends erstarrte. Aus ihm, und weil das warme Menschenherz nicht lange höhere Gefühle entbehren kann, entwickelte sich ein reges Interesse am Staate. Man ergriff mit wahrhaft religiösem Schwärmergeist die neue Lehre, wodurch alte Willkür vernichtet und der Egoismus beschränkt, das Interesse am Wohl des Ganzen erweitert wurde. Indem so unser ganzer religiöser Enthusiasmus auf irdische Verhältnisse gerichtet wurde und sie veredeln musste, entstand dadurch eine Annäherung an die Zeiten der Alten, die unser Jahrhundert unverkennbar charakterisirt.

Gemäss der angeführten Richtung des Jahrhunderts für grosse allgemeine Interessen gestaltet sich das häusliche Leben ebenfalls anders. Je grösser und reicher das öffentliche Leben zu werden verspricht, in gleichem Maasse beschränkt sich das Privatbedürfniss. Moderner Aufwand wird bestritten mit den Zinsen des Kapitals, das im Mittelalter ein standesmässiges Auftreten verlangte. Die Ausgleichung der Stände wird dadurch erleichtert. Nicht mehr Trutz und Schutz gegen Privatfeinde soll das neue Wohnhaus gewähren, nein Bequemlichkeit und Anmuth sind die einzigen Erfordernisse desselben. Florentinische und Römische Paläste sind unserer Zeit fremd und dulden keine Nachahmung im verjüngten

Maasstabe. Byzantinische Kirchen, Gothische Kreuzgänge und Klöster sind moderne Ruinen, wo Eigenwille sie errichtet, und passen allenfalls in Englischen Parkanlagen als reine Dekoration. Gemächlichkeit der häuslichen Einrichtung hat sich am vollendetesten in England ausgebildet. Englische Industrie war unermüdlich beschäftigt, um alle kleinsten Bedürfnisse der Häuslichkeit zweckmässig zu befriedigen und erfand dazu neue haushälterische Mittel. Das gründliche Studium der Naturwissenschaften führte zu den wichtigsten Entdeckungen. Backsteine, Holz, besonders Eisen, Metall und Zink ersetzen die Stelle der Quadersteine und des Marmors. Es wäre unpassend, noch ferner mit falschem Scheine sie nachzuahmen. Es spreche das Material für sich, und trete auf, unverhüllt, in der Gestalt, in den Verhältnissen, die als die zweckmässigsten für dasselbe, durch Erfahrungen und Wissenschaften erprobt sind. Backstein erscheine als Backstein, Holz als Holz, Eisen als Eisen, ein Jedes nach den ihm eigenen Gesetzen der Statik. Dies ist die wahre Einfachheit, auf der man sich dann mit aller Liebe der unschuldigen Stickerei des Zierraths hingeben darf. Das Holz, das Eisen und alles Metall bedarf der Ueberzüge, um es vor der verzehrenden Kraft der Luft zu schützen. Ganz natürlich, dass diess Bedürfniss auf eine Weise befriedigt wird, die zugleich zur Verschönerung beiträgt. Statt der eintönigen Tünche wählt man gefällig abwechselnde Farben. Die Polychromie wird natürlich, nothwendig.

Die Schwere und Widerstands-Fähigkeit des Metalls schreibt leichte, zierliche und durchbrochene Formen vor. Das Einfache, das heisst die plumpe altjungferliche Armseligkeit der Stukaturzeit kommt in Misskredit; denn in der That, es ist grosser Missbrauch mit dem unschuldigen Worte »einfach« (simple) getrieben worden. Weil aber der Geschmack nicht Zeit hatte, am allerwenigsten in England, dem steigenden Gefühle des Bedürfnisses auf dem Fusse zu folgen, so fing man in dem Verzierungsdrange vor wenigen Jahren an, das Mangelnde aus der romantischen Zeit der Renaissance zu entlehnen und jetzt sind wir schon in dem Rococo von *Louis XV.* Das schnelle Fortschreiten giebt uns Hoffnung, dass der Unfug nun bald am Ende ist. [...]

Wenn schon unser Privatleben sich der antiken Einfalt und bürgerlichem Gemeinsinn anpasst, so hat diese Veränderung, die offenbar zum grossen Gewinn der öffentlichen Mittel ausfallen musste, nicht überall die heilsamen Folgen für das Allgemeine erreicht, die man erwarten durfte.

Die stehenden Armeen kosten das Mark des Landes und kostbare Monumente der Eitelkeit und des Eigensinns erheben sich an den Stellen, die dem öffentlichen Nutzen geweiht seyn sollten.

Selbst bei dem redlichsten Willen wird des bevormundeten Volkes wahres Bedürfniss nicht immer zuerst getroffen und befriedigt. Wie lehrreich auch hier das Studium der Alten! Wie organisch aus sich selbst emporgewachsen alle die Städte mit ihren Märkten, Stoen, Tempelhöfen, Gymnasien, Basiliken, Theatern und Bädern. Mit allen ihren Orten zur Beförderung des Gemeinsinns und des öffentlichen Wohls. Nicht nach symmetrischen Regeln willkürlich hingestellt, nein, da wo Bedeutsamkeit und Bestimmung sie erheischte, standen die Monumente, scheinbar regellos aber nach den höheren geistigen Gesetzen des Staatsorganismus bedungen. Alles war im Maasstab zum Volke, konzentrirt in enger Umschliessung, und dadurch imposant. Der Gegensatz von späteren Hauptstädten, bei deren Erbauung die unendliche Ebene, nicht das kleine Menschenbedürfniss den Maasstab gab und wo die kolossalsten Massen in dem gränzenlosen Raum verschwinden. [...]

Mit den politischen Stürmen, die sich seit dem Ende des verflossenen Jahrhunderts erhoben haben, regt sich gleichzeitig in der Kunst eine neue Gährung. Politik und Kunst sind stets Hand in Hand gegangen. *Winkelmann* war der neue Prophet, der nach vier Jahrhunderten zum erstenmal wieder auf die Antike zurückwies. Aber wie jene alten Meister verfiel auch er in den Fehler, das Lückenhafte der antiken Ueberreste für den vollständigen Text zu halten und ihn höchst genial nach seiner Weise zu deuten. Er schöpfte nur aus den unverfälschten Quellen. Auf die Palimpseste des Mittelalters, unter deren barbarischer Mönchsschrift sich alte Ueberlieferungen erhalten hatten, achtete er gar nicht. Sein Jrrthum ist gröber als der, den die Cinquecentisten begingen, denn Pompeji war erstanden und der Gelehrsamkeit hatten sich neue Felder eröffnet. Aber für ihn spricht die verjährte Gewohnheit, die Plastik weiss zu sehen. Jene hatten mit ihrem Jrrthum die Wahrheit verdrängt, er hat der Wahrheit bloss nicht wieder ihr Recht zurückgegeben. Er ist, wo nicht der Gründer, doch der Herold der neuen antikisirenden Schule in Plastik und Architectur. [. . .]

Nicht viele mehr leugnen den Bestand von Malereien auf den antiken Monumenten, denn so übereinstimmenden Zeugnissen der Reisenden lässt sich nicht füglich die Stirne biethen. Aber dass die Alten alle ihre Monumente und namentlich die aus weissem Marmor erbauten, mit Farben ganz bedeckt haben sollten, dass *Griechen* so geschmacklos hätten seyn können, das leugnen sie. Gezwungen den Bestand gemalter Spuren zu statuiren, verneinen sie ihre Aechtheit und versetzen sie in eine spätere barbarische Zeit. Den wenigsten leuchtet es ein, dass auch griechische Plastik gemalt gewesen sey, wenn sie schon der Architectur ein halbes Zugeständniss einräumen.

Die beiden folgenden Texte Sempers beziehen sich nicht eigentlich auf eine neue Architektur, vielmehr sind sie Appelle an die Politiker, die Gesellschaft zu ändern. Beide Arbeiten wurden wenige Jahre nach der Revolution von 1848 geschrieben, an der er aktiv teilgenommen hatte. Der Text von 1853 kann zu Mißverständnissen hinsichtlich der architekturgeschichtlichen Position Sempers führen. Seine Forderung nach einer umfassenden Erforschung der religiösen, politischen und gesellschaftlichen Zusammenhänge in der Architektur war nicht gedacht als Anleitung für die Architekten, die Kenntnisse von den Bedingungen eines historischen Stils zu vertiefen, um ihn um so exakter nachahmen zu können, sondern als Appell für das bessere Verständnis allgemeiner Gesetze der Baukunst und als Forderung, die zeitgenössische Architektur von einer umfassenden Analyse der Umstände, die zu einem Neubau führen, abhängig zu machen. Diese Abhängigkeit schränkt die eigenschöpferische Beteiligung des Künstlers für eine bestimmte Form ein und erklärt die jeweils gefundene »künstlerische« Lösung als bedingt durch die genannten Zusammenhänge – ein Standpunkt, der bei der Hochschätzung des sich als autonom verstehenden Künstlers im 19. Jahrhundert ungewöhnlich war und auch von Semper in den späteren Jahren modifiziert wurde.[23]

13

Gottfried Semper

Vier Elemente der Baukunst

(1851)

Es wird wahrlich kein Anthemius von Tralles, kein Isidor von Milet erfinderisch genug sein, eine neue Grundform der Architektur zu schaffen, wenn nicht vorher eine neue welthistorische Idee sich Bahn brach, von welcher jene der Ausdruck wurde. Eine solche Idee schwebte Constantin dem Großen vor dem Sinne, als er mit dem äußeren Christenthum für seine neu gegründete Hauptstadt nicht auch zugleich die weströmische christliche Basilika adoptirte, sondern *seinem* Christengotte vor dem Tablinum[24] seines römischen Hauses den Altar errichtete, dessen hohes Atrium testudinatum[25] das Vorbild aller griechisch-katholischen »Dome« wurde. [...] So war der kaiserliche Gedanke, der ihn zur Annahme der

neuen Lehre bewog, architektonisch verkörpert, und Christus war in seine neue Wohnung, als Hausgott der irdischen Gewalt, eingezogen.
Wie großes Unrecht thut man uns Architekten mit dem Vorwurfe der Armuth an Erfindung, während sich nirgend eine neue weltgeschichtliche, mit Nachdruck und Kraft verfolgte Idee kund giebt. Vorher sorgt für einen neuen Gedanken, dann wollen wir schon den architektonischen Ausdruck dafür finden. Bis dahin begnüge man sich mit dem alten.

14

Gottfried Semper

Ueber den Zusammenhang der architektonischen Systeme mit allgemeinen Kulturzuständen

(1853)

Die individuellen Eigentümlichkeiten der verschiedenen Systeme der Architektur werden für uns so lange unverständlich bleiben, als wir nicht eine Anschauung über die socialpolitischen und religiösen Zustände derjenigen Nationen und Zeitalter gewonnen haben, denen die betreffenden architektonischen Stile eigentümlich waren.
Architektonische Denkmale sind thatsächlich nur der künstlerische Ausdruck dieser socialen, politischen und religiösen Institutionen, denn die Formen der Kunst, so gut wie diejenigen der Gesellschaft, sind notwendigerweise Resultate eines Prinzipes oder einer ursprünglichen Idee, welche schon vor ihnen bestanden haben mußte.
In noch geringerem Grade würden wir irgend ein bestimmtes Verständnis über gewisse Einzelheiten irgend eines architektonischen Stiles gewinnen können, zum Beispiel über das, was man unter der Ordnung, unter den Profilen etc. eines

Stiles für gewöhnlich versteht, ohne zum mindesten eine allgemeine Kenntnis über die Gesamtheit derjenigen Monumente zu haben, an denen diese Details sich finden und deren Prinzipien sie zum Ausdruck bringen. Leider aber befinden wir uns noch in großer Unkenntnis gerade über die allerwichtigsten dieser allgemeinen Grundsätze und zwar nicht allein bezüglich derjenigen Stile, von denen nur geringe Reste und historische Nachweise auf uns gekommen sind, sondern sogar auch bezüglich der griechischen und römischen Architektur, sowie der des Mittelalters; ja kaum sind wir uns über die Bedingungen unserer eigenen gegenwärtigen Kunst ganz klar.

Sempers stark gesellschaftspolitisch ausgeprägte Theorie mit seinen architektonischen Arbeiten zu verbinden ist nicht leicht. Zwar lassen sich bei einigen Bauten oder bei Entwürfen, wie denen zur Nikolaikirche in Hamburg (1843/45) und zur Synagoge in Dresden (1840), Theorie und Praxis vermitteln, bei anderen jedoch fällt dies schwer. Das heißt nicht, daß seine Bauten nach willkürlichen Vorstellungen geplant seien, jedoch werden vielfach sehr einfache Begriffsassoziationen als Begründung für Form und Stil angeführt. Als Beispiel diene hier das 1838–41 ausgeführte, 1869 abgebrannte Hoftheater in Dresden (vgl. Abb. S. 105), das 1871–78 in veränderter Form neu errichtet wurde.
Die Publikation über das Gebäude enthält über viele Seiten eine Beschreibung der einzelnen Bauteile und technischen Einrichtungen; die Darstellung entspricht durchaus dem hohen Rang, der von Semper einer technischen Funktion beigemessen wurde. Die Grundsätze der Baugestaltung folgen also dem Bedürfnis nach einem optimalen technischen Ablauf, der klaren Ablesbarkeit der inneren Organisation in der äußeren Gestaltung und der Stilwahl.
Die halbkreisförmig schließende Hauptfassade steht in deutlichem Gegensatz zu zahlreichen Theatern der vorangehenden Jahrzehnte, deren Säulenportiken und Giebelfronten von an-

tiken Tempeln abgeleitet waren. Semper hingegen will mit seiner gerundeten Fassade die Gestalt des hufeisenförmigen Zuschauerraumes wiedergeben; die Giebelfronten tauchen in seinem Entwurf auch auf, allerdings an den Seitenfassaden, und sind, wie die von Pfeilern, nicht von Säulen getragenen seitlichen Eingangshallen, im Stil der Renaissance gehalten. Semper folgt in der Grundform Modellen des 18. Jahrhunderts; aber auch der von ihm geschmähte Durand hatte in seinem bereits zitierten Lehrbuch einen verwandten Entwurf publiziert. Direkte Anregung für Semper war wahrscheinlich das 1829–32 von Georg Moller (1784–1852) errichtete Stadttheater in Mainz. Der Stil, Renaissance nach italienischen Vorbildern der ersten Hälfte des 16. Jahrhunderts, wird nicht exakt nachgeahmt. Semper begründet das nicht mit der künstlerischen Freiheit des Architekten, sondern inhaltlich. Er sieht Entsprechungen zwischen dem freien Umgang mit der historischen Form, der Zeitstufe des Stils und der modernen Bauaufgabe.

In seinem umfangreichen Werk über den »Stil in den technischen und tektonischen Künsten« formuliert er noch einmal seine Wertschätzung der Renaissance. Sie ist für ihn die Stilstufe, die alle Vorzüge der antiken Architektur vereinigt und doch eine Freiheit zur Weiterentwicklung enthält, die andere Stile nicht zeigen. Auch er greift, wie Wiegmann, zu dem Topos des nichtvollendeten Stils, der dem Künstler neue Entfaltungsmöglichkeiten böte.[26]

Dresden. Hoftheater. Architekt G. Semper, 1841.
Kupferstich nach einer Zeichnung von Semper

15

Gottfried Semper

Das Königliche Hoftheater zu Dresden

(1849)

Da über die Einrichtung der Bühne bei Gelegenheit der Erklärung der dahin bezüglichen Kupfertafeln, Ausführliches nachfolgen wird, und sich auch für andere Theile der inneren Einrichtung etwa wünschenswerthe Notizen bei der Beschreibung der Platten geben lassen, so mögen diese allgemeineren Bemerkungen mit einer Rechtfertigung des von dem Architecten gewählten, vielleicht Manchen zu extravagant erscheinenden Baustyles schliessen.
Während er in der Behandlung der Grundformen und Massen mit Consequenz den Grundsatz verfolgte, die äussere Erscheinung des Gebäudes durchaus von dessen nothwendiger innerer Gliederung abhängig zu halten, und jede Maske oder Einschachtlung zu vermeiden, (weil dadurch wohl gewisse Unschönheiten der Erscheinung hätten umgangen werden können, jedoch nur auf Kosten des Charakterischen derselben, welches in seinen Augen ein nicht zu rechtfertigendes Opfer gewesen wäre), glaubte er die ihm gewiss sonst sehr heilige Strenge des Styls in den Einzelheiten überschreiten zu dürfen, weil sie bei der schon mehrfach angeregten Complication der Erfordernisse eines modernen Schauspielhauses kaum durchzuführen war und weil ein gewisses Spielen mit den Formen bei einem Gebäude, welches eine so chamäleontische Färbung hat, in welchem bald gelacht, bald geweint, aber immer gespielt wird, ihm um so mehr gerechtfertigt schien, als damit (bezeichnend für die Richtung unserer Bühnenkunst) an das Jahrhundert erinnert wird, in welchem die Grundsätze antiker Baukunst ziemlich freie und willkürliche Anwendung fanden, und durch Shakspeare und

Andere auch das Schauspiel ein neues Leben erhielt, welches durch die grossen Dichter und Kunstrichter der letztern Zeit bei uns in zweiter Jugend erblühte.

16

Gottfried Semper

Der Stil in den technischen und tektonischen Künsten oder praktische Aesthetik

(1863)

[...] zu vollster Objektivität und Freiheit in der symbolischen Verwerthung der durch den Hellenismus gereinigten urältesten Typen erhebt sich erst, nach langem Winterschlaf, die neuerwachte alte Kunst. Dieser Umstand trägt, wie mir scheint, ein Wesentliches dazu bei, uns die grossartige Ueberlegenheit der Renaissancekunst zu erklären, welche sie über alles Vorherdagewesene, mit Einschluss sogar der höchsten Kunst der Griechen, stellt. Dennoch hat sie nicht das Ziel, sondern wohl erst kaum die Hälfte ihrer Entwicklungsbahn erreicht, auf der sie, durch die Ungunst des modernen Zeitgeistes, von ihrer makrokosmischen Schwesterkunst, der Musik, überholt und in trostloser Entfernung zurückgelassen wurde.

Architektur nach 1870

Die Architektur der zweiten Hälfte des 19. Jahrhunderts war noch stärker geprägt von der Übernahme vergangener Baustile als die der ersten Jahrzehnte. Eine Modifikation war nur insofern eingetreten, als die Stile in den Baudetails immer exakter nachgeahmt wurden, während die Großformen in immer freieren Kompositionen auftauchten. Zu beobachten ist auch eine gewisse Lockerung in der Festlegung einzelner Stile auf bestimmte Baugattungen, wenn sich auch im Gesamtbauvolumen Konventionen einbürgerten. So blieb die Gotik unangefochten der eigentliche Kirchenstil. Nur die Romanik erreichte in den 90er Jahren auf diesem Gebiet fast Gleichrangigkeit, sowohl in der quantitativen Verwendung als auch in der Interpretation ihrer Wertigkeit. Beide Stile konnten auch für profane Bauaufgaben Verwendung finden, etwa für Rathäuser, Postgebäude oder Villen. Für große öffentliche Aufgaben des Bildungsbereichs wie Universitäten, Bibliotheken oder Theater, aber auch für Parlamentsgebäude wurde seit den 70er Jahren die italienische Renaissance zum fast verbindlichen Baustil. Im Bereich des Bürgerhauses bevorzugte man die Renaissance in ihrer deutschen Ausprägung der Zeit um 1600.

Die Verfügung über eine Vielzahl von Baustilen und die Anwendung einzelner Stile für die unterschiedlichsten Bauaufgaben lassen leicht den Eindruck entstehen, die Anwendung der Stile sei willkürlich geschehen. Über die allgemeinen Stilkonventionen hinaus, wie sie sich vielleicht in einem statistischen Mittel niederschlagen würden, erhielten die Stile eine individualisierte Wertung, die im Urteil des Architekten und der Auftraggeber lag. Der wirtschaftliche Aufschwung erlaubte es in der zweiten Hälfte des Jahrhunderts einer großen Zahl von Bürgern, sich in eigenen Bauten selbst darzustellen. Dabei wurden die unterschiedlichsten Konventionen,

Verhaltensmuster, Vorlieben, Verschleierungen und Programme wirksam.

Diese Vielfalt in der Stilbegründung schlug sich nieder in den Publikationen der am Bauprozeß Beteiligten. Gefördert wurde die Meinungsvielfalt in der Erklärung der Stilwahl durch das immens angewachsene Publikationswesen der Zeit; dadurch ist es möglich, in der Interpretation des 19. Jahrhunderts für jede Theorie Belege zu finden. Die einzige Konstante blieb die Verwendung vergangener Baustile. Dieses entscheidende Merkmal war und ist deshalb so wichtig, weil es das Äußere der Bauten betraf und damit als erstes wahrzunehmen ist.

Für die Interpretation der Architektur wird dieser Aspekt zweifellos von hervorragender Stellung bleiben. In der Architekturkritik der Zeit jedoch nahm die Stildebatte in den Aufsätzen der Bauzeitschriften oder populären Illustrierten eine qualitativ zweitrangige Position ein. Sicher enthält jeder Jahrgang einer Bauzeitschrift eine oder mehrere Arbeiten über das Problem eines Baustils; Hunderte von Berichten über einzelne Bauten dagegen messen dem Stil keine oder nur eine untergeordnete Bedeutung bei. Man kann generell sagen, daß sich die Berichterstattung in solchen Publikationsorganen hauptsächlich mit der technischen Funktion eines Gebäudes befaßte. Die Raumanordnung, die Grundrißlösung, der Benutzungsablauf fanden Interesse. Fragen der äußeren Wirkung wurden primär gesehen im Bereich der städtebaulichen Einbindung, in der monumentalen Wirkung, im ästhetischen Reiz. In der Historismusdebatte der letzten Jahre wurde dieser Aspekt fast überhaupt nicht berücksichtigt. Vor allem nicht die Frage, ob Grundrißlösungen ebenfalls vergangene Nutzungsformen abbilden oder voll den modernen Bedürfnissen angepaßt sind.

Dennoch sollten die Probleme der Stilfindung und Stilverwendung in ihrer hervorragenden Bedeutung für das Selbstverständnis des 19. Jahrhunderts nicht unterschätzt werden.

Zweifellos war die Verfügung über Geschichte in der Architektur des sogenannten Historismus ein wesentliches Kennzeichen. Eine Beschäftigung mit dieser Zeit sollte allerdings nicht die anderen Aspekte außer acht lassen, weshalb hier auch den einzelnen Baugattungen ein breiter Raum zugesprochen wird.
Der folgende Text gibt deutlich Auskunft über die Rolle des Stils im späten 19. Jahrhundert. Die liberalistische Haltung, die Fritsch, Herausgeber der »Deutschen Bauzeitung«, der Stilvielfalt gegenüber einnimmt, ist sicher für seine Zeit überbetont, besonders was die Verneinung von Konventionen über einen Gattungsstil anbelangt, belegt aber in der Hervorhebung ästhetischer Momente bei der Stilwahl eine weit verbreitete Motivation.[27]

17

K. E. O. Fritsch

Stil-Betrachtungen

(1890)

Wenn aber wirklich einmal ein starkes Bedürfniss nach einer Rückkehr zu einfacheren, klassischen Formen sich geltend machen sollte, so wird die Wahl schwerlich wieder auf die für unser Land und Volk viel zu zarte und zierliche, griechische Kunst fallen, sondern eher auf die italienische Renaissance, unter allen Umständen aber auf eine Bauweise, die im Sinne der *Massen-Stile* sich handhaben lässt. – Für den architektonischen *Unterricht* wird die griechische Kunst dagegen ihre grundlegende Bedeutung für immer behaupten. Hier wird ihr Niemand das Feld streitig machen. –
Der *klassischen italienischen Renaissance* habe ich so eben schon erwähnt. Dass sie so leicht wieder verdrängt werden könnte, nachdem sich die Augen wieder für ihre Schönheit

geöffnet haben und nachdem man auch ihre Schmiegsamkeit erkannt hat, ist nicht wohl anzunehmen. Für den Ausdruck edler festlicher Pracht wird sie kaum jemals zu übertreffen sein. Ihrer ausschließlichen Anwendung für ein nordisches Land steht jedoch jenes wiederholt erwähnte Moment entgegen, welches ihr bereits in letzter Zeit einen Theil ihrer Anhänger entfremdet hat: sie lässt malerische Gestaltungen nur in einem bestimmten Sinne und bis zu einem gewissen Grade zu. –
Dass die Stilweise der deutschen, allgemeiner gefasst, der *nordischen Renaissance* diesem, durch die voraus gegangene lange Unterdrückung noch mehr gesteigerten Bedürfniss nach malerischer Gestaltung in denkbar weitestem Grade entgegen kam, hat zu ihrer schnellen Aufnahme und Ausbreitung wohl erheblich mehr beigetragen, als der so häufig in falscher Weise betonte »nationale« Gesichtspunkt. Ueber ihre Bedeutung wie über die Grenzen ihrer Anwendbarkeit hat mein Freund *Hubert Stier* [...] in eingehenden Ausführungen sich verbreitet, denen ich im allgemeinen nur zustimmen kann. Ich möchte jedoch hinzu fügen, dass der unbefriedigende Eindruck so mancher neueren Werke dieses Stils nicht in letzter Linie darauf zurück zu führen ist, dass man den Grundzug desselben verkannt hat. Die wirkliche deutsche Renaissance, insbesondere die ältere trägt überwiegend das Gepräge eines Massen-Stils; ihren eigenartigsten Reiz entfaltet sie in der Gegenüberstellung der in zierlichem Reichthum ausgestalteten Portale, Erker, Dachgiebel usw. mit glatten und ungegliederten, höchstens durch Malerei oder Sgraffito-Schmuck belebten Wandflächen. Statt dies zu beachten, hat man die Fassaden unserer Neubauten nicht selten noch mit der vollen Musik eines Gerüststils auch in solchen Fällen überladen, wo schon die enge Axentheilung äußerste Zurückhaltung zur Pflicht gemacht hätte. Das Verständniss des Stils ist jedoch in den letzten Jahren entschieden gewachsen. Derartige Uebertreibungen sind weniger häufig geworden; man baut schlichter und gefällt sich auch nicht

mehr darin, vorzugsweise die wüstesten und knolligsten Formen aus der Barockzeit des Stils nachzuahmen. Kurzum, jene Weiterbildung desselben in edlerem Sinne, von der *Stier* s. Z. sprach und die damals in ihren Anfängen sich bemerklich machte, ist weiter voran geschritten. Es gereicht mir zur besonderen Freude, in dieser Beziehung gerade die Bauausführungen der preußischen Staats-Bauverwaltung, die früher so oft zu starken Einwendungen heraus forderten, als Beispiele gesunder Behandlung des deutschen Renaissance-Stils hervor heben zu können. Ob Bauten wie die Gerichtsgebäude zu Frankfurt a. M. und Köln, wie die Regierungs-Gebäude zu Breslau und Hildesheim – ich darf ihnen das im Range noch höher stehende Hamburger Rathhaus anreihen – übrigens nicht doch darthun, dass die Grenzen der Anwendbarkeit des Stils weitere sind, als sie *Stier* damals ziehen wollte, lasse ich dahin gestellt. Ich sehe auch durchaus keinen Grund dafür, warum er nicht ebenso für Kirchen mittleren Maaßstabes sollte Verwendung finden können und halte den Beweis dessen schon von alters her durch die jüngst in trefflicher Weise hergestellte Wolffenbütteler Marienkirche erbracht. – Ein *Aufgeben des deutschen Renaissance-Stils*, von dem – vielleicht mit bewusster Absicht – gefabelt wird, ist bis jetzt kaum zu verspüren. Er überwiegt bei den Neubauten nicht mehr so, wie während des Jahrzehnts von 1875–85, aber er steht noch, bezw. erst jetzt, in voller und frischer Blüthe und wird sich in derselben gewiss noch lange behaupten. Einen Anspruch auf Alleinherrschaft haben ihm wohl nur einige nationale Schwärmer vorübergehend zuerkannt. [Vgl. als spätes Beispiel die Abb. S. 312.]

In dieser Beziehung könnte der z. Z. neben ihm herrschende *Barockstil* wegen seiner größeren Gestaltungs-Fähigkeit – ich möchte sagen, wegen seines größeren Melodien-Reichthums – wohl noch ein besseres Recht, freilich gleichfalls kein durchschlagendes Recht geltend machen. Er steht uns um so viel näher, als die Zeit seiner Entstehung der unsrigen und die Aufgaben, denen er einst zu dienen hatte, den heute zu lösenden. Das und nicht blos Neuerungssucht und Modelaune ist es, was seine Wiederaufnahme herbei geführt und auch ihm bereits eine weitgehende Ausbreitung verschafft hat. Jedenfalls ist es eine Freude, an diesen neueren Barockbauten zu sehen, welche Fortschritte das künstlerische Vermögen unserer Zeit innerhalb der letzten Jahre emsigen Schaffens gemacht hat. Es fehlt auch bei ihnen nicht an Missverständnissen und Uebertreibungen, aber diese sind verhältnissmäßig klein gegen das, was vorher in der deutschen Renaissance gesündigt worden ist. Die deutsche Kunst ist ersichtlich reifer geworden. Ganz entschieden aber offenbart sich bei diesen Barockbauten eine Hinneigung unserer Zeit zum Massen-Stile, die einerseits als Gegensatz zu den seit 100 Jahren herrschenden Gerüst-Stilen nur natürlich ist, andererseits aber gleichfalls als ein Beweis für die erlangte, größere künstlerische Sicherheit angesprochen werden darf.

Auf den vielberufenen »Empire«-Stil, den man uns nun schon seit einer Reihe von Jahren als angeblich nächste Mode an die Wand malt, ohne dass er bisher wirklich kommen will, brauche ich mich wohl nicht besonders einzulassen, ebenso wenig auf jene exotischen Stilweisen, mit denen man uns – wohl mehr zum Scherz – gedroht hat und die stets nur eine vereinzelte dekorative Anwendung finden werden. Dagegen haben wir noch den beiden *deutsch-mittelalterlichen Stilen* etwas näher uns zuzuwenden.

Die Vollberechtigung der *Gothik*, auch in der Gegenwart ein kräftiges Leben zu entfalten, ist durch so viele Werke erwiesen und so allgemein anerkannt, dass es darüber keines Wortes mehr bedarf. Zu allgemeiner Geltung gelangen könnte sie dagegen freilich nur unter Voraussetzungen, welche gleichfalls als unmöglich anzusehen sind – unter der Voraussetzung nämlich, dass alle geistigen Bande, welche uns mit dem Alterthum und der Renaissance-Zeit verbinden, gelöst und zerrissen würden. Die Meister dieses Stils mögen es mir im übrigen verzeihen, wenn ich die Ansicht ausspreche, dass derselbe den Höhepunkt seiner in unserem Zeitalter erlangten, neuen

Blüthe bereits überschritten hat und allmählich wieder an Boden verlieren dürfte – vielleicht sogar so viel, dass er später seine Hauptbedeutung, wie der griechische Stil, nur im Kunst-Unterricht und als befruchtendes Element für die Entstehung einer neuen Kunstweise finden wird. Ein Anzeichen dafür ist die von mir bereits im Eingange hervor gehobene Thatsache, dass er trotz der günstigsten äußeren Umstände die wider ihn herrschende Sprödigkeit des Privatbaues nicht zu überwinden vermocht hat. Er wird aber auch seine Stellung im Kirchenbau nicht ganz behaupten können und zum mindesten einen Theil der ihm jetzt zufallenden Aufgaben dieses Gebiets an die Renaissance und den *romanischen Stil* abzugeben haben.

Wenn irgend eine der gegenwärtig noch nicht gepflegten, geschichtlichen Stilweisen demnächst Aussicht hat, einen neuen Aufschwung zu erleben – selbstverständlich gleichfalls nicht als ausschließliche und endgiltige Bauweise – so ist es der *romanische Stil*. Einmal drängt der Zug unserer, durch das Schematische der Gerüst-Stile übersättigten Zeit, wie ich bereits wiederholt betont habe, zu der ruhigen Monumentalität der Massen-Stile. Dann aber ist auch im romanischen Stil jenes Moment enthalten, das uns die deutsche Renaissance so interessant macht: die Verschmelzung des eigenartigen, germanischen Empfindens mit den Ueberlieferungen der antiken Welt. Ein Moment, welches um so bedeutungsvoller ist, als Alles darauf hinweist, dass auch die Entstehung einer neuen Stilweise im wesentlichen wiederum von gleichen Ausgangspunkten aus sich vollziehen wird. Endlich hat der romanische Stil, auf dessen Beziehungen zu der ehemaligen Glanzzeit unseres Volkes ich nur beiläufig hinweise, sich durchaus nicht ausgelebt, sondern ist einfach vom gothischen Stile verdrängt worden, als er – im sogen. Uebergangsstil – noch mitten in seiner Entwickelung sich befand.

Schon ist auch bei uns die Zahl der Architekten nicht gering, welche ihm ihr Interesse zugewendet haben. Ich erinnere – von gewissen Kirchenbauten der älteren Berliner Schule abgesehen – an die Synagogen-Bauten von *Oppler* und Albert *Schmidt*, an die letzten Kirchen-Entwürfe *Hartels*, an das von *March* erbaute Spiel- und Festhaus in Worms u. a.[28] Die Zahl würde noch erheblich größer sein, wenn die besten geschichtlichen Denkmale des Stils in ihren Einzelheiten so gut bekannt wären, wie diejenigen der übrigen Stilweisen und wenn nicht so manche traurigen Leistungen der Gärtner'schen[29] Schule und des kgl. preußischen »Rundbogen-Stils« sowie die irrige Meinung, dass der romanische Stil nur als eine unreife Vorstufe der Gothik anzusehen sei, auf vielen Seiten ein Vorurtheil gegen ihn groß gezogen hätten. Ich bekenne mich persönlich gern als einen warmen Verehrer romanischer Kunst und wünsche ihr, in meiner Eigenschaft als Norddeutscher um so mehr ein baldiges Wieder-Aufleben, als ich der Meinung bin, dass sie auch der künstlerischen Entwickelung des Backsteinbaues ein ergiebigeres Feld darbieten würde als die Gothik. Die neuerdings hervor tretende Neigung, unter Ausnutzung der heutigen Ziegeltechnik in immer weiterem Grade mit den Formen des gothischen Werksteinbaues wetteifern zu wollen, führt dagegen nothwendig auf Abwege. –

Dabei will ich die vielleicht nicht allen Anwesenden bekannte Thatsache hervor heben, dass der romanische Stil, insbesondere in seiner letzten Form als Uebergangsstil, bereits die Baukunst eines großen Landes beherrscht, diejenige der Vereinigten Staaten von Nordamerika. Ich kenne die dortigen Bauten dieses Stils nur aus Veröffentlichungen von Entwürfen und weiss nicht, ob die Ausführungen stets auf der Höhe der Zeichnungen stehen. In letzteren aber ist – neben mancher plumpen und misslungenen Leistung – nicht selten eine Fülle so geistvoller und eigenartiger Gedanken enthalten, dass man zur Bewunderung gereizt wird und von der Gestaltungs-Fähigkeit des romanischen Stils auch für neuzeitliche Aufgaben völlig ungeahnte Vorstellungen empfängt. –

Die Reihe der überhaupt in Frage zu ziehenden Stile wäre damit durchmustert; denn auch den altchristlichen und den

byzantinischen Stil glaube ich mir und meinen Zuhörern schenken zu dürfen. –
Wenn ich vielleicht hoffen darf, Ihnen bei dieser Musterung den einen oder anderen neuen Gesichtspunkt vorgeführt zu haben, so ist das Gesammt-Ergebniss, zu dem ich gelangt bin, allerdings nichts weniger als neu. Es läuft ja auf nichts anderes als die Ueberzeugung hinaus, dass wir zwar Vermuthungen darüber äußern können, welche der geschichtlichen Stile und Stilfärbungen in nächster Zeit mehr oder weniger bevorzugt werden dürften, dass wir uns aber bescheiden müssen, vorläufig allen diesen Stilen ihr wohl erworbenes Bürgerrecht zu lassen und abzuwarten, in wie weit beim friedlichen Wettkampfe derselben eine weitere Annäherung unter ihnen, vielleicht ihre Verschmelzung zu einem neuen Stil sich vollzieht. Dass dieses letzte Ereigniss früher oder später einmal eintreten wird, ist eine logische Nothwendigkeit, die angesichts der Kunstgeschichte Niemand leugnen kann. Untersuchungen über das mögliche »Wie« eines solchen Vorgangs anzustellen, ist jedoch vollkommen überflüssig; denn in dem Augenblicke, wo derartige Untersuchungen auch nur den geringsten thatsächlichen Werth haben könnten, müsste der neue Stil ja schon gefunden sein.
Aber wenn wir den still wirkenden, unsichtbaren Naturkräften, die zu einer Stilbildung führen, auch machtlos gegenüber stehen, so brauchen wir deshalb die Hände nicht verzagt in den Schooß zu legen. Wir sind vielmehr verpflichtet, uns auf dem bereits gewonnenen Boden nicht nur zu behaupten, sondern auch zu versuchen, weiter vorzudringen.
Geben wir zunächst jedem ehrlichen Streben freien Raum. Werfen wir auch den letzten Rest des Vorurtheils von uns ab, als sei irgend ein auf natürlichem Wege entstandener Stil besser und berechtigter als die anderen. Es hat jeder derselben seine Licht- und seine Schattenseiten. Verzichten wir namentlich darauf, gewissen Stilen ein Vorrecht auf gewisse Gebäude-Gattungen zuzuerkennen. Gönnen wir dem Gothiker, dass er ein Theater baue, falls er nämlich einen solchen

Auftrag erhalten sollte, aber schließen wir – soweit unser Einfluss reicht – auch die Renaissance vom Kirchenbau nicht aus. So manche Verirrung, welche die Vertreter der letzteren sich haben zuschulden kommen lassen, würde vermieden worden sein, wenn sie ihre Kunst an der idealen, von selbst zu monumentaler Einfachheit zwingenden Aufgabe des Kirchenbaues hätten schulen können, anstatt unablässig den Wünschen reklamesüchtiger Bauherren nachgeben zu müssen.

Vor allem aber – streben wir im künstlerischen Schaffen nach größerem Ernst und größerer Vertiefung. Es giebt für die zukünftige Entwickelung unserer Baukunst nichts Wichtigeres, als dass das dilettantistische Spielen mit Formen möglichst eingeschränkt werde und dass der Architekt sich bemühe, jede, auch die kleinste Aufgabe in gewissem Sinne *monumental* zu lösen. Denn was seit 100 Jahren als Krebsschaden an der deutschen Baukunst genagt und ihr Fortschreiten so verzögert hat, ist ja imgrunde nicht die Unsicherheit und Zerfahrenheit bezüglich des stilistischen Glaubensbekenntnisses: diese ist vielmehr selbst nur eine Folge davon, dass die Kunst zumeist nur in dilettantistischem Sinne getrieben worden ist. Gleichgiltig gegen jeden Zusammenhang der Form mit Konstruktion und Material, war man nur zu lange lediglich darauf bedacht, die Bildungen dieses oder jenes geschichtlichen Stils äußerlich in ihrer allgemeinen Erscheinung nachzuahmen. Es hat nicht nur eine Theater-Gothik gegeben, sondern auch einen Theater-Hellenismus, eine Theater-Romanik und eine Theater-Renaissance!

Hierin Wandel geschaffen zu haben, ist – wie ich wiederhole – vor allem das Verdienst unserer Neugothiker. Sie sind nicht die ersten und nicht die einzigen gewesen, welche versucht haben, einen Bau wiederum in gesunder, monumentaler Konstruktion durchzuführen, aber sie waren die ersten, welche dies als unabänderliche Nothwendigkeit erkannt und gleichsam als Glaubenssatz angenommen haben. Dass der Zusammenhang zwischen Form und Konstruktion bei der Gothik ein engerer ist als in jedem anderen Stil, hat ihnen die

Erkenntniss dieser Nothwendigkeit allerdings erleichtert. Andererseits sind sie dadurch zuweilen zu gewissen Uebertreibungen und zu der irrigen Auffassung verführt worden, als habe man nur eine beliebige Konstruktion mit Kunstformen auszustatten, um mit Sicherheit zu einer, künstlerischen Ansprüchen genügenden Architektur zu gelangen.

Es ist durchaus nicht erforderlich, überall in diesem Sinne von der Konstruktion auszugehen. Wohl aber ist es nothwendig, keine Kunstform anzuwenden, wenn man dieselbe nicht konstruktiv in gesunder und monumentaler Weise herstellen kann. Würde diese Regel allgemein angenommen und gewissenhaft durchgeführt, so wäre nicht nur der Volksseuche der Formen-Ueberladung ein kräftiger Riegel vorgeschoben, sondern auch der allmählichen Entwickelung neuer Formen und Motive ein vielversprechender Weg gebahnt. Man denke z. B. nur an den günstigen Einfluss, den es auf die Baukunst Berlins gehabt hätte, wenn die Urheber der neuen Bau-Polizei-Ordnung, anstatt um die Aesthetik der Gesims-Aufsätze und Dachbildungen so ängstlich besorgt zu sein, die Anwendung von Holz- und Gipsstuck im Aeußeren der Gebäude schlechthin verboten hätten.

Selbstverständlich fällt es mir nicht ein, die Baupolizei als Helferin für unsere künftige stilistische Entwickelung anrufen zu wollen. Wohl aber wende ich mich an unsere *Unterrichts-Anstalten* mit der so oft schon wiederholten Mahnung, die Ausgestaltung der architektonischen Einzelheiten und das für letztere unentbehrliche gründliche Studium der alten Baudenkmäler zugunsten des skizzenhaften Gesammt-Entwerfens nicht so zu vernachlässigen, wie leider auf unseren meisten deutschen Bauschulen noch immer geschieht. Statt der Ausarbeitung großer Aufgaben, wie sie den meisten Studirenden nie wieder vorkommen, sollte die bis in alle Einzelheiten erstreckte Durchbildung kleinerer Entwürfe den Schwerpunkt und das Ziel des Architektur-Unterrichts bilden. Schon in der Schule müsste jedem Architekten der Grundsatz in Fleisch und Blut geprägt werden, dass die Aufstellung einer

Bauskizze verhältnissmäßig wenig, das Ausgestalten eines Baues in schöner künstlerischer Harmonie und konstruktiver Echtheit aber Alles ist.

Zur *Stil-Entwickelung* kann die Schule damit allerdings nur mittelbar beitragen; denn wenn sie nicht den Boden unter den Füßen verlieren will, muss sie mit Strenge an bestimmte geschichtliche Stilweisen sich halten. Aber es genügt, wenn sie dem Jünger den Weg zeigt, der ihn zu selbständigem Schaffen fähig macht. Und selbständig bis zu einem gewissen Grade wird unbewusst ein Jeder schaffen, der sich jenes ernste, vorhin von mir angedeutete Ziel setzt. Ebenso werden in dem Schaffen der Gleichzeitigen stets gemeinschaftliche Züge sich geltend machen, die ihnen selbst verborgen bleiben können, die aber spätere Geschlechter eben so gut als das bezeichnende stilistische Merkmal des Zeitalters ansehen werden, wie wir ähnliche Züge beispielsweise an den Werken der Renaissance-Meister erkennen, trotzdem diese sämmtlich des Glaubens lebten, in unverfälschten antiken Formen zu bauen.

Nur auf diesem Wege kann und wird allmählich ein neuer Stil entstehen – nicht durch willkürliche Mischung, sondern durch Verschmelzung und Umbildung älterer Formen und Motive. Keime dazu sind des öfteren schon aufgetaucht. Ich erinnere wiederholt an Schinkels Bauakademie, an Ferstels Bankgebäude, an eine Anzahl neuerer französischer Bauten. Auch unser Reichshaus wird, wie ich glaube, einige Errungenschaften dieser Art aufweisen. –

Meine Betrachtungen sind damit dem Ende nahe gekommen.

Lassen Sie mich zum Schlusse noch einmal des gegenwärtigen Standes der »Stilfrage« gedenken. Von Berufenen und Unberufenen hören wir ja bekanntlich des öfteren ein Wehegeschrei über die angebliche »Stillosigkeit« unserer Zeit. Man wirft den Architekten vor, dass sie in völliger Unsicherheit zwischen den geschichtlichen Bauweisen einher schwanken und, statt Eigenes zu geben, bald bei dieser bald bei jener eine

Anleihe machen. Und man erblickt darin einen *Verfall der Baukunst*.

Sind diese Vorwürfe berechtigt und haben wir demzufolge Ursache, anstatt hier ein fröhliches Fest zu feiern, Asche auf unser Haupt zu streuen, an unsere Brust zu schlagen und einen Bußpsalm anzustimmen? – Ich glaube, darauf mit einem sehr entschiedenen *Nein* antworten zu können.

Ich bestreite vorab, dass unsere heutige Baukunst das Gepräge des Verfalls an sich trage. Die überschäumende Kraft, mit der sie die ihr zufallenden Aufgaben anfasst, dürfte eher ein jugendlicher als ein greisenhafter Zug sein.

Ich bestreite ferner, dass wir unsicher und willkürlich, gleichsam dem Zufall folgend, von Stil zu Stil tasten. Denn ich glaube im Vorhergegangenen nachgewiesen zu haben, unter welchen Umständen und aus welchen Gründen man sich den verschiedenen Stilweisen, die seit 100 Jahren aufgenommen worden sind, zugewendet hat.

Ich bestreite endlich vor allen Dingen, dass man es uns zum Vorwurf machen darf, unsere Formen entlehnt zu haben und keinen eigenen, selbst erfundenen Stil zu besitzen. Derartige Entlehnungen und eine Aufnahme fremder Formen haben seitens der Architekten stattgehabt, so lange es überhaupt Architekten giebt. Ich brauche Ihnen dafür wohl keine besonderen, kunstgeschichtlichen Beispiele anzuführen. Sie sind ein Ausfluss des in der Menschheit von Anbeginn an schlummernden Nachahmungs-Triebes, den man wahrlich nicht schelten soll, weil es ohne denselben um die Erfolge von Erziehung und Unterricht schlimm ausschauen würde. Formen werden eben überhaupt nicht erfunden, sondern entwikkeln sich aus anderen Formen, und nicht darauf kommt es an, ob sie von uns entlehnt oder vielmehr *ererbt* sind, sondern darauf, ob wir es verstehen, dieses Erbe so auszugestalten und geistig zu verarbeiten, dass wir es nach dem Worte des Dichters als unseren *Besitz* betrachten dürfen. Wenn frühere Geschlechter mit dieser Arbeit schneller fertig geworden sind, als wir, so liegt es daran, dass ihr Erbe ein beschränkteres, nicht daran, dass ihre Kraft und ihr Eifer größere waren. Wie sollen wir armen Angehörigen des Zeitalter der Eisenbahnen und der Photographie uns der Hochfluth künstlerischer Anregung erwehren, die heute aus allen Jahrhunderten und von allen Ländern gleichzeitig auf uns einstürzt? Mir will scheinen, als ob die heutigen Architekten mit diesen Verhältnissen noch immerhin gut genug sich abgefunden haben. Jedenfalls ist nicht die Gegenwart, sondern erst die Nachwelt zum Richter darüber berufen, ob sie wirklich nur von fremdem Gute gezehrt oder ob sie das ihnen zugefallene Erbe nicht auch aus eigner Kraft bereichert haben.

Noch ungerechtfertiger erscheint jener Vorwurf, wenn wir darüber Umschau halten, wie es z. Z. denn eigentlich auf anderen Gebieten aussieht. Nehmen wir die sog. »exakten« Wissenschaften aus und betrachten wir diejenigen Felder menschlicher Geistesthätigkeit, auf denen das subjektive Empfinden entscheidend ist – Religion, Staats- und Sozial-Politik, Verwaltungskunst, Pädagogik, Kunst im allgemeinen usw. usw. Ueberall die gleiche Gährung und Bewegung, überall noch dasselbe, anscheinend vergebliche Ringen, um die Ueberlieferungen der Vergangenheit mit den Anforderungen der Gegenwart zu verschmelzen. Wie kann man verlangen, dass gerade die Architekten eine Aufgabe zuerst gelöst haben sollen, an der gleichzeitig fast die halbe menschliche Gesellschaft sich abmüht? – Einen vernünftigeren Grund, als etwa den, dass unser Berufsname mit dem ersten Buchstaben des Alphabets anhebt, vermag ich dafür nicht aufzufinden.

Nein, meine Herren Fest- und Fachgenossen! Wir haben durchaus keine Ursache, uns der Stellung zu schämen, die wir mit unseren Stilbestrebungen in der Kulturarbeit des Jahrhunderts einnehmen.

Nicht auf elendem Wrack treiben wir steuerlos dahin, ein Spielball der Wellen und des Windes, bald auf diese, bald auf jene Sandbank verschlagen. Mit Ruder und Segel durchschneiden wir den Ozean – einem unbekannten Ziele entgegen, aber voll redlichen Willens, es zu suchen, und im festen Vertrauen, dass es dereinst gefunden werden wird – überall da anlegend, wo wir Auskunft über den Weg erhoffen dürfen. Fern liegt das Ziel und Niemand weiß, ob wir selbst oder erst die an unsere Stelle tretenden Geschlechter es erreichen werden. Aber wir werden vor letzteren mit Ehren bestehen, wenn man uns nachsagen kann, dass wir weder durch die Weite des Wegs noch durch die Beschwerden der Fahrt davor zurück geschreckt worden sind, ihm entgegen zu streben – allezeit unermüdet und unentwegt,

allezeit vorwärts!

Baupraxis

Stadtplanung

Grundsätzliches

Als einem der wichtigsten Gebiete der Architekturentwicklung des 19. Jahrhunderts steht der Stadtplanung die erste Stelle im Abschnitt über die Baupraxis zu.

Die deutschen Städte nahmen in diesem Jahrhundert einen kaum mehr vorstellbaren Aufschwung. Seit 1808 sicherte die preußische Städteordnung den Kommunen ein weitgehendes Selbstverwaltungsrecht und gab ihnen auf städteplanerischem Gebiet die Möglichkeit, eigene Vorstellungen zu verwirklichen. Die Gewerbefreiheit erlaubte die Gründung neuer Industrien. Die Aufhebung der Erbuntertänigkeit und die Beseitigung der Heiratsbeschränkungen für Landarbeiter, die einen Anstieg der Geburtenzahlen zur Folge hatten, sorgten für ein Reservoir ländlicher »Überschußbevölkerung«, die versuchte, sich in den Städten als Arbeitskraft zu verkaufen, und hier vor allem verantwortlich war für den Anstieg der Bevölkerungszahl und das Anwachsen der Städte.[30]

Zur Hauptaufgabe für die Planung wurde die Erweiterung der Städte, verbunden meist mit der Beseitigung aufwendiger, durch die neuen Kriegstechniken überholter Befestigungsanlagen. Neben den frühen Erweiterungen, z. B. in Mannheim (1798), Düsseldorf (1801), Bremen (1802), gab es auch Neugründungen von Städten, wie Putbus auf Rügen (seit 1800), Bremerhaven (seit 1827) oder Ludwigshafen (seit 1853). Den Stadtplanern oder richtiger gesagt Architekten, die Städte planten, standen in den ersten Jahrzehnten des 19. Jahrhun-

derts keine neuen Stadtbautheorien oder Musterbücher zur Verfügung, weshalb sie sich weitgehend an Vorbildern des 17. und 18. Jahrhunderts orientierten.[31] *Auch der folgende Text von Stieglitz übernimmt weite Passagen aus einem solchen Vorbild, Milizias »Principi«.*

Die beiden ersten Texte enthalten Forderungen und Vorstellungen, wie eine zeitgemäße Stadt auszusehen habe. Beide wurden Lexika entnommen, die den Anspruch erhoben, die Summe des zeitgenössischen Wissens zu ziehen. In der Tat gehörte Christian Ludwig Stieglitz zu den wichtigsten Architekturtheoretikern des Klassizismus; der Artikel in Johann Georg Krünitz' Enzyklopädie stammt von einem anonymen Autor.

Stieglitz' Anleitung zum Bau von Städten ist in ihrer betonten Forderung nach Ordnung und Übersichtlichkeit geprägt von Architekturtraktaten des 17. und 18. Jahrhunderts; an einigen Stellen übernimmt er sogar Forderungen aus dem 1485 erstmals gedruckten Traktat Leon Battista Albertis. Die These, daß sich der Grundriß einer Stadt an Gartenanlagen mit ihren runden Plätzen, diagonalen Achsen, Sternplätzen und Monumenten in der Blickachse breiter Avenuen zu orientieren habe, hat er z. B. dem »Essai sur l'architecture« (1753) des einflußreichen Theoretikers Marc-Antoine Laugier (1713–69) entnommen. Daß über Befestigungsanlagen kein Wort fällt und die Bezugnahme des Stadtplans auf ein monumentales Gebäude der Staatsverwaltung, etwa ein Schloß, fehlt, bezeichnet die veränderten gesellschaftlichen Verhältnisse seit 1789. Aber es fehlen auch Aspekte einer zukünftigen Planungstheorie: Man vermißt Hinweise auf Maßnahmen, die sich aus einem möglicherweise wachsenden Verkehr ergeben könnten, es fehlt das Element des Bevölkerungswachstums, kaum erwähnt werden hygienische Probleme der Stadt. Noch völlig außerhalb des Blickpunktes stehen Überlegungen zur Sozialstruktur des Stadtgebietes, etwa die Frage nach einer

Gliederung in Wohn-, Produktions- und Verwaltungsbereiche. Die ebenfalls nur wenige Jahrzehnte später wichtige Frage der Erholungsflächen in Form von Parks wird nicht erwähnt, obwohl Ende des 18. Jahrhunderts bereits einige Städte ihre Befestigungen in Grünanlagen umwandelten.

Die Industrialisierung, der Ausbau des Verkehrs, die totale Umstrukturierung der Produktionsverhältnisse, die Entstehung eines Proletariats, die Verarmung auf dem Lande stellten seit den 30er Jahren des 19. Jahrhunderts Forderungen an die Stadtplanung, die frühere Zeiten nicht kannten, für die daher das planerische Instrumentarium fehlte. Die Ansprüche jedoch machten sich geltend; sie klingen in vielen Passagen der Texte aus Krünitz' Enzyklopädie an. Allein der Umfang der Stichworte spricht für die Bedeutung, die die Stadt jetzt gewonnen hat. Das Stichwort »Stadt« umfaßt 100 Seiten, dazu müssen noch Dutzende von Seiten mit Zusammensetzungen von »Stadt-« gerechnet werden, es kommen dazu Artikel wie »Platz« und – über 75 Seiten – »Straße«.

Im »Krünitz« hebt der Autor – wie Stieglitz – die Bedeutung des Rasterschemas als Element der Ordnung und als ästhetische Forderung hervor; jedoch fällt auf, daß dieses Schema jederzeit unterbrochen werden kann, wenn der Verkehr oder die Gewerbeförderung es verlangen. Neu ist auch die starke Betonung hygienischer Anforderungen, wobei z. B. bereits vor Industrieabgasen gewarnt wird. Aspekte der Überbevölkerung und die Lebensbedingungen in Großwohnhäusern werden angesprochen.

Charakteristisch für den Optimismus, den man der städtischen Lebensweise noch entgegenbrachte, sind die Schlußabschnitte über die Reize des Stadtlebens. Reize, die nicht nur vom Bürgertum empfunden wurden, sondern die auch Hoffnungen enthielten, welche Hunderttausende von verarmten Landbewohnern in die Städte lockten.

18

Christian Ludwig Stieglitz

Stadt

(1798)

Stadt. Man darf sich nicht wundern, daß alle alten Städte in der Welt unordentlich und unförmlich angelegt sind, da man bey ihrer Entstehung an keinen regelmäßigen Plan dachte, da sie im Anfange nur aus einer geringen Anzahl von Häusern bestanden, die neben einander hingesetzt wurden, so wie die Beschaffenheit des Ortes, und der Gegend es zuließ, oder so wie jeder Erbauer eines Hauses den Platz dazu am besten und bequemsten fand, und da sie, als in der Folge die größere Bevölkerung mehrere Wohnungen verlangte, ebenfalls ohne Ordnung erweitert und vergrößert wurden. In den neuern Zeiten war man die alte Einrichtung der Städte zu sehr gewohnt, als daß man auf eine Verbesserung derselben hätte denken sollen. Man baute zwar neue, bessere Häuser, man verschönerte einzelne Theile der Stadt, und gab ihnen mehr Regelmäßigkeit, als sie vorher hatten; allein mit dem Ganzen wurden keine Veränderungen vorgenommen, und die Straßen behielten ihre üble Anordnung, und ihre krummen und schiefen Richtungen. [. . .] Würden jetzt neue Städte gegründet, so würde man sich gewiß bemühn, ihnen eine vortheilhafte Lage und eine gut angeordnete Einrichtung zu geben. Allein es kann sich dieses nur äußerst selten zutragen, da theils alle cultivirte Länder schon zu sehr angebaut sind, um Platz zu einer neuen Stadt zu finden, theils auch die in neuern Zeiten entstandenen Städte nur nach und nach zu Städten geworden sind, und nur nach und nach Vergrößerungen erhalten haben. Indessen hat man doch bisweilen alte Städte so erweitert, daß die Erweiterung beynahe eine ganz neue Stadt geworden ist, bey deren Anlage man alsdenn Regelmäßigkeit und Ordnung beobachtet hat.

Der Architekt, der den Auftrag erhalten würde, eine neue Stadt anzulegen, müßte besonders auf folgende Stücke Acht geben: 1. auf *die Lage*; 2. auf *einen regelmäßigen Plan*; 3. auf *eine gute Anordnung aller Theile*; 4. auf *die Schönheit aller öffentlichen und Privatgebäude*.

Was *die Lage* betrifft, so muß eine solche gewählt werden, die gesund, angenehm und bequem ist. Eine Stadt kann auf einem Berge, im Thale, oder am Meere liegen. Hohe Berge dazu zu nehmen, würde mancherley Ursachen wegen nicht gut seyn; denn theils würde der Zugang, auf den hohen Berg hinauf, mit vielen Unbequemlichkeiten verbunden seyn, theils würde man auf einer so großen Höhe nur wenig Wasser, und dasselbe nicht anders als bey sehr tief gegrabenen Brunnen erhalten können. Hingegen schickt sich ein Hügel dazu, auf dessen Oberfläche oder Abhange die Stadt angelegt wird, wenn vorher alle ungleichen und steilen Stellen geebnet worden sind. In der Ebene sucht man für eine Stadt einen erhobenen, freyen Platz aus, der, wenn Gebürge das Thal umgeben, in einiger Entfernung davon liegen muß, damit nicht etwa das von den Bergen, bey Regengüssen und Gewittern, herabstürzende Wasser der Stadt Schaden zufüge. Die Lage an einem Flusse wird sehr viele Vortheile gewähren, vorzüglich, wenn der Fluß schiffbar ist; jedoch muß man vor Ueberschwemmungen gesichert seyn. Ueberhaupt muß ein trockener Platz erwählt werden, der weder feucht noch sumpfig ist, weil sonst die Stadt ein ungesunder Aufenthalt werden würde. Am Meere vermeidet man eine schilfige oder sandige Küste, oder wo man heftigen Windstößen ausgesetzt ist, und sucht einen Busen von fruchtbarem Boden aus, der zu einem Hafen bequem liegt. [...]

Man muß eine Stadt, die an ein Wasser zu liegen kommt, an einen Ort bauen, wo sie nicht überschwemmt werden kann. Man muß einen solchen Ort wählen, wo man, ohne große Kosten, einen guten Grund zu den Gebäuden graben kann. Man muß aber auch die Stadt nicht an einen solchen Ort bauen, wo in der Oberfläche der Erde lauter Felsen ist, weil da der Grund zu den Gebäuden und die Keller zu graben zu kostbar werden würde. Es muß eine Stadt auf einen guten fruchtbaren Boden angelegt werden, damit entweder zwischen den Häusern, oder um die Stadt herum, die nöthigen Gärten angelegt werden können.

Der *Plan* einer Stadt sollte eine regelmäßige Figur seyn, weil sie dadurch bequemer wird, und leichter eine bessere und ordentlichere Einrichtung erhalten kann, als durch eine freye und unreguläre Figur. Man kann ein Viereck, ein längliches Viereck, ein geschobenes Viereck, ein Sechs- oder Achteck, einen Zirkel dazu nehmen.
Ich glaube, daß die Form des Planes einer Stadt oft nur allein durch das Locale bestimmt werden kann, und daß eine Tiefe, ein Wasser, ein Gebürge, und mehrere zufällige Dinge wohl verhindern können, der Stadt eine regelmäßige Figur zu geben. Kann man den Ort zur Gründung einer Stadt frey wählen, so nehme man einen solchen, der ganz eben ist, wo eine regelmäßige Figur angebracht werden kann; ist dieses aber nicht, – und wie selten wird dieses zu finden seyn, vorzüglich wenn eine große Stadt anzulegen ist, – so muß man sich nach den Umständen richten, und nur darauf bedacht seyn, der Stadt, wenn ihr Plan auch keine reguläre Form erhält, doch eine regelmäßige Einrichtung und gute Anordnung aller ihrer Theile zu geben. [...]
Wir kommen nun zu der *Anlage der Gassen* oder *Straßen* einer Stadt. Die Gassen einer Stadt, zumal einer großen, können die Communication nicht leicht und bequem machen, wofern ihrer nicht eine hinlängliche Anzahl da ist, um die großen Umschweife zu vermeiden, die man ohne sie machen müßte, wenn man an einen gewissen Ort hingehen wollte, und wofern sie nicht eine gehörige Breite hätten, um allen Aufenthalt und alle Stockung zu vermeiden. Die meisten Straßen in Paris sind fehlerhaft angelegt. Es giebt sehr ansehnliche und volkreiche Theile, die mit andern Theilen nur durch eine oder zwey Straßen Gemeinschaft haben, welches verur-

sacht, daß das Gedränge daselbst gemeiniglich sehr groß ist, und daß man es nicht anders vermeiden kann, als wenn man sehr große Umwege macht. [...]
Man muß, sagt *Laugier*, die Stadt mit einem Park (nehmlich einem im französischen Geschmack angelegten) vergleichen; was hier die Wege sind, sind dort die Straßen. Ein Park verlangt eine Menge breite Wege; allein dieses ist noch nicht genug, sondern der Plan muß mit Geschmack entworfen werden, damit man Ordnung, Uebereinstimmung, etwas Besonderes und Eigenes, und Abwechselung darin antreffe. An einem Orte können die Wege einen Stern, an einem andern einen Gänsefuß, an einem dritten einen Fechel[32] bilden, hin und wieder können Kreutzwege mit freyen Plätzen seyn, die an Form, Größe und Verzierung alle von einander abweichen. Laßt uns die Anwendung hiervon machen, so daß der Riß unsers Parks zum Plane unserer Städte diene. Hier müssen breite gerade Straßen, Kreuzwege, Durchschnitte und freye Pläzze seyn. Es giebt Städte, in welchen die Straßen nach einer guten Ordnung eingetheilt sind; allein es herrscht darin eine allzugroße Genauigkeit, eine übertriebene Regelmäßigkeit, die jeden Theil der Stadt dem andern so ähnlich macht, daß man sich darin verirrt, die alle Gegenstände bis zum Ekel wiederhohlt und dadurch in eine so frostige Einförmigkeit ausartet, daß die gewöhnliche Unordnung unserer Städte weit vorzuziehen ist, weil man darin doch keine lange Weile fühlt. Je mehr Abwechselung, Contrast, gute Wahl, und zuweilen auch etwas anscheinende Unordnung in dem Plane einer Stadt herrscht, desto mahlerischer stellt er sich dar, und desto mehr auffallende Schönheiten wird er haben. Wer unserm Vergnügen keine Abwechselung zu verschaffen weiß, wird es niemals dahin bringen, daß uns etwas gefalle.
Es ist daher keine leichte Sache, den Plan zu einer Stadt so zu entwerfen, daß die Pracht des Ganzen sich in viel kleine unterschiedene Stücke zertheile und aus einer Menge untergeordneter Schönheiten bestehe, daß man darin fast niemals einerley Gegenstände antreffe, und daß, wenn man dieselbe

von einem Ende bis zum andern durchgeht, man in jedem Theile etwas Neues, Besonderes und Einnehmendes finde, daß daselbst aus der Ordnung und der Zusammensetzung vieler regulären Theile, eine Art von Verwirrung und anscheinender Unregelmäßigkeit erwachse, welche großen Städten eine eigene Zierde giebt. [...]
Die Gassen müssen sich, so viel wie möglich, rechtwinkelig durchschneiden, damit die Häuser rechtwinkelig werden. Finden sich aber Diagonal-Straßen, so muß man, um die spitzwinkeligen Häuser zu vermeiden, alle spitzigen Winkel der Straßen abschneiden. Die Weite zwischen zwey parallel laufenden Gassen muß wenigstens so groß seyn, daß dazwischen ein Raum für zwey Bürgerhäuser bleibt, wovon das eine auf jene, das andere auf diese Gasse gekehrt sey und ausgehe.

19

Johann Georg Krünitz

Ökonomisch-technologische Encyclopädie: Stadt

(1837)

Unsere Alten hatten bei der Anlegung der Städte nicht die Gesundheit ihrer Bewohner im Auge; denn sie baueten die Straßen eng zusammen und die Häuser so hoch, daß die Sonnenstrahlen selten hineindringen, und die Pfützen auf den Straßen austrocknen konnten; sie halfen aber diesem Uebel dadurch ab, daß sie sich fleißige Bewegungen im Freien machten, was sie um so eher thun konnten, da die Städte nicht so groß waren, sie also leicht von einem Ende zum andern kommen konnten, um ins Freie zu gelangen [...]. Es ist daher nothwendig, auf die Anlagen der Straßen, der Haupt- und andern Plätze, der Stadtthore und der Stadtmauern etc.

zu sehen; dann auf die Bepflanzung der Städte mit Bäumen, Alleen und Gärten, und endlich auf die Gebäude selbst. Die Straßen und Gassen müssen dem Umfange und der Richtung nach mit der Größe und dem Bedürfnisse ihres Körpers proportionirt seyn; besonders da große Städte ein Sammelplatz von vielen schädlichen Dünsten sind, die aus den Betrieben so mancher Gewerbe, und den Kloaken etc. hervortreten, und sich in der Luft verbreiten; auch die Gemächer durchziehen. Zu lange und enge Gassen begünstigen die schädliche und anhaltende Anhäufung derselben am meisten, und dieses um so mehr, wenn die Häuser aus vielen Stockwerken bestehen, wie z. B. in Paris. Zu breite Straßen werden eben so wohl für nachtheilig gehalten, weil die Sonnenhitze im Sommer zu sehr auf sie wirkt, und die Fäulniß der Dünste befördert. Beide Fehler soll man bei Hauptstraßen wenigstens zu vermeiden suchen. Die Zahl der Hauptstraßen soll immer der Größe einer Stadt angemessen seyn, und den Mangel derselben soll man durch kleine Nebenstraßen oder Gassen zu ersetzen suchen, und um die freie Bewegung der Luft nicht zu hindern, und um ihr Durchgang zu verschaffen, sollen alle engen Durchschnitte derselben, so auch die Krümmungen und Verdecke vermieden werden. Bei der Anlegung einer neuen Stadt muß man sich auch um die Beschaffenheit des angrenzenden Bodens, und um die Herrschaft der Winde bekümmern, und die Richtung der Straßen darnach anzulegen suchen, damit nicht etwa die Mündungen derselben gerade demjenigen Winde, der von einer verdächtigen Gegend herweht, ausgesetzt, oder von einem heilsamen, der die gesammelten Dünste zerstreuen könnte, abgekehrt würden. Bei kleinen Städten, wo sich oft nicht mehr als drei Hauptstraßen anlegen lassen, ist es ein großer Vortheil, wenn ihre Richtung, der Länge nach, mit der einen Mündung gegen Mittag und mit der andern gegen Mitternacht zielt, damit nicht den ganzen Sommer hindurch die Sonne dem Vordertheile der Häuser lästig werde. Es ist sehr vortheilhaft, wenn die Thore, Straßen, Haupt- und Nebenplätze immer in gerader Richtung gegeneinander zu stehen kommen, so daß der Hauptplatz den Mittelpunkt ausmacht, wenn die Luft in einer Stadt frei passiren und gereiniget werden soll.

20
Johann Georg Krünitz
Ökonomisch-technologische Encyclopädie: Straße
(1840)

Daß wohl die meisten Provinzialstädte aus Dörfern entstanden sind, zeigt die Unregelmäßigkeit der Straßen, die man nach Willkühr angelegt hat, wie man solches noch jetzt bei einigen Dörfern findet, die hin und wieder schon Anlagen zu neuen Straßen zeigen, oder wo verschiedene Ausgänge Straßen bilden können, und sie auch späterhin bilden, wenn ein solches Dorf immer mehr angebauet wird. Diese Straßen sind aber ohne allen Plan krumm und schief angelegt, wie man es gerade beim Aufbaue der Häuser für sich bequem und passend fand. Daher findet man auch in alten Städten so viel Winkelwerk, besonders um die Kirchen herum, die oft so mit Häusern ineinander gebauet sind, oder so verbauet sind, daß man oftmals den Eingang zu ihnen nicht recht finden kann, da mehrere krumme und schiefe Gassen, wo eine in die andere läuft, darauf führen, und wenn man hier nicht die rechte wählt, die gerade auf den Haupteingang zur Kirche führt, so wird man ganz irre geleitet, so daß man oft auf eine ganz andere Stelle hinkommt, als wo man die Kirche zu finden wähnt. Dieses rührt daher, weil das Ganze nur planlos angelegt worden [...]. [...] In Hinsicht der Schönheit können wohl nur regelmäßig angelegte und gerade, dabei auch nicht zu schmale, aber auch nicht zu breite Straßen dem Auge einen schönen und freundlichen An- und Einblick gewähren, und hierauf sah man früher gar nicht, indem sowohl die Stadttheile, als auch die Straßen dicht ineinander gebauet waren, so, daß das Ganze, wie die einzelnen Theile, einen düstern und unfreundlichen Anblick hatte, nur die Kirchen mit ihren Thürmen, die Schlösser, Palläste, Rathhäuser etc. gaben und geben der Einförmigkeit noch etwas Leben, besonders aber in einiger Entfernung, weniger in der Nähe, weil hier wieder die engen und krummen Straßen, hohen Gebäude, zum Theil mit ihren Giebeln, die Aussicht versperren, man zu den Kolossen unter den Gebäuden, den Thürmen nicht hinauf blicken kann, und dann in den volkreichen Stadttheilen man auch immer Acht haben muß, daß man nicht gestoßen, oder auf die Füße getreten, oder daß man nicht übergeritten oder gefahren wird, wenn man den Damm wählt, oder daß man sich die Nase oder sonst Theile des Körpers an hervortretende oder springende Eckensteine, Treppen, Thüren etc. stößt; kurz man ist in den engen Straßen immer in Gefahr, wenn nicht das Leben zu verlieren, doch verwundet oder sonst gebläuet zu werden, ohne der Bespritzung mit Koth oder Schmutz etc. weiter zu gedenken. Die Erweiterung aller alten Städte in der neuern Zeit, geschahen daher nach einem bestimmten Plane, worin besonders der Straßen gedacht werden, damit sie die schon oben angeführten Eigenschaften erhalten. Auch bricht man jetzt lange Straßen, an Theilen, wo es angeht, durch, um so den Verkehr zu erleichtern. Man kann daher bei allen Städten jetzt sehr leicht die alte oder eigentliche Stadt, von dem neuen Anbaue unterscheiden, wo die Straßen nach einem bestimmten Plane regelrecht angelegt worden sind, welches man in dem alten Stadttheile nicht findet. Wie neuere Städte schön angelegt werden können, zeigt uns *Karlsruhe*, die Hauptstadt von Baden, die im Jahre 1715 den Grund zu ihrer Entstehung erhielt, [...]. [...]

Alles scharte sich um das Gotteshaus, Alles wollte ihm nahe seyn, daher bei allen alten Kirchen die vielen engen, mit Häusern dicht besetzten Gäßchen, die vielen bebaueten Winkel,

Durchgänge etc. In dem düstern Lichte, wie Kirche, Klöster etc., erschauen wir auch die ganze Bauart. Daher das düstere Ansehen der Straßen und Gebäude in alten Städten, und daher unterscheidet man sogleich den neuen freundlichen Anbau der neuen Stadtanlagen, wie wir dieses auch in der Residenzstadt Berlin sehen, wo sich die neuen Stadtanlagen, die neuen angereiheten Städte und Vorstädte gleich sehr vortheilhaft von den älteren auszeichnen, gleich den Eintretenden mit regelmäßig schönen Straßen und Häusern begrüßen, ihm freundlich die Aussicht bis zu ihrem Zielpunkte im Gehen öffnen, ohne schiefe Winkel, Krümmungen etc., wie z. B. in dem oben erwähnten Berlin die *Friedrichsstadt*, *Neustadt*, und die neue *Friedrich-Wilhelmsstadt*. Alle Hauptstraßen, nur wenige ausgenommen, gehen ganz regelmäßig bis zu ihrem Zielpunkte, oder laufen dahin aus, und so auch die sie durchkreuzenden Querstraßen. Kein Aufenthalt, keine Störung wird hier dem Auge beim Blick in die Ferne; es übersieht den ganzen Fortgang und Auslauf der Straße.

Die Anlegung der Straßen [...] richtet sich bei einer schon vorhandenen Stadt, nach den Stadttheilen, mit deren Straßen sie zusammen laufen sollen, oder in welche sie münden sollen, wenn es nämlich die Anlage eines neuen Stadttheils betrifft, der doch mit den älteren Theilen kommuniziren oder Kommunikation erhalten muß; daher kann es wohl kommen, daß in dem Anlegungsplane diejenigen Straßen, welche in ältere münden sollen, oft eine schräge, auch etwas gekrümmte Richtung an ihren Endpunkten erhalten, weil sich dieses nicht anders thun lassen will, wenn eine vortheilhafte Verbindung zur Erleichterung der Gewerbe und des Handels bezweckt werden soll. Die übrigen Straßen werden aber stets so angelegt, daß die Hauptstraßen der neu anzulegenden Stadttheile sie parallel durchschneiden, entweder bis zu einem Thore, der Stadtmauer, oder auf das Feld laufen, oder auch sonst in eine querdurchlaufende Straße münden, und die Querstraßen dann wieder regelrecht die Hauptstraßen durchschneiden, so daß die Eckhäuser keinen schiefen oder schrägen Winkel machen. Dann müssen die Hauptstraßen nicht zu lang, ohne Durchbruch einer Querstraße, fortlaufen, weil solches nicht nur den Gehenden ermüdet, sondern auch den Verkehr mit den dahinter liegenden Straßen hemmt, oder vielmehr aufhält. Daß eine zu lang fortlaufende Straße ohne Durchbruch oder Einsicht in Querstraßen ermüdet, wird Jeder selbst fühlen; nur die immerwährende Abwechselung, das immer erneuerte Leben in den verschiedenen Straßen, die man beim Durchwandern der Hauptstraße übersieht, läßt uns keine Ermüdung, keine Unbehaglichkeit bei der Fußwanderung fühlen; denn der Geist ist immerwährend mit den äußeren Gegenständen beschäftiget; denn kaum hat er eine Querstraße verlassen, so harrt er schon wieder auf die kommende, nicht mehr ferne, um auch hier seinen Blick zu beiden Seiten hinabschweifen zu lassen, und immer wieder etwas Neues, sowohl im Gewühle der Geschäftigen, als auch an neuen Prachtgebäuden etc. [...]. Wenn aber Hauptstraßen noch hinter sich andere Hauptstraßen haben, dann ist es wohl sehr vortheilhaft, der Gewerbe wegen, daß Querstraßen und Gassen zu diesen führen, um dadurch den Weg, besonders mit Lasten, abzukürzen, und hauptsächlich da, wo ferne Stadttheile verbunden werden können. [...] Die Regelmäßigkeit der Straßen dient mehr zur Schönheit derselben und zur Gesundheit der Einwohner, als zu deren Gewerbsamkeit; kann diese mit dadurch bezweckt werden, so ist es um so vortheilhafter, ist dieses aber nicht der Fall, so muß man schon auf letztere Rücksicht nehmen, und da Straßen eröffnen oder anlegen, wo es nöthig thut, ohne Rücksicht auf die Regelmäßigkeit und Schönheit derselben zu nehmen; denn die Hauptsache ist die Beförderung der Industrie auf jede mögliche Weise, selbst durch Straßen der Städte, wenn diese dazu beitragen können, das heißt, ihre Lage so eingerichtet werden kann, daß dadurch große Abkürzungen beim Waarentransporte etc. geschehen. – [...]

Was das *Licht*, die *Wärme*, den *Luftdurchzug* und die *Reinigung* der Straßen betrifft, so sind sie alle in einer großen

Stadt von der größten Wichtigkeit. Die Ersteren, *Licht* und *Wärme*, sind allen Geschöpfen ohne Unterschied höchst nöthig [...]. [...] Wie wichtig und unentbehrlich ist ihm daher nicht das Licht und die Wärme der Sonne in seiner Wohnung, wie gern bezieht man nicht eine Wohnung in der Stadt, welche die Morgensonne hat, um hier gleich am Morgen, besonders im Herbste und Frühjahre, die Morgensonne zu genießen, und dieserhalb ist es auch wichtig, daß die Straßen eine gewisse Breite haben, damit das Sonnenlicht einfallen kann, und wenn dieses auch nicht der Fall ist, sie doch Licht erhalten; denn dieses bedarf auch die engste Gasse, daher müssen Gassen nie zu lang angelegt werden, so daß von beiden Seiten der Straßen, die sie in Verbindung setzen, das Licht einfallen kann; denn Gassen oder Gäßchen sollen nur Straßen verbinden, sie sollen die Kommunikation erleichtern, nicht aber selbst Straßen bilden, wozu sie sich wegen der nur geringen Breite gar nicht eignen, und sind sie nun sehr lang und mit hohen Häusern besetzt, so gehen die Vortheile ganz verloren, die Straßen und Gassen durch Licht und Luft erhalten [...]. Das kränkelnde Aussehen der langen Bewohner dergleichen Gassen zeigt ihren Gesundheitszustand hinlänglich an. Eben so nöthig, als das Licht und die Sonnenwärme, ist die frische Luft in den Straßen und Gassen; denn ohne einen Durchzug der Luft durch die Straßen, besonders da, wo sie eng und winklig sind, und noch dazu Gewerbe in den Häusern betrieben werden, welche viele schädliche Ausdünstungen verursachen, wie z. B. die vielen Bereitungen aus Metallen, die Lederbereitung etc., würde die Luft bald verpesten, oder sich doch so mit allen den Ausdünstungen schwängern, daß sie nachtheilig auf die Bewohner dieser Straßen wirken müßte. Es ist daher nöthig, wo es angeht, dergleichen enge Straßen zu durchbrechen oder große Bogen durch Häuser zu schlagen, die auf irgend eine Freiheit führen, damit der Luftstrom sich durchkreuzen und die Straßen reinigen kann [...]. [...] Wenn aber in engen, wenig Luft habenden Straßen die Gebäude vier bis fünf Stockwerke hoch sind, so muß die eingeschlossene Luft verpestet werden, da auch kein Licht, nicht die wohlthätigen Strahlen der Sonne, einfallen kann, um eine Luftveränderung, einen Luftwechsel zu bewirken; daher auch die mannigfaltigen Krankheiten, womit Großstädter heimgesucht werden, und wovon der Kleinstädter und Landmann nichts weiß, die also theils in manchen Gewerben, größtentheils aber in dieser verpeßteten Atmosphäre zu suchen sind. [...]

[...] in großen Städten muß Leben und Thätigkeit herrschen, muß sich Industrie und Handel öffentlich kund geben; denn der Zweck einer Residenz sind ja nicht bloß schöne Gebäude, schöne Straßen etc. allein, sondern hauptsächlich das Bild eines großen Staats hier in der Industrie und dem Handel zu finden, da die Residenz die Sonne, der Repräsentant des ganzen Staates ist [...]; überall aus einem Staate strömen die Produkte des Ackerbaues und des Kunstfleißes nach der Residenz, um hier Absatz, auch weitere Verbreitung durch den Handel zu finden, wozu dann die See- und Handelsstädte helfen, und daher sind auch hier alle Kanäle der Industrie und des Handels zu eröffnen, selbst die nur unbedeutend scheinenden, wie z. B. die Kram- und Trödelbuden, denn sie verbreiten Leben in der Residenz, und nähren die untern Klassen der Einwohner einer großen Stadt, indem hier gekauft und verkauft wird [...]. [...] eine große Stadt ohne bedeutendes Leben, ohne rauschende Anzeigen einer rastlosen Thätigkeit, ist eine Einöde, die selbst die schönsten Gebäude und regelmäßigsten Straßen nicht dem Fremden einladend machen können; denn auch selbst der an die Einsamkeit gewöhnte, ja der sie suchende und liebende Mensch, stürzt sich nur zu oft zu seiner Erholung und Erheiterung wieder in das Gewühl des thätigen Lebens, welches ihm die Residenz giebt; er findet hier Einsamkeit und Zerstreuung, und dieses ist die anziehende Seite, welche große Städte so werth deren Bewohnern und den Fremden machen.

Die Gründung Bremerhavens

Die Texte von Stieglitz und im »Krünitz« formulieren die theoretische Situation der Stadtplanung in der ersten Hälfte des 19. Jahrhunderts. An dem Beispiel Bremerhavens sollen vor allem die Motivationen für eine Neugründung in dieser Zeit sichtbar werden.

Aus allen Texten über dieses Unternehmen erkennt man den vordergründig ökonomischen Zwang für eine Neuanlage. Seit dem 17. Jahrhundert versandete die Mündung der Weser, so daß im Laufe der Jahrhunderte größere Schiffe auf immer weiter nördlich von Bremen verlegte Landeplätze verwiesen werden mußten. Als der nördlichste, auf Bremer Gebiet liegende Hafen, Vegesack, nicht mehr erreichbar war und die Schiffe im oldenburgischen Brake ent- und beladen werden mußten, wurden seit den 90er Jahren des 18. Jahrhunderts verschiedene Initiativen unternommen, einen neuen Weserhafen näher der Mündung zu bauen.[33]

Auch nachdem 1820 der oldenburgische Zoll für die Weserschiffahrt aufgehoben wurde, versuchte Oldenburg sich durch erhöhte Liegegebühren, durch Regulierung des Lotsenwesens und der Quarantänebestimmungen schadlos zu halten. Vor allem aber zwangen die seit 1825 betriebenen Pläne, Brake als großen Weserhafen auszubauen, Bremen dazu, einen eigenen Hafen zu gründen, wollte es nicht seine Handelsmacht an Oldenburg verlieren.

Nach mehrjährigen Verhandlungen erhielt Bremen von Hannover das Recht, an der Mündung der Geeste, etwa 60 km nördlich der Stadt, auf hannoverschem Gebiet einen Hafen anzulegen, sowie volle hoheitliche Rechte über dieses Gebiet, mit Ausnahme der militärischen Gewalt. Die Verträge wurden am 28. Februar 1827 von Georg IV. und am 9. März 1827 vom Senat Bremens ratifiziert. Mit diesen nüchternen Daten kann nur angedeutet werden, mit welcher Intensität hier eine bürgerliche Handelsmacht um ihren wirtschaftlichen Fortbe-

stand kämpfte. Vor allem das Eintreten des Bremer Bürgermeisters Johann Smidt brachte die Planungen voran. Sein Einsatz um die Vormachtstellung Bremens im europäischen Handel, der zeitweise ob seiner Risikofreudigkeit auf den Widerstand bremischer Handelskreise stieß, ist ein Lehrbeispiel bürgerlichen Durchsetzungsvermögens in der Erschließung wirtschaftlicher Macht zu Beginn des 19. Jahrhunderts. Vergleichbar sind die Motive Smidts und seines Sohnes in ihrer Hervorhebung der bürgerlichen Tugenden von Fleiß, Sparsamkeit, händlerischem Wagemut und politisch-ökonomischer Berechnung, dem Tugendkatalog Benjamin Franklins, nur wenige Jahrzehnte vorher als »Höhepunkt bürgerlicher Weltauffassung« formuliert.[34]

Die Arbeiten am neuen Hafen begannen im Juli 1827. Die Pläne hatte der holländische, seit 1826 in Bremen tätige Wasserbaufachmann Johannes Jacobus van Ronzelen (1800–65) entworfen.[35] Der Plan für die Stadt, von Friedrich Moritz Stamm, wurde im Dezember 1829 der Bürgerschaft vorgelegt. Er entsprach weitgehend der in den folgenden Jahren ausgeführten Anlage, die zunächst auf 176 Parzellen begrenzt war, von denen bereits 1835 über hundert bebaut waren (vgl. Abb. S. 143).[36] Der Weser entlang hatte van Ronzelen das über die Mündung der Geeste zugängliche Hafenbecken hinter einem Deich angelegt; die Einfahrt wurde durch das 1830–36 von Hannover errichtete Fort Wilhelm gesichert. Parallel zum Hafenbecken verlaufen die Straßen, rechtwinkelig geschnitten von Querstraßen. Die Straße nach Lehe erhält durch größere Breite den Charakter einer Hauptstraße, die den Marktplatz und den außerhalb der Wohnbebauung liegenden Kirchplatz tangiert; ein Arm wird diagonal über den Markt hinweg zum alten Fährplatz an der Geeste geführt und nimmt damit eine bestehende Wegeführung auf, so daß ältere Strukturen prägnant in den neuen Plan eingreifen. Ein zweiter Arm mündet im Süden auf einem großen Freigelände, auf dem staatliche Verwaltungsbauten wie Hafen- und Amtshaus standen.

Das Stadtgebiet war in Parzellen von annähernd gleicher Größe eingeteilt und wurde gegen einen Jahreszins, gestaffelt nach Lage (der höchste Zins wurde am Hafen verlangt), an ansiedlungswillige Interessenten abgegeben. Die Verpachtung eines Grundstücks war an die Errichtung eines massiven Hauses innerhalb von zwei Jahren gebunden; ferner mußten Fuß- und Fahrweg vor dem Grundstück gepflastert und instand gehalten werden. Die ersten Ansiedler waren Wirte, Ladenbesitzer, Handwerker, Lotsen, Matrosen und Arbeiter. Am Hafen wohnten Werftbesitzer und Spediteure.
Nach anfänglichen Schwierigkeiten – 1831 wurden erst zehn Prozent der für Bremen bestimmten Güter im neuen Hafen umgeschlagen – wurde der Erfolg der Neugründung am Bevölkerungszuwachs sichtbar. 1836 zählte man 1082, 1845 schon 3000, 1855 dann 5500 Bewohner. Dieser Erfolg führte dazu, daß seit etwa 1845 auch Hannover auf seinem Territorium südlich der Geestemündung, gegenüber von Bremerhaven eine Stadt anlegte, nach einem ähnlichen Rasterschema, das spätere Geestemünde.[37]
Das einfache Rastersystem der neuen Stadt unterscheidet sich von fürstlichen Neugründungen des 18. Jahrhunderts dadurch, daß nicht barocke Darstellung von Macht oder spektakuläre Perspektiven in der Straßenführung, sondern Rationalität und Vereinheitlichung den Plan kennzeichnen.
Obwohl die Gründung Bremerhavens eine rein ökonomische Maßnahme war, ist nicht zu verkennen, daß in Begründung und Selbstverständnis Johann Smidts bei der Durchsetzung dieser Pläne ein Streben wirksam wurde, das in der Verbindung von Sendungsbewußtsein und Berechnung den wirtschaftlichen Fortschritt des Bürgertums verfolgte. Das Pathos seiner Anspielungen auf die Emanzipation der kolonialen Völker, auf Großunternehmungen wie den Bau des Panamakanals und seine geradezu elegisch wirkenden Hinweise auf die zukünftige Rolle eines »alternden Europas« angesichts dieser Aktivitäten junger Völker machen seine Bemühungen durchaus vergleichbar der Beschreibung ähnlicher »Kolonisa-

tionen« im letzten Akt des »Faust II«. Die Parallele wird um so deutlicher, als sich Goethe 1829 Pläne der projektierten Hafenanlagen aus Bremen hatte schicken lassen.[38]

Kluger Herren kühne Knechte
Gruben Gräben, dämmten ein,
Schmälerten des Meeres Rechte,
Herrn an seiner Statt zu sein.
Schaue grünend Wies' an Wiese,
Anger, Garten, Dorf und Wald.
Komm nun aber und genieße,
Denn die Sonne scheidet bald. –
Dort im Fernsten ziehen Segel,
Suchen nächtlich sichern Port.
Kennen doch ihr Nest die Vögel;
Denn jetzt ist der Hafen dort.
So erblickst du in der Weite
Erst des Meeres blauen Saum,
Rechts und links, in aller Breite,
Dichtgedrängt bewohnten Raum.[39]

21
Johann Smidt
Motive für die Gründung Bremerhavens
(1826)

Die Ansicht, [. . .] dass uns nur dann reell geholfen werden könne, wenn wir zu eigenen, für die grössere Seeschiffahrt hinreichenden, Hafenanstalten an der Niederweser gelangten, und uns die freie Benutzung derselben in organischer Verbindung mit unsern übrigen, die Cultur des Handels und der Schiffahrt bezweckenden, Einrichtungen zu sichern ver-

möchten, musste unter Erwägung der vorwaltenden Umstände ohne weiteres auf die Ueberzeugung führen, dass wir dazu der mitwirkenden Hilfe eines andern an der Niederweser belegenen Staats bedürften. Hiebei konnte aber nur an das Königreich Hannover gedacht werden [...].
Nur durch angestrengten Fleiss und calculirende Sparsamkeit, nur durch ein immer lebensreges industriöses Genie hat sich also bisher für Bremen eine Handelsprovinz zwischen Rhein und Elbe erhalten und erweitern lassen [...].
Der politisch merkantilische Horoscop Bremens deutet aber in jeder Hinsicht auf ein nothwendiges Eintreten noch bedeutenderer Anstrengungen dieser Art, um bei der schon beginnenden neuen Gestaltung vielfacher, seine Handelsexistenz bedingender, Verhältnisse den nachtheiligen Folgen seiner Lage zwischen Elbe und Rhein und seiner Entfernung von dem naturgemässen Lade- und Löschplatze der Weserschifffahrt nicht zu erliegen.
Denn wenn an der einen Seite die Vollendung der Emancipation und die wachsenden Handelsbedürfnisse der transatlantischen Staaten im allgemeinen auf zunehmenden Handelsflor Deutschlands günstige Wirkung äussern dürften, so ist doch von der entschieden grösseren Receptivität des Rheins und der Elbe für die Cultur der damit eröffneten neuen Verkehrszweige wohl zu erwarten, dass sie nicht bloss eine bedeutendere Masse derselben sondern diese zugleich in einer beschleunigteren Strömung an sich ziehen werden. Der vollständigere und reichere Markt ist es aber, was durch bessere Auswahl und wohlfeilere Preise zur Ueberflügelung anderer nach allen Richtungen vorzugsweise befähigt. Haben beide Nachbarflüsse sich mittelst der Unternehmung der Rheinisch-Westindischen Compagnie doch jetzt schon über Bremen hinweg vortheilhaft die Hand gereicht. Eilt der deutsche Theil des Rheins seiner Entfesselung von den niederländischen Banden doch mit jedem Jahre sichtlicher entgegen, und was wird vereinte Kraft dort nicht vermögen? Droht nicht die Ems und ihre Verbindung mit dem Rheine, für die man die

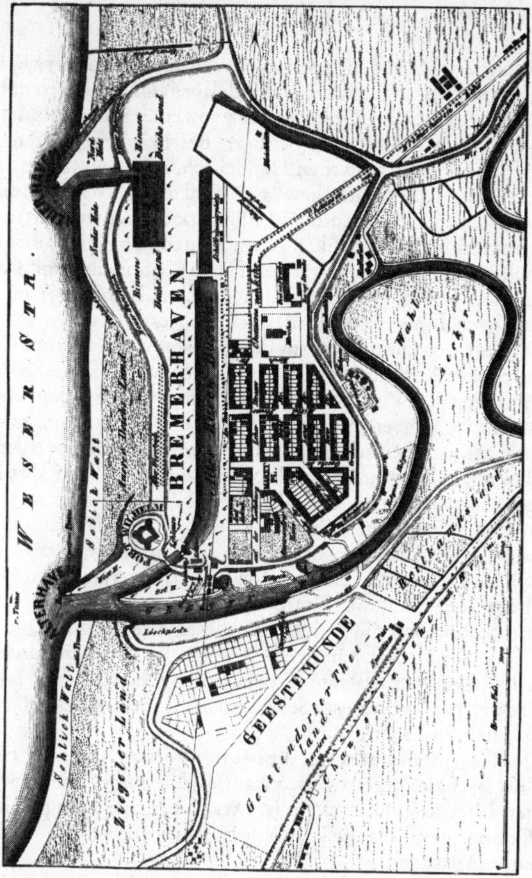

Bremerhaven. Stadtplan um 1850. Holzstich

stipulirten Millionen doch nicht nutzlos wird verwendet haben wollen, sogar unserer Handelsprovinz noch weit näher zu rücken, und ihre Grenzen noch von einer andern bis dahin ungefährdet gebliebenen Seite zu beschränken? Hat nicht Hamburg den brasilischen Handel schon fast ausschliesslich in seine Canäle zu leiten gewusst? Wird die aufkommende mit den Gefahren der Meere und Flüsse noch weniger vertraute Schiffahrt der südamerikanischen Staaten sich nicht vor allem nach sicheren Ankerplätzen auf dem Continente umsehen, von welchen die Waaren auf dem schnellsten Wege in die Packhäuser geliefert und der sehnlich erwartete Vorschuss auf dieselben dann unverzüglich geleistet werden kann? Treten bei der Ausfuhr nach jenen Gegenden nicht ähnliche Verhältnisse ein? Wird der ganze Verkehr mit denselben, da er nur durch grössere Seeschiffe betrieben werden kann, nicht bald für das bei seiner Erbauung und bei seinen eigenen Hafenanstalten nur auf die Nord- und Ostsee-Schiffahrt berechnete Bremen als ungeeignet erscheinen? Und was wird von allen diesem die Folge sein, wenn, wie es gar nicht fehlen kann, die Zeit einmal kommt, wo auch in der Wagschale der Politik das alternde Europa von der kräftigeren neuen Welt überwogen und die Nothwendigkeit geeigneter Befriedigungspunkte für die Bedürfnisse dieser es sein wird, was über die Fortdauer selbständiger Existenz der kleinern europäischen Continentalstaaten vorzugsweise entscheidet? Sollte Bremen dann von dieser Seite kein mene mene tekel upharsin zu fürchten haben? [. . .]

Der Gegenstand, welcher die heutige Versammlung der Ehrl. Bürgerschaft vorzugsweise veranlasst hat, nimmt die wichtigsten Interessen unseres Freistaates, die Sicherung und Fortbildung seines Handels- und Schiffahrtslebens, in unmittelbaren Anspruch.

Zwei verschiedene, durch Zeit und Umstände allmählig herbeigeführte Veränderungen in der Lage und den Verhältnissen, wodurch die Benutzung dieser vorzüglichsten Quellen unsers individuellen Staatslebens bedingt wird, haben nem-

lich seit einer Reihe von Jahren für Bremen die Staatsaufgabe zur Sprache gebracht, wie es seine bisherigen Anstalten für den Seehandel und die Seeschiffahrt diesen veränderten Verhältnissen zweckmässiger anzureihen im Stande sei, und jede Art des Versuchs ihrer Lösung weist auf die Nothwendigkeit desfalsiger ausserordentlicher Anstrengungen hin. [...]
Die fortschreitende Emancipation transatlantischer Staaten, die in den Folgen derselben zu ihrer Zeit nicht ausbleibende Verbindung beider grossen Oceane hat vollends auf eine ganz neue Aera des Welthandels Aussicht eröffnet. Schon beginnt ein Wetteifer aller seefahrenden Staaten in vorbereitenden Massregeln zu möglichst reicher Theilnahme an einem solchen grösseren Umschwung des Völkerverkehrs, und die Thätigkeit unserer Börse hat auch hier ihren alten Ruhm nicht verleugnet.

22

Johann Smidt

Bremerhafen

(1828)

Das *neue Amt Bremerhafen*, liegt am rechten Ufer der *Nieder-Weser*, und am rechten Ufer des *Geeste-Flusses*, bei der Mündung des *Letzteren* in die *Erste*. Es ist 7 Meilen nördlich von der Stadt Bremen entfernt, so wie 5 Meilen nördlich von dem *Bremischen Flecken Vegesack*, und ¼ Meile südwestlich von dem Hannöverischen Flecken *Lehe* (sonst auch Bremer-Lehe genannt). *Bremerhafen* gegenüber liegt am *linken Weser-Ufer* das große oldenburgische Dorf Blexum. Das Amt begreift gegenwärtig nur noch einen Flächen-Inhalt von etwa 350 Calenbergischen Morgen, die aber noch bis auf 500 Morgen vermehrt werden sollen, welches denn freilich nur wenig ist. Uebrigens findet man dort ein *Amthaus*, nebst

mehreren Hafengebäuden, Schiffswerften und einigen Häusern.
Das ganze Etablissement, über welches der am 11. Januar 1827 zwischen der Krone *Hannover* und der *freien Hansestadt Bremen* abgeschlossene Staats-Vertrag das Nähere ergiebt, ist erst im *Entstehen*. Die *Ausgrabung des Hafens* begann am 1. Juni 1827, und die ganze, an Niederländische Unternehmer verdungene Arbeit soll in 3 Jahren vollendet seyn. Sie begreift den *Vorhafen*, das *Schleusen-Bassin* und das *Haupt-Bassin*, welches nach Art der Englischen und Amerikanischen Dokken eingerichtet wird, und 100 große Seeschiffe fassen soll. Der ordentliche und völlige Ausbau dieses ganzen Hafen-Werkes, wird von der Zeit an erst statt finden, wo zugleich von einer bleibenden und wachsenden Bevölkerung die Rede seyn kann. Gegenwärtig halten sich nur 500 Personen dort auf, mit Einschluß derjenigen, welche bei dem Bau beschäftigt sind, und diese wohnen zum Theil in leichten Hütten.
Diese höchst bedeutende Unternehmung ist für die See-Schiffahrt und für den *Handel* der *Stadt Bremen* von unendlichem Werth. Sie wird ihrem Seehandel eine weit größere Ausdehnung geben, auch Erleichterungen und Bequemlichkeiten verschaffen für diese Stadt, die nicht zu berechnen sind.

23

J. H. W. Smidt

Über die Anlage von Bremerhaven

(1831)

Das Interesse unseres Staates trifft mit dem unseres Handels zusammen; beide stehen und fallen miteinander. Vor allem ist es die neuerworbene Eigenschaft eines Platzes für den Weltverkehr, welche Bremens Unabhängigkeit sichert, und ihrerseits durch letztere wieder gesichert wird. Weil diesemnach eine innige Verbindung mit dem offenen Meere das erste unserer Staats- und Handelsbedürfnisse ist, so haben wir es kein Hehl, wir müssen die Weser, da sie das einzige Bindemittel ist und soweit sie dazu dient, als die Pulsader unseres Lebens betrachten und in Anspruch nehmen. Bey aller Achtung vor den Hoheitsrechten der anderen Uferstaaten haben wir jedes Geltendmachen derselben bekämpfen müssen, wodurch jene Lebensfunctionen erschwert wurden; es war ein Kampf der Selbsterhaltung. Und ebenso nöthigt uns das Bedürfniß nach einer immer kräftigeren Entwicklung in der Sphäre des Welthandels, über die beschränkten politischen Gränzen hinaus, zur Erstrebung alles dessen, was die gedachten Functionen erleichtern und fördern kann, das Aeußerste zu versuchen. [. . .]

Kam nun zu allem Obigen hinzu, daß um eben dieselbe Zeit, im Jahr 1825, die Handelsprovinz der Weser von beiden Seiten, dem Rhein und der Elbe auf das Empfindlichste bedrängt und gefährdet wurde, dort durch die täglich zu erwartende Entfesselung der Stromschifffahrt, dessen projectirte Verbindung mit der Ems und Antwerpen's steigende Blüthe, hier durch große Vorschritte im überseeischen Verkehr und den Plan der Anlage einer Eisenbahn nach Braunschweig und weiter, – war zugleich das Bedürfniß nach Handelsverträgen mit den freygewordenen südamericanischen Colonien dringend hervorgetreten: – so mag wohl mit Recht gefragt werden, ob es je einen Moment gab, wo der so mühsam errungene Aufschwung des Bremischen Handels- und Schifffahrtslebens mehr auf dem Puncte stand, herabzusinken, wo es so sehr darauf ankam, seinem Rufe, seiner Ausdehnung eine solide Grundlage zu geben, wo endlich seine aufs Aeußerste getriebene Spannkraft bey dem Kampfe mit einem neuen Gegner, der ein nothwendiges Glied seines eigenen Organismus zu bilden bestimmt war, so unausbleiblich erlahmen mußte?

In solcher Bedrängniß schlug die Zeugungsstunde des Bremerhavens. Anderthalb Jahre darauf war der Tractat mit Hannover unterzeichnet, und wir begingen das Fest der glücklich erfolgten Geburt. [...]
Was haben wir denn mit dem Bremerhaven gewollt und erreicht? Wir wollten Bremen eine *Zukunft* schaffen und wir werden es, wenn wir diesem Willen nur treu bleiben. [...]
Stellen wir uns nun auf jene Höhe der Anschauung, die ein Vergleichen des Gewesenen und Werdenden mit dem Vorhandenen und deren Uebersehen auf einen einzigen Blick möglich macht, so liegt der erfreuliche Glückswechsel, den wir dem Besitze jener 300 Morgen an der Mündung der Geeste verdanken, in seiner ganzen Bedeutung vor unsern Augen. In ihm gewahrt der schaffende Geist unseres Staates und seiner Genossen den Ruhepunct des Archimedes, durch den jedwede Hebelkraft lebendig wird. Wenn Antäus, der Sohn der Erde, rettungslos ersticken mußte, da ihn des übermächtigen Hercules umschlingende Arme von dem stets neubelebenden mütterlichen Boden getrennt, so wird uns, die wir Kinder der See sind, jetzt so leicht kein Kampf mehr bedrohen, seit wir das abgerissene Band mit der Mutter durch die Erwerbung von Bremerhaven unauflöslich wieder befestigt haben. Bremen ist wieder ein Seestaat geworden; an die Stelle der verlornen Begnadigung ist die Herrschaft und das Recht getreten, der Unterordnung und dem Schutzbedürfnisse die Ebenbürtigkeit und die Macht, sich selbst zu helfen, gefolgt. [...]
Das Werk ist vollendet und entspricht in seiner großartigen Tüchtigkeit allen gerechten Erwartungen. Die Sicherheit, welche es den im Hafen liegenden Schiffen gewährt, kann eine unbedingte genannt werden, an Raum und Bequemlichkeit zum Laden und Löschen hat es der bis jetzt dort versammelt gewesenen Zahl noch nicht gemangelt. [...] Seitdem verschiedene Stürme und die Choleraquarantaine unseren Capitains zu einer Ueberwindung ihrer ursprünglichen Scheu verholfen haben, finden sie für die Annehmlichkeiten des

Lebens an dem neuen Orte tagtäglich mehr gesorgt; der Trieb des Interesses zeigt sich in der Umgegend werkthätig und lockt allerhand hülfreiche Hände herbey, selbst unter den Gewerbsclassen unserer Stadt beginnt sich nachgerade einige Meinung für den Platz zu äußern. [...] Der Staat hat seine Aufgabe rühmlich gelöst: das vornehmste seiner Elemente vor dem Verfall zu bewahren und einen Grund zu legen, auf dem es sich kräftiger als je reconstruiren könne. Jetzt ist es an den Repräsentanten dieses Elements, ihre eigenen Erwartungen und die des Publicums wahr zu machen, das seine Augen vorzugsweise auf sie gerichtet hält. [...]
Ueberhaupt aber ist es eine bis jetzt, wie es scheint, in Bezug auf den Bremerhaven noch zu wenig beachtete Wahrheit, daß jede Staatsanstalt, wie sehr ihr Entstehen auch durch die Vorliebe und Fürsprache Einzelner oder einer Genossenschaft erleichtert worden seyn mag, mit dem Tage, da sie wirklich vollendet in's Leben tritt, um ein Rad in der großen Maschine zu bilden, zu einem Gemeingut Aller wird und so, der Form wie dem Wesen nach, die Gesammtsorge der Staatsbürger in gerechten Anspruch nehmen muß.

Berlin: »Hobrechtplan«

Stadtgründungen waren auf dem relativ dicht besiedelten Gebiet Deutschlands im 19. Jahrhundert schon selten geworden. Stadterweiterungen dagegen wurden in Folge der Industrialisierung und Verstädterung seit etwa 1840 zur allgemeinen Form der Ansiedlung von Menschen und Industrien. Diese Erweiterungsgebiete machen auch heute noch bei fast allen Städten, zumindest bei den Großstädten, einen der bedeutendsten Teile des gesamten Stadtgebietes aus. Zu keiner Zeit wuchsen die Städte so stark wie in den Jahrzehnten zwischen 1850 und 1910, mit Ausnahme vielleicht der Planungen in den 50er und 60er Jahren des 20. Jahrhunderts.

Reformen wie die Bauernbefreiung, die Einführung der Gewerbefreiheit, die Städteordnung und ihre Auswirkungen (Landflucht, Ausbildung des Manufaktur- und Fabrikwesens u. a.) führten zu einer enormen Zunahme der Stadtbevölkerung, die besonders Berlin als Hauptstadt Preußens traf. Hier sollte eine umfassende Beplanung des Umlandes die bauliche Entwicklung steuern.
Als umstrittenster Bebauungsplan des 19. Jahrhunderts gilt zweifellos der sogenannte Hobrechtplan von 1862 für Berlin. Ihm wurden über Jahrzehnte alle Übel von Wohnungsnot und großstädtischer Planung zugeschrieben. Die Bevölkerung Berlins hatte in den Jahren von 1840 bis 1850 um 100000 Einwohner zugenommen und war bis 1861 auf 521933 Einwohner angestiegen. Dieser ungeheure Zuwachs, dazu die Anlage von Eisenbahnen und Kanälen hatten die Planungsvorhaben völlig verändert. So wohnten z. B. außerhalb der Zollmauern schon etwa 90000 Einwohner, die Bebauung drohte in vielen Vierteln chaotische Formen anzunehmen, die vor allem einer späteren Anlage von Straßen und einer systematischen Stadtplanung entgegenzustehen drohten. Deshalb wurde seit der Mitte der 50er Jahre die Aufstellung eines bindenden Bebauungsplans für das gesamte Berliner Stadtgebiet außerhalb der Stadtmauer, einschließlich Charlottenburgs, gefordert.[40]
1859 wurde der Baumeister für Wasser- Wege- und Eisenbahnbau beim Polizeipräsidium, James Hobrecht, mit dessen Ausarbeitung beauftragt. Von Januar bis August 1862 wurden die 14 Teilpläne durch »Allerhöchste Kabinettsordres« genehmigt (vgl. Abb. S. 151). Der Plan wurde also nicht vom Magistrat der Stadt Berlin, sondern vom königlichen Polizeipräsidium erarbeitet. Das soll nicht heißen, daß die Kommunalbehörden an der Aufstellung nicht beteiligt gewesen wären, dazu war das Interesse des Magistrats viel zu groß. Wenn man bedenkt, daß fast 70 % der Stadtverordneten Hausbesitzer waren, die zusätzlich durch das Drei-Klassen-Wahlrecht begünstigt wurden, sind verschiedene Eigenheiten

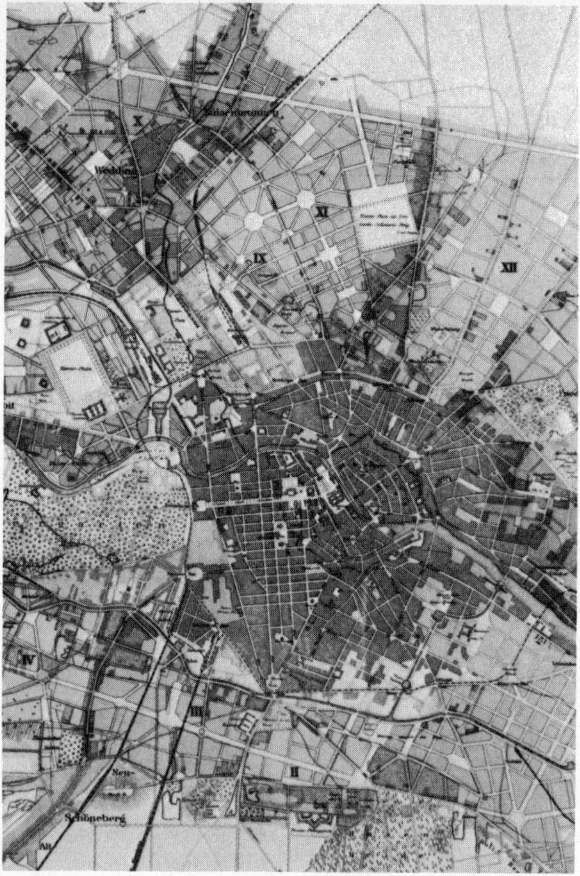

Berlin. Bebauungsplan aus dem Jahre 1862.
Ausschnitt: Stadtzentrum und projektierte Erweiterungsgebiete bei den Ziffern II–IV, IX–XII. Lithographie

des Planes durchaus zu erklären als Ausdruck dieses Interesses.[41] *Hobrecht hatte den Auftrag erhalten, sich bei der Größe der Blöcke an diejenigen der Friedrichstadt zu halten, die etwa 50 × 150 m messen. Statt dessen wies er in weiten Bereichen des Planungsgebiets riesige Baublöcke aus, die eine mittlere Ausdehnung von 180 × 300 bis 300 × 500 m hatten. Die Teilung dieser Gebiete überließen Polizeipräsidium und Magistrat, zuständig für die Einhaltung der Bauordnung, der privaten Spekulation, die an solchen Grundstücken interessiert war, um hier entweder Gewerbebetriebe oder riesige Wohnanlagen zu errichten, die man um so dichter stellen konnte, je weniger Straßen vorhanden waren; verbunden und erschlossen über Durchgänge und enge Hinterhöfe, ermöglichten diese Mietskasernen die profitabelste Grundstücksnutzung. Von seiten des Magistrats und der Planer waren allerdings in den 60er Jahren für das Blockinnere auch Grünflächen und Gartennutzung vorgesehen (vgl. Abb. S. 153).*

Daß die Grundstücksspekulation um 1860 noch als legitimer Faktor im Bereich Stadtplanung galt, zeigt die Debatte aus dem Architektenverein; man verschloß weitgehend die Augen vor den Auswüchsen dieser Initiativen bzw. ahnte wohl deren Möglichkeiten nicht. Um sie etwas einzudämmen, wurde der Plan nie offiziell veröffentlicht (obwohl schon 1865 eine gedruckte Fassung vorlag), denn die Kenntnis des Planes war für Spekulanten ein idealer Hinweis auf die zur Bebauung freigegebenen Gebiete. Daß der Plan jedoch sehr bald in fast allen Einzelheiten bekannt war, ist aus dem hier zitierten Text ersichtlich.[42]

In der vorliegenden Debatte wurde eine Fülle von Ansprüchen an den Plan gestellt, die er von der Intention her nicht erfüllen sollte und beim damaligen Stand der stadtplanerischen Kenntnisse auch nicht konnte. Das Kgl. Obertribunal legte in einem verbindlichen Urteil von 1869 den einzigen Sinn dieses Planes fest: »Der von dem Polizei-Präsidium festgestellte und am 26. Juli 1862 Allerhöchst genehmigte Bebauungsplan für die Stadt Berlin ist seinem Wesen nach nichts

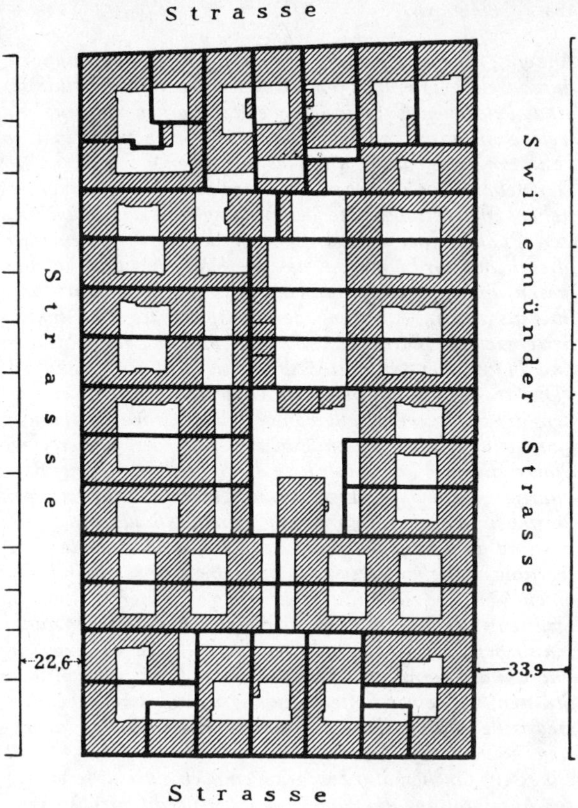

Berlin, Wedding. Baublock, um 1885. Schwarze Linien bezeichnen die Grundstücksgrenzen, Schraffuren die Gebäude. (Der Block liegt auf Plan S. 151 links unterhalb der Ziffer XI)

Anderes, als eine Sammlung ortspolizeilicher Anordnungen, durch welche festgesetzt wird, welche auf dem Weichbilde der Stadt belegenen Grundstücke besetzt werden können, und welche Grundstücke, als zu öffentlichen Straßen und Plätzen bestimmt, unbebaut gelassen werden sollen.«[43]

Der Bebauungsplan hat in den ersten zehn Jahren seines Bestehens eine weitreichende Debatte ausgelöst. Zu den wichtigsten Punkten der Kritik gehörten die Forderungen nach öffentlichen Grünanlagen, die überhaupt nicht vorgesehen waren, und die für die Stadtplanung der folgenden Jahrzehnte überaus wichtige Anregung, den Stadtplan nach den Funktionen einzelner Quartiere auch in Form und Anlage der Straßen und Plätze, der Grundstücksgröße usw. zu differenzieren: »Die Strassen alle von derselben Weite mit geringen Variationen, die Bauquartiere alle von derselben Größe, mit einigen ganz willkürlichen Besonderheiten, [...] riesige viereckige Plätze, die nach bon plaisir bald durch Freilassung eines Bauquartiers, bald durch Erweiterung von Strassenkreuzungen entstehen, die [...] rings herum führende Boulevardstrasse: das sind die wenig geistreichen Motive, welche bei der Entwerfung des Bebauungsplans maassgebend gewesen sind. Von einem Versuche zur Individualisierung einzelner Strassen und Strassenstrecken, von einer richtigen Erkenntnis der muthmasslichen Zukunft gewisser Stadttheile in sozialer Beziehung und danach getroffener Gestaltung der Konfiguration ihrer Strassen, von einer Unterscheidung in eine städtische, vorstädtische und ländliche Bebauungsweise haben wir wenigstens keine Spur entdecken können.«[44]

Einerseits tauchen also Forderungen nach einer differenzierten Ausgestaltung des Planes auf, die sogar die Sozialstruktur eines Gebiets vorausplanen sollte, andererseits wurde gerade dieser Plan, trotz seiner groß bemessenen Blöcke, zum Ziel von Angriffen liberaler Kreise, für die ein Bebauungsverbot einen deutlichen Eingriff in die Verfügungsrechte über ihren Boden bedeutete. Gerade das liberale Bürgertum geht in vehementen Attacken gegen den Plan vor, wie etwa der fol-

gende Teil einer Rede von Eduard Lasker (1829–84) im Preußischen Abgeordnetenhaus zeigt, einem der liberalsten Abgeordneten:

»Einem sehr verehrten Freunde, früher Mitglied dieses Hauses, ging plötzlich die Anweisung zu, als er in seinem Garten ein Blumenhaus anlegen wollte, er dürfe das nicht thun, weil nach dem 100jährigen Bebauungsplane in Zukunft eine Straße durch seinen Garten gehen solle. Er fragte mich: Kann denn die Polizei mir durch eine derartige Verfügung verbieten, in meinem Garten ein Blumenhaus anzulegen? Ich mußte ihm antworten: Gleiche Fälle treten allwöchentlich an mich heran – heute sind Sie davon betroffen worden, morgen wird ein Anderer davon betroffen.

Einem anderen Freunde, am äußersten Ende der Stadt, ist verboten worden, seine Fabrik durch einen Bau zu erweitern, weil nach dem 100jährigen Bebauungsplane künftig gerade in der Mitte zwischen Moabit und Charlottenburg, wo seine Fabrik gegenwärtig steht, ein Markt angelegt werden soll; er mußte sich von der Polizei zwingen lassen, im Hypothekenbuche einschreiben zu lassen, daß er seine Gebäude nach 100 Jahren unendgeldlich niederreißen lassen wolle, oder auch nach zwei Jahren, je nachdem es der Polizei beliebt. Der Rechtsweg dagegen ist nicht zulässig. [...]

Meine Herren, das ist der Rechtszustand in Preußen, wie er mir tagtäglich vor Augen kommt.«[45]

Die Unfaßlichkeit eines solchen Planes, der, gemessen an Bebauungsplänen späterer Jahrzehnte, den Grundstückseigentümern geradezu vollkommene Freiheit ließ, wurde deutlich auch in den Reaktionen der liberalen Presse: »Der Bebauungsplan in seiner Detailmalerei gleicht einer Schnürbrust, die ein Büreaukrat am grünen Tisch in grauer Theorie fix und fertig bis auf Schnürloch und Senkel zusammengenäht hat [...].«[46]

Der Plan war jedoch eine Notwendigkeit, sollte die Stadtentwicklung Berlins nicht willkürlich ausufern; er war durchaus nicht so unflexibel, wie ihm stets vorgeworfen wurde, und vor allem sind seine vermeintlichen Nachteile, wie hohe Grundstücksausnutzung, Bodenspekulation und Wohnungselend, nicht auf ihn allein zurückzuführen, sondern vor allem in der Baugesetzgebung zu suchen, die die Höhe der Häuser ausschließlich von der Breite der Straßen abhängig machte (bei den breiten Straßen des Hobrechtplans also Erlaubnis für sehr hohe Häuser) und die vor allem die Hinterhofbebauung erlaubte, da die Abstände zwischen den Häusern einzig von der Wendemöglichkeit für Feuerspritzen bestimmt waren.

Der Hobrechtplan übernahm in seinen Grundstrukturen die städtebaulichen Elemente, von denen Berlin seit dem Barock geprägt war. Er verwendet die rechteckigen Rastermuster der Friedrichstadt und die großen Baublöcke des Köpenicker Feldes. Ästhetische und stadtbildgestalterische Vorstellungen beschränken sich auf die Übernahme von Vorbildern aus dem gerade entstehenden neuen Paris Haussmanns. Hier sind vor allen zu nennen die großen Sternplätze, Diagonalstraßen, breite Boulevards, die Repräsentationsplätze. Die Ringstraße nach Pariser Vorbild geht auf direkte Intervention des Königs zurück. Mit diesen Elementen versuchte Hobrecht Berlin auch städtebaulich zu einer repräsentativen Hauptstadt zu machen. Die starke Regelmäßigkeit, besonders im Norden Berlins, hatte auch ihren Grund in der Rücksichtnahme Hobrechts auf bestehende Wege und Grundstücksgrenzen, um bei der Neuanlage von Straßen möglichen Entschädigungsansprüchen ausweichen zu können. Die Bebauung folgte, mit Änderungen, bis in den Anfang des 20. Jahrhunderts dem Plan.

Die Auseinandersetzung um den Hobrechtplan im Berliner Architektenverein, die hier gekürzt wiedergegeben wird, bildete die Grundlage einer breiten Diskussion über Probleme der Stadtplanung in den folgenden Jahrzehnten. Der Plan ist im heutigen Verständnis als Fluchtlinienplan zu bezeichnen, da er nur Bebauungsgrenzen, aber nicht die Art der Bebauung festlegt.

24

K. E. O. Fritsch

Bericht über zwei Diskussionen im Architekten-Verein Berlin

(1870/71)

Herr *Lucae* tritt für die unbedingte Nothwendigkeit eines detaillirten Bebauungsplanes ein. Die Feststellung eines blossen Netzes von Hauptverkehrslinien sei aber *kein* Bebauungsplan und werde in vielen Fällen einem Grundstückbesitzer die zweckmässigste und nutzbringendste Bebauung seines Terrains geradezu unmöglich machen. Die Schwächen eines detaillirten Bebauungsplanes seien dieselben, die gemeinschaftlich allen allgemeinen gesetzlichen Anordnungen anhaften. – Die Schwierigkeiten bei Aufstellung eines Bebauungsplanes seien so bedeutend, dass die Kritik alle Veranlassung zu grösster Bescheidenheit habe, wenn sie nicht ganz genau wisse, welche Folge von Bedingungen jede einzelne Anordnung veranlasst habe. Deshalb bedauert es der Redner, dass Herr *Assmann* seinen Vortrag so allgemein gehalten und nicht an einzelnen charakteristischen Beispielen die interessante Entstehungsgeschichte des Berliner Bebauungsplanes näher erläutert habe. Vermisst hat er im Allgemeinen die ausdrückliche Betonung der Rücksicht auf die *Schönheit*, welche bei einer so vorwiegend architektonischen Aufgabe in erster Linie stehen müsse. Im Einzelnen glaubt er als Mangel bezeichnen zu müssen, dass die Anlage zahlreicher kleiner Plätze, die in dem Strassenverkehr ruhige Oasen bilden müssen, zu sehr vernachlässigt sei. Diese Anordnung bilde einen Hauptreiz der neuen Stadtviertel Londons, wo noch hinzutrete, dass diese Plätze meist mit Berücksichtigung der vorhandenen Gruppen alter Bäume so angelegt würden, dass diese hierdurch geschont und als Zierde der Stadt erhalten würden. Der Redner rügt endlich die allzu unbarmherzige Zerstörung mancher interessanten alten Anlagen und bezeichnet als eine Gelegenheit, derartige Fehler zu sühnen, die Wiederherstellung eines südlichen Abschlusses am Belle-Alliance-Platze.[47] Er hofft, dass der alte Gedanke, an dieser Stelle ein prachtvolles Triumphthor zu erbauen, Angesichts der neuesten Zeitereignisse verwirklicht werden würde.

Hr. *Böckmann* konstatirt, dass seine Auslassungen in letzter Sitzung missverstanden sein müssen. Er habe nicht die Nothwendigkeit eines Bebauungsplanes bestritten, sondern nur die allzugrosse Detaillirung des vorhandenen bekämpft, die am Besten daraus hervorgehe, dass für eine Anzahl grosser Unternehmungen der letzten Zeit, den Viehmarkt, die neue Fabrik für Eisenbahnbedarf etc., anfänglich kein passender Raum zu finden gewesen wäre. Würde das Detail der Bebauung der Privatspekulation überlassen, so würde diese – wie ja in einzelnen Fällen, namentlich in unsern Villenvorstädten bereits geschehen sei – sich zum Vortheile des Ganzen theilweise strengere Bedingungen auferlegen, als dies die Behörde thun könne.

Hr. *Assmann* verspricht für spätere Sitzungen speziellere Ergänzungen seines Vortrages. Für diesmal stellt er dem Vorredner den entschiedenen Zweifel gegenüber, ob die Privatspekulation in der That die von jenem gehegten Erwartungen erfüllen werde, auch wenn sie nicht blos isolirt und von den mit Unrecht als die raffinirtesten Grundstück-Ausschlachter bezeichneten Maurer-Polieren ausgeübt werde. Gerade die genannten Beispiele, sowie die neuen Bahnhofs-Anlagen seien schlagende Beweise dafür, dass der Bebauungsplan durchaus kein Hindernis für eine vernünftige Entwickelung nach den Bedingungen der Gegenwart und Zukunft sei, sondern ohne Schwierigkeit dem jedesmaligen Bedürfnisse sich anpassen lasse. Es sei ebensowenig ein Grund vorhanden den Behörden, welche darüber zu befinden haben, zu misstrauen, dass sie hierbei nicht mit allen billigen Rücksichten zu Werke gehen sollten. [...] Jene zahlreichen Squares in London würden auf Kosten der Grundbesitzer angelegt und unterhalten.

In Berlin würde eine derartige und manche andere Anordnung an der durchschnittlich viel grösseren Armuth der Bevölkerung scheitern, während zu hoffen sei, dass die auf den projektirten grossen Plätzen anzulegenden öffentlichen Parkanlagen kleineren Umfanges sich als nützlich erweisen würden. Die Ausbildung aller dieser Plätze werde aber gleichfalls davon abhängen, ob und wieviel Mittel dafür vorhanden sein würden. [...]

Die Debatte über den Berliner Bebauungsplan wurde alsdann fortgesetzt und sprach Hr. *Hobrecht* über denselben. Seine Auslassungen sind um so bemerkenswerther, als er selbst seiner Zeit mit der technischen Aufstellung des Bebauungsplanes betraut gewesen ist.

Der Redner bemerkt zunächst, dass man die Bedeutung des Bebauungsplanes überschätzt hat, wenn man in ihm eine absolut bindende Norm oder ein von künstlerischem Standpunkte aus behandeltes Werk sehen will. Seine Bedeutung ist eine lediglich *negative*; er ist eine aufgezeichnete Polizeiordnung, die zunächst feststellt, welche Stellen *nicht* zu bebauen, vielmehr für den Verkehr offen zu halten sind, lediglich im Interesse jener Privaten, welche ihre Grundstücke zu bebauen beabsichtigen und hierzu genauerer Vorschriften bedürfen. Er ist daher auch durchaus in solchem Umfange aufzustellen, als die Grundstücke in der Umgebung der Stadt von ihren Besitzern bereits als *Baustellen* betrachtet werden. Der Plan ist als durchaus wandelbar und elastisch aufzufassen und hat sich jeder neuen Kombination, welche aus wechselnden Ursachen hervorgeht, zu akkomodiren. Bindende Vorausbestimmungen in irgend einem Sinne zu treffen, wie es unter anderem die Anlage von Stadtvierteln bestimmten Charakters bedingt, erscheint als durchaus unstatthaft.

In dem Sinne einer Polizeivorschrift als Theil der Bauordnung muss ein Bebauungsplan auf die Forderungen der *Schönheit und künstlerischen Disposition* verzichten. Diese beiden sind durchaus nicht Sache der Polizei und auf amtlichem Wege überhaupt schwerlich zu erreichen. Sie sind das

Produkt der individuellen Empfindung und der persönlichen und *privaten* Initiative.

Von der letzteren Seite ausgehende Unternehmungen, wie Baugesellschaften und Assoziationen, sind daher auch in jeder Weise zu unterstützen und ist ihnen bezüglich der Aenderungen im Bebauungsplane jede und unbedingt eine grössere Erleichterung zu gewähren, als dies bisher in der Regel der Fall gewesen ist.

Bei Aufstellung des gegenwärtigen Bebauungsplanes hat man sich zunächst dem bestehenden möglichst angeschlossen. Die vorhandenen Wege sind konservirt worden, die Strassen so disponirt, dass sie sich den Grundstücksgrenzen in passendster Weise anschliessen, also dem Zuge der bestehenden Kopfraine folgen, oder die Grundstücke möglichst rechtwinklig durchschneiden. Die Plätze sind hinsichtlich ihrer Grösse und ihrer Entfernung von einander nach dem Beispiel der in Berlin vorhandenen Plätze disponirt. Eine Schönheit gerade dieser Anlagen ist übrigens in den meisten Fällen nicht in ihrer Form und Lage, sondern in den Gebäuden begründet, welche an oder auf den Plätzen errichtet sind, und hierüber steht der Polizei keine Verfügung zu.

Einen inneren Bebauungsplan für Berlin und das Entwerfen von neuen Strassenzügen in der bebauten Stadt bezeichnet der Redner unter den gegenwärtigen Verhältnissen als nicht durchführbare Projekte, da bereits kleine Veränderungen nach dieser Richtung hin endlose Schwierigkeiten hervorrufen. Sie sind der Zukunft anheimzustellen. Der Redner schliesst, indem er die Bebauungspläne anderer Städte vorlegt. Den von *Wien*, wo bei der Anlage der Ringstrasse ein ganz spezieller und fester Plan in so fern aufgestellt werden konnte, als es sich um die Unterbringung einer Anzahl neu zu errichtender grosser Staats-Gebäude handelte. Jenen von *Paris*, bei welchem sich nur in vereinzelten Anlagen ein Zweck und eine wirkliche Nothwendigkeit erkennen lässt, während die meisten neuen Strassen desselben die reine Willkür zur Schau tragen. Den von *Newyork* endlich, der sich mit einer gänzlich schematischen Aufstellung von Häuserquarrés begnügt.

Der darauf folgende, an die Erörterungen über den Berliner Bebauungsplan in den Novembersitzungen d. v. J. anknüpfende Vortrag des Hrn. *Boeckmann* sollte bezwecken, seine damals nur kurz ausgesprochenen Anschauungen etwas näher zu begründen.

Der Redner führte zunächst aus, dass es vom praktischen Gesichtspunkte aus ein Missgriff gewesen sei, einen so detaillirten und weitgehenden Bebauungsplan als Gesetz aufzustellen. So wenig man der Behörde, von welcher der Bebauungsplan ausgegangen sei, einen Vorwurf daraus machen könne, dass sie auf Momente keine Rücksicht genommen habe, die sich erst durch die lebendige Entwickelung der Stadt ergeben können – beispielsweise auf eine charakteristische Erscheinung der einzelnen Viertel – so sehr sei es zu bedauern, dass sie sich andererseits bei einem so ungeheuer schwierigen Werke nicht auf das beschränkt habe, was zu leisten in der Möglichkeit eines einzelnen Menschen liegt, d. h. auf eine *allgemeine* Eintheilung des Strassennetzes. Was als Grund für die grosse Detaillirung des Planes angeführt worden sei, die Rücksicht gegen das Recht jedes Grundbesitzers auf einen Weg, lasse sich in gerechter und sachgemässer Weise doch niemals durchführen. Mindestens haben die Folgen, die sich für Berlin aus dem Bekanntwerden des Bebauungsplanes ergeben haben, bewiesen, dass es nicht praktisch war, denselben zu *publiziren*. Zunächst schien die Aufstellung desselben allerdings eine Wohlthat für den Grundbesitz zu sein, dem eine Ausnutzung seines Terrains zu Baustellen in Aussicht gestellt wurde, die eine rasche und allgemeine Steigerung des Grundwerthes zur Folge hatte. So wurden in Folge des Bebauungsplanes plötzlich höchst bedeutende Werthe geschaffen, freilich nur scheinbar, da der wirkliche Werth der Baustellen von der faktischen Entwickelung und Lebensfähigkeit der projektirten Stadttheile abhängig blieb. Das Ungesunde, das in dieser plötzlichen Steigerung des Grundwerthes lag, wurde theilweise und sogar grösstentheils zum Schwindelhaften, da sich sehr bald Spekulanten des Geschäfts bemächtigten, die dasselbe zum Nachtheil des ursprünglichen Grundbesitzers ausnutzten. Eine Konsequenz dieser Zustände war der Bauschwindel, der zu Anfang der 60er Jahre in voller Blüthe stand; galt es doch das erkaufte Baustellen-Terrain auch möglichst schnell und möglichst hoch als wirkliche Baustelle zu verwerthen, und so wurden an den verschiedensten Stellen isolirte Bauten begonnen, deren Unternehmer an ihrer verfehlten Spekulation nur allzuhäufig zu Grunde gingen. Die bedauerliche Folge, welche jene durch schwindelhafte Ueberspekulation hervorgerufene Bauperiode hinterlassen hat, ist bekannt genug. Es ist die schwere Erschütterung des gesammten Hypothekenkredits, an welcher somit die Publizirung des Bebauungsplanes zwar nicht allein, aber doch zum grossen Theile Schuld ist. Denn auch dazu, dass sich Baugesellschaften, die allein eine gesunde Entwickelung der rapiden Stadt-Erweiterung zu verbürgen im Stande waren und ein Gegengewicht gegen jenes schwindelhafte Treiben abgegeben hätten, nicht bildeten resp. nicht bilden konnten, hat jedenfalls die grosse Detaillirung des Bebauungsplanes, welche eine so ausserordentliche Verzettelung des Grundbesitzes begünstigte, nicht wenig beigetragen.

Was die Thätigkeit von solchen Baugesellschaften, die durchaus nicht das Interesse haben, die einzelne Baustelle raffinirt auszunutzen, sondern zunächst darauf bedacht sein müssen, der Gesammtheit ihrer baulichen Anlagen Vorzüge zu sichern, welche eine schnelle Hebung des betreffenden von ihnen in Bebauung genommenen Stadttheils zur Folge haben, zu leisten im Stande ist, wies der Redner an dem Beispiele anderer Grosstädte, namentlich von Paris und speziell London nach. Durch die Beschränkungen, welche hierbei für die Bebauung der einzelnen Baustellen festgesetzt werden können, lassen sich nicht blos für Luxusquartiere Vorzüge erreichen; auch in Stadttheilen, die auf eine dichtere Bebauung angewiesen sind, kann durch ein angemessenes Zusammenlegen der Höfe, durch Freilassen von gemeinschaftlichen Gärten innerhalb der Häuser, durch Anlage schmaler Wirthschaftsstrassen, welche die Viertel innerhalb durchschneiden, ein grosser Gewinn für die Zweckmässigkeit, Gesundheit und Schönheit der Stadtbebauung erzielt werden, ohne dass hierbei fühlbare finanzielle Opfer gebracht werden dürften.

Zu einem zweiten Hauptpunkte der wider den Berliner Bebauungsplan erhobenen Vorwürfe, dass nämlich die Bebauung des Weichbildes projektirt worden sei, ohne dass gleichzeitig entsprechende Umgestaltungen des alten Stadtkerns in Aussicht genommen wurden, übergehend, glaubte der Redner noch ein für diese Nothwendigkeit sprechendes neues Moment beibringen zu können. Er führte nämlich aus, dass die betreffenden dem vergrösserten Verkehr entsprechenden Veränderungen der alten Stadt – wie ja allseitig als richtig anerkannt sei – weniger in Strassenerweiterungen, als vielmehr in Schaffung *neuer Parallel-Strassen* zu bestehen haben würden, deren zweckgemässe Anlage und Richtung nothwendigerweise ebenso mit den Forderungen des Bebauungsplans für die weitere Umgegend in Verbindung gebracht werden, wie dieser Plan sich der Möglichkeit solcher neuen Strassen-Anlagen in der alten Stadt akkomodiren und nach diesen sich richten müsse.

Zum Schlusse entwickelte der Vortragende seine Ansichten darüber, in welcher Weise die Durchführung eines Bebauungsplans, speziell der Veränderungen, welche derselbe in schon bebauten Stadttheilen festsetzt, praktisch am Zweckmässigsten ins Werk gesetzt werden müsse. Das betreffende Projekt soll hiernach in allgemeinen Zügen aufgestellt und die Detaillirung derselben der faktischen Entwickelung der Verhältnisse so vorbehalten bleiben, dass für einzelne Anlagen nicht nur eine, sondern wo möglich mehre Lösungen statthaft und vorgesehen sind. Die vortheilhafteste Lösung soll dann, ähnlich wie es bei Eisenbahn-Anlagen zu geschehen pflegt, dadurch gefunden werden, dass man die Konkurrenz der betheiligten Grundstückbesitzer rege zu machen versteht. Vor allen Dingen müsse ein anderes Expropriationsgesetz angestrebt werden, das, wie das französische, gestattet die von einer Strassenanlage berührten Grundstücke nicht blos in Betreff des für die Strasse selbst erforderlichen Terrains, sondern in ganzem Umfange zu expropriiren.

Ein anderes auf den Bebauungsplan Berlins bezügliches Thema hatte sich Hr. *Blankenstein* gewählt. In den früheren Debatten hatte Hr. *Lucae* bedauert, dass bei Aufstellung des Berliner Bebauungsplans das ästhetische Moment prinzipiell zu wenig berücksichtigt worden sei. Der Redner schliesst sich der Forderung, dass dies geschehen müsse, durchaus an und glaubt, dass man im Allgemeinen nicht nur verlangen könne, dass alle Hauptstrassen schöne Perspektiven ergeben, sondern dass hierauf namentlich auch bei Anlage aller unregelmässigen Stadtparthien, hervorragende Aufmerksamkeit verwendet werden müsse. Im Speziellen erörterte er jedoch die Frage, ob und inwieweit *öffentliche Plätze* schon im Bebauungsplane mit Rücksicht auf Schönheit der Anlage disponirt werden könnten.

Seitens des Hrn. *Hobrecht*, dem der wesentliche Antheil an der Autorschaft des Berliner Bebauungsplanes zufällt, war in der vorangegangenen Debatte nicht allein die Nothwendigkeit bestritten worden, auf ästhetische Momente Rücksicht zu nehmen, weil der Bebauungsplan wesentlich als ein Verbot, bestimmte Stellen zu bebauen, also rein *negativ* aufzufassen sei; derselbe hatte namentlich auch behauptet, dass die Schönheit eines Platzes weniger Folge seiner Plananlage, als vielmehr Ergebniss seiner späteren architektonischen Gestaltung durch die an resp. auf ihm errichteten Gebäude sei. Die erste Ausführung erkennt Hr. *Blankenstein* als zutreffend nicht an, die zweite bestreitet er auf Grund der Beobachtungen, die wir an vorhandenen Plätzen machen können.

Nicht die Gebäude, so führt der Vortragende aus, sind es, die einen Platz in erster Linie schön machen, sondern seine

Form, sein Grössenverhältniss und die Art, wie die ihn berührenden Strassen in ihn einmünden. In strassenbaulicher Auffassung ist ein Platz häufig nichts weiter als die Erweiterung einer Strassenkreuzung an Stellen, die eine besondere Frequenz erwarten lassen; eine derartige Erweiterung, wie sie die meisten der Plätze in unserem Köpnicker Viertel repräsentiren, kommt den Wagenverkehr wohl zu gut, ist aber eben so unschön wie unzweckmässig für den Verkehr der Fussgänger, die auf solchen Plätzen Lebensgefahr laufen. In architektonischer Auffassung soll ein Platz für eine Stadt dasselbe sein, was ein Schmuckhof in einem Gebäude; man wird von ihm eine regelmässige, leicht aufzufassende Form, ein richtiges Verhältniss zu den ihn umgebenden Gebäuden, eine annähernd gleichartige Bebauung, endlich aber eine gewisse Abgeschlossenheit und Ruhe verlangen können.

Dass monumentale Gebäude einen Platz nicht schön zu machen vermögen, wenn derselbe nicht in seiner Anlage die Bedingungen dazu besitzt, beweist unter den Berliner Plätzen der Werdersche Markt, dessen Unregelmässigkeit unangenehm störend wirkt. [. . .]

Schön ist dagegen jene, bereits von Hrn. *Lucae* als eine nachahmenswerthe Londoner Spezialität hervorgehobene Anordnung eines viereckigen Platzes, der nur auf einer Seite durch eine verkehrreiche Strasse begrenzt wird, während der Platz selbst allem Verkehr entrückt ist; ein etwas modifizirtes Beispiel bietet in Berlin der Wilhelms-Platz, in den auf der gegenüberliegenden Seite noch eine Strasse einmündet. Auch Plätze, die auf zwei Seiten von frequenten Strassen begrenzt werden, wie der Opernplatz, können trotzdem schön sein und den Charakter ruhiger Abgeschlossenheit wahren. Das unübertroffene Beispiel, wie eine ganze Reihe von Strassen auf einen Platz geleitet werden kann, bietet der Gensdarmenmarkt, dessen ästhetisch schöner Eindruck ausserdem durch ein ausgezeichnet harmonisches Verhältniss zwischen dem Maasstab des Platzes und dem seiner Gebäude hervorgebracht wird. [. . .]

Die Ausführungen des Vortragenden gipfeln darin, dass es vorzugsweise derartige diagonale Kreuzungen sind, die einen Platz ebenso unschön wie – wegen der Gefährdung des Fussgängerverkehrs – unzweckmässig machen und daher nach Möglichkeit vermieden werden müssen. Fast dieselben Nachtheile haben Plätze, die von zwei in der Mitte der Seiten einmündenden Strassen gekreuzt werden; die Unzweckmässigkeit und der unruhige, hässliche Eindruck steigern sich, wenn noch mehr als zwei Strassen eingeführt werden. Ein monumentales Gebäude auf derartigen Plätzen (wie sie auch der Bebauungsplan vielfach zeigt) zu errichten, hält Hr. *Blankenstein* für unstatthaft. –

Hr. *Assmann* stimmt mit diesen Aeusserungen des Vorredners, der gezeigt habe, dass die Schönheit der Plätze mit ihrer Zweckmässigkeit meist zusammenfalle, ganz überein, wendet sich hingegen wider die Ausführungen des Hrn. *Böckmann*. Der Bebauungsplan sei keineswegs als Gesetz resp. Norm von der Behörde publizirt worden, sondern es habe diese nur einem Buchhändler auf sein Ansuchen die nachträgliche Vervielfältigung und den Verkauf des Planes gestattet. Allen durch die wirkliche Entwickelung der Verhältnisse gebotenen Aenderungsvorschlägen sei die Berücksichtigung der Behörde offen gehalten; der langwierige Instanzenzug (Polizei, Magistrat, Stadtverordnete, Ministerium, Kabinet), den derartige Anträge zu passiren hätten, wäre bei der Sachlage unvermeidlich und verhüte allzu leichtfertige Aenderungen. – Dass falsche und nachtheilige Spekulationen gemacht worden seien, treffe unmöglich den Bebauungsplan, sondern nur die Spekulanten; dass die Bebauung des Terrains durch Gesellschaften Vortheile habe, sei unbestreitbar, doch dürfe ihnen nimmermehr die Bestimmung von Strassen-Anlagen überlassen werden. Was endlich die Beziehungen des äusseren Bebauungsplanes auf das Innere der Stadt beträfe, so könne der erstere stets nur an faktische Verhältnisse, niemals aber an projektirte Linien anknüpfen. Aus der Konkurrenz der einzelnen Grundstückbesitzer Vortheil für die *Richtung* von Strassenanlagen zu ziehen, dürfte sich als illusorisch erweisen.

Nachdem Hr. *Hobrecht* sich gegen einzelne Aeusserungen des Hrn. *Blankenstein* verwahrt hat, dem er nur in Einzelheiten zustimmt, während er im Wesentlichen seine schon früher ausgesprochenen Ansichten aufrecht erhält, wendet sich Hr. *Ende* gegen die Gesammt-Physiognomie des Berliner Bebauungsplanes, dessen Eintönigkeit er dem Vorhandensein zu vieler gleichwerthiger Strassen zuschreibt. Hierdurch und durch die relativ zu grosse Abmessung der Viertel, die zu einer typischen Bebauung der Grundstücke mit Vorderhaus, Seitenflügeln und womöglich noch Quergebäude geführt habe, sei es gekommen, dass die zahlreichste Klasse der Bevölkerung, die der »kleinen Leute«, nicht an Strassen, sondern an Höfen von 17 Fuss Seite wohnen müsse. Auch er hofft, dass noch einzelne projektirte Strassen kassirt und dadurch grössere Komplexe geschaffen werden können, deren Bebauung frei zu geben sei. [. . .]

Hr. *Hobrecht* endlich spricht in sehr energischer Weise noch einmal gegen den aus den Ausführungen der Tadler des Bebauungsplanes hauptsächlich hervorleuchtenden Gesichtspunkt, als ob es bei Aufstellung desselben darauf angekommen sei, eine schöne Stadt in's Leben zu rufen. Wo es sich um so wesentliche und weitgreifende Beschränkungen des privaten Eigenthums handle, müsse die Behörde in peinlichster Weise die Grenze des Nothwendigen einzuhalten bemüht sein. Ueber diese Grenze hinaus zu gehen, um eine schöne Stadt zu schaffen, müsse der Initiative der Gemeinde überlassen bleiben, deren Sache es dann aber auch sei die hierzu erforderlichen Opfer zu bringen. Er bezweifle sehr entschieden, dass in Berlin auch nur die allergeringste Neigung dazu vorhanden sein werde. [. . .]

Nachdem Hr. *Orth* aus seiner Erfahrung bestätigt resp. angeführt hat, dass die Elastizität des Bebauungsplanes Nichts zu wünschen übrig lasse, dass aber die Hauptschwierigkeit bei allen auf denselben bezüglichen Verhandlungen in dem Verhältnisse zwischen der Polizei- und städtischen Behörde begründet sei, richtet Hr. *Boeckmann* an Hrn. *Hobrecht* noch die Frage, ob er nach seinen gegenwärtigen Erfahrungen nicht auch anerkennen müsse, dass der Bebauungsplan zu detaillirt sei, was dieser verneint, falls der Plan nur richtig gehandhabt würde. Damit schliesst die lange Debatte, welcher das Interesse der Versammlung mit sichtlicher Spannung gefolgt war.

Stadtplanung im ausgehenden 19. Jahrhundert

Die Diskussion um den Hobrechtplan löste in den Jahren nach 1870 ein intensives Interesse an städteplanerischen Maßnahmen aus. Hinzu kam der wirtschaftliche Aufschwung nach 1871, der für viele Städte Erweiterungspläne brachte. Für die Systematisierung der Aufgaben einer Stadtplanung als umfassender Disziplin, die Bereiche wie Architektur, Verkehrsplanung, Hygiene, Sozialpolitik umfaßte, war ein weiterer Schritt von Bedeutung, der sich in einer Erklärung niederschlug, die 1874 auf der General-Versammlung des Verbandes deutscher Architekten- und Ingenieur-Vereine in Berlin formuliert wurde.

25

Grundzüge für Stadterweiterungen nach technischen, wirthschaftlichen und polizeilichen Beziehungen

(1874)

1. Die Projektirung von Stadterweiterungen besteht wesentlich in der Feststellung der Grundzüge aller Verkehrsmittel: Strassen, Pferdebahnen, Dampfbahnen, Kanäle, die systema-

tisch und deshalb in einer beträchtlichen Ausdehnung zu behandeln sind.

2. Das Strassennetz soll zunächst nur die Hauptlinien enthalten, wobei vorhandene Wege thunlichst zu berücksichtigen, sowie solche Nebenlinien, welche durch lokale Umstände bestimmt vorgezeichnet sind. Die untergeordnete Theilung ist jeweils nach dem Bedürfnisse der näheren Zukunft vorzunehmen, oder der Privatthätigkeit zu überlassen.

3. Die Gruppirung verschiedenartiger Stadttheile soll durch geeignete Wahl der Situation und sonstiger charakteristischer Merkmale herbeigeführt werden, zwangsweise nur durch sanitarische Vorschriften über Gewerbe.

4. Aufgabe der Baupolizei ist die Wahrung *nothwendiger* Interessen der Hausbewohner, der Nachbaren und der Gesammtheit gegenüber dem Bauherrn. Solche Interessen sind: Feuersicherheit, Verkehrsfreiheit, Gesundheit (einschliesslich Zuverlässigkeit der Konstruktion gegen Einsturz). Dagegen sind alle ästhetischen Vorschriften verwerflich.

5. Es ist für Stadterweiterungen wünschenswerth, dass die Expropriation und Inpropriation von Grundstücksresten in angemessener Weise gesetzlich erleichtert werde. Noch wichtiger würde der Erlass eines Gesetzes sein, welches die Zusammenlegung von Grundstücken behufs Strassendurchlegungen und Regulirung der Bauplatzformen erleichtert.

6. Der Stadtgemeinde kommt die Befugniss zu, sich für die von ihr aufgewandten Kosten neuer Strassen mit Zubehör Deckung von Seiten der anstossenden Grundeigenthümer zu verschaffen. Unter den betreffenden finanziellen Formen empfehlen sich, namentlich wenn das Verfahren der Regulirung vorausgegangen ist, besonders *Normalbeiträge* pro Meter der Frontlänge jedes Grundstücks.

7. Die Eigenthumsverhältnisse, welche mit Festsetzung eines Stadterweiterungsplanes sich bilden, sowie die Verpflichtung der Anstösser einerseits und der Gemeinde andererseits bedürfen der gesetzlichen Regelung. Auf Flächen, welche zu künftigen Strassen und Plätzen bestimmt sind, darf nach ge-

setzlicher Feststellung des Planes nicht mehr oder nur gegen Revers gebaut werden. Dem Eigenthümer gebührt wegen dieser Beschränkung keine Entschädigung, dagegen das Recht zu verlangen, dass Grundstücke in künftigen Plätzen angekauft werden, sobald die umliegenden Strassen hergestellt sind. Für Zugänglichkeit und Entwässerung von vereinzelten Neubauten muss zunächst durch die Eigenthümer gesorgt werden. Doch sollte die Gemeinde sich allgemein zur vollständigen Herstellung und Unterhaltung einer neuen Strasse verbindlich machen, sobald Sicherheit besteht, dass ein gewisser Theil aller angrenzenden Grundstückfronten mit Häusern versehen wird.

Auch hier hatten erst lange Diskussionen, in denen vor allem ästhetische Forderungen an die moderne Stadtplanung zur Sprache kamen (die dann aufgegeben wurden), zu dem zitierten Ergebnis als kleinstem gemeinsamen Konsens geführt. Schon damals war es Reinhard Baumeister, der am intensivsten auf eine verbindliche allgemeine Regelung städtebaulicher Maßnahmen drängte. Von ihm erschien die erste umfassende Darstellung des Städtebaus: »Stadt-Erweiterungen in technischer, baupolizeilicher und wirtschaftlicher Beziehung« (Berlin 1876). Den Inhalt des Buches auch nur annähernd zu charakterisieren ist hier nicht möglich.
Baumeister rückt die Wohnungsfrage in den Mittelpunkt städtebaulicher Arbeiten. Mit den berühmten Sätzen, am Ende einer längeren Beweisführung: »Wir erhalten somit in einer großen Zukunftsstadt drei räumliche Abtheilungen. Die eigentliche Geschäftsstadt als Kern, Industriebezirke (eventuell auch Großhandel), Wohnungsbezirke«, ist die schon in der Diskussion um den Hobrechtplan geforderte Funktionstrennung in der Stadt in ein Handbuch des Städtebaus eingebracht, ein bis in die Gegenwart wirkender Schritt.[48] *Baumeisters Buch blieb bis 1890 die umfassendste Darstellung dieses neuen Fachgebiets. Die Gestaltung unzähliger Stadterweiterungsgebiete ist von seinen Forderungen geprägt.*

Auch Josef Stübbens Buch brachte nur wenig grundsätzlich neue Aspekte.[49] Die formalen Gesichtspunkte einer Stadtplanung hatten sich seit Hobrechts Plan kaum verändert. Bis zur Jahrhundertwende blieb sein aus Frankreich übernommenes Vorbild weitgehend gültig: große Baublöcke, Diagonalstraßen, Sternplätze, breite Straßenachsen, Boulevards, öffentliche Gebäude in Blickachsen.

Geändert hatten sich die Anwendungsmöglichkeiten und die Planung des Verkehrs, der Hygiene, der Erschließungssysteme einer Stadt. Erst das 1889 erschienene und im gleichen Jahr erneut aufgelegte Buch von Camillo Sitte, dessen Titel zugleich Programm ist, »Der Städte-Bau nach seinen künstlerischen Grundsätzen. Ein Beitrag zur Lösung moderner Fragen der Architektur und monumentalen Plastik unter besonderer Beziehung auf Wien«, brachte eine Wende im Formdenken der Stadtplaner.[50]

Baumeister und noch mehr Stübben hatten in ihren enzyklopädischen Werken alle nur erdenklichen Teilbereiche städtischen Lebens abgehandelt. Sitte dagegen greift nur einen Aspekt heraus, die Gestaltung der Stadt, die in den bisherigen Handbüchern nur am Rande behandelt worden war.

Um bestimmte Gestaltqualitäten von städtischen Situationen auf Straßen und Plätzen, an Durchgängen, Brücken oder Gebäudegruppierungen überhaupt erst verständlich zu machen, besteht fast die Hälfte seines Buches aus Analysen solcher Gestaltungen, dargestellt an Beispielen aus Italien und Deutschland. Erst wenn der Leser vertraut ist mit diesen Qualitäten, macht Sitte Vorschläge zur Verbesserung zeitgenössischer Städte bzw. Situationen. Sein Fundus stadtgestalterischer Mittel ist überwiegend dem Mittelalter und der Renaissance entnommen, ohne daß gesagt werden kann, es handle sich hier um eine späte Form des Historismus in der Stadtplanung. Offenkundig setzt mit Sitte eine Phasenverschiebung in der Übernahme historischer Vorbilder auf dem Gebiet der

Stadtplanung ein. Zu einer Zeit, in der eine moderne Architektur, grob gesprochen, in der Abwendung vom Historismus neue Entwicklungen in Ansätzen zu suchen beginnt, propagiert Sitte für sein Fach mit bisher nicht gekannter Intensität vergangene Formen.

Zwar liegt ihr Wert für ihn nicht darin, daß sie alt sind, auch gewinnen sie nicht eine gleichsam historische Aura durch ihnen beigemessene Qualitäten moralischer Art, wie es bei der Rezeption der Baustile zu beobachten war, jedoch wirkt die »bloß« formal-gestalterische Übernahme vergangener städtebaulicher Formen in der Anwendung so stark, daß etwa im Erweiterungsplan Karl Henricis (1842–1927) für München (1893) durchaus von einem neuen Anstoß für den Historismus im stadtplanerischen Bereich gesprochen werden kann.[51] *Es fällt schwer, Sittes Zubauungen von Plätzen, seine Verengungen von Straßen, seine eingeplanten Straßenbiegungen, sein kleinräumliches Verstellen von Blickachsen nicht als eine Verinnerlichung der angeblich malerischen alten Stadt zu werten, die vielleicht auch als Flucht vor den übermächtig wirkenden Boulevards, den endlosen Häuserschluchten der Straßendurchbrüche oder den riesigen Platzanlagen der Großstädte wie Wien, Berlin oder Paris zu verstehen ist.*

Der hier vorgestellte Auszug aus seinem Buch gibt einen Eindruck von seinen Forderungen und ein Beispiel für die Neugestaltung eines bestehenden Großplatzes aus einer typischen Stadterweiterung der zweiten Hälfte des 19. Jahrhunderts. Der Platz um die Votivkirche in Wien war im Zuge der Ringstraßenplanungen nach 1859 zu einem der riesigen »modernen Systeme«, wie Sitte solche Anlagen nannte, ausgebaut worden, er war gleichsam Sockel für das Denkmal Kirche. Sittes Vorschlag zur Verbesserung (vgl. Abb. S. 181) zielt auf asymmetrische Verengung der Fläche durch Bebauung (Gebäude J, G, H), so daß eine Teilung in winkelige Einzelplätze (F, E) erreicht wird; der monumentale Vorplatz zur Ringstraße erhält die Dimension eines Atriums (D) und

nimmt damit mittelalterliche Kirchenvorbauten auf, erinnert aber auch an Platzgestaltungen der Renaissance, wie etwa den Markusplatz in Venedig oder die Piazza della SS. Annunziata in Florenz.
Sittes Einfluß auf die Stadtplanung des ausgehenden Jahrhunderts und die folgenden Jahrzehnte war groß. Es gibt kaum einen Aufsatz oder ein Buch zur Stadtbautheorie, kaum einen städtebaulichen Entwurf in den folgenden Jahren, in dem nicht seine Grundsätze zitiert worden wären. Sitte ist mit der Abkehr von der monumentalen, repräsentativen Großstadtplanung des 19. Jahrhunderts der Auslöser einer weitgehend neuen Bewegung in der Stadtplanung. Es muß allerdings betont werden, daß die Diskussionen der folgenden Jahrzehnte nicht nur geprägt waren von den »künstlerischen« Verbesserungen Sittes, sondern daß Stadtbautechnik, Stadtbausoziologie und die Problematik um die Gartenstadt dazu beitrugen, diesen Bereich zu einer Planungswissenschaft auszubilden.

26

Camillo Sitte

Der Städtebau nach seinen künstlerischen Grundsätzen

(1889)

Erschreckend arm geworden ist der moderne Städteerbauer an Motiven seiner Kunst. Die schnurgerade Häuserflucht, der würfelförmige »Baublock« ist Alles, was er dem Reichthume der Vergangenheit entgegenzusetzen vermag. Dem Architekten werden Millionen gewährt zur Ausführung seiner Erker, Thürme, Giebel, Karyatiden und alles dessen, was sein Skizzenbuch enthält, und sein Skizzenbuch enthält alles, was die Vergangenheit je in einem Winkel der Erde hervorgebracht hat. Dem Städteerbauer dagegen wird kein Heller bewilligt zur Anlage von Colonnaden, Thorbogen, Triumphbogen und allen den zahlreichen Motiven, die seine Kunst nicht entbehren kann; nicht einmal der leere Raum zwischen den »Baublöcken« wird ihm freigegeben zu künstlerischer Formirung, denn selbst die kostenfreie Luft gehört bereits einem Anderen, dem Strasseningenieur, dem Hygieniker. So kam es, dass alle guten Motive des künstlerischen Stadtbaues der Reihe nach fallen gelassen wurden, bis nichts mehr davon übrig blieb, nicht einmal die Erinnerung daran, was leider bewiesen werden kann, denn wir empfinden zwar deutlich den ungeheuren Unterschied, der zwischen den uns heute noch erfreuenden alten Plätzen und den einförmigen modernen besteht, finden es aber trotzdem selbstverständlich, dass Kirchen und Monumente in der Mitte der Plätze stehen müssten, dass alle Strassen sich rechtwinkelig kreuzen und ringsher breit in die Plätze münden, dass die Gebäude um einen Platz sich nicht ringsherum zu schliessen brauchen und Monumentalbauten nicht einzufügen seien in diesen Abschluss der Plätze. Die Wirkung der alten Plätze fühlen wir gar wohl, die Mittel zur neuerlichen Hervorbringung dieser Wirkung werden aber nicht zugestanden, weil der Zusammenhang zwischen Ursache und Wirkung uns nicht mehr geläufig ist. [...]

Um den Stadtbau als Kunstwerk kümmert sich eben heute fast Niemand mehr, sondern nur als technisches Problem. Wenn dann nachträglich die künstlerische Wirkung den gehegten Erwartungen in keiner Weise entspricht, stehen wir verwundert und rathlos da, bei der nächsten Unternehmung wird aber wieder Alles nur vom technischen Standpunkte aus behandelt, als ob die Tracirung einer Eisenbahn vorzunehmen wäre, bei der Kunstfragen nichts mitzureden haben. [...]

Geradlinigkeit und Rechtwinkeligkeit sind nun allerdings Merkmale empfindungsloser Anlagen, aber offenbar nicht das Entscheidende an der Sache, denn geradlinig und recht-

winkelig sind auch die barocken Anlagen, und wie gewaltige, rein künstlerische Effecte wurden da trotzdem erreicht. Bei den Strassenzügen ist allerdings die Geradlinigkeit allein schon misslich. Eine meilenlange schnurgerade Allee wirkt selbst in der schönsten Gegend langweilig. Sie widerstreitet dem Naturgefühl, der Anpassung an das gekrümmte Terrain und bleibt eintönig im Effect, so dass man, seelisch abgespannt, das Ende kaum erwarten kann. Ebenso wirkt eine allzu lange gerade Strasse. Aber auch die viel häufigeren kürzeren Strassen moderner Anlagen wirken schlecht, und dabei muss eine andere Ursache im Spiele sein. Es ist dieselbe, wie bei den Plätzen nämlich die *mangelhafte Geschlossenheit der Strassenwände*. Die fortwährenden Einschnitte der breiten Querstrassen, so dass rechts und links nichts als eine Reihe isolirter Baublöcke übrig bleibt, sind eine Hauptursache, dass hier kein Zusammenfassen, keine Wirkung aufkommen kann. [...]
Beim modernen Stadtbau kehrt sich das Verhältniss zwischen verbauter und leerer Grundfläche gerade um. Früher war der leere Raum (Strassen und Plätze) ein geschlossenes Ganze von auf Wirkung berechneter Form; heute werden die Bauparcellen als regelmässig geschlossene Figuren ausgetheilt, was dazwischen übrig bleibt, ist Strasse oder Platz. Früher steckte alles Schiefwinkelige, Unschöne unsichtbar in den verbauten Flächen; heute bleiben alle unregelmässigen Zwikkel beim Verfassen von Verbauungsplänen als Plätze übrig, denn als Hauptregel gilt, dass in »*architektonischer* Beziehung (Baumeister) ein Strassennetz zunächst *bequeme* Häusergrundrisse gewähren soll. Deshalb sind rechtwinkelige Kreuzungen der Strassen vortheilhaft«. Ja wo steckt denn der Architekt, der sich vor einem schiefwinkeligen Bauplatz fürchtet? [...] Gerade unregelmässige Bauplätze bieten ausnahmslos die interessanteren Lösungen und meistentheils auch die besseren, nicht blos weil sie zu sorgfältigerem Studium der Anlage zwingen und das fabriksmässige Herunterliniren verhindern, sondern weil dabei im Innern des Baues

verschiedentlich Zwickelreste übrigbleiben, welche meist so vortrefflich geeignet sind allerlei kleine Nebenräume (Aufzüge, Wendeltreppen, Rumpelkammern, Aborte etc.) in sich aufzunehmen, wie dies bei regulären Anlagen nicht so der Fall ist. Die obige Annahme rechteckiger Bauplätze wegen ihrer angeblich »architektonischen« Vorzüge ist grundfalsch. [...]
Moderne *Systeme*! – Jawohl! Streng systematisch Alles anzufassen und nicht um Haaresbreite von der einmal aufgestellten Schablone abzuweichen bis der Genius todtgequält und alle lebensfreudige Empfindung im System erstickt ist, das ist das Zeichen unserer Zeit. Wir besitzen drei Hauptsysteme des Städtebaues und noch etliche Unterarten. Die Hauptsysteme sind: das *Rechtecksystem*, das *Radialsystem* und das *Dreiecksystem*. Die Unterarten sind meist Bastarde dieser drei. Vom künstlerischen Standpunkte aus geht uns die ganze Sippe gar nichts an, in deren Adern nicht ein einziger Blutstropfen von Kunst mehr enthalten ist. Das Ziel, welches bei allen dreien ausschliesslich in's Auge gefasst wird, ist die Regulirung des *Strassennetzes*. Die Absicht ist daher von vorneherein eine rein technische. Ein Strassennetz dient immer nur der Communication, niemals der Kunst, weil es niemals sinnlich aufgefasst, niemals überschaut werden kann, ausser am Plan. [...]
Die Zahl künstlerischer Motive, auf welche bei modernen Stadtanlagen Verzicht geleistet werden muss, ist keine geringe. So schmerzlich diese Erkenntniss einem feinfühligen Gemüthe sein mag, so kann und darf doch der praktische Künstler sich von solchen Anwandlungen der Sentimentalität nicht leiten lassen. Auch würde selbst ein gewisser Erfolg mit malerischen Anlagen kein durchgreifender, kein bleibender sein können, wenn sie nicht den Verhältnissen des modernen Lebens entsprechen. In unserem öffentlichen Leben hat sich aber Vieles unwiderruflich geändert, was manchen alten Bauformen ihre einstige Bedeutung entzieht, und daran lässt sich eben nichts ändern. [...]

Auch die Kunstwerke wandern von den Strassen und Plätzen immer mehr und mehr in die Kunstkäfige der Museen, und ebenso verschwindet das künstlerische Getriebe der Volksfeste, Faschingszüge, sonstiger Umzüge, kirchlicher Processionen, der theatralischen Aufführungen auf offenem Markt u. dgl. mehr. Das Volksleben zieht sich seit Jahrhunderten stetig, hauptsächlich aber in neuester Zeit, von den öffentlichen Plätzen zurück, wodurch ein gut Theil ihrer einstigen Bedeutung verloren ging und es so beinahe begreiflich wird, warum das Verständniss für schöne Platzanlagen in der grossen Menge bereits so arg verschrumpfen konnte. [...] Vor Allem sind es da die Riesendimensionen, zu denen unsere Grossstädte anwachsen, welche den Rahmen alter Kunstformen an allen Ecken zersprengen. Je grösser die Stadt, desto grösser und breiter werden Plätze und Strassen, desto höher und umfangreicher alle Gebäude, bis deren Dimensionen mit den zahlreichen Stockwerken und unabsehbaren Fensterreihen kaum mehr künstlerisch wirksam gegliedert werden können. Alles dehnt sich in's Masslose, und die ewige Wiederholung derselben Motive allein schon stumpft die Empfänglichkeit so ab, dass nur ganz besondere Krafteffecte noch einige Wirkung zu erzielen vermögen. Auch das lässt sich nicht ändern, und der Städtebauer muss wie der Architekt sich für die moderne Millionenstadt seinen eigenen Massstab zurechtlegen. Bei so kolossaler Häufung der Menschen an einem Punkt steigt aber auch der Werth des Baugrundes ungemein und liegt es gar nicht in der Macht des Einzelnen oder der communalen Verwaltung, sich der natürlichen Wirkung dieser Werthsteigerung zu entziehen, weshalb allenthalben, wie von selbst, Parcellirungen und Strassendurchbrüche zur Ausführung kommen, wodurch auch in alten Stadttheilen immer mehr und mehr Seitengassen entstehen und eine Annäherung an das leidige Baublocksystem sich ganz im Stillen vollzieht. [...]

Das regelmässige Parcelliren vom rein ökonomischen Standpunkte aus ist bei Neuanlagen ein Factor geworden, dessen

Wirkungen man sich kaum entziehen kann. Trotzdem sollte man sich dieser landläufigen Methode nicht gar so blindlings auf Gnade und Ungnade übergeben, denn eben hiedurch werden Schönheiten des Stadtbaues geradezu hekatombenweise abgeschlachtet. Es sind dies alle jene Schönheiten, welche man mit dem Worte *»malerisch«* bezeichnet. Wo bleiben bei einer regelrechten Parcellirung alle die malerischen Strassenwinkel, wie sie uns im alten Nürnberg und wo sie sonst noch erhalten blieben, entzücken. [...]
Die hohen Preise der Bauplätze veranlassen ferner noch deren möglichste Ausnützung, weshalb neuerdings eine Menge wirkungsvoller Motive in Wegfall kommen und die Verbauung jeder Parcelle immer wieder dem Typus des modernen Bauwürfels entgegenstrebt. Risalite, Vorhöfe, Freitreppen, Laubengänge, Eckthürme etc. sind für uns ein unerschwinglicher Luxus geworden, sogar bei öffentlichen Bauwerken, und höchstens weiter oben bei Balkonen, Erkern oder am Dach darf der moderne Architekt seinen Pegasus loslassen, aber bei Leibe nicht unten an der Strasse, wo allein die »Baufluchtׂ« massgebend bleibt. Dies ist uns bereits so sehr zur Gewohnheit geworden, dass manche vortreffliche Motive, wie das der offenen Freitreppen, uns nicht mehr behagen. Auch diese ganze Gruppe von Bauformen hat sich von Strasse und Platz in's Innere der Gebäude zurückgezogen, dem allgemeinen Zuge der Zeit, der Platzscheu, gleichfalls nachgebend. [...]
Welcher Architekt möchte es heute wagen eine so reizende Formengruppe an einem Project anzubringen, wie die Combination von Freitreppe, Terrasse, Kanzel und Standbild der Gerechtigkeit, Alles in einer Strassenecke vereinigt, am Rathhaus zu Görlitz? Die schönen Aufgänge, Lauben und Erker der alten Rathhäuser zu Lübeck, zu Lemgo, auch selbst die kleineren Varianten vom Rathhause zu Haag (1564–65), von dem zu Ochsenfurth und so vieles Andere gehört eben zu den für uns versiegten Schätzen einer lebensfreudigeren Vergangenheit. [...]

Zur vollständigen Abrundung des Ganzen soll nun hier noch ein Beispiel grossen monumentalen Styles gegeben werden. Hiezu eignet sich vielleicht keine moderne Grossstadt so trefflich, wie gerade Wien, denn hier kam eine der grössten Stadterweiterungen mit dem Aufgebote aussergewöhnlicher Mittel zu Stande, und diese Entwicklung fiel noch überdies in eine merkwürdig günstige Zeit, in welcher durch ganz Mitteleuropa Kunst und Kunstwissenschaft sich mächtig entfalteten, in welcher einerseits die Errungenschaften der älteren Münchener Bauperiode schon vorlagen, andererseits aber die grosse Gährung des Stylstudiums noch nicht abgeschlossen war und die Geister sich in einem freudigen Zustande höherer Erregung befanden. [...]
Allerdings sind die grossen monumentalen Bauten vollendet, und an diesen lässt sich nichts mehr ändern. Das wollen wir aber auch nicht, denn wir sind glücklich, sie so wohl gerathen zu besitzen. Aber die Plätze und Strassen vor ihnen und nebenher! Das ist vom Standpunkte künstlerischer Wirkung alles falsch und schlecht angelegt, [...].
Drei Grundgedanken waren es, welche es ermöglichten, dass eine heute noch lebensfähige Anlage zu Stande kam. Erstens, dass möglichst weite Räume überhaupt unverbaut belassen wurden, wodurch eine weitere Ausbildungsfähigkeit auch heute noch vorhanden ist. Zweitens, dass der Stadterweiterungsplan absichtlich dem Pariser Muster nahegehalten wurde. Hiedurch wurde gleichfalls Einiges an Grossräumigkeit gewonnen und kam manche Erinnerung an die Grundsätze der Barocke zum Durchbruche, [...]. Weitaus die grösste Idee von wirklicher organisatorischer Weisheit liegt aber darin, dass absichtlich mit den minder wichtigen Theilen begonnen wurde, denen erst später die grossen Monumentalbauten folgen sollten, während der mächtigste Baucomplex, die Hofmuseen und der Burgbau, für den Schluss aufgespart wurden in richtiger Voraussicht des auch thatsächlich eingetretenen Umstandes, dass an der Hand einer so umfangreichen Bauentfaltung die künstlerischen Kräfte selbst sich ent-

wickeln und zu den grössten Leistungen erst heranreifen müssten. [. . .]
Der gegenwärtige Standpunkt ist nach alledem der folgende: Gelungen sind die Bauten; nicht gelungen die Parcellirung. Glücklicherweise ist aber so viel leerer Raum vorhanden, dass die Schäden der letzteren noch behoben werden können. Wirkliche Beispiele dürften dies am deutlichsten zeigen und so sei denn ohne Weiteres mit der Beschreibung der beigegebenen Skizzen zur Umgestaltung eines Theiles der Wiener Stadterweiterung begonnen.
Es stellt Fig. 106 [vgl. Abb. S. 181] die Umgestaltung des Platzes vor der Votivkirche dar. Nach dem bisherigen Bestand ist dies einer derjenigen Zwickelplätze, wie sie bei gebrochenem Blockrastrum sich stets von selbst ergeben mit allen dieser Gattung anhaftenden Fehlern. Der Platz trennt sich nicht von den Strassen (Währingerstrasse und Universitätsstrasse) und zerfliesst förmlich in die Umgebung. Von der Geschlossenheit eines künstlerischen Eindruckes kann da keine Rede sein. Votivkirche, Universität, Chemisches Laboratorium und die verschiedenen Häuserblöcke stehen da einzeln und haltlos herum ohne jeder Gesammtwirkung. [. . .]
Wie soll denn da eine künstlerisch abgerundete Platzwirkung zu Stande kommen, wenn jeder Architekt selbstgefällig nur darauf ausgeht, die Werke seiner Nachbarn in Schatten zu stellen und nach Möglichkeit um ihre Wirkung zu bringen? Derlei muss das Ensemble eines Platzes gerade so zerstören, wie im Drama die Wirkung einer grossen Scene vernichtet wird, wenn die Träger der zweiten und dritten Rollen vordringlich die Ersten sein wollen. [. . .] Diese endlose Raumleere leistet ihr Möglichstes, um die Wirkung des herrlichen Kirchenbaues auf ein Minimum herabzudrücken. Man denke sich die Votivkirche an Stelle von Notre Dame in Paris oder an Stelle des Stefansdomes zu Wien. Welche Wirkung! Man denke sich umgekehrt den St. Stefansdom an Stelle der Votivkirche auf diesem formlosen, öden Platzmonstrum stehend. [. . .] Es wurde ja schon früher hinlänglich dargethan, dass ein

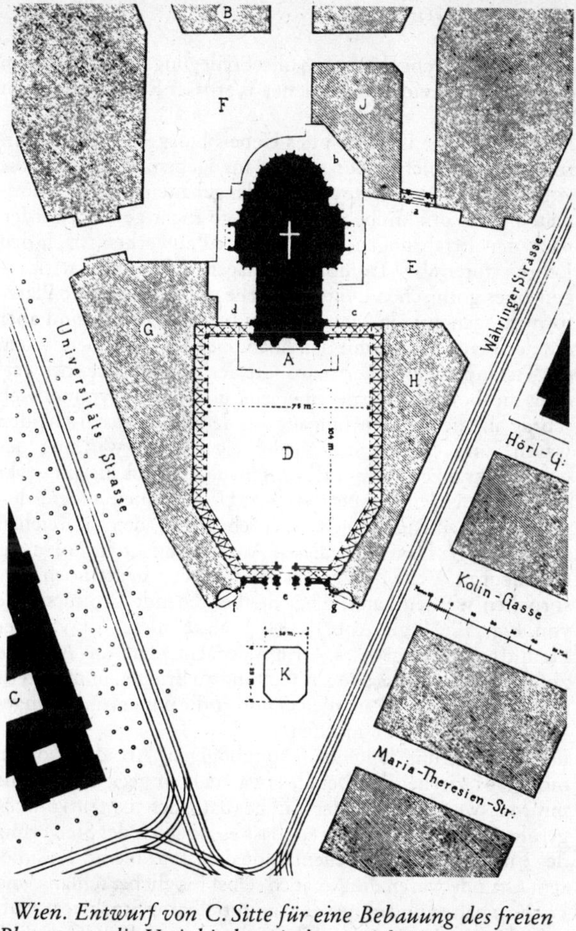

Wien. Entwurf von C. Sitte für eine Bebauung des freien Platzes um die Votivkirche mit den projektierten Gebäuden G, H, J und dem Hof D, um 1889

gothischer Kirchenbau die volle Freilegung und vor Allem eine gänzlich freie Seitenansicht aus grosser Entfernung nicht verträgt.
Hiemit sind die Ursachen des Uebels blosgelegt. Eine Sanirung ist jetzt nicht mehr schwer anzugeben. Es müssen die vorhandenen Baueffecte auseinander gehalten und die Schönheiten der Votivkirche in das richtige Licht gestellt werden nach den Erfahrungen bei ähnlichen Bauwerken, nach den Lehren guter alter Domplatz-Anlagen. Die Aussenwirkungen eines gothischen Domes, welche durch geschickte Platzformirungen auf ein Maximum zu bringen wären, sind aber die der Hauptfaçade mit den hochragenden Thürmen, wozu ein Tiefenplatz erfordert wird, die der Seitenfaçade, bei welcher die hohen Thürme einerseits und der unsymmetrisch schräg abfallende Chorumgang aus dem Bilde auszuscheiden wären, und endlich die wieder eigenartige Wirkung des Capellenkranzes, der am schönsten in Uebereckansicht wirkt mit seinen vielen perspectivischen Ueberschneidungen, den verschiedenen Richtungen der Strebebogen, den zahlreichen Fialen u. dgl. Dass allen diesen Anforderungen in Folge der ungeheuren Weite des leeren Raumes auch heute noch entsprochen werden kann, zeigt die beistehende Projectskizze von Fig. 106 [vgl. Abb. S. 181]. Nach dieser ist vor der Hauptfaçade ein grosses Atrium gedacht, dem die Aufgabe zufällt, die Hauptfaçade zur Geltung zu bringen und mittelst der Verbauung der Parcellen *G* und *H* die unpassende Umgebung unschädlich zu machen. [...]
Die ringsherum laufenden spitzbogigen Arcaden sollten möglichst zierlich im Detail, etwa auch an geeigneter Stelle mit Masswerk im Style der Kirche (natürlich in Stein) durchgeführt werden, aber alles so, dass es lediglich der Steigerung des Eindruckes der Kirchenfaçade dienstbar bleibt. Aus diesem Grunde wären die Arcaden selbst möglichst schlank und hoch zu halten und ohne jeden unmittelbaren Stockwerksaufsatz abzudecken, während die Gebäudecomplexe (*G* und *H*) hinter ihnen nur gerade hoch genug werden dürften, dass die

über sie hinwegstreichenden Visurrichtungen die schon als störend bezeichneten Gebilde der bombastischen Zinshauskuppeln nicht mehr treffen. [...] Die Mitte des schönen freien Platzes wäre dann ebenfalls dazu geeignet, eine Fülle von grösseren und kleineren Monumenten aufzunehmen, während die gegenwärtige unförmliche Fläche ohne jeden inneren Halt dazu nicht taugt. Auch ein oder zwei Brunnen würden ganz gut passen, denn sie gehören von altersher zum Atrium, und ebenso eine richtig componirte Gartenanlage. [...]

Vom hygienischen Nutzen, der beim Freihalten unserer Räume immer vertheidigt wird, kann ja auf dem jetzigen Platz kaum die Rede sein, der allen Unbilden von Wind und Wetter, Sonnenhitze und Staub, so wie dem Lärm der Strassen und dem ewigen Tramway-Geklingel in geradezu unerträglicher Weise ausgesetzt ist. [...] Die künstlerische Wirkung sich vorzustellen, sei dem geneigten Leser überlassen. Künstler würden sich genug finden, welche diese Aufgabe entsprechend zu lösen vermöchten, und hiemit wäre denn auch ein Beispiel gegeben, wie es angefasst werden müsste, geistiges künstlerisches Capital in einer Stadtanlage zu investiren. [...]

Das Aeussere von dem Baukörper *G* wäre als Verlängerung der Universitätsstrasse zu den dort befindlichen Bauten zu stimmen und ebenso das Aeussere der Miethhausbauten auf der Grundfläche *H*. So erübrigt noch die Ausstattung des gegen die Ringstrasse liegenden Kopfes der ganzen Anlage. Hier wäre zunächst eine mächtige Thorbogen-Architektur bei *e* nothwendig, und diese dürfte aussen nicht gothisch gehalten werden, sondern am besten im Style italienischer Hochrenaissance wie die Universität, da sie mit dieser zugleich überschaut werden könnte. [...]

Neben der triumphbogenartigen Mittelpartie bei *e* würden sich noch zwei höhere Stirnseiten bei *f* und *g* ergeben, welche zur Aufstellung zweier grosser Brunnen wie geschaffen wären. Das Alles fertig gestellt, bliebe vorne noch ein Raum

frei, gross genug, um die Votivkirche noch einmal darauf zu stellen, so endlos gross ist dieser Platz. Dort wäre dann die geeignete Stelle (*k*) für ein Denkmal erster Grösse. [...]
Noch einfacher lösen sich, wie von selbst, die übrigen Forderungen. Durch Verbauung der Parcelle *I* nebst Thorbogen *a* entsteht der für die Seitenansicht wünschenswerthe Platz *E*. [...]
Diese Auseinandersetzung möge denn als Beispiel hingenommen werden, in welcher Art beiläufig das monumentale Centrum einer grossen Stadt künstlerisch durchzubilden wäre nach den Lehren der Geschichte, nach den Beispielen schöner alter Städte. Die Lösungen können dabei sehr verschiedene sein; aber die Grundsätze und die Methode, nach der vorgegangen wird, müssten überall dieselben sein, wenn nicht von vorneherein auf die Weihe der Kunst verzichtet werden soll.

Wohnbau

Arbeiterwohnungsbau. Die Lage

»Die Wohnungen derer, die in mühsamer Arbeit ihren Mitmenschen die Mittel zur freundlichen Gestaltung des Lebens schaffen, sind leider meistens ebenso unfreundlich wie ungesund.«[52] *Diese Feststellung eines konservativen Architekten benennt in kurzen Worten die Wohnungssituation der Arbeiter in Deutschland um 1880.*
Es gibt keine Baugattung, die derartig im Mittelpunkt der Diskussion stand wie der Wohnungsbau. In Tausenden von Aufsätzen in Architekturzeitschriften, Wohnungsbauzeitschriften, sozialpolitischen Blättern, Firmenzeitschriften, in Büchern und Flugschriften wurde das Thema abgehandelt. Seit Beginn der zweiten Hälfte des 19. Jahrhunderts war es vorrangig der Arbeiterwohnungsbau, der das Interesse

weckte. Selbstverständlich waren, besonders in den Architekturzeitschriften, auch der Villenbau und das Mietshaus für das wohlhabende Bürgertum ein viel diskutiertes Thema.
Zunächst war der Arbeiterwohnungsbau keine Aufgabe für Architekten, sondern eher für Bauhandwerker, die auch die Entwürfe lieferten. Ausbildung und Tradition führten zu einem Selbstverständnis, das in Großbauten bzw. individuell gestalteten Einzelbauten die schöpferische Leistung des Architekten sah.[53] *Die Vorstellung, daß für den Arbeiterwohnungsbau einfache Formen in Grund- und Aufriß sowie billige Materialien genügten, daß die ständige Wiederholung eines einmal entworfenen Planes ausreiche, ließen die Verdienstmöglichkeiten zudem in dieser Baugattung schrumpfen. Künstlerische Fähigkeiten und berufliches Ansehen konnte der Architekt nur durch größere Bauaufgaben nachweisen.*
Erst die wachsende Wohnungsnot nach der Mitte des Jahrhunderts schuf hier einen Wandel.
Um 1850 wiesen vor allem Sozialreformer auf die Wohnungsnot in den Städten hin. An erster Stelle ist der Literaturhistoriker Victor Aimé Huber zu nennen, der aus konservativer Sicht mit einer Verbesserung der Wohnungslage die revolutionären Tendenzen in der Arbeiterschaft zu steuern versuchte.[54] *In unzähligen Schriften appellierte er an das Bürgertum, die Notlage der Arbeiter beseitigen zu helfen. Seine Erfolge, so gering sie angesichts der Not auch waren, führten zu einigen reformerischen Initiativen, die weiter unten näher erläutert werden.*
Obwohl die Zustände in deutschen Arbeitervierteln um nichts besser waren als in England, schildert Huber in dem zunächst wiedergegebenen Text absichtlich nicht die alltäglichen Auswirkungen in aller Drastik, wie es Friedrich Engels in seiner 1845 erstmals erschienenen Schrift über »Die Lage der arbeitenden Klassen in England« getan hatte. Hubers Ziel war, das Bürgertum nicht zu verschrecken, so grauenvoll die Verhältnisse auch waren; er hoffte, so eher Verbündete für eine Reform zu finden.

27

Victor Aimé Huber

Die Wohnungsnoth

(1861)

Ein mittlerer Handwerker in besten Jahren – ein fleißiger, ordentlicher Mann mit einer leidlichen und zunehmenden Kundschaft und entsprechender Einnahme, mit einer fleißigen, häuslichen und haushälterischen Frau und ein paar Kindern muß wegen Verkauf u. s. w. eine wirklich gute und billige Wohnung verlassen, in die er geheiratet und die er ein paar Jahre zu allseitiger Zufriedenheit bewohnt hat. Er sucht eine neue Wohnung und findet bald in nahrhafter Gegend eine, an der ihm, soweit er sehen und urteilen kann, kein wesentlicher Mangel auffällt – außer etwa, daß sie in einer engen Straße und nach einem engen Hof liegt und wenig oder keine Sonne hat – dann liegt sie im dritten Stock und die Treppen besonders vom Hof aus sind sehr eng und steil. Indessen der Mann findet auch eine ziemlich passende Werkstatt im Hof und so wird gemietet, obgleich die Miete höher als die vorige – jedenfalls für seine Mittel sehr hoch ist. Der Vermieter läßt außerdem eine Menge Bedingungen unterschreiben, von denen der Mieter nur deshalb kein Arg hat, weil er denkt: »es wird so schlimmt nicht gemeint sein und steht nur so auf dem Papier!« Genug, er hat seinen Überschlag auch hinsichtlich des Öls und der Feuerung nach der Erfahrung in seiner frühern guten Wohnung gemacht, und denkt: »es soll schon gehen – wenn wir nur gesund bleiben.« In den Sommermonaten geht es ganz gut, nur wenn es ein paar Tage recht heiß und trocken, steigt aus dem Hof ein fauler, säuerlicher Geruch auf, vor dem man die Fenster schließen muß. Aber schon im Herbst wird es so spät hell und so früh dunkel, daß das Öl nimmer langen will. Dazu wird es schon Anfang Oktober so kalt, daß geheizt werden muß, und nach einigen Tagen zeigt sich, daß der Ofen mehr Rauch als Wärme gibt und daß er die Hälfte mehr Holz braucht, als veranschlagt worden, denn außer der großen Kälte durch Mangel an Sonne sind auch Thür und Fenster so undicht, daß man gar nicht aus einem feinen kalten Luftzug herauskommt. Die Fenster werden, bis auf eine Scheibe, mit Moos verstopft und bei zunehmender Kälte wird noch schärfer eingeheizt. Bald schlagen die Wände aus und triefen am Tage von Wasser, welches sich in der Nacht, wenn der Ofen erkaltet, oder in der Schlafkammer mit der Ausdünstung von vier Personen als Reifkruste ansetzt. Was hier an Wasser zu viel ist, das findet sich bald für die Haushaltung zu wenig oder doch zu schwierig zu erlangen. Die Frau ist guter Hoffnung und kann die steilen Treppen mit den schweren Eimern nicht bewältigen; sie gleitet auf dem zu Eis gefrorenen Wasser aus, was sie selbst oder sonst jemand auf der Treppe verschüttet hat – sie verstaucht sich das Bein und kommt zu früh nieder und ist mehre Wochen bettlägerig, so daß während der Zeit eine Aushilfe gemietet werden muß, welche mit Öl und Holz eben so umgeht, daß man erkennt, sie hat es nicht zu bezahlen. Der Mann ist sonst nach Feierabend und Sonntags Abend im Winter meist zu Haus geblieben, hat ein gutes Buch gelesen, während die Frau strickte, nähte und flickte. Im Bett braucht die Frau weder Heizung, noch Licht, die kleinste Lampe reicht zum Stricken hin. Da drängt sich die Frage auf: soll bloß um des Lesens willen für den Mann geheizt und Öl gebrannt werden? Die Frau selber meint: ein Glas Bier kostet weniger und Zeitung, Licht und Wärme, auch Gesellschaft von Bekannten hat er in der Bierstube umsonst; sie gönnt ihm alles gern, denn er bedarf einer Aufheiterung in der schlimmen Zeit. Aber nachdem er einmal in die Gewohnheit gekommen, kommt er so leicht nicht wieder heraus und bei einem Glas Bier bleibt es auch nicht. Der Mann wird zunächst noch in allen Ehren und Lieben doch mehr und mehr aushäusisch. Dazu kommt: die Leute waren gewohnt und hatten in ihrer frühern Wohnung Gelegenheit, nicht nur Holz sondern auch die nötigsten Wintervorräte einzulegen, und ihr einfaches Mahl war wenigstens wohlschmeckend und wohlfeil. Davon ist hier nicht die Rede. In dem angewiesenen Kellerraum erfrieren die Kartoffeln, und ein Holzboden wird nicht gewährt. So muß alles klein bei klein gekauft werden, teurer und schlechter und der Mann gewöhnt sich um so leichter daran, auswärts zu frühstücken und zu Abend zu essen. Gegen Frühjahr wird die Frau besser; aber die Kinder können die feuchte dumpfe Luft nicht vertragen und bald fehlt dies bald das und es geht ohne Doktor und Apotheker nicht ganz ab. Im Frühjahre soll alles besser werden; aber mit dem ersten Tauwetter entwickeln sich aus den Abläufen und Senkgruben und dem im Hof aufgehäuften Unrat aller Art eine solche Masse von feuchten mephitischen Dünsten, daß es in der Werkstatt kaum auszuhalten ist. Nun das Alles bei so manchen Sorgen endet mit einem schweren Nervenfieber des Mannes – also nicht blos wieder Doktor und Apotheker, sondern Verdienstlosigkeit bis das Frühjahr gar zu Ende ist. Teils ist nun dem Mann die Werkstatt unten verleidet, teils ist sie ihm zu teuer; er gibt sie auf und arbeitet in der Wohnstube. Dadurch wird die Luft nicht besser, und hilft er durch offene Fenster nach, so ist die Thüre noch undichter wie im Anfang, und der noch immer nicht ganz starke Mann arbeitet in einem Luftzug, der ihn bei gelegentlichen Pausen bald hier, bald dort mit rheumatischen Schmerzen heimsucht und endlich gegen das Ende des ersten Jahrs der Mietszeit ihm ein Paar Wochen statt der Arbeit wieder den Doktor in's Haus führt. Rechnet er alles zusammen: die Mehrausgaben an Licht und Feuerung, die Doktor- und Apothekerrechnung, die Aushilfe, die Tabagie,[55] dann den Ausfall an Verdienst, so hat ihm seine Wohnung in diesem ersten Jahr nicht etwa, wie der Kontrakt lautet, 50 Thaler, was schon teuer genug wäre, sondern weit über das Doppelte gekostet. Er ist mit einem Wort darüber *zurück*gekommen. Es ist durchaus kein Grund vorhanden, daß die Sache sich in den folgenden Jahren wesentlich besser gestalten sollte, und so bleibt die Wohnung ein Stein an seinem Hals, der ihn immer tiefer hinunterzieht. Engel sind weder er, noch seine Frau und bald zieht sich eine gewisse Verbitterung durch ihr häusliches Leben, wogegen er auch nicht immer ein besseres Mittel braucht als die Schnapspulle, die natürlich *alles* noch schlimmer macht. Auf ihr Dringen wird ein Schlafbursche eingenommen in die einzig verfügbare Kammer hinter der Familienkammer. Damit ist das häusliche Leben vollends zerstört; der Einfluß eines leichtsinnigen Menschen auf die heranwachsende Tochter ist nicht zu verkennen; auch der Hausvater hat Ursache zur Eifersucht, oder glaubt sie zu haben. Endlich kommt es zu einer Schlägerei, die dem Hausherrn dann Grund oder Vorwand gibt, den Mieter zu exmittieren, und er verläßt als angehender Lump das Haus, das er als ordentlicher Handwerker betreten hat. Die nächste Wohnung, die sie nur mit genauer Not und gleichsam um Gottes willen zu einem wenig geringern Preis erlangen, ist in jeder Beziehung viel schlechter, namentlich aber durch die große Zahl und schlechte Qualität der Mitbewohnerschaft, deren lautem, rohem, gehässigem, schmutzigem, liederlichem, diebischem Treiben sie sich nicht entziehen können, da die ganze Bauart und noch mehr der elende Zustand aller Thüren, Schlösser u.s.w. eine Abschließung unmöglich macht. Der Widerstand besserer Erinnerungen, Gewohnheiten und Gefühle erlahmt allmählich an der täglichen Gemeinschaft, die volle Depravation bricht zuerst bei den Kindern aus, die bald ihre eignen schlimmen Wege gehen. An eine eigne Werkstatt ist nicht mehr zu denken, und die erste ernstliche Krankheit, die unter solchen Umständen nicht ausbleiben kann, kostet dem Mann die Gesellenarbeit, die er bei einem fabrikmäßigen Geschäft gefunden hatte. Im nächsten Termin können Miete und Rückstände nicht bezahlt werden, also Exmission, Pfändung und keine andre Zuflucht als das öffentliche Armenwesen. Niemand, der irgend in diesen Zuständen orientiert ist, wird in Abrede stellen, daß Fälle der Art mit obligaten Variationen und Exkursen in jeder großen Stadt zu Tausenden vorkommen – besser und schlimmer.

Arbeitersiedlungen

Zu den ältesten Maßnahmen gegen die Wohnungsnot gehörte der Bau von Arbeitersiedlungen. Bereits seit der zweiten Hälfte des 18. Jahrhunderts hatte der preußische Staat für die Hüttenarbeiter in Oberschlesien Häuser errichtet und kleine Siedlungen angelegt, ein Beispiel, das auch von privaten Grubenbesitzern aufgenommen wurde. Doch erst nach der Gründung einer großen Arbeitersiedlung von mehr als 800 Häusern 1854 in Mulhouse im Elsaß entstanden auch in Deutschland solche Kolonien in größerer Zahl.

Sie wurden fast immer auf Initiative eines Fabrikanten errichtet, der die Häuser weitervermietete oder – mit dem Angebot langjähriger Abzahlung – an die Arbeiter verkaufte. Arbeitersiedlungen dieser Art waren jedoch nur von bedingtem Vorteil für die Bewohner. Da ein ausreichender Kündigungsschutz nicht bestand, waren die Mieter dem Druck des Arbeitgebers ausgesetzt. Sie waren so nicht nur in ihrem Arbeitsverhältnis von ihm abhängig, bei Streiks und Lohnkämpfen drohte auch der Verlust der Wohnung. Direkte Folgen der Anlage von Werkssiedlungen waren Lohnsenkungen, da der Arbeitgeber der Meinung war, die kleinen Gärtchen um die Häuser könnten zur verbilligten Lebensmittelbeschaffung dienen. Bei Arbeitern, die ihre Häuser kauften, fiel ein Teil dieses Druckes weg, jedoch traf sie die fast völlige Unbeweglichkeit, der sie durch den Hauskauf ausgesetzt waren, viel schwerer. Bei Lohnsenkungen oder Arbeitslosigkeit konnten sie nicht ohne weiteres den Ort wechseln, weil die Häuser dann nur schwer verkäuflich waren, wenn überhaupt schon abgezahlt.

Nicht nur in der radikalen Kritik wurde diese Form der Wohnungsbeschaffung abgelehnt, sondern auch die Reformer standen ihr skeptisch gegenüber: »Alle diese Niederlassungen sind entstanden theils aus der Nothwendigkeit, den in den Werken beschäftigten Arbeitern Wohnungen in der Nähe der häufig isoliert liegenden Fabriken zu schaffen, theils auch um *die Arbeiter an das Werk zu fesseln und so demselben einen tüchtigen Arbeiterstamm zu gewinnen und zu erhalten, zum geringsten Theil aus rein philanthropischen Gründen. [...] Es ist nicht zu verkennen, daß der Arbeiter noch mehr in Abhängigkeit vom Arbeitgeber kommt, [...] und das ist der Grund, weshalb gerade bessere Arbeiter häufig die private Mietwohnung vorziehen, auch wenn sie schlechter ist.«*[56]

Die Mulhouser Siedlung war durch Arbeiterhäuser, die auf der Weltausstellung 1851 in London zu sehen gewesen waren, angeregt worden. Auch die Siedlung Kuchen bei Geislingen in Württemberg bekam als vorbildliche Lösung auf der Weltausstellung 1867 in Paris einen Preis. Die kleine Anlage (vgl. Abb. S. 195) ist beispielhaft für viele ähnliche Initiativen. 1857 hatte der Schweizer Unternehmer Johann Heinrich Staub außerhalb von Kuchen eine Baumwollspinnerei und -weberei mit 400 Webstühlen und 28000 Spindeln errichten lassen. Bei der Standortwahl konnte er mit niedrigen Grundstückspreisen rechnen, da die Gemeinde die Industrieansiedlung förderte; die relative Abgeschlossenheit hielt Arbeiterorganisationen fern, die eher in Städten wirksam waren. Vor allem hoffte Staub auf billige Arbeitskräfte aus der ländlichen Bevölkerung, unter der sich ein hoher Anteil von Webern befand, die in Heimarbeit tätig waren. Doch gerade diese Erwartung erfüllte sich nicht, da die Weber noch überwiegend auf eigenem Grund Landwirtschaft betrieben und eine starke Abneigung gegen Industriearbeit bestand. Staub mußte in England und der Schweiz Facharbeiter anwerben, für die seit 1858 ein Teil der Häuser auf dem Fabrikgelände bestimmt war. Die ungelernten Arbeiter kamen ebenfalls von auswärts und wohnten z. T. zur Untermiete in der Siedlung, in der Mehrzahl allerdings in Kuchen, wo sie von der Bevölkerung nur geduldet wurden.

Die Siedlung war 1868 in der hier gezeigten und von Arnold Staub, dem Sohn des Gründers, publizierten Ausdehnung fertiggestellt und bildete eine geschlossene Anlage von Fa-

brik, Arbeiterwohnhäusern, Gemeinschaftseinrichtungen und Villa des Unternehmers.
Die Struktur der Siedlung war nicht einheitlich, die Häuser konnten gemietet und gekauft werden, und es gab Mietwohnungen in größeren Häusern. Soziale und kommunikative Einrichtungen fehlten nicht. Die größeren Wohnungen bestanden meist aus vier Räumen, eine für diese Zeit bemerkenswert aufwendige Raumausstattung, die allerdings für sehr große Familien gedacht war. Das hier abgebildete Haus besitzt vier Zweizimmerwohnungen, jede für ein Ehepaar mit mehreren Kindern geplant. Die Bauweise der Häuser sollte über die hohe technische Qualität hinaus auch ästhetischen Ansprüchen genügen, die in der Kombination von Stein und Holz (Fachwerk) mit breiten Dachüberständen und z. T. hölzernen Veranden einen dörflichen, bodenständigen, ja heimeligen Charakter suggerierten (vgl. Abb. S. 201). Das Wasch- und Badehaus mit seinem Uhrtürmchen rief den Eindruck eines kleinen Rathauses hervor und verlieh dem Ortsmittelpunkt das Aussehen eines Marktplatzes. Diese architektonische Vielfalt der Anlage stand im Gegensatz zu herkömmlichen, wesentlich einförmiger gestalteten Siedlungen und wurde erst spät, in großem Stil von den Kruppschen Siedlungen in Essen (Altenhof ab 1893) wiederaufgenommen.
Die Einzelhäuser mit ihrer guten Ausstattung, die Hausgärten und Gemeinschaftseinrichtungen, auf die Staub in seinem Text besonders stolz verweist, wurden von den Arbeitern durch fast totale Abhängigkeit erkauft. So lobt auch der Berichterstatter der »Deutschen Bauzeitung« die bauliche Ausstattung, weist aber deutlich auf die starken Bindungen an den Unternehmer hin: »Durch die Einführung einer fast unausgesetzten Kontrole, die sich bis in das Innere der Wohnungen und bis auf die Führung der Wirthschaftsbücher erstreckt, durch ein kompliziertes System von Strafen (Lohnabzügen) für jeden Verstoss und jede Unterlassung, denen andererseits wieder Prämien für ein Wohlverhalten entgegenstehen, sind die Bewohner des Arbeiter-Quartiers in eine fast

vollständige, materielle, wie geistige Abhängigkeit von dem Fabrikherrn gebracht und dem weitgehendsten Einflusse desselben ausgesetzt. Es charakterisirt sich demnach der Weg, den dieser zur Hebung seines Arbeiter-Personals eingeschlagen hat, als der einer wahrhaft patriarchalischen Bevormundung in ausgedehntestem Maasstabe. Es ist hier nicht der Ort, die Vorzüge und die Gefahren eines solchen Systems zu erörtern. Obgleich wir nicht verhehlen dürfen, dass wir dasselbe unmöglich billigen können, weil wir die Freiheit für eine unentbehrliche Grundlage jedes wirklichen und dauernden Fortschrittes ansehen, [...].«[57]

Dieses besondere patriarchalische Verhältnis zwischen den Arbeitern und dem Eigentümer Arnold Staub sollte die Lage der Fabrikantenvilla neben der Fabrik zum Ausdruck bringen. In gewisser Weise spiegelt diese Einheit noch die feudalen Strukturen großer Landgüter. Es ist bezeichnend, daß Staubs Lebensstil und seine Verbindungen zum Adel ihm den Spitznamen »Marquis de la Poussière« eintrugen.

Die Abhängigkeit der Arbeiter kam 1872 in Kuchen zum Ausdruck, als von etwa 1200 Arbeitern 140 in den Streik traten, um die Einführung des 12-Stunden-Tages zu erreichen. Die vielen Entlassungen und Wohnungskündigungen, mit denen Staub antwortete, erwiesen deutlich, daß die sozialen Einrichtungen nicht allein aus menschenfreundlichen Motiven geschaffen worden waren, sondern ein kalkuliertes Druckmittel waren. Ein Verhalten, das in Staubs Kommentar anläßlich dieses Streiks klar zutage trat: »Ich bin der Herr, ich bin Euer Vater, ich muß Euch erhalten, nichts bekommt Ihr, wem's nicht recht ist, der kann gehen« (»Der Volksstaat«, 28. Februar 1872). Kinderarbeit, Lohndrückerei, überlange Arbeitszeiten kennzeichnen die Situation in Fabrik und Siedlung; selbst der Gemeinde Kuchen erwuchsen aus der Gründung kaum Vorteile, da Staubs Steueraufkommen in keinem Verhältnis zu den Vorleistungen und den gewachsenen Kosten für die Neubürger stand.

28

Arnold Staub

Beschreibung des Arbeiter-Quartiers in Kuchen bei Geislingen

(1868)

Unsere Fabrik, eine Baumwollspinnerei von 28000 Spindeln und eine Weberei von 550 mechanischen Webstühlen, wurde im Jahr 1858 mit 400 Webstühlen von den gegenwärtigen Eigenthümern gegründet und hat sich bis zum Jahr 1864 zu ihrem jetzigen Bestand erweitert.

Dieselbe ist an der Eisenbahn Stuttgart–Ulm, zwischen den Ortschaften Kuchen und Gingen, in der Nähe von Geislingen, von anderen ähnlichen Fabriken jedoch abgesondert gelegen.

Da zur Zeit der Gründung unseres Etablissements in Württemberg die Baumwollindustrie, die mechanische Spinnerei und Weberei betreffend, erst im anfänglichen Entstehen begriffen war, so konnten wir nicht, gleich wie in Ländern, die schon längst eine derartige Industrie besitzen, über bereits eingeübte Arbeiter verfügen; wir waren vielmehr darauf angewiesen, dieselben theils aus der Landbevölkerung zu entnehmen, theils mit Mühe und Unkosten aus der Ferne herbeizuziehen.

Aus solchen Verhältnissen erwuchs uns die schwierige Aufgabe: einerseits Lust, Geschick und Beharrlichkeit für die neue Beschäftigung unter diesen Leuten zu wecken, andrerseits die etwas verkommenen Sitten und Gewohnheiten der Uebrigen zu zügeln. Die Hauptschwierigkeiten, gegen welche wir anfänglich zu kämpfen hatten, waren vorzüglich Unzufriedenheit mit der Arbeit und der Löhnung, rohe ungeschliffene Manieren und halsstarriges Wesen.

Wir sind jedoch bereits so glücklich, trotz der kurzen Dauer,

Kuchen. Staubsche Fabrik und Arbeitersiedlung, um 1868. Holzstich

welche seit der Gründung unseres Etablissements verlaufen ist, jene Unzukömmlichkeiten überwunden, das sittliche und materielle Wohl unserer Arbeiter begründet, einen hohen Grad der Zufriedenheit mit ihrer Lage hervorgerufen, sowie den Wohlstand der Umgegend vermehrt und zwischen unsern Arbeitern und der umwohnenden Bevölkerung die freundschaftlichsten Beziehungen hervorgerufen zu haben.

Um zu diesem Ziele zu gelangen, sahen wir uns veranlasst, in der unmittelbarsten Nähe unseres Etablissements ein Arbeiterquartier (cité ouvrière) für die fremden Arbeiter zu gründen. Abgesehen davon, dass für viele derselben sich ein Mangel an Wohnungen in den benachbarten Dörfern zeigte, hatten wir hauptsächlich im Auge, eine möglichst grosse Anzahl zur Niederlassung in der Nähe unserer Fabrik zu bestimmen. Dadurch hofften wir sowohl für uns wie für die Arbeiter wahrhaft erspriessliche Resultate zu erzielen, denn so konnten wir viel leichter für die gedeihliche Entwicklung ihres Wohlstandes, ihrer sittlichen Hebung und geistigen Ausbildung besorgt sein, ihnen Ordnungssinn und gute Sitten einflösen und sie mit Einem Wort zu sparsamen, fleissigen und intelligenten Arbeitern heranbilden. [...]

Wir hatten also mit einer Anzahl aus der Ferne herbeigezogener Individuen und Familien zu schaffen, denen der Begriff der Gesittung ein ziemlich unbekannter war; denn in ihrer Roheit fanden sie nur Erholung in wüstem Vergnügen; das Behagen am häuslichen Herde genügte ihnen nicht; nur mit den armseligsten Möbeln und Kleidern versehen, wussten sie den Werth einer sonnigen, gut gelüfteten und bequemen Wohnung kaum zu schätzen, würden vielmehr ihre früher bewohnten dunkeln, schmutzigen und feuchten Spelunken jenen vorgezogen haben, wenn ihnen der Aufenthalt darin nur unter der Bedingung vergönnt gewesen wäre, dieselben in guter Ordnung zu halten und sich einer geregelteren Lebensweise zu befleissigen.

Das Nöthigste – einem rohen Menschen Gesittung beizu-

bringen, ist aber eine gesunde, bis zu einem gewissen Grade bequeme Wohnung; sodann Wasser und Seife. [...]
Wenn einmal die Liebe für das Familienleben und die damit verschwisterten Tugenden in einem Menschen erwacht sind, so muss man ihn allem Demjenigen zugänglich machen, was geeignet ist, ihn auf dem guten Pfade, den er betreten, festzuhalten, indem man sein Interesse für edlere Genüsse erweckt: denn jeder Mensch fühlt, obschon häufig sich selbst unbewusst, den Drang in sich zu schaffen – sei es nun Böses oder Gutes. Er ist häufig in dieser Beziehung dem in seinem freien Laufe Alles verheerenden Strome zu vergleichen, dessen Wasser jedoch segenbringend wirken, sobald seine ungethüme Kraft durch Dämme und Kanäle gebändigt ist.
Ein vorzügliches Mittel, diesem Wirkungsdrange bei der arbeitenden Klasse eine entsprechende Nahrung zu geben, besteht in Vereinen zur Erholung und Belehrung, z. B. Musik-, Gesang-, Turn-, Lese-Unterrichtsvereinen etc. [...]
Während das gesagte die Erwachsenen betrifft, kann man dagegen die schönsten Resultate für künftige Generationen nur auf dem Wege der Schulbildung erhoffen. Diese hat schon im frühesten Alter zu beginnen, um den gewünschten Zweck zu erreichen. Die Kinder vom zweiten bis zum sechsten Jahre der Arbeiter sollten daher täglich einige Stunden der Mutterpflege enthoben und in einer ihrem Alter angemessenen Schule untergebracht werden. Unsere Ansicht hierüber stützt sich auf die folgenden Gründe:
Vor allen Dingen müssen die Kinder frühzeitig an anständiges Betragen, an Ordnung und Reinlichkeit gewöhnt werden. Sodann ist es wesentlich, dass die Eltern, deren Gewohnheiten oft sehr viel zu wünschen übrig lassen, die Nothwendigkeit einer so geregelten Erziehung begreifen; der Einwurf, dass die Mütter allein geeignet seien, ihre Kinder richtig zu erziehen, ist nicht für alle Fälle stichhaltig, am Wenigsten dann, wenn die Erziehung der Mutter selber nicht auf der Höhe ihrer Aufgabe steht. [...]

Kinder von vorgerückterm Alter bedürfen einer guten Schule, in welcher ihnen, ausser Lesen, Schreiben und Rechnen, Geographie, etwas Geschichte, Physik und Gesang gelehrt wird. Die grösste Aufmerksamkeit hat der Lehrer unablässig darauf zu richten, dass die Kinder sich an Ordnung, Reinlichkeit und anständiges Betragen gewöhnen. [...]

Das Arbeiterquartier

Wenn wir gleich nicht verkennen, welchen grossen Vortheil es hat, die Arbeiterquartiere in der Weise zu gründen, dass die Wohnungen nach und nach Eigenthum der Arbeiter werden können, und obschon wir selbst seit einiger Zeit dieses System verfolgen, so konnten wir uns gleichwohl nicht von Anfang an dasselbe schon aneignen. Wir hatten nöthig eine grössere Anzahl Wohnungen im eigenen fortwährenden Besitze zu erhalten, damit wir um so besser die Macht bewahren würden, unsere die Ordnung und das gute Betragen betreffenden Absichten durchzuführen, desshalb diese Häuser nur durch geordnete Familien bewohnen zu lassen, solche daraus zu entfernen, welche sich unsern Intentionen nicht fügen wollten, und stets mit dem Beispiel gut beschaffener Musterhäuser vorangehen zu können. [...]
Inzwischen haben wir seit einiger Zeit begonnen, solchen unserer Arbeiter, welche Ersparnisse zurückgelegt haben und welche wünschen, Wohnungen als Eigenthum zu besitzen, deren Errichtung auf ihre eigene Rechnung zu ermöglichen. Wir bemühen uns sogar in jeder Weise sie dazu zu ermuntern, indem wir ihnen jedoch immerhin die Bedingung stellen, dass beim Bau dieser Häuser unsere Vorschriften inne gehalten werden, dass sie in keine andere Hände als solche unserer Arbeiter übergehen dürfen und dass sich die Besitzer und die Miether stets der in unserm Arbeiterquartier eingeführten Ordnung fügen. [...]

Vor jeder Wohnung befindet sich ein kleiner Garten, eine Anzahl Gebäulichkeiten umrahmen im Viereck eine grössere gemeinsame Anlage, die von Gesträuchern und Kastanienbäumen reichlich beschattet ist und in der sich überall Ruhebänke zur Benützung der Bewohner des Arbeiterquartiers befinden. Dohlen durchkreuzen dasselbe in seiner ganzen Ausdehnung zur Trockenhaltung, auch ist vor jeder Wohnung der Boden aus Rücksichten der guten Ordnung und Reinlichkeit gepflastert; jede besitzt einen guten gewölbten Keller und einen abgesonderten Holzschuppen. Die Abtrittgruben sind mit schweren Steinplatten gedeckt und die kleine Oeffnung zum Leeren derselben ist mit einem gusseisernen Deckel in der Weise geschlossen, dass niemals übler Geruch wahrgenommen werden kann.

Die Gebäulichkeiten sind alle im ersten Stockwerk massiv aus Stein gebaut, im zweiten aus Holz und Backsteinen. Rücksichtlich der Lage der Schlafzimmer und Wohnstuben wurde hauptsächlich darauf gesehen, dass die meisten der Süd- und Ostseite zugekehrt seien, während die Hauseingänge, Küche, Treppen und Aborte nach Nord und nach West zu liegen. Die Küchen sind alle mit vortrefflichen Feuerherden ausgestattet, die Wohnzimmer bis zur Fensterhöhe getäfelt und, wie sämmtliches Holzwerk der Häuser, mit Oelfarbe angestrichen; in allen, wie auch in einem grossen Theil der Schlafzimmer, findet man gute Fayence- oder eiserne Oefen.

Sämmtliche Wohnungen sind mit Wandschränken versehen, Wände und Plafond gegypst, für den Winter sind Vorfenster vorhanden. [...]

Die Taf. 16, 17 [vgl. Abb. S. 201] enthalten eine Gruppe von vier Arbeiterwohnungen, welche für kleinere Familien bestimmt sind, z. B. für junge Eeheleute mit einigen kleinen Kindern. Jede Wohnung hat eine doppelte Hausthüre. Das Erdgeschoss besteht aus dem Wohnzimmer mit einem Kochofen, in welchem eine kleine Familie alle ihre Bedürfnisse an Speisen zubereiten kann. Die vier Kamine der Oefen dieser vier Wohnungen stehen miteinander in unmittelbarer Verbindung, erwärmen in Folge davon einander gegenseitig und unterhalten dadurch zugleich einen so lebhaften Luftzug, dass sowohl der Rauch, als auch der Dampf, der kochenden Speisen stets rasch abzieht und überhaupt die vorzüglichste Ventilation fortwährend hergestellt ist. Damit die Hausfrau beim Zubereiten der Speisen und beim Waschen des Geschirrs das Zimmer nicht verunreinigen muss findet sich daneben zu diesen Zwecken eine kleine Räumlichkeit, in welcher sich ein Schüttstein, ein Spültisch und ein Wandschrank zur Aufbewahrung der Speisen und Küchengeräthschaften befindet.

Die Stiege zum Schlafzimmer ist im Wohnzimmer in der Weise angebracht, dass sie zugleich einen Alkoven bildet, in welchem ein Bett untergebracht werden kann. Neben der Stiege, zur Seite der Eingangsthüre des Spülcabinets, trifft man einen weiteren Wandschrank für das Speisegeschirr. Oben an der Stiege befindet sich auf einer Seite der Abtritt über dem Spülcabinet, und der Treppe gegenüber ein grosser Wandschrank. Auch das Schlafzimmer ist mit einem ähnlichen Wandschrank versehen, welcher den leeren Raum über dem unteren Theil der Stiege einnimmt, es ist im übrigen gross genug, um die Betten von Mann und Frau und eines oder zweier Kinder enthalten zu können.

Mit Einem Wort: diese kleinen Wohnungen, die viel Bequemlichkeit darbieten und sich mit verhältnissmässig geringen Kosten herstellen lassen, sind auf eine Weise eingerichtet, dass darin der kleinste Winkel eine nützliche Verwendung findet. Ein vielgereister Besucher verglich sie jüngst in dieser Beziehung mit einem Schiffe. Auch werden sie von unseren kleinen Haushaltungen sehr geschätzt. [...]

Für Arbeiterfamilien, die keiner Dienstboten bedürfen, geben wir Wohnungen mit dem Eingang durch die Küche den Vorzug. In diesem Falle sieht die Hausfrau Alles, was um sie vorgeht, die Aufsicht über die Kinder ist ihr erleichtert, alle Beziehungen der Familie werden lebendiger, deren Glieder

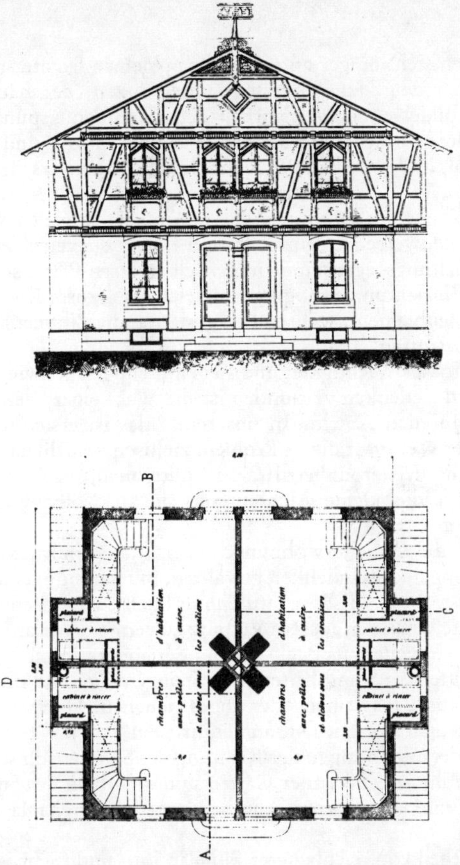

Kuchen. Haus für vier Arbeiterfamilien. Fassade und Grundriß des Erdgeschosses mit vier Wohnungen. Lithographie, um 1862

gehören sich inniger an und können sich so leichter gegenseitig in den Hausgeschäften unterstützen; der häusliche Herd bildet dann in Wahrheit den Vereinigungspunkt der Familie; ja, indem die Küche zugleich Hausöhrn[58] und Treppenhaus bildet, so kann ein beträchtlicher Raum erspart werden. [...]
Die Arbeiterwohnungen sollen mit möglichst vielen Wandschränken versehen sein: nicht nur finden die verschiedenen Haushaltungsgegenstände in denselben ihren Platz; sondern diese Einrichtung ermöglicht zugleich eine grosse Ersparniss am Ameublement, während sie gestattet, die Zimmer kleiner zu construiren.
Von grosser Wichtigkeit und stets mit einigen Schwierigkeiten und Bedenken verbunden ist die Wahl einer geeigneten Stelle für den Abtritt. In unserem Atlas ist ersichtlich, in welcher Weise wir dieses Problem zu lösen gesucht haben.
Was die Keller anbetrifft, so sollte man, nach unserer Ansicht, die kleine Mehrauslage sie zu wölben niemals scheuen.
Damit die Arbeiterwohnungen stets den Eindruck guter Ordnung und Reinlichkeit gewähren, müssen sie in einer Art gebaut werden, die Reparaturen nur höchst selten benöthigt. So sollte, um jeden äussern Verputz zu vermeiden, das Erdgeschoss entweder aus Backsteinen oder andern, ohne solchen der Witterung Stand haltendem, Steingemäuer und die erste Etage aus Backsteinen oder angestrichenem Holzwerk mit Backsteinen ausgeriegelt, aufgeführt sein. [...]
Vor jeder Wohnung in der Richtung des Squares soll sich ein kleiner ihr zugehörender Garten und innerhalb des Squares selbst eine gemeinsame gut beschattete Gartenanlage befinden.
Abgesehen von reichlicherer Fülle an Luft und Licht, so wie dass die kleinen Kinder vor den Strassengefahren bewahrt werden können und abgesehen von vielen andern Annehmlichkeiten, findet so der von seiner Arbeit Zurückgekehrte Gelegenheit unmittelbar bei seinem Hause der Erholung in

geselliger Unterhaltung an der frischen Luft zu geniessen und hat dann nicht nöthig, sich zu solchem Zwecke von seiner Familie hinweg, nach dem Wirthshause zu begeben. [...]

Die Aufgabe, welche wir uns gestellt haben: unsere Arbeiter je länger je mehr auf eine möglichst hohe Stufe materiellen, sittlichen und geistigen Wohles zu heben, erscheint auf den ersten Blick für Solche, welche in dergleichen Bestrebungen noch keine Erfahrungen gemacht haben, viel leichter als sie in der Wirklichkeit ist. Wer sich einer solchen Mission in der Hoffnung unterzieht, in Bälde grosse Erfolge zu erreichen, wird sich bald getäuscht sehen; er wird entweder in seinen Bestrebungen ermüden oder sich mit der Wahrnehmung vertraut machen müssen, dass viel Geduld und Nachsicht erforderlich sei; denn statt sich darin, wie er wohl anfänglich dachte, durch Beweise der Anerkennung und Dankbarkeit ermuthigt zu sehen, wird er im Gegentheil bald die peinliche Erfahrung machen, dass man ihm dafür kaum Dank weiss, wenn er nicht gar sein Wirken von der Mehrzahl verschmäht sehen muss. [...]

Indess wäre es unbillig, von Menschen einer so niederen Bildungsstufe Anderes zu erwarten: dieser Missstand ist nicht ihre eigene Schuld, sondern einzig und allein die Folge derjenigen Erziehung, wie sie ihnen durch die Verhältnisse gegeben wurde. Man kann sie desshalb nur bemitleiden. Doch in jeder menschlichen Seele liegt der göttliche Funke des Triebes zum Guten, und man darf sich glücklich schätzen, wenn es unserer Geduld und Nachsicht gelungen ist, ihn zum hellern Glühen gebracht zu haben.

Um diess zu erreichen, glaubten wir, es genüge nicht allein, Anstalten zu gründen und Reglemente zu entwerfen, welche ohne andere Unterstützung nur Gefahr laufen möchten, den Geist des Widerspruchs wachzurufen, der in stärkerem oder geringerem Grade wohl jedem Menschen inne wohnt; wir haben daher auch Belohnungen für diejenigen, welche sich unsere Absichten für sie zur Richtschnur nehmen, eingeführt. [...]

Um allen unsern Bestrebungen noch einen weitern Nachdruck zu verleihen, macht die Gattin des Verfassers gegenwärtiger Schrift periodisch einen Rundgang durch die Haushaltungen des Arbeiterquartiers, stattet jeder ihren besondern Besuch ab, um mit Rath, Aufmunterung und Lehre bei der Hand zu sein und sich solche Anhaltspunkte zu verschaffen, die uns behufs der Preisvertheilung am Ende eines jeden Jahres, die reglementsmässig für die Aufrechthaltung guter Ordnung in den Wohnungen angeordnet ist, massgebend sein können. Indem wir immerhin sorgfältig darauf sehen, dass der Arbeiter sich nicht dem Luxus ergebe und namentlich sich jeder Ausgabe entschlage, welche seine Mittel übersteigt, so sehen wir es doch gerne, dass in deren Wohnungen ein gewisser Grad von confortabler Einrichtung, ein gewisses Wohlbehagen herrsche, welches den Arbeiter den häuslichen Herd lieb gewinnen lehrt, ihn in Folge davon zur Sparsamkeit antreibt und ihn die Rücksichten, die er der Zukunft seiner Familie schuldig ist, nie aus den Augen verlieren lässt. [. . .]
In den Wohnungen und Gärten herrscht Ordnung und Nettigkeit in sehr hohem Grade, und in der grossen Mehrzahl der Haushaltungen ist der Sinn für Sparsamkeit in der befriedigendsten Weise rege geworden. Ueberhaupt hat der Geist der Ehrbarkeit bei den Meisten solche Fortschritte gemacht, dass den in diesen Beziehungen Zurückgebliebenen nur übrig bleibt: entweder sich zu bessern oder sich durch die Verachtung der Uebrigen hinweggetrieben zu sehen. Aehnlich wie ein gesunder Körper von selbst die in ihm befindlichen krankhaften Stoffe ausstösst.
Diese Ehrenhaftigkeit der Gesinnung unserer Arbeiter, dieses erwachende Gefühl ihrer eigenen Würde hoffen wir sogar mit der Zeit auf den Punkt sich steigern zu sehen, dass sie dereinst verlangen werden, diejenigen Auslagen selbst zu tragen, welche wir uns zu der Zeit für sie auferlegten als ihre Einsicht noch nicht klar genug war, ihr wahres Interesse zu erkennen. [. . .]

Wenn es in solcher Weise gelingt, dem Arbeiter den ganzen Werth der häuslichen Tugenden und seiner intellektuellen Vervollkommnung zum Bewusstsein zu bringen, so wird man das so wünschenswerthe Ziel erreichen, in ihm eine innere Befriedigung hervorzurufen, wie sie nach den unabänderlichen Gesetzen der Weltordnung diejenige Gemüthsruhe gewährt, welche das Streben nach dem Guten und Höhern allein zu bewirken vermag. Diese innere Zufriedenheit, da sie auch die menschlichen Unvollkommenheiten in milderm Lichte zu beurtheilen befähigt; wird daher überdiess zur besten Schutzwehr der bestehenden staatlichen Einrichtungen und zur sichersten Gewähr, dass deren weitere Fortentwicklungen stets nur im Sinne der Ordnung und der Gesetzlichkeit geschehen dürfen. [. . .]

Den Arbeitgeber anbelangend so wird er sich seiner Seits für seine Bemühungen, seine Geduld und seine Geldopfer dadurch entschädigt finden, dass er sich einen anhänglichen Arbeiterstand geschaffen hat, der, indem er sich seine aufgeklärte Anschauungsweise zu eigen macht – ebenso sehr den nothwendigen Unterschied in ihrer gegenseitigen Stellung als auch ihre gemeinsamen und untrennlichen Interessen begreift, und desshalb seine Industrie sowohl in Betreff deren Qualität als auch deren Quantität auf die blühendste Stufe der Vervollkommnung bringen wird.

Arbeitermietshäuser

»Wie wohnt der Arbeiter? Kurz gesagt, in Schlafstelle bei der Arbeiterfrau. Mehr bietet ihm die Wohnung selten, da sie außer den Eheleuten nebst Kindern auch Schlafburschen und Mädchen aufnehmen muß. Besser gestellte oder kinderlose Arbeiterpaare vermiethen ein Zimmer möbliert und beschränken sich auf die Küche. Denn die weitaus meisten Woh-

nungen bestehen nur aus zwei Räumen.«[59] *Das war noch im letzten Jahrzehnt des 19. Jahrhunderts die Wohnungssituation des durchschnittlichen Arbeiters in Deutschland.*

Von der Wohnungsnot waren allerdings nicht nur die Arbeiterschaft oder kleinbürgerliche Handwerker und Beamte betroffen, sondern »inzwischen hat die Wohnungsnoth ganz andere Kreise ergriffen, [...] Bemittelte, ja selbst wohlhabende Familien leiden unter ihr und gehen massenhaft durch ihre Wirkungen zu Grunde.«[60]

Seit der Mitte des Jahrhunderts erschien eine Fülle von warnenden Schriften, die jedoch nur von geringer Wirkung waren. Alle sahen das Elend, doch war man sich nicht einmal einig über die Ursachen der ungeheuren Wohnungsnot. Die einen sahen die hohen Bodenpreise als Ursache an, andere wiesen auf die hohen Baukosten hin, dritte glaubten, das ganze Unglück sei eine Folge der zu niedrigen Einkommen, und viele führten die Not auf das Hypothekenwesen zurück.[61] *Diese Fragen sind bis heute nicht geklärt, und es gibt auch nur für wenige Städte genauere Untersuchungen. Am Beispiel Berlins soll das Problem der Mietskasernen kurz erläutert werden.*

Von 1810 bis 1885 war die Bevölkerung dieser Stadt von 162 971 auf 1 312 975 Einwohner angestiegen. Dieser riesige Bevölkerungsteil fand nur ein unzureichendes Wohnungsangebot. Zwar standen 1880 über 20 000 Wohnungen leer, doch das waren teure Großwohnungen. Im gleichen Jahr hausten in Berlin 100 301 Einwohner in Kellerwohnungen. Es gab 3 230 Wohnungen mit 10 280 Bewohnern, die kein heizbares Zimmer hatten, und 536 000 Einwohner mußten in 67 064 Wohnungen leben, die nur ein heizbares Zimmer besaßen. Um die hohen Mieten zu zahlen, waren viele gezwungen, sogenannte Schlafleute aufzunehmen, also nicht Untermieter, sondern Personen, denen nur ein Bett vermietet wurde. 1880 mußten fast 40 000 Haushaltungen solche Schlafleute beherbergen; fast 10 000 dieser Haushalte besaßen selbst nur ein Zimmer.[62]

Das folgende Beispiel aus Königsberg gibt einen Eindruck von derartigen Verhältnissen: »In einem alten, unsauberen Hause eines Arbeiterviertels bewohnt eine Familie ein Zimmer; Kochgelegenheit befindet sich im Hausflur. Außer einem Sohn von 9 Jahren lebt dort noch ein 1jähriges Pflegekind. In einer Ecke hat ein Flickschuster seine Werkstatt aufgeschlagen, ausserdem wohnt er noch in demselben Zimmer; [...] .«[63]

Der Mangel an preiswerten Wohnungen war jedoch nicht das einzige Übel. Die vorhandenen Wohnungen waren aus den verschiedensten Gründen zu teuer, sie waren billig gebaut, oft feucht, in zu hoher Verdichtung angelegt und vor allem überbelegt. Da die Bewohner wegen der langen Arbeitstage und mangels Geld nicht die Möglichkeit hatten, in ihrer Freizeit in Parks oder in Erholungsgebiete zu fahren, gefährdete die Bebauung auch die Gesundheit, während heute diese Bauten durchaus attraktiv sein können. Die riesigen Baublocks des Berliner Stadtplans wurden aus Gründen der Bodenausnutzung nicht durch Straßen aufgeteilt oder, wie es Schinkel noch vorschwebte, im Innern als Grünflächen genutzt, sondern fast vollständig bebaut: An den breiten Straßen standen die hohen, meist fünfgeschossigen Vorderhäuser, die sich nach hinten durch Seitenflügel fortsetzten, die dann wiederum durch Querflügel und Hinterhäuser verbunden wurden. Fast immer gab es in den Höfen auch noch Werkstätten.[64] *(Vgl. Abb. S. 153, 209 und 217.)*

Die intensive Bodennutzung hatte Hobrecht noch nicht vorausgesehen, bzw. hatte er nicht die Folgen für die Bewohner geahnt. Für ihn war das Großmietshaus noch eine geradezu soziale Einrichtung; im gemeinsamen Bewohnen einer Mietskaserne durch Reiche und Arme – die Wohlhabenden im Vorderhaus, in der ersten Etage, die anderen, je nach Einkommen, in den oberen Etagen oder im Hinterhaus – erhoffte er durch gegenseitige Kontakte einen Abbau der Klassengegensätze, Vorstellungen, die 1868, beim Erscheinen des Buches, von der Realität längst überholt waren.

29

James Hobrecht

Wohnen in der Mietskaserne

(1868)

Wer wollte die Vorzüge der Villa vor der Miethskaserne verkennen, und wer wollte leugnen, dass sich jeder in einem eigenen Hause, welches er allein bewohnt, schädlicher Einflüsse, sowohl sittlicher wie physischer besser erwehren *kann* als in einer sogenannten Miethskaserne; aber mit der Anerkennung dieser Thatsache ist für das allgemeine *Prinzip* in der Wohnungsfrage wenig geleistet.
Zunächst wolle man sich erinnern, dass bei solchen Fragen die *Armen* es sind, welche besondere Berücksichtigung verdienen, wenigstens wenn man sich nicht auf den behaglich-egoistischen Standpunkt stellt, der nur fragt: »wie wohne *ich* am besten?« sondern sich die Frage vorlegt: »wie wohnen *alle* Bewohner einer Stadt verhältnissmässig am besten?« Die Armen sind bei Entscheidung der Wohnungs-Frage aus zwei Gründen die maassgebenden, einmal, weil sie die bei weitem zahlreichere Klasse der städtischen Bevölkerungen bilden, dann, weil sie wegen ihrer Unwissenheit und ihrer Unfähigkeit, sich zu helfen, viel leichter den Nachtheilen verfallen, die schlechte Wohnungs-Verhältnisse herbeiführen, und durch sich körperlich und geistig die wohlhabendere Bevölkerung in Mitleidenschaft ziehen. [...]
In einer sogenannten Miethskaserne befindet sich im I. Stockwerk eine Wohnung zu 500 Thalern Miethe, im Erdgeschoß und II. Stockwerk je zwei Wohnungen zu 200 Thalern, im III. Stockwerk je zwei Wohnungen zu 150 Thalern, im IV. drei Wohnungen à 100 Thaler, im Keller, auf dem Bodenraum, im Hinterhause oder dergl. noch mehrere Wohnungen à 50 Thaler.
In einer englischen Stadt finden wir im Westend, oder irgend

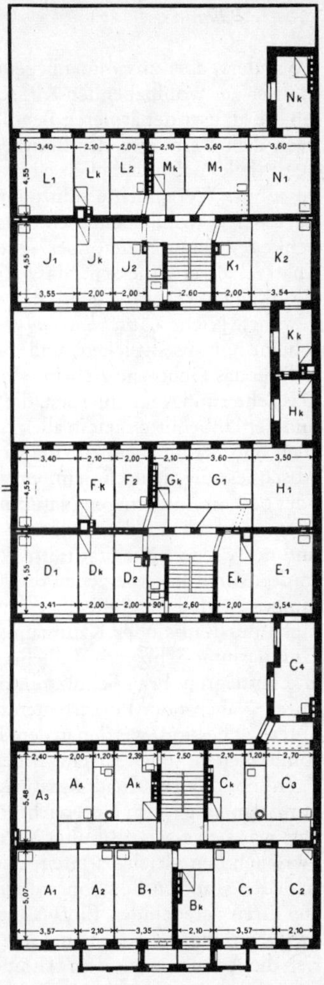

Berlin. Mietskaserne mit Quergebäuden und Hinterhöfen, um 1905. Die Buchstaben bezeichnen die Räume jeweils einer Wohnung; k: Küche. Die Wohnungen B, E, F, G, H, K, L, M, N haben keine Innentoilette; rechts befindet sich das Nachbarhaus, links ist symmetrisch eine ähnliche Anlage zu denken. Die Höfe sind bereits frei von Werkstätten

wo anders, aber zusammenliegend, die Villen und einzelnen Häuser der wohlhabenden Klasse, in den anderen Stadttheilen die Häuser der ärmeren Bevölkerung, immer in Gruppen nach dem Vermögen der Besitzer zusammenliegend, ganze Stadttheile dabei lediglich von der Arbeiter-Bevölkerung bewohnt. Wer möchte nun bezweifeln, dass die reservirte Lage der je wohlhabenderen Klassen und Häuser Annehmlichkeiten genug bietet, aber – wer kann auch sein Auge der Thatsache verschliessen, dass die je ärmere Klasse vieler Wohlthaten verlustig geht, die ein *Durcheinanderwohnen* gewährt. Nicht *»Abschliessung«*, sondern *»Durchdringung«* scheint mir aus sittlichen, und darum aus staatlichen Rücksichten das Gebotene zu sein.

Das Sehen und Kennenlernen, die Berührung mit der Armuth und der Unbemitteltheit in allen Abstufungen ist für den Reichen und Wohlhabenden eine sittliche Schule, während die Abschliessung, je nach dem, entweder zu einer Verhärtung, oder bei empfindsameren Naturen, wenn einmal diese Berührung eintritt, – und dies bleibt nie ganz aus – zu einer falschen und nervösen Humanität führt. [...]

In der Miethskaserne gehen die Kinder aus den Kellerwohnungen in die Freischule über denselben Hausflur wie diejenigen des Raths oder Kaufmanns auf dem Wege nach dem Gymnasium. Schusters Wilhelm aus der Mansarde und die alte bettlägrige Frau Schulz im Hinterhause, deren Tochter durch Nähen oder Putzarbeiten den nothdürftigen Lebensunterhalt besorgt, werden in dem I. Stockwerk bekannte Persönlichkeiten. Hier ist ein Teller Suppe zur Stärkung bei Krankheit, da ein Kleidungsstück, dort die wirksame Hülfe zur Erlangung freien Unterrichts oder dergleichen, und Alles das, was sich als das Resultat der gemüthlichen Beziehungen zwischen den gleichgearteten, und wenn auch noch so verschieden situirten Bewohnern herausstellt, eine Hülfe, welche ihren veredelnden Einfluss auf den *Geber* ausübt. Und zwischen diesen extremen Gesellschafts-Klassen bewegen sich die Aermeren aus dem III. und IV. Stock, Gesellschafts-

Klassen von der höchsten Bedeutung für unser Kulturleben, der Beamte, der Künstler, der Gelehrte, der Lehrer etc. In diesen Klassen wohnt vor allem die geistige Bedeutung unseres Volkes. Zur steten Arbeit, zur häufigen Entsagung gezwungen und sich selbst zwingend, um den in der Gesellschaft erkämpften Raum nicht zu verlieren, womöglich ihn zu vergrössern, sind sie in Beispiel und Lehre nicht genug zu schätzende Elemente, und wirken fördernd, anregend und somit für die Gesellschaft nützlich, und wäre es fast nur durch ihr Dasein und stummes Beispiel, auf diejenigen, die neben ihnen und mit ihnen untermischt wohnen.

Umgekehrt sind die Wohlhabenderen in ihrer Reinlichkeit und geselligen Dressur, ganz abgesehen von besseren Eigenschaften, die ihnen ja keineswegs fehlen, und welche die Folge sorgfältigerer Erziehung sind, erst recht von sittlichem Einfluss auf den Armen und Aermeren. [...]

Wieviel gelegentlicher Verdienst für Arbeiten und Leistungen, die der Wohlhabende braucht, fällt ab auf die ärmeren Mitbewohner des Hauses. [...]

Es kann hier nicht meine Aufgabe sein, im Speziellen anzugeben, wie und wodurch wir unsere Wohnungs-Verhältnisse verbessern, wie wir das empfehlenswerthe Durcheinanderwohnen beibehalten können, ohne dabei unsern Häusern den Kasernen-Charakter zu belassen, aber das ist als hauptsächlichstes Postulat kurzweg hinzustellen, dass mehr Luft und mehr Licht den Gebäuden zu geben ist. Fort mit den Kellerwohnungen, die gut sind für Fässer und Kartoffeln und Gemüse, aber nicht für Menschen! Raum für die Höfe! das vierfache der Dimensionen, welche die Berliner Baupolizei-Ordnung verlangt, das achtfache des Raumes, den die Stettiner Häuser übrig lassen, ist nicht zu viel, ist kaum genug, wenn wir für unsere Hinterzimmer noch Sonne, Licht und Luft in genügender Quantität und Güte behalten wollen. [...]

Die breiteren Strassen, welche man in neuen Stadttheilen nun schon in der Regel anzulegen pflegt, werden in ihrer wohlthätigen Wirkung paralysirt durch die geschlossenen Reihen der Gebäude, die so hoch aufgeführt werden, dass 6 Mal übereinander, wie in 6 Schubladen, Menschen wohnen können und wohnen. Solchergestalt gelingt es denn, die Sonne und den Luftwechsel in den Strassen und somit auch in den Häusern, welche aus diesen Strassen die Luft empfangen sollen, möglichst auszuschliessen. Dass etwa in den älteren Stadttheilen mit den schmalen Gassen mehr Rücksicht beim Aufsetzen von Stockwerken genommen werde, soll damit nicht gesagt werden. Soweit der Widerstand baupolizeilicher, die Höhe beschränkender Bestimmungen irgend nur gebrochen oder umgangen werden kann, geschieht es.

Bau-Gesellschaft und Bau-Genossenschaft

Hobrecht erkannte zwar die Mißstände in den Mietskasernen; die von ihm vorgeschlagenen Verbesserungen traten jedoch unter den schlechten materiellen Bedingungen der Bewohner der Hinterhäuser oder Kellerwohnungen nicht ein. »Die Gesamtbewohnerschaft einer gegenwärtigen ›Mietskaserne‹ lebt ohne alle wahrhaft freien, sittlichen und menschlichen Beziehungen unter der Zuchtherrschaft eines ›Hausherrn‹ beisammen im Hause und erkaltet dadurch vollständig gegen alles edlere, engere menschliche Wohlwollen und wechselseitiges hilfreiches Zusammenwirken; nichts als das selbstsüchtige Interesse eines zufällig über ihnen stehenden ›Hausherrn‹ hält sie zusammen [...] weckt und nährt eher niedere als höhere Gesinnungen, eher wechselseitige Feindschaft als Freundschaft gegeneinander.«[65]
Bürgerliche Sozialreformer wie Victor Aimé Huber und Julius Faucher (1820–78) versuchten durch Genossenschaftsbildung und Einrichtung gemeinnütziger Baugesellschaften die Not abzuwenden. Ähnlich wie in der Frage der Arbeiterkolonien brachte auch beim städtischen Wohnen die Unterstützung

adeliger Kreise erste, sehr bescheidene Erfolge. Die jahrelangen Bemühungen des Landbaumeisters Carl Wilhelm Hoffmann in Berlin, eine gemeinnützige Baugesellschaft zu gründen, führten schließlich 1847/48 zur Einrichtung der »Berliner gemeinnützigen Baugesellschaft«. Friedrich Wilhelm IV. förderte sie, und Prinz Wilhelm übernahm 1850 das Protektorat; zudem war eine große Zahl wohlhabender Bürger wie Alexander von Humboldt, Friedrich Karl von Savigny, August Borsig usw. Mitglied. Verbunden war die Gesellschaft eng mit der »Actien-Baugesellschaft Alexandra-Stiftung«, deren Vermögen auf eine Stiftung des Zaren Nikolaus I. von 1852 zurückging.[66]

Die Gesellschaft verfolgte das Ziel, in Mietshäusern gesunde und billige Kleinwohnungen einzurichten, deren Mieten nicht steigerbar sein sollten und die seitens des Vermieters nicht gekündigt werden konnten.

Das Projekt war nicht sehr erfolgreich, weil die Aktionäre mit der Dividende von 4 % sich nicht zufriedengaben, der Magistrat verständlicherweise (in der Mehrheit bestand er aus Hausbesitzern!) dagegen war, und weil die Versuche, die Wohnungen an die Mieter zu verkaufen, aus Gründen der Mobilität von den Bewohnern abgelehnt wurden. Trotz dieser Schwierigkeiten brachte es die Gesellschaft bis 1908 auf 821 Wohnungen. Die Alexandra-Stiftung besteht heute noch.

Die Ansprüche der Gemeinnützigen Bau-Gesellschaft auf billige und gesunde Wohnungen waren gekoppelt mit dem Ziel, die »rohen« Arbeiter auch sittlich zu verbessern. Damit kommt diese städtische Gründung sehr nahe den Zielen, die auch der Arbeitgeber in Kuchen mit seiner Siedlung verfolgte.

Auch diese Berliner Initiative konnte das Wohnungsproblem nur zu einem geringen Teil lösen, da die wirklich armen Bevölkerungskreise keinen Zugang hatten. Ziel war es, Arbeiter und kleine Angestellte, die Arbeit und Verdienst hatten, vor dem völligen sozialen Abstieg zu bewahren. Die ersten

Bauten zeigten die Anfänge eines verbesserten Wohnens, das sich nicht so sehr in der baulichen Gestaltung niederschlägt als vielmehr in den Mietbedingungen. Jedoch weisen auch bauliche Vorteile, wie die Möglichkeit einer Durchlüftung der Wohnungen und die nur geringe Zubauung des Hofes, auf Neuerungen hin. Die Toiletten befanden sich allerdings noch auf dem Hof (vgl. Abb. S. 216 und 217.).

30

Carl Wilhelm Hoffmann

Die Berliner gemeinnützige Bau-Gesellschaft

(1852)

Die Gesellschaft bezweckt eine Verbesserung der materiellen und sittlichen Wohnungs-Verhältnisse der arbeitenden Klassen nach deren *wirklichen Bedürfnissen*. Sie will aber nicht nur die vielen und grossen Nachtheile beseitigen, welche in den gegenwärtigen Wohnungs-Verhältnissen liegen und diese zu einer Haupt-Ursache der zunehmenden Noth jener Klassen machen, sondern auch ihren Miethern eine positive und neue Grundlage zur Ergreifung von Vortheilen geben, welche eine Hebung des Standes der sogenannten kleinen Leute zur Folge haben müssen. Sie erbauet zu diesem Behufe gesunde, bequeme und verhältnissmässig geräumige Wohnungen, vereinigt die Miether derselben zu einer Mieths-*Genossenschaft*, und übergiebt dieser nach einer bestimmten Zeit das *freie* Eigenthum und schon früher ein bedingtes Eigenthum an den erbauten Häusern und Wohnungen. Sie will zum Nutzen sowohl für die Betheiligten als für das Ganze

eigenthumslose Arbeiter in arbeitende Eigenthümer verwandeln.

In dem Kreise ihrer Hausbewohner sucht sie, soweit die Umstände es gestatten, das Prinzip der ökonomischen Association zu entwickeln, wie es in seinen einfachsten Grundlagen in den sogenannten Sparvereinen vorliegt, in seiner weiteren Entwickelung aber, zumal in Verbindung mit entsprechender Verbesserung der Wohnungs-Verhältnisse, die grössten und nachhaltigsten materiellen Vortheile bietet.
In der sittlichen Thätigkeit, welche die Ergreifung der materiellen Vortheile innerhalb einer gesunden, würdigen Genossenschaft voraussetzt, findet die Gesellschaft die Bedingung für das Reifen ihrer Saaten.
Ihre Wirksamkeit beziehet sich zunächst auf den Theil der arbeitenden Klassen, welche dem Almosen, dem *Pauperismus* noch nicht verfallen sind. [...]

Häuser-Gruppe No. I.: Wollank-Strasse No. 8 und 9

Mit Zeichnungen auf Blatt I, II [vgl. Abb. S. 216 und 217]

Die *Wollank-Strasse* verbindet, ausserhalb und längs der Stadtmauer, von dieser aber durch eine breite mit Linden bepflanzte Strasse getrennt, das Schönhauser Thor mit dem Rosenthaler Thore, in einer Richtung von Osten nach Westen. Die Häuserreihe hat die volle Sonne. In mässiger Entfernung von der fabrikreichen Oranienburger, unmittelbar in Verbindung mit der Rosenthaler Vorstadt (dem sogenannten Voigtlande), der sehr frequenten Schönhauser Allee und dicht neben der Stadt, gehören die Wohnungen zu denjenigen, welche von Arbeitern, auch um deswillen, weil die Häuser mit Gärten versehen sind, sehr gesucht werden. Hierzu kommt noch die höchst gesunde Lage der ganzen Gegend und eine verhältnissmässige Billigkeit der Miethen, welche gegen die der andern Häuser-Gruppen um circa 10 Procent niedriger gesetzt werden konnten und mussten, weil die Baustellen wohlfeiler waren.
A. *Das Haus No. 8* ist im Jahre 1849 erbauet und gehört zu

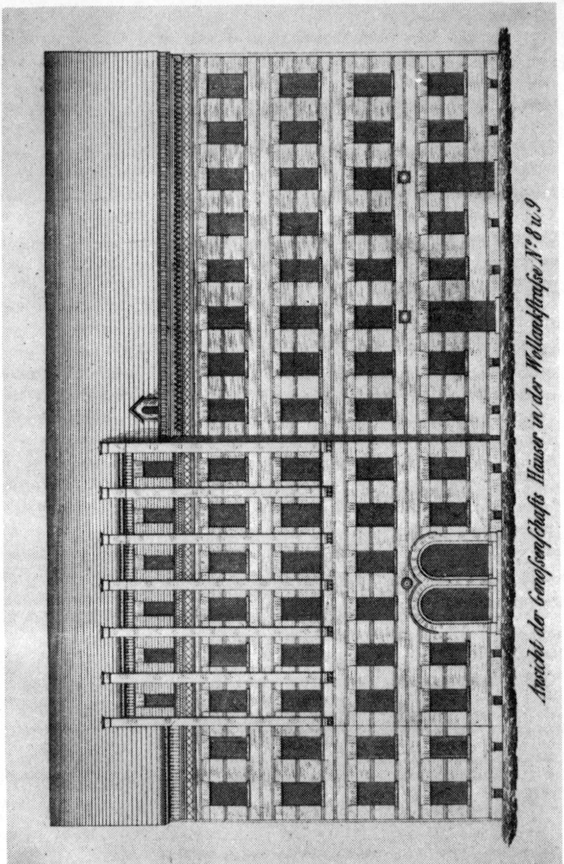

Berlin. Wohnhäuser in der ehemaligen Wollankstraße (heute Wilhelm-Pieck-Straße). Architekt C. W. Hoffmann, 1849

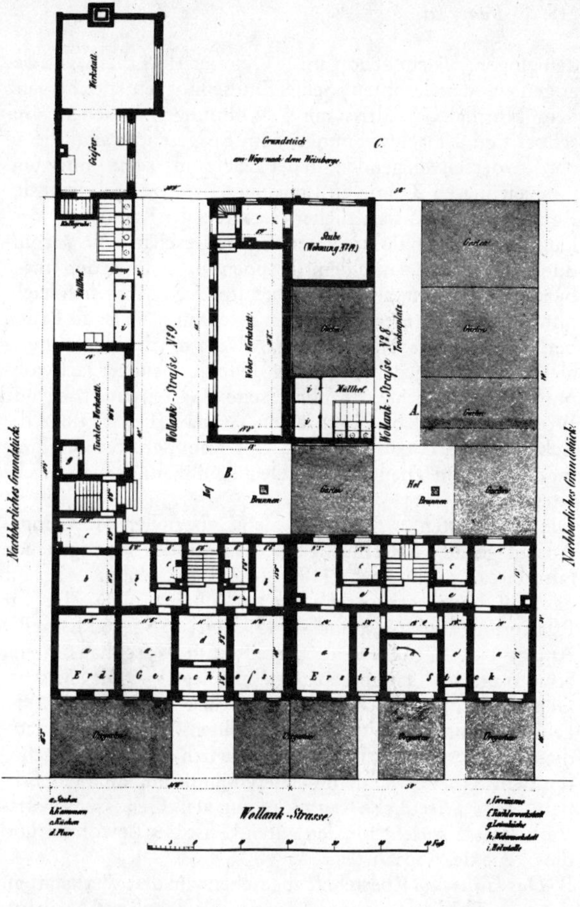

Berlin. Wohnhäuser in der Wollankstraße. Grundriß. Werkstätten, Toiletten und Brunnen liegen im Hinterhof

denjenigen, welche schon am 1. October 1849 theilweise bezogen werden konnten. Seine Eintheilung entspricht ganz dem Normal-Grundriss mit 3 Wohnungen in jedem Geschoss und 2 Dachwohnungen. Im Erdgeschoss sind die an der Vorderseite liegenden, in der Zeichnung Blatt I mit *c* und *b* bezeichneten Räume zu Eingängen benutzt und dient der Raum *c* als gemeinschaftlicher Hausflur, der Raum *b* als Verkaufsladen für ein Posamentierwaaren-Geschäft. Die Verbindung des Flurs *c* mit dem Treppenflur, wobei der mit *e* bezeichnete Raum als Passage benutzt ist, erklärt sich leicht ohne Beifügung einer besonderen Zeichnung. – Der als Laden benutzte Raum *b* sollte ursprünglich der mittleren Wohnung als Kammer beigegeben werden. Jede der beiden Dachwohnungen hat eine an der Hinterseite (Gartenseite) liegende Wohnstube, welche durch einen Aufbau (Erker) über die Eckzimmer *c, c*, gewonnen ist, eine Kammer über die Zimmer *b* mit zum Theil schräger Decke, und ähnlich eingerichteter Küche. [...]
Die Baukosten sind nach dem speziellen Revisions-Anschlage auf 8408 Thlr. 21 Sgr. 4 Pf. für das Wohngebäude (also circa 4⅔ Thlr. pro Q. F.) auf 211 Thlr. 9 Sgr. 9 Pf. für das Stall- und Abtrittsgebäude nebst Zubehör auf 80 Thlr. für Pflasterung des Hofes, und auf 135 Thlr. 25 Sgr. 6 Pf. für die Anlage eines Brunnens festgestellt. Ein Waschhaus ist im Souterrain des Hauptgebäudes angelegt. – Die Mieths-Genossenschaft ist für dies Grundstück am 28. März 1850 gebildet. Von den Mitgliedern derselben sind drei im Staatsdienste angestellt (darunter der Vicewirth) die übrigen gehören dem Arbeiterstande im engeren Sinne an. Eine bemerkbare, sehr erfreuliche Entwickelung der Genossenschafts-Verhältnisse spricht für den guten Geist der Bewohner und die Treue des Vicewirths.
B. *Das Haus No. 9* bestehet, abgesehen von den Werkstätten, aus zwei Theilen, von denen der eine kleinere Theil (Anbau), mit den Werkstätten in Verbindung stehet und mit ihnen einen gemeinschaftlichen Eingang hat. Das *Hauptgebäude* ist

nach dem Normal-Grundriss No. 2 eingetheilt, jedoch mit der Modification, dass das mittlere Zimmer in der Vorderfront zu einer besonderen Wohnung eingerichtet wurde, was durch eine mit der Frontmauer parallele Wand, zur Abtrennung eines Vorraums mit Kochgelegenheit erreicht ist. Es hat fünf Geschosse. Im Parterre ist der mittlere Raum zu Flur und Vorhalle benutzt, so dass daselbst nur zwei Wohnungen, (im ganzen Gebäude demnach 14 Wohnungen) enthalten sind. Die Eintheilung des *Anbaues* und seine Verbindung mit den *Werkstätten*, gehet aus der Zeichnung hervor. Er enthält in 4 Geschossen: 4 Wohnungen, 2 Tischler- und zwei Weber-Werkstätten; ausserdem 1 Werkstatt im Souterrain und ein Waschhaus daselbst. Dem Seitengebäude gegenüber liegt eine grosse *Werkstatt für Weber* zu 6 Stühlen nebst Wohnung (vergleiche Blatt I). Die Bauten sind im Jahre 1850 ausgeführt. Maassgebend bei dem Entwurf der Zeichnungen waren die inzwischen gemachten Erfahrungen, namentlich in Beziehung auf das grosse Bedürfniss nach Werkstätten, insbesondere für *Weber*. Um diese letzteren nicht von den Wohlthaten, die die Gesellschaft den Arbeitern bietet, auszuschliessen, musste man sich zur Erbauung besonderer, lediglich für sie bestimmter Häuser entschliessen und zwar aus mehrfachen Gründen: weil die bis dahin erbauten Wohnungen für die Aufstellung mehrerer Webestühle keinen hinlänglichen Raum gewährten und namentlich die Höhe der Zimmer (9′)[67] für die Anbringung einer Jacquard-Maschine[68] nicht gross genug ist; ferner weil durch die Weberei, mindestens durch einige besondere Arten derselben, eine so feuchte Luft in den Arbeitsräumen unterhalten wird, dass die gewöhnlichen Gebäude darunter erheblich leiden, und endlich weil anderen Miethern das ewige Geräusch des Webestuhls beschwerlich fällt. Die Weber-Werkstatt liegt mit dem Fussboden 2′ unter dem Pflaster des Hofes, so dass die Fensterbrüstungen, welche gewöhnlich am meisten von der Nässe leiden und von ihr oft ganz durchdrungen sind, äusserlich nur auf 1′ Höhe sichtbar werden. Die Zimmerhöhe beträgt 11 Fuss. Alle Werkstätten, vorzüglich aber die der Weber bedürfen des Lichts im höchsten Maasse. Die Fenster sind deshalb zahlreich angebracht. In dem Hause No. 9 wohnen als Miethsgenossen 5 im Staatsdienste angestellte oder beschäftigte Personen (3 Schutzmänner, 1 Post-Conducteur und ein Postbote) und 15 Arbeiter. Der Andrang nach den Wohnungen war so gross, dass sie sämmtlich vermiethet werden konnten, noch bevor das Dach aufgesetzt war. Die Mieths-Genossenschaft bestehet rechnungsmässig seit dem 1. Januar 1851. Nachdem einige der ursprünglichen Miether freiwillig, andere unfreiwillig das Haus geräumt haben und an deren Stelle Andere einzogen, geht es in dieser, der grössten aller durch die Gesellschaft geschaffenen Genossenschaften hinlänglich gut, um die *besten* Erwartungen zu rechtfertigen. Das Grundstück ist mit dem No. 8 von gleicher Grösse. Ausser den vor dem Hause liegenden Plätzen ist aber kein Raum zu Garten-Anlagen verwendet.

Als dritte Möglichkeit, billigen Wohnraum zu beschaffen, wurden im 19. Jahrhundert, neben Firmenwohnungen und von Baugesellschaften bereitgestellten Wohnungen, Baugenossenschaften gegründet: der Zusammenschluß vieler Wohnungssuchender mit geringem oder gar keinem Kapital zum Zweck der gemeinsamen Finanzierung neuer Wohnhäuser. Baugenossenschaften waren in Deutschland innerhalb der Genossenschaftsbewegung eine sehr späte Erscheinung; 1873 gab es etwa 4000 Wirtschaftsgenossenschaften, aber nur 50 Baugenossenschaften.[69]

Die Wende zu leistungsfähigen Genossenschaften brachte erst 1885 die Gründung des Spar- und Bauvereins Hannover. Er zog erstmals Spargelder zur Finanzierung heran und wandte sich von der Privatisierung der Wohnungen ab. Es wurden nur noch Bauten errichtet, die im Besitz der Genossenschaft verblieben und an die Mitglieder vermietet wurden.

Das Hannoversche Beispiel wurde vom 1892 gegründeten

Berliner Spar- und Bauverein übernommen.[70] *Die ersten Mitglieder waren allerdings auch hier »Männer aus den besitzenden Klassen«. Die Mitglieder setzten sich 1893 folgendermaßen zusammen: 515 Arbeiter und Gesellen, 66 Handwerksmeister, 13 kaufmännische Gehilfen, 24 Unterbeamte; daneben 103 »Besitzende« (52 Bankiers und Kaufleute, 20 Gelehrte und Ärzte, 15 höhere Beamte, 14 Baumeister und 2 Pensionäre). Die Statistik führt noch 25 Frauen als Mitglieder auf. Somit besaß der Verein acht Jahre nach der Gründung 746 Mitglieder; er besteht noch heute und unterhält etwa 4000 Mietwohnungen.*[71]

Das Modell des Berliner Spar- und Bauvereins bot allerdings nicht nur in seiner rechtlichen Konstruktion einen neuen Weg, sondern auch die Planungen seines Architekten Alfred Messel wiesen neue Lösungen auf. Das Haus in der Sickingenstraße von 1893/94 bricht mit einigen Traditionen des Berliner Wohnungsbaus. Vor allem sind die Seitenflügel nicht mit dem Quergebäude verbunden, so daß der sehr große Hof mehr Licht und Durchzug erhält; der Hof wurde von Bebauung freigehalten, und die Wohnungen erhielten Innentoiletten. Trotz bedeutender Ansätze einer Reform zeigte dieses frühe Haus allerdings noch das berüchtigte »Berliner Zimmer«, das im Winkel zwischen Vorderhaus und Seitenflügel gelegen, bei seitlich eingebauten Häusern, fast ohne Beleuchtung und ohne ausreichende Querlüftung blieb (vgl. Abb. S. 226 und 227). Von den gleichförmigen Fassaden der Mietskasernen weicht auch die Außengestaltung dieser Bauten ab. Es wurde versucht, möglichst viele Wohnungen mit einem Balkon auszustatten und diese Balkone auch als ästhetisches Gliederungsmittel einzusetzen. Neu bei einem Mietshaus für Arbeiter war auch die differenzierte Unterteilung des Baukörpers in Risalite und mehrfach in die Tiefe gestaffelte Zwerchgiebel sowie die Aufwertung des Eingangsbereiches durch historisierende Architekturelemente[72] *(vgl. Abb. S. 227).*

Die Bemühungen der gemeinnützigen Baugesellschaften und der Genossenschaften waren nur unzureichende Versuche zur

Linderung der Wohnungsnot. Ihr hätte nur ein massiver Einsatz staatlicher Mittel abhelfen können. Statt dessen wurde der Wohnungsbau für die Armen überwiegend von der vierten und was das Bauvolumen anbelangt, wichtigsten Kraft auf diesem Gebiet betrieben, der privaten Wohnungsspekulation.

Im ganzen 19. Jahrhundert war die Stellung der Spekulanten im Bauwesen eine ambivalente. Einerseits wurden Bodenspekulanten ob ihrer unsozialen Praktiken verurteilt, andererseits als legitimer Faktor der Stadtplanung und Stadtentwicklung angesehen. Auch im Wohnungswesen war die Gesellschaft auf Spekulanten angewiesen, um nicht einen großen Teil der Bevölkerung der Obdachlosigkeit auszusetzen. So empfahl die Vereinigung Berliner Architekten 1891 zur Lösung der Arbeiter-Wohnungsfrage: »Bei dem in stetiger Steigerung begriffenen Massenbedarf an Arbeiter-Wohnungen ist es unmöglich, die Errichtung derartiger Miethäuser aus öffentlichen Mitteln, im Sinne eines Wohltätigkeits-Unternehmens ins Auge zu fassen. Es kann diesem Bedarfe vielmehr nur durch die Privat-Spekulation genügt werden. Als wichtigstes Erfordernis erscheint es demzufolge, in jeder nur möglichen Weise die Herstellung von Miethäusern mit kleinen Wohnungen zu fördern, die bei guter Bauart und Einrichtung trotz billiger Miethen dem Besitzer dennoch einen ausreichenden Gewinn abzuwerfen vermögen.«[73]

31

H. Albrecht

Die Arbeitermiethshäuser des Berliner Spar- und Bauvereins

(1898)

Die gemeinnützige Bauthätigkeit, namentlich in der Form des Genossenschaftswesens, hat vor allem in Deutschland in den letzten Jahren einen erfreulichen Aufschwung genommen. Kurz an allen Ecken und Enden regt es sich, um dem unleugbar vorhandenen Nothstande zu Leibe zu gehen.

Um so auffallender ist es, dass gerade in Architektenkreisen der von den Sozialpolitikern ausgegangene Weckruf so wenig Nachhall gefunden hat. Die Frage der zweckmäßigen Gestaltung des Arbeiterwohnhauses muss als eine von dieser Seite entschieden vernachlässigte bezeichnet werden. Es gilt dies weniger von dem für ländliche Verhältnisse passenden Einfamilienhaus und den diesem nahestehenden Grundrissformen. Die Arbeiterkolonien einzelner Großindustrieller, so u. A. der Firma Fried. *Krupp*, der Höchster Farbwerke, der Döhrener Wollwäscherei und -Kämmerei, der eisenbahn- und militärfiskalischen Betriebe, bekunden eine gründliche Vertiefung der ausführenden Architekten in die ihnen gestellten Aufgaben. Immerhin begegnen wir aber auch in dieser Beziehung gerade in den von Architekten herausgegebenen Sammelwerken mehrfach einem Schematismus und einer Urtheilslosigkeit, die uns in Erstaunen setzen muss. Unendlich viel weniger erfreulich noch sieht es um die Grundrissgestaltung des Arbeiterwohnhauses in den grossen Städten aus. Es liegt in der Natur der Sache, dass da, wo es sich um die Herstellung *kleiner* Wohnungen handelt, ganz andere Aufgaben an den Architekten herantreten, als beim Bau von Häusern mit sogenannten herrschaftlichen Wohnungen. [...] Vielfach hat man sich ohne Berücksichtigung der besonderen

an eine gute *Arbeiter*wohnung zu stellenden Anforderungen einfach an das ortsübliche Grundrissschema angelehnt und ist damit selbstverständlich zu einer nicht zweckmäßigen Lösung gelangt, [...] .
Was insbesondere die Verhältnisse in Berlin betrifft, wo in Folge der unten weiter zu besprechenden Umstände die Schwierigkeiten noch erheblichere sind als an den meisten anderen Orten, so hat die Vereinigung Berliner Architekten zu Anfang der neunziger Jahre den ernstlichen Versuch gemacht, der Lösung der Frage näher zu kommen. [...] Allen diesen Versuchen haftet aber ebenfalls der Fehler an, dass sie zu ängstlich an dem in Berlin üblichen Schematismus, vor allem an dem Grundsatz festhalten, dass nur durch eine bis zur äußersten zulässigen Grenze geführte Ausnutzung des Grund und Bodens eine Rentabilität solcher Wohnhausanlagen erzielt werden könne.
Der erste, der mit diesem Grundsatz in Theorie und Praxis gebrochen hat, ist *A. Messel* gewesen. [...] Er wurde [...] vor die Aufgabe gestellt, in Ausführung einer ehrenamtlich übernommenen Verpflichtung das erste von dem im Jahre 1892 gegründeten *Berliner Spar- und Bauverein* erworbene städtische Grundstück, entsprechend den von der genannten Genossenschaft verfolgten Tendenzen, mit kleinen Wohnungen zu bebauen. Der Uebertragung der dem besprochenen Entwurf zu Grunde gelegten Grundsätze auf das neue Unternehmen waren dadurch vielfach Grenzen gezogen, dass die Wahl des Baugrundstücks bereits festgelegt war, als *Messel* mit dem Entwurf und der Bauleitung betraut wurde. Es handelte sich um zwei eingebaute Parzellen von den in Berlin allgemein üblichen, für die Bebauung mit kleinen Wohnungen äußerst ungünstigen Ausmaßen von je 18 m Straßenbreite bei einer Tiefe von durchschnittlich 80 m, [...] .
Bei der Ausarbeitung des Entwurfs wurde auch hier von vornherein darauf verzichtet, das Grundstück bis zur baupolizeilich gestatteten Grenze auszunutzen. Von dem insgesammt 2800 qm umfassenden Doppelgrundstück sind nur

1200 qm, also erheblich weniger als die Hälfte bebaut. Wie [Abb. S. 226] es veranschaulicht, ist durch zweckmäßige Zusammenlegung ein sehr geräumiger Hof gewonnen, dem durch gärtnerische Anlage und eine einfache, aber wirkungsvolle Gliederung der Hoffronten das Düstere, Kasernenartige der gewöhnlichen Berliner Wohnungshöfe genommen ist. Zwischen dem Quergebäude und der Begrenzung des Bahnkörpers ist ein geräumiger Kinderspielplatz angelegt. Das Quergebäude steht ganz frei. Ursprünglich bestand die Absicht, das Vorderhaus gleichfalls als vollständig von den Seitenflügeln getrennten Bau zu errichten, um auch in den einspringenden Ecken zwischen Vorderhaus und Seitenflügeln das »Berliner Zimmer« zu vermeiden, das eine unnöthige Raumverschwendung bedeutet und dadurch den Preis der betreffenden Wohnungen vertheuert. Die Durchführung dieses Planes scheiterte an dem Widerstand maßgebender Vorstandsmitglieder der Genossenschaft, die nicht auf einmal ganz mit dem Althergebrachten aufräumen mochten. Die sich später ergebende Thatsache, dass die Wohnungen mit dem unverhältnismäßig großen Berliner Zimmer lange Zeit unvermiethbar waren, hat dem bauleitenden Architekten auch in dieser Beziehung bald genug Recht gegeben.
Was die Einrichtung der Wohnungen im Einzelnen betrifft, so hat die Mehrzahl derselben zwei Wohnräume und Küche. Die Seitenflügel enthalten ausschließlich diese Wohnungsform. In den Hinterhäusern ist durch unsymmetrische Anlage des Treppenhauses eine Viertheilung des Grundrisses derart erreicht, dass eine Anzahl ganz kleiner, aus Stube und Küche bestehender Wohnungen entstanden sind, die in Berlin des billigen Preises wegen für die schlechter gelohnten Arbeiter einem leider vorhandenen Bedürfnis entsprechen. Ebenso ist in den oberen Geschossen des Vorderhauses mit Benutzung des über der Vorhalle gelegenen Raumes zwischen den beiden größeren Wohnungen je eine kleinere, aus Stube und Küche bestehende, eingeschoben. Im ersten Obergeschoss ist auf jeder Seite eine dreiräumige Wohnung ange-

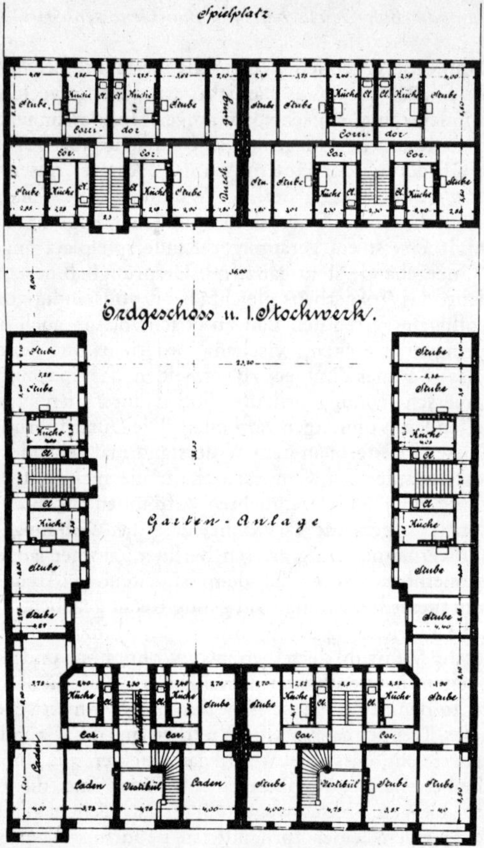

Berlin. Mietshäuser in der Sickingenstraße.
Architekt A. Messel, 1898. Grundrisse.
Das Quergebäude steht bereits frei

Berlin. Mietshäuser in der Sickingenstraße. Fassaden

ordnet. Jede einzelne Wohnung hat ihren abgeschlossenen Flur, besonderen Abort und Speisekammer. Als eine Anordnung, die sich vorzüglich bewährt hat, mag hier noch hervorgehoben werden, dass in sämmtlichen Wohnungen der Seitenflügel sowohl wie der Hinterhäuser Küchenheerd und Stubenofen an derselben Wand stehen; die Oefen sind hier überall derart eingerichtet, dass die Verbrennungsgase des Küchenheerdes für die Heizung der Wohnstube ausgenutzt werden können. Im Sommer wird das Verbindungsrohr mit dem Stubenofen durch einen Schieber geschlossen, so dass alsdann die Verbrennungsgase von dem Heerd unmittelbar in den Schornstein entweichen. Die Waschküchen, welche für eine Anzahl Familien gemeinschaftlich sind, wurden im Dachgeschoss untergebracht, eine Anordnung, die sich ebenfalls vorzüglich bewährt hat. Dadurch, dass Waschküche und Trockenboden unmittelbar nebeneinander liegen, wird die Beförderung der schweren Körbe mit der reinen Wäsche die sämmtlichen Treppen hinauf vermieden. Gleichfalls im Dachgeschoss ist eine Anzahl von Badezimmern untergebracht, die gerade für das städtische Arbeiterwohnhaus ein so dringendes Bedürfnis sind, dass ihre Anlage nicht warm genug empfohlen werden kann. Endlich gehört zu jeder Wohnung eine Kellerabtheilung und ein abgetrennter Bodenverschlag. Die Vorderräume des Erdgeschosses werden als Läden benutzt. [...]

Die Preise der einzelnen Wohnungsarten [...] wechseln etwas je nach der Höhenlage und der Lage nach der Straße oder nach dem Hofe. [...] Vorderwohnung, bestehend aus zwei zweifenstrigen Stuben und Berliner Stube (von der Treppe rechts, 2. Geschoss) zu 500 Mk.[74] [...]

Es ist hier also gelungen, Wohnungen, die ihrer Beschaffenheit nach in jeder Beziehung erheblich über die übliche Berliner Arbeiterwohnung hinausgehen, zu einem mäßigen Preise zur Verfügung zu stellen und dabei eine durchaus befriedigende Rentabilität zu erzielen. Der einzige grundsätzliche Mangel, welcher der Anlage anhaftet, dass nämlich in den

meisten Wohnungen die Möglichkeit einer queren Durchlüftung ausgeschlossen ist, liegt wesentlich in dem Zuschnitt des Grundstückes begründet. Sobald dieser zur Anordnung eines sich an das bebaute Nachbargrundstück anlehnenden Seitenflügels zwingt, ist wenigstens für diesen letzteren jede andere Grundrissverfügung ausgeschlossen. [...]
Die Anlage ist daher von grundsätzlicher Bedeutung dadurch, dass mit ihrer rentablen Durchführung der Beweis geliefert ist, dass bei einem Bodenpreis von 40–50 Mk. für das Quadratmeter selbst bei dem unzweckmäßigen Zuschnitt der üblichen Berliner Grundstücke ohne wesentliche Preissteigerung noch erheblich bessere Wohnungen geschaffen werden können, als sie die Privatbauthätigkeit bis dahin für den kleinen Mann zur Verfügung stellte. [...]
Bedeuten die im Vorstehenden geschilderten Wohnhausanlagen des Berliner Spar- und Bauvereins nun aber lediglich vom sozial-hygienischen Standpunkte aus betrachtet in Folge ihrer wohldurchdachten Grundrissanordnung schon einen nicht hoch genug anzuschlagenden Fortschritt, so kommt noch ein zweites hinzu, was dieselben hoch über alle bisherigen Schöpfungen verwandter Art hinaushebt. Hier hat zum ersten Mal der geniale Künstler sein ganzes Können eingesetzt, um bei aller Beschränkung, die ihm die Rücksichtnahme auf Billigkeit der Herstellung auferlegte, für das *Arbeiter*wohnhaus auch ein äußeres Gewand zu schaffen, das den hohen Zielen entspricht, die der Berliner Spar- und Bauverein sich gesteckt hat. In seinen alljährlich herausgegebenen Geschäftsberichten hat der Vorstand der Genossenschaft es immer wieder betont, dass er nicht in erster Linie Gewicht darauf legt, mit allen Mitteln eine Verbilligung der Wohnungen anzustreben. Viel bedeutsamer erscheint ihm die Aufgabe, das Wohnungsbedürfnis der arbeitenden Klassen zu heben, sie daran zu gewöhnen, dass sie ihre Wohnung nicht bloß als die Schlafstelle betrachten, die sie nicht entbehren können, sondern als ihr Heim, an dem sie sich erfreuen, wenn sie von der Arbeit in den Schoß ihrer Familie zurückkehren.

Dazu gehört aber in erster Linie, dass auch sein Aeußeres das Genossenschaftshaus von den Miethkasernen abhebt, wie sie sich in trauriger Eintönigkeit in den Arbeitervierteln der Großstädte aneinanderreihen.

Bürgerliches Wohnen

Bis ins erste Drittel des 19. Jahrhunderts galt als vornehmste Form städtischen Wohnens das große freistehende villenartige Stadthaus bzw. das Stadtpalais. Die fortschreitende Entwicklung des Verkehrs, steigende Grundstückspreise und die Industrieabgase ließen das Wohnen in der inneren Stadt zu einer immer größeren Belastung werden. Seit den 60er Jahren entstanden deshalb im Umkreis von Berlin, meist auf dem Gelände ehemaliger Rittergüter Villenkolonien – eine Entwicklung, die nicht nur in Berlin zu beobachten ist.
Die bekannteste Kolonie war Westend, 1866/67 gegründet; es folgten Lichterfelde, Alsen, Friedenau und eine große Zahl weiterer Gründungen. Nach 1871, in der eigentlichen Gründerzeit, setzte eine beispiellose Spekulationswelle ein. Etwa sechzig Aktiengesellschaften waren auf diesem Gebiet tätig; nach der Wirtschaftskrise von 1873 blieben noch sieben übrig.
Das hier vorgestellte Unternehmen gehörte zu den kleineren, solider finanzierten Initiativen und wurde noch vor der großen Spekulationswelle begonnen (1867).[75] *In diesen teuren Vierteln wurden die Vorgaben des Bebauungsplanes von Hobrecht zum Vorteil der Bewohner genutzt, indem die großen Grundstücke durch Privatstraßen erschlossen wurden und größere Gärten die Häuser umgaben (vgl. Abb. S. 151 und 241).*
Der erste der beiden folgenden Texte, von dem bekannten Kunstkritiker Max Schasler als Werbeschrift für ein Villenprojekt verfaßt, führt anschaulich die Ansprüche und Bedingun-

gen gehobenen Wohnens vor Augen. Mit Selbstverständlichkeit preist er die Annehmlichkeiten eines Villenvorortes und stellt sie als Maßstab menschlichen Wohnens dar, ohne die Wohnungsverhältnisse der überwiegenden Mehrheit der Berliner zu berücksichtigen. Sie bleiben völlig ausgeschlossen, in die Mietskasernen abgedrängt, gegen die die Villenkolonie gleichsam als Bollwerk eingesetzt wird.

Wie vielfach bei Villenkolonien üblich, geschah die Erschließung des Geländes, einschließlich des Baus der Häuser, durch Bauunternehmer, die auch die Pläne entwarfen (vgl. Abb. S. 240). Der Baumeister Otto H. E. Wuttke, der zusammen mit A. Scholtz einige der Villen baute, betrieb gleichzeitig im Auftrag des Gärtnereibesitzers und Bodenspekulanten Kielgan bzw. in Partnerschaft mit ihm weitere Siedlungsprojekte in Vororten.[76]

Um eine Verstädterung der Villenvororte zu vermeiden – die Bauordnung erlaubte seit 1887 auch hier Hochbauten –, wurden über Grundbucheintragungen Gestaltvorschriften, Ausdehnung, Geschoßzahl und Hausabstand geregelt.

32

Max Schasler

Villa oder Miethskaserne?

(1868)

Die charakteristischen Unterschiede der »Villa« von der »Mieths-Kaserne« beruhen hauptsächlich auf drei wichtigen Momenten: *1. auf der Zahl der Stockwerke; 2. auf der Selbstständigkeit der Bauanlage; 3. auf der landschaftlichen Umgebung.*

1. Was die *Zahl der Stockwerke* betrifft, so geht die Villa nicht wohl über hohes Parterre und Belle-Etage hinaus. Da sie ihrer

Bestimmung nach auch in ihrer architektonischen Anlage den Eindruck machen muss, dass sie nur *einem* Besitzer gehört, nur *einer* Familie zur Behausung dient, so folgt, dass, wenn sie, statt aus nur einer Etage (hohes Parterre), aus zweien besteht, eins von beiden – sei es das Parterre, sei es die Belle-Etage – als Hauptetage in entschiedener Weise zur Geltung zu kommen hat. [. . .]
2. Die *Selbstständigkeit der Bauanlage* dokumentirt sich zunächst darin, dass die Villa nicht wie die Miethskaserne zwei leere Brandmauern hat, mit denen diese sich an die Nebenhäuser anlehnt, womit sie die Strassenwand bildet, sondern dass sie mindestens ausser der Hauptfaçade eine Seitenfront hat, die, wie die Strassen- und hintere Gartenfront, mit Garten-Anlagen umgeben ist. Stösst sie, was bei städtischen Villenanlagen oft, um den Gärten grössere Ausdehnung zu geben, nothwendig ist, mit einer Seite an eine andere Villa, so ist wenigstens dahin zu streben, dass beide von derselben Höhe sind, damit die eine Brandmauer nicht über die andere emporragt, und dass womöglich eine architektonische Einheit in dem Gesammteindruck erzielt werde. [. . .]
3. Was endlich das dritte Moment, die *landschaftliche Umgebung* betrifft, so steht diese mit den ebenerwähnten Differenzen in engster Beziehung. Von dem Miethshause präsentirt sich nur die Vorderseite, welche dann auch so prächtig wie möglich ausgestattet wird, wenn diese Pracht auch meist Flitterkram ist; wie sich das Haus hinten ausnimmt, wo der von hohen Seitengebäuden umschlossene dumpfe und kleine Hof sich befindet, danach wird nicht gefragt. Anders die Villa: die breiten Zwischengärten lassen den Blick fast um das ganze Gebäude herumschweifen; es muss sich also von allen Seiten auch anständig präsentiren. [. . .]
Die Wahl besonderer architektonischer Stylformen ist an sich eine indifferente und kann dem Geschmack und praktischem Sinne des Baumeisters überlassen bleiben, der, wenn er seine Aufgabe versteht, mit weiser Berücksichtigung der Terraingrösse überhaupt, sowie des Umfangs, den das Haus im Ver-

hältniss zu dem Garten einnehmen soll, entscheiden wird, welchen Raum er den eigentlichen dekorativen Theilen, die den Kern des Gebäudes mit der landschaftlichen Umgebung vermitteln, gewähren kann und ob er sie in einem mehr gewichtigen oder leichten Styl – sei dieser nun auf antike oder Renaissanceformen begründet – zu behandeln habe.

Wenn sich diese kurze Charakteristik der »Villa« im Allgemeinen nur auf die äusserlichen Unterschiede gegen das Strassenhaus beschränkt, so liegt es doch für jeden Sachverständigen auf der Hand, dass diese äusserlichen Differenzen ganz ähnlichen innerlichen entsprechen. Die Vorzüge, welche die Villa in dieser Beziehung gegen die Miethskaserne – mag diese äusserlich mit noch so grossem Prunk ausgestattet sein – gewährt, sind ebenso bedeutend wie zahlreich. Ich habe hierbei natürlich zunächst den schwerwiegendsten und gerade bei der Erweiterung einer Grossstadt eine wahrhafte Lebensfrage bildenden Gesichtspunkt des unvergleichlich *gesunderen* Wohnens im Auge. [...]

Mit diesem gesundheitlichen Moment steht nun weiterhin das *sociale* in engster Beziehung. In der Villa, selbst wenn sie nicht von einer einzigen, sondern von zwei Familien bewohnt wird, entwickelt sich eine ganz andere, menschlich wahrere, gesellschaftlich innigere, überhaupt humanere Existenz, als in einem grossen, 4-5stöckigen, mit ähnlichen unmittelbar zusammenstossenden Wohnungskasten, dessen zahlreiche Bewohner den verschiedensten socialen Lebensstellungen angehören und weit auseinander liegende Bildungsstufen einnehmen, woraus entweder eine Menge der unangenehmsten Berührungen entstehen oder ein Abschliessungssystem der Bewohner gegen einander nothwendig wird, welches, da es der allzugrossen Nähe und vielfacher gemeinsamer Bedürfnisse und Rechte halber mit Konsequenz doch nicht durchzuführen ist, zu den widerwärtigsten Konflikten Anlass giebt. [...]

Alles dies fällt bei den Bewohnern einer Villa fort. Sicher im ungestörten Besitz ihrer ohnehin freundlichen Häuslichkeit, können sie sich mit grösserer Unbefangenheit und Geistesfreiheit einem menschlich wahreren Leben überlassen. Und welche tiefe und bedeutungsschwere Wirkung die so ermöglichte humanere Existenz der Familie nicht nur negativ, durch die Abwesenheit bösen Beispiels, sondern auch positiv, durch den rein erhaltenden und dadurch alle guten Instinkte des Herzens freier und kräftiger heranbildenden Einfluss des guten Beispiels auf die Erziehung des nachwachsenden Geschlechts, auf die geistige und seelische Entwicklung der Kinder ausüben muss: dies bedarf wohl keines besonderen Beweises.

Neben dieser gesundheitlichen und socialen Bedeutung des Villenbau's, die ich nur andeutungsweise berührte, obschon die weitere Ausführung des Thema's eine ebenso dankbare wie umfangreiche Aufgabe wäre, kommt auch das Moment des äusserlich *comfortableren* Lebens, welches eine Häuslichkeit in der Villa gewährt, in Betracht; um so mehr, als auch dieser Punkt in innigster Beziehung mit den andern beiden Betrachtungsseiten steht. Ich meine hier nicht blos die für die Gemüthlichkeit des Familienlebens gewiss sehr wichtige innere Disposition der Lokalitäten, welche bei einer Miethskaserne stets nach demselben langweiligen Schema zugeschnitten ist, sondern auch die Befreiung von vielfachen äusserlichen Belästigungen, die unausbleiblich mit der Bewohnung von Strassenhäusern verknüpft sind: das die Fenster zum Klirren und die Möbel zum Zittern bringende, Kopf- und Nervenschmerzen verursachende Gepolter der Bierwagen, Omnibus und Gefährte überhaupt, das unmelodische Ausrufen der Strassenverkäufer, welches in den langen Strassenwänden ein hundertfach verstärktes Echo findet, das Dudeln der Leierkasten – kurz das gesammte Strassengeräusch, diese Plage, namentlich des mit geistigen Arbeiten beschäftigten Residenzbewohners; [. . .].

Das Kielgan'sche Projekt

Dies Villenanlagen-Projekt unterscheidet sich in mehren Punkten von den vorher erwähnten. Zunächst dadurch, dass das Terrain nicht erst durch eine zu bildende Actiengesellschaft erworben zu werden braucht, sondern sich in den Händen *eines* Besitzers, des Gutsbesitzers Georg Friedrich *Kielgan*, befindet, welcher, im Verein mit dem von ihm zu diesen Zweck engagirten Architekten, Baumeister *Wuttke*, das ganze, ausserordentlich günstig gelegene Terrain (von ca. 80 Morgen) zu einem grossen, systematisch geordneten Komplex von Villen-Bauten zu verwenden sich entschlossen hat. [...]

Was zunächst die Lage betrifft, so dürfte sich auf der ganzen südwestlichen Seite Berlins kein Gebiet finden, das für eine städtische Villen-Anlage so grosse Vortheile darbietet. Kaum 500 Schritt von dem grossen Verkehrswege der Potsdamerstrasse belegen, mit dem es durch die städtisch gebauten Seitenstrassen (Steglitzer-, Kurfürsten- und Gürtelstrasse) in direkter Verbindung steht, und ebensoweit vom Schifffahrtskanal entfernt, zu welchem die es ostwärts berührende Genthinerstrasse in gerader Richtung hinführt, gruppirt sich die ganze Anlage zugleich um einen der grössten Plätze der Gürtel-Strasse, den *Nollendorfer* Platz, über welchen (nach dem neuen Bebauungsplan) eine grosse, breite, das *Kielgan*'sche Gebiet ebenfalls durchschneidende Strasse in gerader Richtung vom Botanischen Garten nach der Albrechtshofer-Brücke führt.

Diese Unmittelbarkeit der Kommunikation nach allen Seiten, besonders aber nach der des städtischen Verkehrs hin, ist schon ein unschätzbarer Vorzug dieser Anlage; nichtsdestoweniger hat es der Architekt für nöthig gehalten, durch die projektirte Anlegung einiger zusammenhängenden, mehr städtischen Gebäude an den grossen Kreuzungs- und Eckpunkten für die Befriedigung jener den Bewohnern einer

grossen Stadt unumgänglichen Bedürfnisse des täglichen Lebens Sorge zu tragen. [...]
Eine viel grössere Bedeutung für die Zukunft dieser ganzen Gegend gewinnt aber die Ausführung der Kielgan'schen Villen-Anlage dadurch, dass sie gleich einem mächtigen Keil – womit sie auch in der Gestalt Aehnlichkeit hat – bahnbrechend in dieses ganze Terrain zwischen der Potsdamer Strasse und dem Zoologischen Garten sich einschiebt und hiedurch dem allmäligen Ueberwuchern desselben mit Miethskasernen, womit schon die nächstliegenden [...] Strassen einen bedrohlichen Anfang gemacht haben, nach allen Seiten hin einen festen Damm entgegenstellt. [...]
Ausser den selbstverständlichen Bedingungen nämlich, welche auch von den Unternehmern der andern Villen-Projekte an die Käufer der Parzellen gestellt werden, [...] ist noch die festgesetzt worden, dass *mit Vermeidung jeder Scheinarchitektur nur in gesundem, dauerhaftem Material* gebaut werden darf. Der Besitzer hat sich ausserdem kontraktlich verpflichtet, die Parzellen nur nach der aus dem Wuttke'schen Parzellirungsplan zu ersehenden Eintheilung und jede einzelne Parzelle unter der hypothekarisch darauf einzutragenden Bedingung zu verkaufen: 1. dass sie nur nach der aus dem Wuttke'schen Bauplan zu ersehenden lokalen Disposition mit Gebäuden besetzt werde, 2. dass zu vermiethende Kellerwohnungen ganz ausgeschlossen sind und 3. dass, mit Ausnahme der mehr städtischen 4 Eckhäuser, welche ausser dem Parterre noch zwei Etagen erhalten, jede Villa nur aus Parterre mit oder ohne eine Etage darüber bestehen darf.
Hiemit ist der erste, aber auch um so bedeutungsvollere Schritt geschehen, dem Umsichgreifen des Miethskasernenstyls in dieser Gegend einen festen Damm entgegenzustellen und dadurch die Entwerthung der ganzen Thiergartenseite der Stadt zu verhindern. Der Herr Polizeipräsident von Wurmb, der die grosse Bedeutung dieses Projekts für die Zukunft der Stadt wohl erkannte, hat demselben in loyalster Weise alle Förderung zu Theil werden lassen, und Jeder, der

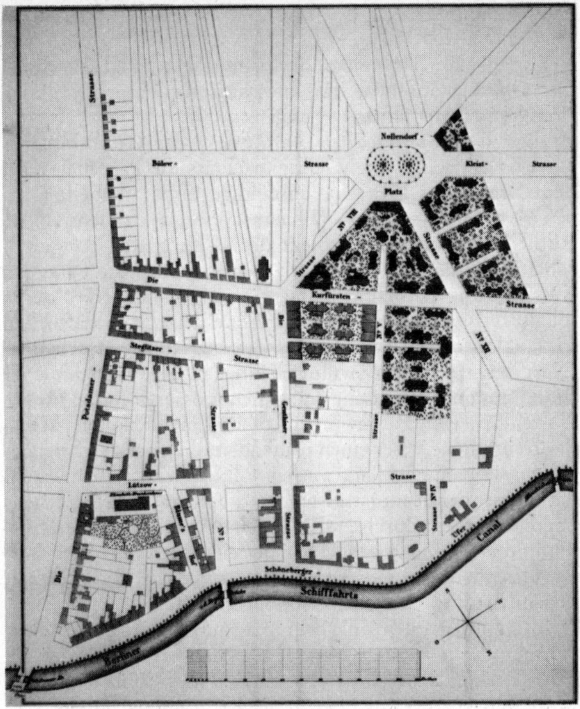

Berlin. Kielgansches Villenviertel, Projekt nördlich des Nollendorfplatzes, um 1867. (Auf dem Plan S. 151 befindet sich das Gelände um die Ziffer IV)

an seiner schönen Heimath Berlin mit Liebe hängt, kann sich nur Glück wünschen, dass dies ausserordentlich wichtige Projekt zur Ausführung gelangt. [. . .]
Bezüglich der *praktischen Ausführung* des Gesammt-Projekts ist zunächst von Wichtigkeit, dass die Parzellen nach dem Bebauungs-Plan eine anständige Grösse haben; nicht 50–60 Ruthen, wie bei »Wilhelmshöhe«, auch nicht 60–80 Ruthen, wie bei dem Projekt der »Thiergarten-Baugesellschaft«, sondern 80–150 Ruthen gross sollen die Parzellen werden, mit Ausnahme einiger weniger kleinerer, deren lokale Disposition dies zulässt, ohne dem landschaftlichen und malerischen Charakter der Gesammtanlage zu schaden. Die Villen sind theils Zwillingsbauten, d. h. je zwei mit einer Wand zusammenstossend, um einen grösseren Raum für die Garten-Anlagen zu gewinnen, theils Einzelnbauten. Wenn der freundliche Leser einen prüfenden Blick auf den beigegebenen »Bebauungsplan« werfen will, so wird er bemerken, dass ausser den Hauptstrassen, welche das ganze Gebiet theils begrenzen theils durchschneiden, eine Anzahl kleinerer, mitten in die geschlossenen Theile der einzelnen Quartiere hineinführenden Strassen projektirt sind, welche, da sie dieselben nicht durchschneiden, sondern durch die Façade einer quer davorliegenden Villa begrenzt sind, reizende Perspektiven gewähren werden [vgl. Abb. S. 237]. Es sind dies die Seitenstrassen von Strasse No. XII, No. V und die in der Mitte der Kurfürstenstrasse in der Richtung nach dem Nollendorfer Platz hin in das Herz des grossen Dreiecks einmündende Strasse. Man erkennt daraus, dass die einzelnen Gebäude mit weiser Berücksichtigung ihrer Lage so disponirt sind, dass sie nicht nur der besonderen Eigenthümlichkeit der einzelnen Parzelle entsprechen, sondern auch zu der harmonischen Wirkung der ganzen Anlage rücksichtlich ihres architektonischen wie landschaftlichen Totaleindrucks in Beziehung stehen und demselben dienen. Weit entfernt, nach dem Schema einer einseitigen Regelmässigkeit zu verfahren, hat sich der Architekt allein von dem Grundsatz einer

rein ästhetischen Kombination bei der Vertheilung der Gebäude leiten lassen, und gerade die dadurch entstandene scheinbare Unregelmässigkeit in der Disposition der Villen verleiht nicht nur jeder einzelnen das Gepräge einer bestimmten Individualität, sondern drückt auch dadurch der Gesammtanlage den Stempel einer malerischen Schönheit auf, indem sie, von verschiedenen Standpunkten betrachtet, stets einen wechselnden Charakter annimmt. Dies ist besonders dadurch erreicht, dass theils Zwillingsvillen mit einzelnen Villen abwechseln, theils hier eine sich der Strasse nähert, dort eine andere nach dem Innern zurückweicht, so dass überall ein malerischer Durchblick zwischen den Façaden der Gebäude auf die Gärten und Strassen gewonnen wird. [. . .]
Rücksichtlich der gemeinsamen öffentlichen Bedürfnisse der Bewohner ist zu bemerken, dass die Kirche und das Schulhaus an der Ecke der Kurfürsten- und Genthinerstrasse ganz in der Nähe der Anlage belegen sind, dass die Strassen noch vor Beginn der Parzellenverkäufe mit breiten Trottoirs und gutem Pflaster versehen und auch die Wasserleitungen, Kanalisirungen u. s. f. in nächster Zeit ausgeführt werden sollen. Für die anderweitigen öffentlichen Bedürfnisse des Stadttheils, welche die Einrichtung von Kaufläden, Restauration, Sicherheitswache, Postexpedition u. s. f. erfordern, dienen die schon erwähnten, im grossen unregelmässigen Tetragonquartier zwischen der Kurfürsten-Strasse und dem Nollendorfer Platz belegenen, mehr städtischen Gebäude, welche, dicht an die Strasse herantretend und ausser dem Parterre noch zwei Etagen enthaltend, gleichsam wie die vier Ecksteine der betreffenden Architekturgruppe dem Tetragonquartier einen festen Rahmen geben und einen vermittelnden Uebergang zu den anliegenden, im Miethskasernen-Styl erbauten Stadttheilen bilden. Auch mit dieser Anordnung kann man sich nur einverstanden erklären. [. . .]
Schliesslich noch ein Wort über das *Aeussere* oder wenn man will den »Styl« der projektirten Villen. [. . .] Der Architekt ist dabei von dem gewiss richtigen Grundsatz ausgegangen, dass

Berlin. Villa im Kielganschen Viertel. Architekten A. Scholtz und O. Wuttke, um 1870. Lithographie

Berlin. Villa im Kielganschen Viertel. Grundriß

der Styl, wenn er ein wahrhafter ist, das Produkt zweier Faktoren sein muss, nämlich der Konstruction und des Baumaterials. Diesem meiner Ansicht nach durchaus gesunden, weil organisch berechtigten, Begriff des Styls gegenüber fallen die formalen Unterschiede zwischen antikem, gothischen, Renaissancestyl etc. natürlich nicht fort, sie sind aber indifferent. Gleichwohl liegt es in der Natur eines solchen Nothwendigkeitsstyls, dass er je nach der Eigenthümlichkeit der konstruktiven und materiellen Elemente die eine oder andere historische Stylform ausschliessen wird. [...] Ferner hat der Verfasser die bescheidene Ansicht, dass bei so freistehenden Bauten, wie Villen, der beim Miethskasernenstyl so beliebte Tünchebau die irrationellste Weise des Bauens ist, welche sich denken lässt, namentlich wenn, wie es leider auch an einigen renaissancirenden Villen auf Albrechtshof neuerdings geschieht, ganze Façaden mit angeklebten, resp. angenagelten Gypsplatten ornamentirt werden. [...]
Ausser für den fabrikmässigen Wohnungskastenstyl eignet sich in der That der Tünchebau etwa für Schafställe oder dergleichen Gebäude, welche mit schlechtem Material vorlieb nehmen, das durch die Tünche vor der Verwitterung geschützt werden soll. Wird aber der Tünchebau in dekorativer Weise behandelt, was natürlich bei einem Schafstall nicht nöthig ist, so liegt das Elend dieser Bauweise gleich zu Tage. Jede eingezogene Gliederung offenbart sich über kurz oder lang als die nackte Lüge. [...]
Insbesondere aber möchte ich – und dies ist der Grund, warum ich den elenden Tünchebau näher geschildert – in Bezug auf die sämmtlichen Villenprojekte, welche in der Ausführung begriffen sind, Architekten wie Bauherrn daran mahnen, dass, da sie einmal durch Förderung des Villenbau's Front machen wollen gegen die überhandnehmende Pest des Miethskasernenstyls, sie dies nun auch konsequenter Weise dadurch bethätigen, dass sie *in einem gesunden, künstlerisch wahren Styl bauen und die Tünche und den Gyps als ausschliessliche Prärogative dem Miethskasernenstyl* überlassen.

33

A. Scholtz

Villa bei Berlin

(1870)

Die Lage des Grundstücks [...] [vgl. Abb. S. 237] (Straße XII) gestattete [...] eine mehr malerische Behandlung der Gebäudemassen, auch die Anlage eines Thurmes. Indessen ist die Baustelle doch beschränkt, woraus die direkte Verbindung des Wohnhauses mit dem Stallgebäude entsprang, welches Raum für zwei Pferde, eine Wagenremise und die Stube für den Portier, in einem Halbgeschoß auch ausreichendes Futtergelaß enthält. Da nebenher eine verdeckte Unterfahrt erlangt und ein interessanter Durchblick nach dem Garten gewonnen wurde, darf diese Lösung mindestens als eine praktische und gelungene bezeichnet werden. Im unteren Geschoß der Villa befinden sich, außer einem geräumigen Vestibül, die Zimmer des Herrn und der Frau, der Salon, das Speisezimmer, ein Vorzimmer, die Domestiken-Stube; im oberen Geschoß dagegen die Schlafzimmer der Familie, Kinderstuben, das Bad mit Oberlicht, auch ein Sprechzimmer [vgl. Abb. S. 241]. Die Kochküche liegt mit der Waschküche und den nöthigen Vorrathsräumen im Souterrain; ebendaselbst befindet sich der Raum für den Kessel der Wasserheizungs-Anlage. Auf die Wohnung eines verheiratheten Kutschers ist Bedacht genommen. Der direkte Zugang zum Souterrain erfolgt von Außen her, unter der Remise. Im Dachgeschoß, das durch die Etagentreppe zugänglich ist, konnten an der Hinterfront, durch Anlage zweier Frontons,[77] Fremdenzimmer gewonnen werden. Von dem Thurmzimmer dieser Etage führt eine leichte, eiserne Treppe nach dem oberen Belvedere,[78] das leider gegen die Absicht der Architekten mit Fenstern versehen worden ist [vgl. Abb. S. 240].

Für die Façaden wurde von einem Verputzen der glatten Flächen auch bei diesem Bau Abstand genommen, dagegen sind Fenster- und Thürgewände, sowie der Erker im Cementputz resp. Cementguß ausgeführt. Als Material für die Verblendung sind Hermsdorfer Steine[79] verwendet, unter Anwendung von einigen polychronischen Zuthaten in Form eingelegter mattgrüner Streifen. Der beabsichtigte farbige Fries von Metlacher Platten[80] hat bei der Ausführung einer Reliefverzierung weichen müssen.

Verkehrsbauten

Bahnhöfe

Im 19. Jahrhundert forderten neue Erfindungen auch neue Baugattungen, die frühere Jahrhunderte nicht kannten, für die es also keine Bautradition gab. Eine der herausragendsten dieser neuen Baugattungen war das Empfangsgebäude der Bahnhöfe.

Das Reisen mit der Eisenbahn war eine durchaus nicht selbstverständliche Art der Fortbewegung, selbst noch Jahrzehnte nach Einführung der Eisenbahn nicht. Sowohl Friedrich Wilhelm III. als auch Ernst August von Hannover sträubten sich lange gegen den Personenverkehr, da er eine unzulässige Demokratisierung des Reisens darstelle; die schnelle Fortbewegung müsse ein Privileg der obersten Gesellschaftskreise bleiben.

Aber auch Partikularinteressen von Fürsten standen dem Ausbau einzelner Linien zu einem Eisenbahnnetz entgegen. Erst seit den 50er Jahren konnte von einem Netz gesprochen werden, das damals 5875 km umfaßte; 1870 waren schon 18810 km erreicht.

In den ersten Jahrzehnten spielte der Personenverkehr eine untergeordnete Rolle. Die Eisenbahnen waren gegründet

worden als Mittel des schnelleren Warenaustausches und um neue Absatzmärkte für Massengüter zu erschließen. Besonders seit den 50er Jahren, nachdem die Anfangsschwierigkeiten überwunden waren, wurde der Eisenbahnbau zu einem der wichtigsten Bereiche privater Unternehmungen.[81]
Die Empfangsgebäude der einzelnen Bahnen waren in der Frühzeit nicht nur Ankunfts- und Abfahrtsorte für die Reisenden, sondern dienten als Verwaltungsgebäude der Bahn und als Wohnung für die höheren Beamten. Sie übernahmen aber auch wichtige Funktionen der Repräsentation der einzelnen Linien. Die bauliche Gestalt der frühen Anlagen orientierte sich weitgehend an größeren Stadtpalais.
Für die Stadt des 19. Jahrhunderts hatten die Empfangsgebäude und die umfangreichen Gleisanlagen einschneidende städtebauliche Veränderungen zur Folge. Die frühen Bahnhofsgebäude wurden möglichst weit an die alten Stadtzentren herangeführt; Gebiete östlich von Bahnlinien gerieten vielfach in die Gefahr, im Sozialgefüge abzusinken, da sie besonders der Rauchentwicklung ausgesetzt waren. Die oft riesigen Bahnhofsvorplätze und eigens angelegte Bahnhofsstraßen brachten neue städtebauliche Situationen, die ohne weiteres als eine neue Form von Stadteingang bezeichnet werden können.
Der hier vorgestellte Text gibt einen Einblick in die ästhetischen Ansprüche, die an derartige Bauten gestellt wurden. Der Anhalter Bahnhof war als Kopfstation in den Jahren 1876–80 als eine der ersten Arbeiten des später berühmten Architekten Franz Schwechten, in Zusammenarbeit mit Ingenieuren, in Berlin errichtet worden. Die Fassaden des Ziegelbaues waren mit gelblichen Verblendsteinen verkleidet. Die Schauseite zum Askanischen Platz war mit allegorischen Skulpturen geschmückt. Die Platzfassade mit dem rundbogig geschlossenen Seitenrisaliten und den mittleren Eingangsbauten erinnert noch an traditionelle Entwurfsmuster für Schloßbauten in der Nachfolge Schinkels, während das überragende Halbrund der weiten Halle nach außen das neue, dieser Bau-

gattung eigene, Element repräsentiert (vgl. Abb. S. 247). Im Innern lagerte das Hallendach (damals das größte in Deutschland) auf traditionellen Seitenwänden und Stützsystemen, wohingegen die Eisenkonstruktion nicht verkleidet wurde und somit der Gegensatz von traditioneller Steinarchitektur und Eisenkonstruktion als gestalterisches Mittel und sicher auch als Hinweis auf eine neue Technik eingesetzt wurde.[82] *(Vgl. Abb. S. 249.)*

34

K. E. O. Fritsch

Das neue Empfangs-Gebäude der Berlin-Anhaltischen Eisenbahn in Berlin

(1879/80)

Im harmonischen Zusammenwirken eines hoch begabten Architekten, der sich mit feurigem Eifer in die ihm gestellte, bedeutsame Aufgabe vertieft und derselben mehre Jahre rastloser Arbeit gewidmet hat, mit den einsichtsvollen Technikern der Bahn-Direktion, welche die Rücksichten der Nutzbarkeit und Oekonomie nach Gebühr zu vertreten, gleichzeitig aber auch auf die künstlerischen Gedanken ihres Architekten einzugehen wussten, ist eine Leistung zu Stande gekommen, die hoch über den meisten Lösungen derselben Aufgabe steht, die wir kennen gelernt haben. Von jenem Kompromiss zwischen Monumental- und Nützlichkeits-Bau, an dem selbst die aufwandvollsten Bahnhofs-Anlagen der Neuzeit fast durchweg noch kränkeln und kranken, tritt hier wenig zur Erscheinung. Der Bau [...] wird voraussichtlich nicht nur allen aus der Situation und dem Betrieb hervor gehenden Ansprüchen in bester Weise genügen, sondern er wird auch als ein klarer und einheitlicher Organismus seine Bestimmung würdig und charakteristisch verkörpern und unter den

Berlin. Anhalter Bahnhof. Neubau des Empfangsgebäudes. Architekt F. Schwechten, 1880. Holzstich

Monumental-Bauten der deutschen Hauptstadt vermöge seines absoluten Kunstwerths einen ehrenvollen Platz behaupten. Und wie er schon jetzt – zunächst wohl seiner ungewöhnlichen Dimensionen wegen – das Aufsehen des Publikums erregt und eine gewisse Popularität sich erworben hat, so darf erwartet werden, dass er auf die Gestaltung späterer Bahnhofsbauten nützlichen Einfluss ausüben wird – als Beispiel einer guten Lösung, wie als Muster für den Weg, auf dem eine solche Lösung erzielt werden kann. [. . .]

Aus der an der Kopffront des Gebäudes, am Askanischen Platz, liegenden offenen *Vorhalle*, die neben dem breiten Trottoir für Fußgänger eine Fahrbahn für Wagen enthält und Raum zur gleichzeitigen Vorfahrt von 3 Droschken gewährt, gelangt man durch 3 Thüren in das *Empfangs-Vestibül*. Dasselbe ist ca. 390 qm groß, reicht bei 16,0 m Höhe durch beide Geschosse und wird durch ein großes Oberlicht, sowie durch 3 Rundfenster in den mittleren Stichkappen-Feldern der Vorderseite erleuchtet. Ein eigenartiger Reiz ist für das Innere des Bauwerks dadurch gewonnen, dass [. . .] bei dem Eintritt in das Empfangs-Vestibül sofort ein freier Einblick bis weit in die große Halle und in das Dachwerk derselben sich öffnet. –

Auf der linken Seite des Vestibüls sind 6 neben einander liegende Schalter für die *Billet-Ausgabe* angeordnet; mit der letzteren stehen einige weitere Büreau-Räume des Erdgeschosses, zu denen ein besonderer Eingang von der Ostfront führt, im Zusammenhange. Rechts schließt sich dem Vestibül der ca. 310 qm große Raum für die *Gepäck-Annahme* an, zu dem gleichfalls einige, auch von der Westfront zugängliche Expeditions-Lokale gehören.

Mittels einer breiten, oben in 2 Arme sich spaltenden Treppe steigt man in der Hauptaxe des Gebäudes zu der großen *Korridor-Halle* empor, welche als Vorraum der eigentlichen Bahnhofs-Halle die im Obergeschoss des Kopfbaues gelegenen Räumlichkeiten mit einander und mit der Halle verbindet [. . .]. [. . .]

Berlin. Anhalter Bahnhof. Bahnsteighalle. Holzstich

Die Wartesäle [. . .] bestehen aus einem [. . .] Saal für die IV. und III. Klasse, an den sich ein »Erfrischungsraum« (vulgo Buffet), sowie 2 kleine Speisezimmer anschließen (an der Vorderfront), einem [. . .] Saal für die II. Klasse mit einem größeren Speisesaal und Buffet sowie einem Damenzimmer, einem kleinen Saal für die I. Klasse und einem für einzelne vornehme Persönlichkeiten reservirten Salon. [. . .]
Für die *Abfahrt und Ankunft des K. K. Hofes* sind, wie auf allen übrigen Bahnhöfen der Residenz, auch hier besondere Räumlichkeiten angelegt worden. Auf der Abfahrt-Seite liegen, durch eine Rampe zugänglich, ein größerer, durch Oberlicht erleuchteter Salon mit einem Vestibül und 2 für den Kaiser und die Kaiserin reservirten Toilette-Zimmern. Auf der Ankunft-Seite hat man sich mit einem kleinen Salon und 2 Toiletten-Räumen begnügt, die an einem, event. auch für andere vornehme Persönlichkeiten zu reservirenden, Vestibül liegen. [. . .]
Der für die Stations-Beamten, die Zugführer und Schaffner, Perrondiener, Hallen-Arbeiter, Lampenputzer etc. erforderlichen Büreaus, bezw. Aufenthalts- und Uebernachtungs-Räume, die in beiden Geschossen der schmalen Seitenflügel neben der Halle vertheilt sind, sowie des von der Westfront direkt zugänglichen Telegraphen-Büreaus mag nur beiläufig gedacht werden. Interesse beanspruchen dagegen die für die *Gepäck-Expedition* und den *Post-Betrieb* projektirten Einrichtungen. [. . .]
Die Seitenfronten des Baues sind begreiflicher Weise im Detail etwas einfacher gehalten, als die hier dargestellte Kopffront, welcher der Architekt bei der Situation der Anlage die monumentale Repräsentation seines Werks in erster Linie anvertrauen musste; doch entbehren dieselben in ihrem kräftigen Relief und belebt durch die großen Bogenfenster der Halle keineswegs einer mächtigen monumentalen Wirkung. [. . .]
Das hohe künstlerische Verdienst dieser Façaden-Bildung haben wir bereits in unseren einleitenden Worten hervor

gehoben. Es scheint uns dasselbe vor allem in der einfachen, auf wenige große Motive beschränkten, aber gerade darum so klaren und so überzeugend wirkenden Gesammt-Konzeption des Bauwerks begründet zu sein, das als ein echt moderner Monumental-Bau von durchaus eigenartigem Charakter sich darstellen wird. Aber auch die künstlerische Durcharbeitung der Aufgabe im einzelnen, bei welcher die Bewältigung des durch die Abmessungen gegebenen riesigen architektonischen Maaßstabs mit den Mitteln des Backsteinbaues eine nicht zu unterschätzende Schwierigkeit bildete, verdient fast uneingeschränktes Lob, wenn der Künstler sich gleich in dieser Beziehung von den Fesseln des konventionellen Schemas und der für einen solchen Bau nicht ausreichenden Tradition der Berliner Schule noch nicht durchweg frei gemacht hat. Der letzteren gehört z. B. das System der Seitentheile des Kopfbaues mit ihren etwas steifen Arkaden und den für einen Backsteinbau jederzeit störenden Archivolten derselben an, während am frischesten und gelungensten diejenigen Partien erscheinen, bei denen der Künstler – mangels traditioneller Vorbilder – aus dem Charakter des konstruktiven Motivs heraus Eigenes schaffen musste, so vor allem die Ausbildung der Stirnfronten des Hallenbaues. –

Zu der Außen-Architektur des Bauwerks steht die *Innen-Architektur der großen Halle* [...] in engster Beziehung. [...] Für den ästhetischen Eindruck der Halle wird vor allem die Zerlegung derselben in eine kleinere Anzahl großer Systeme und der mächtige Maaßstab, welcher den Pfeilern und Fenstern dieser Systeme gegeben worden ist, sich günstig erweisen [...]. [...]

Echtes Material – und zwar Marmor- und Stuckbekleidung in den Vestibülen und der Vorhalle, Holzwerk in den Wartesälen – soll durchweg da zur Anwendung kommen, wo die starke Abnutzung der Räume dies auch als eine ökonomische Maaßregel rechtfertigt; im übrigen wird natürlich von der üblichen Stuck-Dekoration und Malerei Anwendung gemacht werden. Was in dieser Beziehung vorläufig noch

unterlassen wird, kann ja späterhin noch immer nachgeholt werden. Namentlich wünschten wir, dass die große Korridor-Halle des Hauptgeschosses dereinst den Schmuck monumentaler Wandgemälde erhalte, die in diesem herrlichen Raume nicht allein trefflich zur Geltung gelangen, sondern an einer solchen, täglich von Tausenden besuchten Stelle auch den nachhaltigsten Einfluss auf die künstlerische Erziehung des Volkes ausüben würden – einen nachhaltigeren und größeren Einfluss jedenfalls, als sämmtliche für Museen bestellte oder in schwer zugänglichen Sälen ausgeführten Bilder. – [...]
Die *Gesammtkosten* des Baues lassen sich zur Zeit noch nicht in einer genauen Ziffer angeben, doch ist zu übersehen, dass sich dieselben innerhalb des auf 4,5 Millionen Mark fest gesetzten Kosten-Anschlags halten werden [...]. [...]
Es fehlt freilich nicht an Stimmen, welche die Verwendung eines solchen Betrages für einen derartigen Bau als eine ungerechtfertigte Verschwendung bezeichnen und dafür plädiren, dass derselbe als reiner Bedürfnissbau mit Vermeidung jedes Luxus, dementsprechend also mit einem Minimum an Mitteln und Kosten, ausgeführt werden solle. Wir wollen mit diesen Sparsamkeits-Aposteln, die in den Kreisen der Geldbewilliger – Aktionäre, Stadtverordneten und Volksvertreter – meist ein ziemlich gefügiges Echo finden, nicht rechten, da es im Prinzip ja doch lediglich auf die Frage ankommt, wo die Grenze zwischen Bedürfniss und Luxus zu ziehen ist. [...]
[...] so werden auch alle diejenigen, welchen die Bedeutung der monumentalen Kunst für die Kultur der Menschheit klar geworden ist, es nicht als einen verwerflichen, sondern als einen edlen und nützlichen Luxus anerkennen, wenn die größten baulichen Aufgaben unserer Zeit im Stile monumentaler Kunst behandelt werden. Und wer wollte leugnen, dass das Gebäude, in welchem eine Völkerstraße von dem Range der Berlin-Anhaltischen Eisenbahn im Herzen der deutschen Reichshauptstadt ausmündet, zu diesen Aufgaben zählt! [...]

Im *Innern des Gebäudes* ist es vor allem die Erscheinung der großen Halle über die wir zu berichten haben. Die riesigen Abmessungen derselben sind nach Vollendung des Baues weit weniger auffällig, als man glauben sollte, zumal die Halle im Verhältniss zu ihrer Breite kürzer ist als andere; erst von der Höhe der Gallerie wird man der Größe des Raums sich voll bewusst. Ihrem ästhetischen Eindrucke nach hat die Halle, die auf sie gesetzten, nicht geringen Erwartungen noch übertroffen und zwar wesentlich durch die einfache aber außerordentlich geschickte Dekoration, die der Architekt der Decke zu geben gewusst hat. Wellblech und Pfetten sind nämlich mit einem weißen Anstrich versehen und werden durch breite, hinter den Gurtungen der Doppelbinder und zwischen diesen angeordnete blaue Quer-Streifen, die durch einen unteren Horizontal-Streifen verbunden sind, in Felder getheilt, die dem System der Hallenwände entsprechen. Hierdurch ist nicht blos ein klarer Zusammenhang zwischen Decke und Wand hergestellt, sondern es ist dem dünnen, in grauer Farbe gehaltenen Eisenwerk der Binder durch jene Streifen auch ein Hintergrund gegeben, der ihren Eindruck bis zu jener Bedeutung verstärkt, welchen man von den tragenden Gliedern eines so mächtigen Deckenwerks verlangt. Auf eine ästhetische Verbindung der Binder mit dem Mauerwerk ist verzichtet worden, doch macht sich dieser Mangel in Wirklichkeit kaum fühlbar, da das Auflager hinter dem Gesims-Vorsprung zurück liegt und die Decke zufolge jener Dekoration im wesentlichen doch als *ein Ganzes* in die Erscheinung tritt.

Brücken

Die Architektur des 19. Jahrhunderts ist in vielen ihrer Baugattungen gekennzeichnet durch überragende Leistungen der Ingenieurarchitektur. Im Industriebau, bei Fördertürmen,

Gasbehältern usw. wurden Bauten errichtet, die noch weitgehend unerforscht sind, die heute besonders vom Abbruch bedroht werden, weil ihre bloß technische Funktion gesehen wird. Hier soll nur eine dieser Baugattungen, eine für das 19. Jahrhundert allerdings besonders wichtige, herausgegriffen werden.

Brücken gehörten zu den wichtigsten Mitteln der Verkehrserschließung Deutschlands. Die ungeheuren Fortschritte der wirtschaftlichen Entwicklung, bedingt durch die Eisenbahnen, wären ohne Brücken nicht möglich gewesen. Die Erschließung von Stadtregionen, wie etwa Hamburg (Elbbrücken), oder ganzen Landschaften, wie die preußischen Ostprovinzen, für den Massentransport sowohl von Gütern als auch Personen war nur mit leistungsfähigen Brücken möglich.[83] *Neben der ökonomischen Bedeutung muß vor allem auch die militärische gesehen werden – die Vergrößerung der Heere, vor allem aber die Verwendung immer schwererer Kriegsmaterials, das auf Wagentransport angewiesen war, machten große Brücken notwendig. Die hier vorgestellte Eisenbahnbrücke über die Weichsel (1857 fertiggestellt) und die gleichzeitige über die Nogat bei Marienburg waren für diese Aspekte von ganz besonderer Bedeutung.*[84] *(Vgl. Abb. S. 257.)*

Aus dieser Stellung der Baugattung »Brücke« erklärt sich auch, daß sie nie eine bloß technische Funktion allein erfüllte, sondern daß immer Vorstellungen von »Landerschließung«, »Kolonisation«, »Landesverteidigung« zur Heroisierung, ja Mystifizierung von Brückenbauunternehmungen beitrugen. Die riesigen Reliefs in Dirschau zeigen solche Themen mittelalterlicher »Landnahme«. Die Architektur der Endpfeiler ist Stadttoren nachgebildet und erinnert in vielen Teilen an die Burgenromantik der ersten Jahrhunderthälfte; allerdings diente der Aufbau mit Vortor, Zwinger und Haupttürmen sowie der innere bunkerartige Ausbau mit Geschützstellungen, auch zum Wasser hin, der Verteidigung. Bis ins 20. Jahrhundert wurden Brücken mit solchen mächtigen Architektu-

ren ausgestattet, die später vielfach keine technische oder militärische Funktion mehr hatten, sondern nur noch den wehrhaften Charakter, die technische Großtat symbolisieren sollten. Die Funktionsteilung bei solchen Bauwerken zwischen Architekt und Ingenieur wird auch bei der Weichselbrücke deutlich. Die Konstruktion stammt von einem Ingenieur, Karl Lentze, der seit 1844 damit beauftragt war, die Architektur der Brückentore von einem Architekten, Friedrich August Stüler, dem Leiter des Hof- und Staatsbauwesens in Preußen seit Schinkels Tod.
Die abgedruckten Texte zeigen einerseits, wie ausführlich selbst in populären Zeitschriften über die technischen und ökonomischen Bedingungen dieser Bauten berichtet wurde, und andererseits, wie stark der gefühlsgebundene Aspekt in der Beurteilung mitbestimmend war. (Vgl. Bd. 3, Abschn. 34.)

35

Die Eisenbahnbrücken bei Dirschau und Marienburg

(1857)

Dem Bau der Eisenbahnen verdanken wir manches großartige Bauwerk neuester Zeit. Unser deutsches Vaterland kann sich vornehmlich deren zwei rühmen, als Riesenbauten, welche ihres Gleichen nicht haben: Die Alpeneisenbahn am Sömmering und die Weichsel- und Nogatbrücken in Preußen. Dort galt es, einen Weg zu bahnen durch Hänge und Schluchten eines Gebirgsstockes der östlichen Alpen, Fall und Steigung der Bahn richtig zu berechnen und über die wilden Bergwasser zu kommen, hier dagegen bot eine sumpfige Niederung und ein oft in's Ungeheure anschwellender Strom, zumal zur Zeit des Eisganges, Schwierigkeiten dar, die kaum überwindbar erschienen. [. . .]

Weichsel und Nogat sind durch ihre gefahrbringenden Eisgänge mit keinem andern Strome vergleichbar. Das Eis übertrifft in seiner zerstörenden Wirkung die der Lava; es verstärkt nicht blos die Gewalt des Stromes, sondern zwingt ihn auch durch Anstauungen und Stopfungen über seine Ufer zu treten oder seine Dämme zu durchbrechen. [...]
Diese eigenthümliche Natur der Weichsel und auch der Nogat schien einem Brückenbau darüber unüberwindliche Schwierigkeiten entgegenzustellen. [...]
Schwieriger war die Frage, wie denn dieser Bau konstruirt werden solle. Ein Holzbau erwies sich als unausführbar, eine Ueberbrückung aus gemauerten Gewölbebögen ebenso; von Drahtbrücken mußte man abstehen, weil sie zum Eisenbahnbau sich nicht eignen. Glücklicherweise hatte eben die von dem genialen Stephenson erbaute Röhrenbrücke[85] über die Melaistraße auf die noch genialere Konstruktion einer Gitterbrücke geführt. Für diese entschied man sich, weil eine Brücke über zwei so stark eismitführende Ströme vor Allem möglichst wenig Pfeiler erfordert.
Betrachten wir zuerst nun den Wunderbau der Weichselbrücke näher.
Die Breite des Strombettes beträgt hier 2668 Fuß, also fast eine halbe Viertelmeile. Für diese bedeutende Breite reichen sieben Pfeiler aus. Die beiden Uferpfeiler sind 98 ½ Fuß breit und entsprechen den für die Vertheidigung der Brücke gestellten Anforderungen, wonach der landseitige Theil dieser Pfeilergebäude mit einer krenelirten[86] Mauer umgeben und mit zwei thurmartigen Aussprüngen zur Vertheidigung des Brückeneinganges versehen wurde. Die Stärke der mittleren Pfeiler beträgt 31 Fuß und zwar stehen nur zwei von ihnen in dem engern Strombette, damit die Strömung nicht beengt werde. Jede der sechs Brückenöffnungen hat die überraschende Weite von 386 Fuß. Die Höhe der Pfeiler ragt 35 Fuß über den niedrigsten und 12 Fuß über den höchsten Wasserstand empor. Der über diese Pfeiler zu legende Oberbau wird nicht allein durch diese, sondern hauptsächlich in

Dirschau. Brücke über die Weichsel. Architekten K. Lentze und F. A. Stüler, 1857. Lithographie

sich selbst getragen vermittelst der angewandten amerikanischen Gitterkonstruktion. Die Gitterwände, wovon zu jeder Seite der Brückenbahn eine steht, sind die Träger der Brücke und haben die bedeutende Höhe von 38 Fuß, welche sich eben aus der Natur der Gitter selbst erklärt, die nicht anders wirken, als ein einziger auf zwei Stützen horizontal liegender Balken, in welchem bekanntlich die in der Mitte liegenden Fasern neutral, d. h. nicht tragend sind, während alle übrigen in dem Grade mittragen, als sie sich von der horizontalen Mitte entfernen. [...] Die Gitter wurden aus Millionen kleiner Eisenstäbe mit außerordentlicher Sorgfalt zusammengesetzt und vernietet, [...]. Täglich arbeiteten 150 Zimmerleute an ihm. So wurde drei Jahre allein an diesem Gitter gebaut.
Nächst ihm war die feste Gründung der Pfeiler und namentlich der Strompfeiler die Hauptaufgabe des Baues; sie haben der ganzen Launenhaftigkeit und Zerstörungswuth des tückischen Stromes Widerstand zu leisten, und stehen nun dann auch großartig und unerschütterlich da, wie ein Fels, der den Meereswogen trotzt. [...]
Die Gitter ruhen unverschiebbar nur auf der Mitte des ersten, dritten und fünften Pfeilers, während auf den übrigen durch untergelegte, auf gußeisernen Platten bewegliche Rollen für die mit der Temperatur sich ändernde Längenausdehnung Sorge getragen ist. – Die Landpfeiler sind mit vielfachen Gewölben, Kasematten, Schießscharten und ähnlichen Einrichtungen versehen, indem die Brücke zugleich einen befestigten Brückenkopf abgeben soll. Die Brückenbahn führt in ihrer Mitte das Eisenbahngeleise und zu jeder Seite desselben eine einspurige Bahn für gewöhnliches Fuhrwerk. Zur Erzielung einer bedeutenden Ersparniß an Material sind diese drei Bahnen durch Scheidewände nicht getrennt. Solche sind entbehrlich gehalten worden, weil sie beim Vorüberfahren einer Lokomotive die Pferde gegen das Scheuwerden nicht schützen würden, überdies aber der Verkehr mit Pferden hier so unbedeutend werden wird, daß der Uebergang der Lokomotiven füglich abgewartet werden kann. Die Fußwege dagegen

sind jeder 3 Fuß breit, außerhalb der Brückenträger angebracht und können ununterbrochen benutzt werden. Sie sind auf den Pfeilern um die Thürme geführt, die äußerlich an den eisernen Brückenträgern für deren Haltung gegen seitliches Ausweichen errichtet werden. Uebereinstimmend mit der Gestalt der Pfeilervorhöfe sind diese Thürme auf den mittleren Pfeilern rund, auf den Endpfeilern viereckig. Letztere rahmen das Portal der Brücke ein. [...]
Wir führen hier zum Schlusse noch L. Passarge's[87] Worte bei Schilderung des Eindrucks, den er beim Ueberschreiten dieser Brücke gehabt, aus seinem trefflichen Buche über »das Weichseldelta« an: »Sieht man die Gitter von der Seite aus einiger Entfernung, so ist es schwer, das Durchbrochene, Luftige und Spitzenartige des Baues zu erkennen. Anders wenn wir die Brücke selbst betreten. Die Höhe der Gitter, welche über dem schnell dahinrauschenden Strome zu schweben scheinen; der eigenthümliche, hellklingende Luftzug, der durch die Gitter streift; der Blick in die weiteste Ferne; der schöpferische Gedanke, der aus dem Werke redet, gewähren einen Eindruck, der erhebend und überwältigend wirkt. Es ist die Empfindung, wie wir sie auf den durchbrochenen Thurmspitzen gothischer Dome haben. Und doch, so erhaben der Eindruck ist, den dieses Werk in seiner Totalität hervorruft, vorzugsweise ist es doch das Detail, die geistvolle Technik, die mathematische Genauigkeit, was uns immer und immer zur Betrachtung des Einzelnen nöthigt und uns den allgemeinen Standpunkt der Bewunderung aufzugeben zwingt.« [...]
Von den beiden zur Ausschmückung der Ein- und Ausfahrt der Dirschauer Brücke bestimmten kolossalen Hautreliefs ist das des Ostportals vom Bildhauer Schievelbein in den Hauptgruppen auf zwei Tableaux im großen Modell vollendet. Im Gegensatz zu dem Bildwerke der Vorderfaçade von Bläser, welches mit seinem Inhalt ganz der neuesten Zeit angehört, indem es den Akt der Brückenweihe durch den König veranschaulicht, ist die Komposition von Schievelbein der Ge-

schichte des Mittelalters und der Lage der Brücke zunächst entsprechend, der Geschichte von Marienburg entnommen. Der Hochmeister Winrich v. Kniprode 1351–82 regierend, nimmt den Mittelgrund des Tableaus ein; er ist der Held der epischen Darstellung und seine Thaten im Kriege und im Frieden, welchen er entschieden im Jahre 1370 über Litthauen gewann, haben dem Künstler als Vorwurf gedient, das Wirken des Fürsten in würdiger Gestalt zur Anschauung zu bringen. Als Staffage im perspektivischen Basrelief verbreitet sich längs dem Tableau das kriegerische Rittergefolge Winrich's, während er selbst im Vordergrunde mit segenbringend erhobenem Arm über Trümmer zerstörter Götzenbilder vorwärts zieht, als Beförderer der Kunst und Wissenschaft und als Beschützer der Gewerbsamkeit und des Handels, deren Gedeihen er in mannigfacher Scenerie vor sich sieht. Der erste Abschnitt enthält in seiner Gruppirung den Triumph Winrich's über seinen hartneckigsten Gegner Kynstut, Großfürst von Litthauen, und die Verbreitung des Christenthums. Der Bischof Bartholomäus von Samland hat mit der Linken das Kreuz erhoben; der rechte Arm ist einladend den Gläubigen entgegengebreitet. Durchdrungen von religiöser Begeisterung wendet sich sein Blick einem bei ihm knienden litthauischen Weibe zu, welches ergebungsvoll den Schaft des Kreuzes mit einem Kusse berührt. Abgekehrt und das Haupt trotzig zu Boden gerichtet, bildet die Figur des gebundenen Kynstut in effektvoller Entgegenstellung den Abschluß der Gruppe, hinter welcher, von den vorübergehenden Rittern getragen, die Fahne mit dem Marienbilde erhoben ist. Die Auffassung des Historischen ist höchst poetisch und ausdrucksvoll in der Individualität, wie im Gesammteindruck. Die Kostüme sind speziell geschichtlich. [. . .]

Beide Brücken, die am 8. Okt. eröffnet wurden, [. . .] sind ein Triumph der neuen Baukunst, welche der spätesten Nachwelt ein ruhmreiches Zeugniß ablegt von der Tüchtigkeit unserer Baumeister und Ingenieure.

36

Die Gitterbrücken der Weichsel bei Dirschau und Marienburg

(1859)

Mit der unaufhaltsam gegen Osten hin fortschreitenden Cultur, dem immer regern Verkehr in den Ostseeprovinzen seit dem Anschlusse dieser an Deutschland, war die Weichsel ein stets empfindlicher gefühltes Hemmniß für Handel und Wandel, eine stets gefährlichere Scheidelinie fröhlich aufblühender Landestheile vom Hauptkörper des preußischen Staats geworden. Die Nothwendigkeit, durch eine stehende Überbrückung dem Übel dauernd abzuhelfen, wurde gebieterisch, als es galt, den Nutzen der Eisenbahnen auch den östlich der Weichsel gelegenen Landstrichen zuzuführen. Aber große, unübersteiglich scheinende Hindernisse stemmten sich der Ausführung entgegen. Da baute der berühmte Stephenson die Britanniabrücke,[88] und in genialerer Verwerthung seiner genialen Idee entstanden nun, basirt auf die solidesten Vorarbeiten und Berechnungen, mit riesenhaftem Apparat ins Werk gesetzt, die Dirschau-Weichselbrücke und die Marienburg-Nogatbrücke – gigantische Bauten, welche, mit der alten Marienburg in würdiger Nähe, glorreiche Denkmäler deutscher Kunst und deutschen Schaffens für alle Zeiten sein werden. [...]
Die Ostbahn mußte durch die reichen Werder, die üppigen Niederungen der Weichsel und Nogat geführt werden, sollte sie für Preußen ihren Zweck vollständig erfüllen. Von der Höhe war die Verbindung mit der Bahn leicht zu ermöglichen. Denke man weiter an die Lage von Königsberg und Danzig, diesen beiden Bollwerken Preußens. Sollte man Danzig ganz isolirt lassen, oder höchstens durch eine lange Zweigbahn, welche zur etwa bei Thorn gelegenen Brücke führte, mit der Ostbahn verbinden? Eine möglich kürzeste

Communication zwischen beiden Städten, welche außerdem in der Nähe der See der Küste parallel sich hält, erschien sowol für jene Festungen als auch für eventuelle Vertheidigung der Küsten zwischen ihnen am wünschenswerthesten. Entschieden mußte der Besitz des großen Werders, des Delta zwischen Weichsel und Nogat, durch eine Durchführung der Eisenbahn und eine Fortificirung derselben gesichert werden. [...]

Die Mittelpfeiler werden durch zwei runde, bis zu einer Höhe von 113 Fuß am Maße ansteigende Thürme geziert und, wie diese, durch eine in alter Weise crenelirte[89] Mauerbrustwehr gekrönt. An den Köpfen der Pfeiler kragen kanzelartige Vorsprünge, von Consolen getragen, über die Fluten hinaus. Alle vorkommenden Wölbungen der Thüren, Fenster und Auskragungen sind spitzbogig. Die Uferpfeiler enthalten bombensicher überwölbte Geschützkasematten mit dem nöthigen Zubehör, welche eine Seitenvertheidigung der Brücke ermöglichen sollen. Während die Thürme auf den Mittelpfeilern, der Gestalt deren Köpfe entsprechend, runde sind, stehen auf den Endpfeilern viereckige, welche sonst in gleichem Stile gebaut sind. Sie rahmen ein spitzbogiges Portal ein, welches zur innern Brücke führt. An diese Thürme schließen sich crenelirte Flügelmauern an, die mit viereckigen, niedrigern Thürmen an ihrem Ende eine Art Vertheidigungstambour abgeben. Bei einer der massiven Größe des Werks anpassenden Einfachheit erfreuen die Verhältnisse der einzelnen Theile durch eine selten schöne Harmonie. [...]

Wer die fertigen Brücken zum ersten male erschaut, dem wird der Eindruck des Wunderbaren. Wer die riesigen Gitter in geraden Linien, luftig und kühn, von Ufer zu Ufer schweben, wer die schlanken Pfeiler frank und frei den Wogen trotzen sieht, der wird überwältigt vom Schauen dessen, was ihm unmöglich scheint. [...]

Tausende von Arbeitern waren herbeigeeilt zum berühmten Brückenbau. Anfangs fehlte es für sie an Wohnungsräumen, und jahrelang lebte ein großer Theil, Troglodyten[90] gleich, in

Höhlen, welche sie in die lehmigen Abhänge der dirschauer Hügel gegraben hatten. So machten sie das böse Cholerajahr 1852 durch, und viele sanken der Seuche zum Opfer.
Aber unaufhaltsam ging der Bau fort. Große Gebäude wurden für die Direction, die Beamten und die Bureaux erbaut, eine Maschinenfabrik ward angelegt, und in dem nahen Kniebau, wo sich geeignetes Material vorfand, eine Ziegelei errichtet. [...]
So sind sie nun beendigt diese grandiosesten Schöpfungen der Neuzeit, und mit sicherer Hoffnung erwarten wir die Bestätigung ihrer Vorzüglichkeit von der Zukunft.
Man hätte dem Landmeister Meinhard von Guarfurth, welcher einst die Weichsel eindeichte, ein Denkmal auf den Brücken setzen sollen, denn in ihnen krönt sich sein Werk. Dieselbe Menschenkraft, welche in ewigem Kampfe mit den Elementen vor keiner Arbeit zurückschreckt, welche, trotz manchem Irren, ungeachtet mancher Niederlagen, endlich stets den Sieg erringt, dieselbe Kraft ist es, welche den Landmeister vermochte, zum Wohle seiner Unterthanen dem unbändigen Strome feste Bahnen vorzuschreiben und hierdurch auch unserer Zeit, nach sechshundert Jahre langem Kampfe, seine Macht gänzlich besiegen half. Derselbe Geist, welcher in des Großmeisters Remter die himmelanstrebenden Bogen wölbte, ist es, welcher heute die sausenden Züge über weite Tiefen hinweggleiten läßt. Derselbe erhabene Geist, dem es gegeben ist, die rohe Masse zu schönem Leben zu beseelen, grüßt in Schloß und Brücken, geschmückt von demselben Kleide, sich über Jahrhunderte hinweg: ein sicheres Pfand seiner Unvergänglichkeit!

Bauten für den Handel

Passagen

»Bei sehr tiefen Grundstücken an verkehrsreichen Hauptstraßen mit wenig Querstraßen sind in neurer Zeit öfter sog. Passagen oder Gallerien angelegt, um die Hauptstraße durch Schaffung eines Querweges von dem starken Verkehr zu entlasten. In Wien bestehn zu diesem Zwecke die alten sog. Durchhäuser, [...]. Es lag daher nahe, solche Passagen an beiden Seiten mit Kaufläden zu versehen und zum Schutze der Passanten gegen Sonne und Regen die Passage mit Glas zu überdachen; [...]. Die Erfahrung lehrt indess, daß diese Passagen nur dann den geschäftlichen Erwartungen entsprechen, wenn sie in großen Städten an solchen Stellen erbaut werden, wo die Eröffnung eines breiten straßenartigen Weges ein dringendes Verkehrsbedürfnis ist, welches für lange Zeit anderweitig nicht abgeholfen werden kann. Die meisten Passagen-Anlagen in den verschiedenen Großstädten sind bald nach ihrer Erbauung verödet.«[91]

»Wie dieser merkwürdige Wandelgang [Passage de l'Opéra, Paris] es bis vor kurzem tat, bewahren noch heute einige Passagen in grellem Licht und düsteren Winkeln raumgewordene Vergangenheit. Veraltende Gewerbe halten sich in diesen Binnenräumen und die ausliegende Ware ist undeutlich oder vieldeutig. Schon die Inschriften und Schilder an den Eingangstoren (man kann ebensogut Ausgangstoren sagen, denn bei diesen seltsamen Mischgebilden von Haus und Straße ist jedes Tor Eingang und Ausgang zugleich), schon die Inschriften, die sich dann innen, wo zwischen dicht behängten Kleiderständern hier und da eine Wendeltreppe ins Dunkel steigt, an Wänden wiederholen, haben etwas Rätselhaftes.«[92]

»Die Zeit der Passage ist abgelaufen. Ihre Eigentümlichkeit war, Durchgänge zu sein, Gänge durchs bürgerliche Leben, das vor ihren Mündungen und über ihnen wohnte [...]. Sie

war das Werk einer Zeit, die mit ihm zugleich einen Vorboten ihres Endes schuf. Früher als anderswo löste sich in der Passage, eben weil sie Passage war, das gerade Hervorgebrochene von den Lebenden ab und ging warm in den Tod ein [...]. Was wir geerbt hatten und ungebrochen unser eigen nannten – im Durchgang war es wie in einem Schauhaus ausgestellt und zeigte die erloschene Fratze.«[93]

Drei Texte beschreiben die Funktion der Passage und die gleichsam ins Allegorische gewandte Faszination dieser Baugattung. Eine Faszination, die sich zusammensetzt aus der Wirkung der baulichen Gestalt, aus dem Ablauf und Erlebnis der jeweiligen Nutzung, aus der städtischen Belebtheit, aus den Vorteilen der Verkehrsruhe. Dieser Reiz einer ausgesprochen großbürgerlichen Neuerung mag auch der Grund für die erstaunliche Beliebtheit von Passagen in unserer Zeit sein. Damit ist wohl auch erklärbar, daß sich die Geschäftswelt dieser Bauform wieder erinnert; Neubauten, z. B. in Stuttgart (Calwer Passage, 1975/78) und besonders zahlreich in Hamburg, sind erneut gefeierte Ereignisse einer Neubelebung der Innenstädte. Obwohl die Passage eine zeitlich frühere Form des Handelshauses darstellt als das Warenhaus – sie ist seit etwa den 20er Jahren des 19. Jahrhunderts in Frankreich und England verbreitet –, handelt es sich hier nicht um einen Vorläufer. Passagen waren immer Verkaufsstätten des Einzelhandels für luxuriöse Waren. Sie waren auch nicht, wie das Warenhaus, für ein großes Publikum gedacht, sondern für den wohlhabenden Bürger, der in exklusiver Abgeschirmtheit, jedoch nicht als einzelner, und in städtischer Umgebung mit einem gewissen Grad an Betriebsamkeit flanieren und einkaufen wollte.[94]

In Deutschland war 1845 in Hamburg mit Sillems Basar die erste Passage erbaut worden. Danach folgten in fast allen Großstädten Neubauten, besonders in Berlin. Die erste Berliner Passage, die sogenannte Kaisergalerie, 1869–73 erbaut von Walter Kyllmann (1837–1913) in Sozietät – seit 1868 – mit Adolf Heyden (1838–1902), führte von der Ecke Friedrich-

straße/Behrenstraße zu Unter den Linden. Sie war, wie viele Passagen, nicht nur ein von Läden flankierter Durchgang, sondern auch die anliegenden Häuser gehörten mit ihren verschiedenen Vergnügungseinrichtungen zu ihrem Bereich. Die beiden Texte geben aus unterschiedlicher Sicht die Wirkung der Passage wieder. Der Artikel aus der »Gartenlaube« will werben, für den Neubau begeistern, während der zweite Text kritischer ist, die überladene Architektur, Ausdruck der Gründerzeit, in ihrer Protzigkeit charakterisiert (vgl. Abb. S. 268, 269). Die Verlagerung der teuren Geschäfte in den Westen Berlins während der 90er Jahre führte auch bei dieser Passage zu einer Veränderung ihrer Nutzung; sie war nicht mehr der Ort des müßigen Flanierens, sondern wurde in den Bereich des Amüsierbetriebs dieser Gegend einbezogen (1944 zerstört).[95]

37
Zwei stumpfe Ecken Berlins
(1874)

Welch' ein [...] Bild entfaltet sich vor den Augen des Beschauers, wenn er seine Blicke auf den glanzvollen Bau der Passage richtet! [...]. Welch' [...] Leben und Treiben, welch' Bild des Wohllebens, welcher Zusammenstrom eleganter Erscheinungen, welche Fülle großstädtischen Luxus. Und als stattlicher Hintergrund zu diesem bewegten Genrebilde ragt der stolze Bau der Passage empor! Noch vor gar nicht so langer Zeit trugen die Straßen Berlins fast durchweg den Charakter tödtlicher Nüchternheit und echtester Kleinstädterei. Erst neuerdings und Hand in Hand mit dem Erwachen des nationalen Selbstgefühls ist auch der Sinn für schöne und der deutschen Residenz würdige Bauten erwacht, welcher in einer großen Reihe schnell hintereinander entstandener Werke seinen Ausdruck fand. Die Menge aber der neuen palastartigen Privathäuser und durch Eleganz des Stils, wie durch Gediegenheit des Materials ausgezeichneten öffentlichen Gebäude wird von der köstlichen Copie der weltberühmten Mailänder Passage[96] überragt. Das großartige, 1873 vollendete Werk, an dem nur eines, der *französische* Name, zu bedauern ist, bedurfte zu seiner nach dem Entwurfe der Baumeister Kyllmann und Heyden ausgeführten Erbauung eines Zeitraums von drei Jahren. In einer Länge von vierhundertundzehn, einer Breite von sechsundzwanzig Fuß und einer Höhe von zweiundvierzig Fuß bildet die Passage eine mit Glas überdeckte Verbindung zwischen der Straße »Unter den Linden« und der Behrenstraße. Beide Façaden, nach den Linden und der Behrenstraße, sind im Stile reicher, an französische Kunst sich anlehnender Renaissance gehalten. Das Gebäude nach den Linden zu enthält außer vielen Nebenräumen einen prachtvollen großen Concert- und Redoutensaal, dessen Decke und Wände mit vorzüglichen Gemälden von Begas, Hildebrand und Ewald[97] und dessen Fenster mit Glasgemälden geschmückt sind. Im Innern des nach der Behrenstraße gelegenen Flügels befinden sich echt großstädtisch eingerichtete Geschäftsräume, unter ihnen jene schönen und bequemen Correspondenzsäle, wie sie Berlin bisher nicht gekannt hat. Für eine geringe Vergütigung empfängt der Gast daselbst alle erforderlichen Schreibmaterialien, Couverts und Marken, um an comfortablen Pulten Briefe oder Depeschen zu schreiben. Ein Briefkasten nimmt das Geschriebene auf, um es direct in das Postbureau im Erdgeschosse hinabgleiten zu lassen, von wo es an Ort und Stelle expedirt wird.

Das Restaurationslocal der Passage umfaßt die ausgedehnten Räume des Entresols[98] und des ersten Stockes, einen Complex von sechszehn Sälen und Nebengemächern, ihrer Anlage und inneren Einrichtung nach ebenso behaglich, wie luxuriös, ebenso künstlerisch schön in der Ausstattung, wie zweckentsprechend für den Gebrauch.

Vom Treppenflur, zu dem sich der Eingang in der Behrenstraße öffnet, führt eine Wendelstiege aus schlesischem Mar-

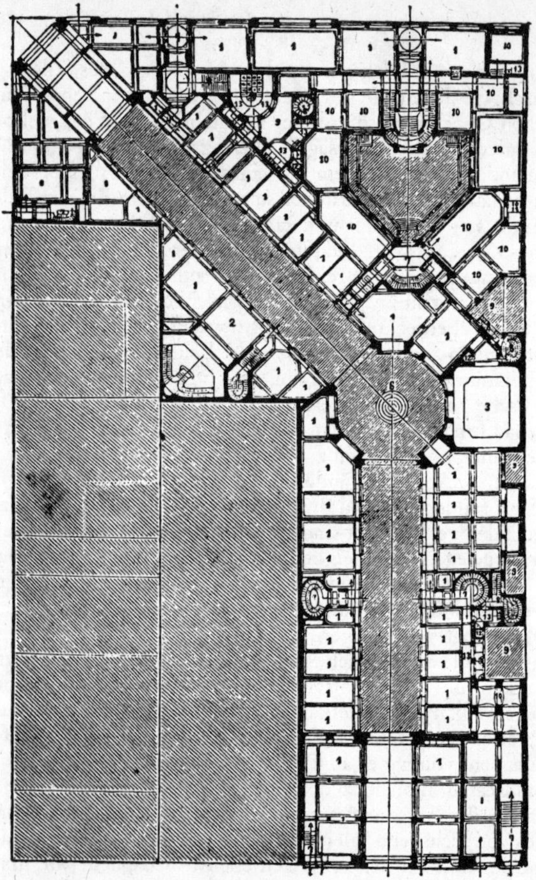

Berlin. Kaiserpassage. Grundriß des Erdgeschosses. Architekten W. Kyllmann und A. Heyden, 1873. (1, 2: Läden; 3: Cafés; 9: Höfe; 10: Büros)

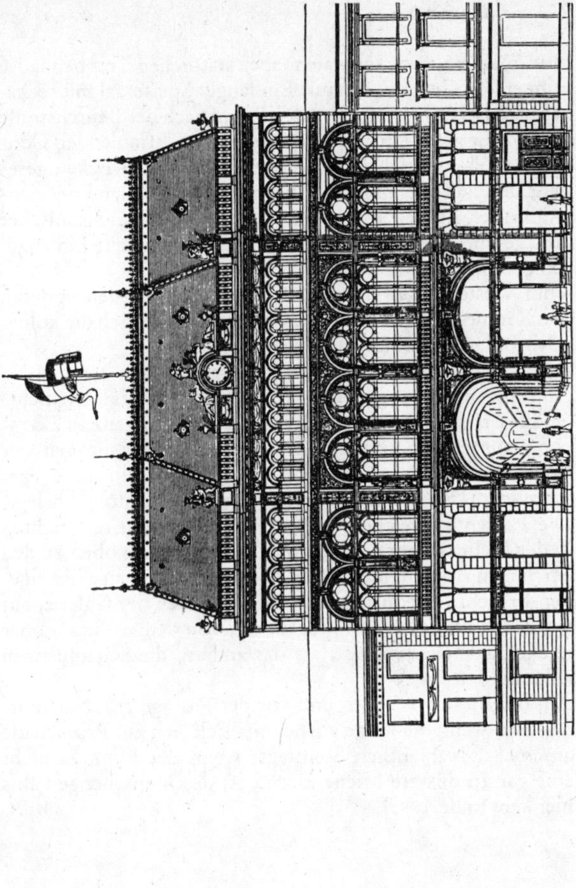

Berlin. Kaiserpassage. Fassade zu Unter den Linden

mor in einem zwar schmalen, aber stattlichen Treppenhause zum ersten Geschoß hinauf. Ein langer Speisesaal mit sechszehn Fenstern Front nimmt den Raum nach der Behrenstraße hin ein. Er geht unmittelbar in den hohen, strahlenden Concertsaal über, welcher, von unserer »stumpfen Ecke« gesehen, oberhalb des großen Eingangsthors von der Friedrichstraße her liegt. Er ist von imposanter architektonischer Anlage und Decoration, dreiseitig nach der Straße hin abgeschlossen.

Vom Westende des Speisesaales führt die Wendeltreppe zu den Räumen des Entresols, in welchem namentlich die kolossalen Billardsäle Staunen erregen.

Die eigentliche Glasstraße, welche vom frühen Morgen bis zum späten Abend von dem promenirenden Publicum dichtgefüllt ist, die sogenannte »Kaisergalerie«, ist ganz in Terracotta ausgeführt und mit figürlichen Compositionen der Bildhauer Afinger, Enke, Wittig, Calandrelli u. A. geschmückt. Der Fußboden ist mit Metlacher Platten[99] belegt. Die Tausende, welche diese Galerie täglich passiren, richten in der Mehrzahl ihre Augen wohl weniger nach oben zu den herrlichen Ausschmückungen, die zu beschreiben einer eigenen Broschüre bedürfte, als nach den Seiten der Galerie, auf welchen eine Reihe von Magazinen, von denen eines immer reicher und eleganter ist, als das andere, die Schaulustigen anlockt.

Am belebtesten ist es in und vor der Passage zur Nachmittagszeit, wenn die junge vornehme Welt sich zur Promenade anschickt. Namentlich Sonntags, wenn der Himmel nicht eine gar zu düstere Miene macht, ist des Menschengewühls hier kein Ende. [. . .] *M. R.*

38

Adolf Rosenberg

Die Bauthätigkeit Berlins

(1876)

Die Architekten *Kyllmann* und *Heyden* haben in der *Kaisergalerie* ein architektonisches Denkmal errichtet, welches der neuesten Epoche der modernen Architektur Berlins die Signatur verlieh. Die Prunksucht der Gründerzeit und der Milliarden-Aera hat ihren deutlichsten Ausdruck in der Kaisergalerie gefunden. Zwar war sie bereits vor dem französischen Kriege projektirt worden, aber ihr Bau begann erst nach dem Abschluß der Feindseligkeiten und ihre Vollendung fiel in das Frühjahr 1873. Die Anlage der Kaisergalerie war nicht eigentlich die Folge eines Bedürfnisses. Kommunikationen zwischen der Behrenstraße und den Linden sind genügend vorhanden. Es sollte im Grunde nur ein Sammelpunkt für Luxusbazare einerseits und für elegante Kaffeehäuser, Concert- und Festsäle andererseits geschaffen werden. Mit Rücksicht auf diese Bestimmung mußte das Ganze auch einen festlichen Charakter tragen, und um dieser Forderung gerecht zu werden, führten die Architekten ihren Bau in einem überaus reichen Renaissancestile aus, der seine Details hauptsächlich der französischen Renaissance entlieh. Bei dem Bestreben, in der Dekoration des Innern möglichst reich zu sein, sind die Architekten in den entgegengesetzten Fehler verfallen. Sie stören das Auge, und hauptsächlich das Auge des nüchternen Berliners durch Ueberladenheit in der Dekoration und durch allzu kleinliche Details. Der Berliner Passage fehlt der Zug des Großartigen, Imponirenden, welcher z. B. den Hauptvorzug der Mailänder Galleria Vittore Emanuele bildet. [. . .]

Die Berliner Passage macht leider einen entgegengesetzten Eindruck. Die reiche Ornamentik verwirrt den Sinn; man richtet nur seine Blicke auf das Einzelne, ohne einen rechten Gesammteindruck zu empfangen. Dazu kommt noch die Anlage des Ganzen, welche durch die räumlichen Verhältnisse kaum zu einer anderen Entfaltung kommen konnte. Während die Mailänder Passage im Grundriß einem lateinischen Kreuze gleicht, ist der Grundriß der Berliner [. . .] ein stumpfer Winkel von ca. 125°. Es giebt keinen Punkt in der Galerie, von welchem aus man einen Ueberblick über das *ganze* Bauwerk haben könnte. Daß der Erbauer der Mailänder Passage einen weitaus größeren Raum zur Verfügung hatte, fällt nicht in's Gewicht. Auch auf beschränktem Raume kann man Großes leisten, wenn man mit den Maßverhältnissen zu rechnen weiß. Aber dem bei weitem größeren Theile der Berliner Architekten fehlt der Sinn für eine maßvolle Abwägung der Verhältnisse, [. . .].

Die nach den Linden zugewendete Façade ist weder in ihrer Gliederung noch in ihrer Farbenstimmung – grauer Sandstein und gelbe Terracotta – eine besonders glückliche zu nennen. Wir erwarten eine große Triumphbogenarchitektur und erhalten an ihrer Stelle ein System von vier kleinen und zwei großen Bögen, von denen der erste große, von links gerechnet, sich über den Eingang in das Innere spannt, während die anderen Ladeneingänge und Schaufenster krönen. Daß die Anlage eine unsymmetrische ist, will ich den Architekten nicht so sehr zum Vorwurfe machen. Der Raum zwang sie dazu. Und gehört schließlich das ängstliche Sichanklammern an die Symmetrie nicht auch zu den Zöpfen der Berliner Architektur, welche verdienen abgeschnitten zu werden?

Damit glaube ich die Ausstellungen erschöpft zu haben, welche man im Großen und Ganzen gegen dieses trotz alledem hochinteressante Bauwerk der talentvollen Architekten zu machen berechtigt ist. [. . .] Den Ausstellungen steht jedoch eine ganze Reihe von Vorzügen gegenüber, die sich zum Theil aus jenen Schwächen ergeben. Die Dekoration ist es in erster Linie, welche unsere ganze Bewunderung in Anspruch nimmt. [. . .]

Was den berauschenden Eindruck der inneren Architektur noch verstärkt, ist die Farbenwirkung: das satte Gelb der Backsteine und der Terracotten und das Gold der Galerien und Schilder über den Ladeneingängen. An den Bildhauerarbeiten haben sich die Künstler *Afinger, Encke, Hundrieser, Pohl, Wittig u. a.* betheiligt. Ihnen allen ist nachzurühmen, daß sie den Intentionen der Architekten vollkommen gerecht geworden sind. Sie haben die Stilrichtung mit ausgezeichnetem Verständniß erfaßt und aus dem üppigen, lebensfrohen Geiste der Renaissance herausgearbeitet. Damit ist ein Lob ausgesprochen, welches besonders derjenige zu würdigen wissen wird, der die ärmlichen, ja kläglichen Leistungen der Berliner Plastik an den Gebäuden neuhellenischer Stilrichtung kennt.

Von dem Vorwurfe, welcher der Gesammtanlage der Kaisergalerie nicht erspart werden kann, ist jedoch die nach der Behrenstraße gewendete Front freizusprechen. [...] Hier waltet jener sonst vermißte Zug des Großartigen, Imponirenden in vollem Maße. Hier haben wir eine vollkommen einheitliche Schöpfung, ein Werk aus einem Gusse vor uns. Angesichts dieses Theiles bleibt es nur zu bedauern, daß die Architekten bei der Gestaltung des Innern, und hauptsächlich der Vorderfront, nicht demselben Geiste gefolgt sind, der sie hier so glücklich inspirirte.

Trotz aller Ausstellungen im Einzelnen ist die Kaisergalerie eine der werthvollsten Bereicherungen, welche die moderne Architektur Berlins aufzuweisen hat. Auch hier begegnen wir einem klaren, seiner Ziele bewußten Streben, einem für die Berliner Architektur tonangebenden Genie, dessen reifste Früchte wir noch zu erwarten haben.

Warenhäuser

Die Faszination der neuen Verkaufsformen und das Elend der Kleinhändler, die den neuen Methoden nichts entgegenzustellen hatten, bestimmten die ambivalente Rolle der Warenhäuser, die in der zweiten Hälfte des 19. Jahrhunderts aufkamen. Berühmt ist die literarische Darstellung eben dieser Faszination und ihrer sozialen Wirkung in Emile Zolas 1883 erschienenem Roman »Au bonheur des dames«:

»Doch das ›Paradies der Damen‹ auf der anderen Seite der Straße, dessen Schaufenster Denise durch die offene Tür sah, fesselte sie. [...] Da hatte Denise das Gefühl, eine mit Hochdruck arbeitende Maschine vor sich zu sehen, deren Schwung sich noch den Auslagen mitteilte. Das waren nicht mehr die kühlen Schaufenster des Vormittags; jetzt schienen sie von der Erschütterung dort drinnen erwärmt zu werden und zu vibrieren. Zahllose Leute betrachteten sie, Frauen blieben stehen und drängten sich vor den Scheiben, eine vor Begehrlichkeit brutale Menge. Und durch diese Begeisterung auf dem Bürgersteig wurden die Stoffe lebendig: ein Beben durchlief die Spitzen, auf eine verwirrende geheimnisvolle Art hingen sie herab und verbargen die Tiefen des Ladens; [...]. Doch daß das Haus von einer Hitze wie in einem Hüttenwerk flammte, kam vor allen vom Verkaufstreiben, von dem Gedränge an den Ladentischen, das man durch die Mauern hindurch spürte. Da war das ununterbrochene Schnauben der in Gang befindlichen Maschine, ein Verheizen von Kunden, die sich vor den Abteilungen stauten, angesichts der Waren jede Besonnenheit verloren und dann der Kasse zum Fraß vorgeworfen wurden. Und das alles war mit mechanischer Genauigkeit geregelt und organisiert, wodurch ein ganzes Heer von Frauen der Kraft und Folgerichtigkeit des Räderwerks verfiel [...].« – »Du bist doch vom Geschäft, sag' Du mir einmal, ob es einen Sinn hat, daß ein einfaches Modewarengeschäft Gott weiß was alles verkauft. Früher, als es noch einen ehrlichen Handel gab, verstand man unter Mode-

waren Stoffe, nichts sonst. Heute denken sie nur noch daran, wie sie auf Kosten der Nachbarn aufsteigen und alles an sich bringen können. Das ist es, worüber das Stadtviertel sich beklagt, denn die kleinen Läden leiden allmählich furchtbar darunter. [...] Das Wirkwarengeschäft in der Rue Gaillon [...] hat schon die Hälfte seiner Kundschaft verloren [...]. Und die Wirkung dieser Geißel, dieser Pest, macht sich bis in die Rue Neuve-des-Petits-Champs bemerkbar, wo [...] die Rauchwarenhändler der Konkurrenz nicht standzuhalten vermochten [...].«[100]

Die großen Pariser Verkaufspaläste (»Magasins au Bon Marché«, 1852, Neubau 1869 und 1887; »Magasins du Printemps«, 1880–82) wurden auch in Deutschland nachgeahmt.

Das Neue und Charakteristische dieser Häuser war, daß unter einem Dach ein großes Sortiment verschiedenster Waren einer oder verschiedener Branchen billiger als im Einzelhandel angeboten wurde. In einer weitgehend anonymen Atmosphäre konnten auch Menschen, die das Verkaufsgespräch im kleinen Geschäft scheuten, die Waren begutachten und kaufen. Methoden einer ausgeklügelten Werbung, die auch die Architektur einbezog, lockten die Käufer an. Große Fensterflächen, breite Eingangsbereiche, aufwendige Fassadendekorationen durch Skulpturen und Reliefs, bequeme, anziehende Treppenanlagen und Aufzüge sollten das Publikum zum Eintreten und Kaufen anregen.[101] *Nicht nur private Unternehmer wandten diese Verkaufsformen an, sondern gleichzeitig entstanden auf genossenschaftlicher Basis für bestimmte Gruppen Warenhäuser, die nach ähnlichen Methoden arbeiteten, wie etwa das »Warenhaus für Armee und Marine« oder das »Warenhaus für deutsche Beamte«.*

In einer Debatte des Preußischen Abgeordnetenhauses aus dem Jahre 1898 wurden die Ängste des Mittelstandes angesichts des gerade fertiggestellten Kaufhauses Wertheim in Berlin formuliert: »Meine Herren, die große neue Gefahr desjenigen Standes, der durch die ganze Entwickelung der letz-

ten Jahrzehnte, durch die Erleichterung des Verkehrs, durch die Ausdehnung des Maschinenbetriebes, durch die neuen Gesellschaftsformen, in denen das Kapital sich zusammengefunden hat, an sich schon bedrängt worden ist, – diese Gefahr ist doch wohl, daß das Großkapital jetzt neue Wege gefunden hat, um in diejenige Sphäre mit einer vernichtenden Konkurrenz einzudringen, die wir als das ureigenste Gebiet des Handwerkers und des kleinen Kaufmannes ansehen müssen, [...].« (Anmerkung im Protokoll: »Sehr richtig! rechts.«) Ein anderer Abgeordneter brachte die Debatte auf den politisch wirksamen Punkt: »Es handelt sich um die Erhaltung des gewerblichen Mittelstandes, welcher die festeste Stütze unseres Vaterlandes, das beste Bollwerk gegen die Sozialdemokratie bildet.« Der Appell an den Finanzminister, in direktem Bezug auf das hier vorgestellte Kaufhaus von Wertheim formuliert, blieb nicht ohne Wirkung: »Sehen Sie nur das eine Waarenhaus Wertheim an, bedenken Sie, wie viel kleine Geschäfte von diesem einen Wertheim vor unseren eigenen Augen ruiniert werden!«[102] Die Klagen des Mittelstandes führten in fast allen deutschen Ländern dazu, daß besondere Warenhaus-Steuern eingeführt wurden: von einem bestimmten Umsatz an mußte ein steigender Prozentsatz an Steuern abgeführt werden.

Die Spezialisierung einzelner Stadtviertel im 19. Jahrhundert auf bestimmte Funktionen führte dazu, daß die Innenstädte zu den begehrtesten Geschäftszonen wurden. Einzelhändler konnten die hohen Mieten für die Läden nicht mehr aufbringen, so daß nur die großen Kaufhauskonzerne noch in der Lage waren, hier zu bauen. Die zentrale Lage brachte die entsprechend hohe Kundenzahl, die notwendig war, um die billigeren Waren in größerer Menge abzusetzen. Der ungeheure Erfolg des ersten Großkaufhauses von Wertheim veranlaßte andere Firmen, ähnliche Bauten zu errichten, so daß Berlin innerhalb von wenigen Jahren in der Innenstadt mehrere neue Kaufhäuser besaß, die auch architektonisch im Wettstreit lagen. Messels Wertheim-Bau (1896) war, gemessen am zwei Jahre später entstehenden Kaufhaus Tietz, ebenfalls in der Leipziger Straße, ein zurückhaltendes Gebäude, das bewußt eine Abkehr von übersteigerten historistischen Formen bringen sollte (vgl. Abb. S. 279 und 283). In dieser relativen Schmucklosigkeit der Fassade lag die architekturgeschichtliche Bedeutung, vor allem aber in der stark aufgelösten Wand, die nur aus dünnen Pfeilern und dazwischen gespannten Glasflächen bestand; Prinzipien, die noch für Jahrzehnte vorbildhaft im Geschäftshausbau blieben. Bruno Taut hat diese ungewöhnlichen Neuerungen geradezu überschwenglich herausgestellt: »Denn was Alfred Messel hier geschaffen, ist mehr als ein *Warenhaus –, es ist ein Typus eines solchen, weshalb man den Architekten wirklich genial nennen muß: Als ich es zum ersten Male sah, wirkte auf mich diese Klarheit und Würde geradezu ergreifend. Ich habe noch kein Bauwerk gesehen, das gewissermaßen sich so nackt, so wahr dem Beschauer zeigt [. . .]«.*[103]

Selbstverständlich bildeten diese Innovationen einen Teil des Werbecharakters der Architektur. Die baugeschichtlich vorausweisenden Formen und Konstruktionen waren das Ergebnis einer Suche nach architektonisch befriedigender Zweckhaftigkeit und verkaufsfördernder Neuheit; unter diese Kategorie muß auch primär der fast verschwenderische Umgang mit Raum im Innern fallen, der eben nicht nur die neue, freie Baugesinnung dokumentiert, sondern auch und vor allem den Besucher in eine den alltäglichen Raumerfahrungen völlig konträre Umgebung versetzen soll, die letztendlich in ihrer weiträumigen Gelöstheit Kaufhemmungen beseitigen sollte.

Der Grundriß und damit auch das Innere waren von einer ausgeprägten Axialität und Symmetrie bestimmt; die Verkaufsstände bzw. Abteilungen waren in etwas starrer Folge aufgereiht. Die imposante Ausstattung durch Skulpturen und Malerei, vorrangig im zentralen Lichthof, wies weniger fortschrittliche Wege als das Fassaden- und Raumsystem (vgl. Abb. S. 283).

Das Wertheim-Haus war bereits kurz nach seiner Eröffnung im Jahre 1897 zu klein und wurde von Messel 1899/1900 in einem zweiten Bauabschnitt in stärker historisierenden Formen, in einem dritten (1905/06), einem vierten (1912) und schließlich 1927 von Eugen Schmohl und Paul Kolb in einem fünften Abschnitt zum größten Warenhaus Europas erweitert. Es wurde im Zweiten Weltkrieg zerstört.

39

Albert Hofmann

Das Warenhaus A. Wertheim in der Leipziger Strasse

(1898)

Wessen Antlitz überzöge es nicht mit einem vielsagenden und nach der wirthschaftlichen Interessensphäre, der er angehört, zufriedenen oder auch bitteren Lächeln, der sich erinnerte, wie als eine der Grundbedingungen, auf welchen sich das aus der revolutionären Bewegung des Endes der 40er Jahre unseres Jahrhunderts hervorgegangene moderne Staatswesen mit seinen zahlreichen nationalökonomischen Problemen aufbauen sollte, die »Besteuerung des Volkes nach Recht und Billigkeit« gefordert wurde, wenn er die Verhandlungen des preussischen Landtages der letzten Tage über die Besteuerung der kapitalistischen Grossbetriebe des Zwischenhandels in ihrem Gegensatz zu dem mittleren und dem Kleinhandel nochmals an sich vorüberziehen lässt? Der wirthschaftliche Kampf kennt keinen Altruismus und in dem ewig sich wiederholenden Entwicklungskreislauf sind wir nahezu wieder an dem Grundsatz der Naturphilosophen des XVIII. Jahrhunderts angelangt, welche die Landwirthschaft als die einzig produktive Kraft eines Staates hinstellten, von den Gewerben nicht anerkennen wollten, dass sie neue Werthe schaffen, den

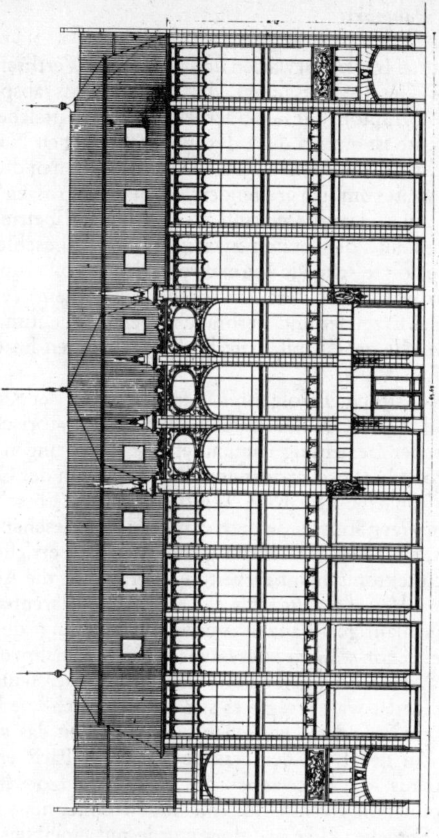

Berlin. Warenhaus Wertheim. Erster Bauabschnitt an der Leipziger Straße. Architekt A. Messel. Entwurfszeichnung von 1896. Bis 1897 mit Veränderungen ausgeführt

Kaufleuten Lügen vorwarfen und ihnen jede Werthschätzung für das Gesellschaftsgefüge des Staatswesens absprachen. Dieses Symptom des modernen Wirthschaftslebens der Grosstädte ist ein Produkt des wirthschaftlichen Naturtriebes und wurde unter anderem auch hervorgerufen durch den immer weiter um sich greifenden Einfluss der grossen Warenhäuser auf den mittleren und kleinen Handelsbetrieb. [...]
Die im Laufe der letzten zwanzig Jahre in beschleunigter Weise erfolgte schnelle Vermehrung der Bevölkerungsziffer der Grosstädte hat dem Zwischenhändler, dem Vermittler zwischen Erzeuger und Verbraucher, eine Bedeutung verliehen, welche grosskapitalistische Erscheinungen im Gefolge hatte. [...]
Der geschäftliche Erfolg ihrer Warenhäuser in der Rosenthaler- und in der Oranienstrasse und in organisatorischer und technischer Beziehung namentlich die Erfahrungen in dem von Prof. *A. Messel* errichteten Warenhause in der Oranienstrasse führten die Firma A. Wertheim zu dem Entschluss, in der Leipziger Strasse, der hervorragendsten Geschäftsstrasse Berlins, ein neues Warenhaus grössten Stils zu errichten. Mit der architektonischen Bearbeitung betraute sie die Architektenfirma *Messel & Altgelt*, welche das neue Warenhaus nach kaum einjähriger Bauzeit seiner Bestimmung übergeben konnte. Schon während des Baues wendete sich ihm die allgemeine Aufmerksamkeit zu und als es im Aeusseren und Inneren vollendet war, erregte es sowohl technisch wie künstlerisch kein geringeres Aufsehen, wie seinerzeit das von Paul Sédille an der Ecke der Rue de Hâvre in Paris errichtete Warenhaus »Le Printemps« der Wittwe Jaluzot. Hier wie dort sprach die Architektur eine ungewohnte, neue und fesselnde Sprache. Hier wie dort wurde mit einer seit langem überlieferten Tradition gebrochen und dem Gebäude in realistischer Weise der architektonische Ausdruck gegeben, der sich als die nothwendige Folge aus den Verkehrsbedingungen eines solchen Hauses für die künstlerische Erscheinung desselben ergiebt. [...]

Nicht geringe Schwierigkeit verursachte die Wahl eines geeigneten Bauplatzes für das neue Berliner Kaufhaus. Dasselbe sollte eine möglichst stattliche Frontentwicklung bei gleichwohl möglichster Tiefenentwicklung für die umfangreichen räumlichen Anforderungen haben und es sollte das Gelände die Möglichkeit des Zuganges von und der Erweiterung nach einer Verkehrsstrasse gewähren, welche nicht die Leipziger Strasse war. Nach eifrigem Suchen gelang es, in zwei sehr tiefen und regelmässig begrenzten Grundstücken der Leipziger Strasse gegenüber dem neu zu erstellenden Herrenhause, ein Baugelände zu finden, welches die stattliche Frontentwicklung von rd. 64 m zuliess und hinsichtlich seiner Lage allen erfüllbaren Wünschen gerecht wurde. [...]
In einem Kellergeschoss, welches Lagerräume, die Garderoben- u. Wirthschaftsräume für die zahlreichen Angestellten des Hauses und die Räume für die Expedition der Waren enthält, sowie in fünf, stellenweise sechs weiteren Geschossen erhebt sich das stattliche Gebäude und gruppirt seine ausgedehnten Verkaufsräume um den durch alle Geschosse reichenden grossen inneren Lichthof. Die Verkaufsräume fügen sich in der Flächenentwicklung ohne jede wandartige Unterbrechung an einander an und sind in der Höhenentwicklung nur durch die nothwendigen Geschosstheilungen getrennt. In Wirklichkeit bildet also das ganze Haus einen grossen, ununterbrochenen Verkaufsraum. [...] Den Verkehr innerhalb des bis unter das Dach ausgenutzten Hauses vermitteln zweckmässige Treppenanlagen zu beiden Seiten der vorderen Raumgruppe, eine stattliche in den Lichthof eingebaute Freitreppe mit entsprechenden Fortsetzungen, Nebentreppen und zahlreiche, auf zwei Stellen, die aus dem Grundriss zu erkennen sind, vertheilte Aufzüge. [...]
Messel & Altgelt [...] lassen [...] dem struktiven Gefüge volle Geltung zukommen. Aus Stein, Erz und Glas erhebt sich [...] ihr Bau, stark im sparsamen Gefüge des Granites, ernst im Schmucke des dunklen Erzes, lichtdurchflossen in den gewaltigen Glasflächen. Schmale Granitpfeiler, durch

eine starke und schattenreiche Profilirung in der Erscheinung noch schwächer gemacht, als sie thatsächlich sind, stützen die Stockwerke und das Dach [...]. [...] Zwischen den Pfeilern bauen sich im Erdgeschoss die grossen Auslagefenster ein, mit ihrer vorderen Glasfläche in der äussersten Bauflucht liegend und so einmal den Raum des Innern möglichst ausnutzend, zweitens die Waaren dem kauflustigen Beschauer möglichst nahe bringend. Durch sinnreich konstruirte Schutzeinrichtungen, die in das Untergeschoss versenkt werden können, werden die Scheiben und Auslagen Nachts geschützt. [...]
Der künstlerische Schmuck der Fassade beschränkt sich auf eine Auszeichnung des Mitteltheiles und in sparsamerer Weise der äussersten seitlichen Theile. [...] Im ornamentalen Schmucke des Mitteltheils der Fassade ist mit gutem Gelingen ein rauschender Akkord durch Erzschmuck angeschlagen, der aus bestimmten künstlerischen Erwägungen nicht vergoldet, sondern in der ernsten Erzfarbe gelassen wurde. [...] Ein üppiges Gehänge aus den verschiedensten Geräthen und Waren ziert die breiten Pfeiler in ihrer ganzen Ausdehnung und endigt unten in stark erhabenen Cartouchen. [...]
Lässt das so gestaltete Aeussere des Gebäudes seinen Charakter als Warenhaus unzweifelhaft erkennen, so ist es doch in seiner vornehmen Haltung gleich weit entfernt von prahlerischer Aufdringlichkeit wie von platter Geschäftsmässigkeit. Unter dieses Urtheil fällt auch das interessante Innere. – [...]
Der Käufer betritt das Warenhaus durch einen gegen die Strasse nicht abgeschlossenen Vorraum, in der Tiefe durch mächtige Spiegelscheiben abgeschlossen, hinter welchen Waren in verlockender Weise zum Kauf ausgelegt sind. Der praktische Zweck dieses Vorraumes kommt dadurch zur Geltung, dass er den Käufer von dem lebhaften Durchgangsverkehr des Trottoirs der Leipziger Strasse absondert und ihm bei Regenwetter die Möglichkeit gewährt, alle gegen dasselbe gerichteten Vorkehrungen zum Schutze der Person in Ruhe zu treffen. Der Vorraum ist also von besonderer Bedeutung.

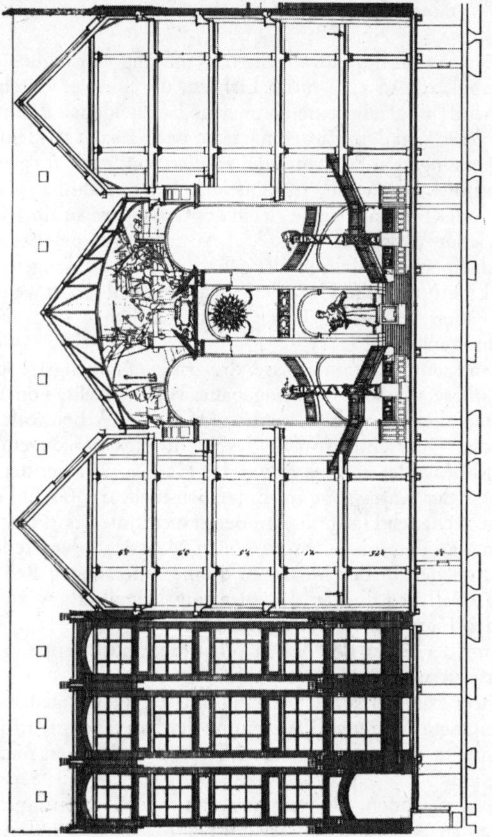

Berlin. Warenhaus Wertheim. Erster Bauabschnitt. Schnitt durch den Bau mit Lichthof und Treppenanlage

Hinter ihm folgt, durch einen Windfang zugänglich, das Vestibül, rd. 15 zu 7 m im Lichten, durch zwei Geschosse reichend, jedoch in seinen immerhin bescheidenen Raumverhältnissen von dem Riesenmaasstab der Fassade zu kleineren Abmessungen überleitend und zu dem Eindruck des grossen Lichthofes sammelnd. In künstlerischer Beziehung ist diese Vor- oder Empfangshalle gleich der Ouverture zu einer Oper in reicher Weise bedacht. [...] Aus ihm tritt der Besucher durch einen gleichfalls nieder gehaltenen Verbindungstheil in den Lichthof, in das Herz der gewaltigen Anlage, in welchem alle Fäden des ausgedehnten wirthschaftlichen Organismus zusammenlaufen. [...]

In den Lichthof ist die grosse, dreiarmige Aufgangstreppe zu den oberen Geschossen eingebaut; vor ihr steht, von Prof. *Manzel* modellirt, die riesenhafte Figur der Arbeit, offenbar für das Querschnittsprofil des Lichthofes berechnet. Der Lichthof ist der einzige Raum des Hauses, welcher bei aller Grösse der Auffassung im Einzelnen nicht das Gefühl einer ausgeglichenen Harmonie im Beschauer hinterlässt. Das mag einmal an dem vielleicht zu feinen Maassstab der Pfeilerreliefs, an den in der Masse zu dünnen metallenen Beleuchtungsobelisken und an der zu wenig Detailbildung aufweisenden Figur der Arbeit liegen. [...]

Hinter der Figur der Arbeit führt die Haupttreppe zu den oberen Räumen empor [...]. [...]

In ihrer künstlerischen Haltung müssen die übrigen Räume als einfache Warenverkaufsräume den vorgenannten, in der Hauptaxe sich aneinander schliessenden Räumen nachstehen. [...]

Es erübrigt noch, über einige technische Einrichtungen des mit einem Aufwand von 3 Millionen M. errichteten Bauwerkes ein kurzes Wort zu sagen. Das Gebäude wird erwärmt durch eine Dampfniederdruckheizung mit $^{2}/_{10}$ Atm. Ueberdruck bei einer gesammten Heizfläche von 3000 qm. Eine künstliche Lüftung ist ermöglicht durch einen elektrisch betriebenen Ventilator, welcher 25000 cbm vorgewärmte

Luft in die Erdgeschossräume hineinpresst. Die Absaugung der schlechten Luft erfolgt im III. Obergeschoss durch einen Ventilator mit 5000 cbm Leistungsfähigkeit. [...]
Die Fahrstühle sind mit elektrischem Betrieb eingerichtet. Es sind in Gebrauch: 5 Personenaufzüge von 800 kg und 1 Personenaufzug von 1050 kg Tragfähigkeit. [...]
Noch ein Wort über die künstlerische Bedeutung des Werkes. Es hat demselben in der kurzen Zeit seit seiner Fertigstellung nicht an den widersprechendsten Urtheilen gefehlt; in der Hauptsache aber liefen diese darauf hinaus, dass das Haus, dem Zuge der Zeit folgend, als ein Werk der neuen Kunst in Anspruch genommen wurde. [...] Messel ist kein Neuerer im Sinne derjenigen, welchen die Kunst im gleichen Augenblicke, in welchem sie ist, auch schon war. Dazu ist seine künstlerische Grundlage eine viel zu ehrliche, eine in zu harter Selbstzucht erworbene, als dass er es über sich vermöchte, sie von heute auf morgen in den Dienst einer nicht seinem Wesen entsprechenden Richtung zu stellen. Ihrer ganzen Vergangenheit nach ist die künstlerische Natur Messels unzweifelhaft vorwiegend konservativ, beschaulich, rückwärtsblickend, dem guten Alten augenscheinlich mehr zugethan, als dem mit der Rücksichtslosigkeit des Kampfes ums Dasein sich äussernden Neuen.

Öffentliche Bauten

Rathäuser

Dem Rathaus kommt als Bauaufgabe im 19. Jahrhundert deshalb eine besondere Rolle zu, weil die kommunale Selbstverwaltung, wie sie 1808 in Preußen und in den folgenden Jahrzehnten in den anderen deutschen Staaten eingeführt wurde, ein neues bürgerliches Selbstbewußtsein schuf, das sich in

Rathausbauten einen Ausdruck schaffte. Der Übergang zahlreicher Kompetenzen an die Stadtverwaltung verlangte zudem eine Ausweitung der Bürofläche in den bestehenden Bauten bzw. Neubauten.
Die Bedeutung, die den Rathäusern im Selbstverständnis des Bürgertums, natürlich des Besitzbürgertums, das durch das Wahlrecht die überwiegende Repräsentanz der Bevölkerung darstellte, beigemessen wurde, ist zu erkennen an den Bauformen und dem Umfang der Neubauten. Vor allem wurden Vorbilder aus den »großen« Zeiten bürgerlicher Selbstbestimmung gewählt, also dem späten Mittelalter und der Renaissance. »Das Rathaus, der Sitz der städtischen Gemeinde-Verwaltung, das in so manchen Kleinstädten der einzige neben der Kirche vorhandene Monumentalbau ist, gehört zu den häufigsten und – da es zumeist nicht blos dem Bedürfniss zu dienen, sondern auch zu repräsentiren hat – zu den Lieblings-Aufgaben der Architektur. Es zählt demzufolge zu den wenigen Gebäudearten, für welche sich ein bestimmter architektonischer Typus ausgebildet hat, der in zahlreichen glänzenden Bauwerken des Spät-Mittelalters und der Renaissance in Italien, Frankreich, den Niederlanden und Deutschland seine historischen Vorbilder besitzt. Charakteristische Elemente desselben sind namentlich der Thurm, an dessen Stelle jedoch nicht selten eine besonders reiche Giebel-Entwicklung tritt – die Vorhalle, welche sich häufig zur Laube erweitert und der an hervor ragender Stelle angebrachte, zu eventuellen Ansprachen an das Volk benutzte Balkon.«[104]
Die Besprechung des preisgekrönten Wettbewerbsentwurfes für ein neues Rathaus in Stuttgart der Architekten Heinrich Jassoy und Johannes Vollmer durch Hermann Muthesius aus dem Jahre 1895 verdeutlicht die Ansprüche an einen Rathausneubau im ausgehenden 19. Jahrhundert. Das alte Rathaus, ein seit dem Mittelalter vielfach veränderter Bau, genügte, besonders infolge der wachsenden Aufgaben der Stadt im 19. Jahrhundert, nicht mehr. Durch ständige Erweiterungen und vor allem durch Verlegung einzelner Behörden in be-

nachbarte Gebäude versuchte man in den ersten Jahrzehnten die Raumprobleme zu lösen.
Die Diskussion um den Neubau, seit den 70er Jahren geführt, konzentrierte sich in Stuttgart ganz besonders auf die Frage nach dem Standort. Nach zeitgenössischer Auffassung, die eine starke Identifikation mit der bürgerlichen Vergangenheit voraussetzte, war der Abbruch des alten Rathauses eine durchaus nicht leichte Entscheidung. Andere Städte haben deshalb in dieser Zeit ihre Neubauten außerhalb der Altstadt errichtet (z. B. Hannover). Andererseits verlangte gerade die relative Machtstellung der Städte und das damit gewachsene Selbstbewußtsein einen repräsentativen Standort. Der Marktplatz als altes bürgerliches Zentrum bot somit vom historischen Verständnis wie auch unter städtebaulichen Gesichtspunkten den höchsten Rang. Auf diese Probleme weist Muthesius besonders hin und verbindet sie mit stadtgestalterischen Überlegungen (vgl. Abb. S. 289).
Den Übergang zu einer moderneren Architekturauffassung belegen seine Worte zur quasi »antimalerischen« Haltung des Preisgerichts, das nicht der neuen Tendenz in den Jahren nach etwa 1890 folgte und einen Entwurf mit asymmetrischem Grundriß, bewegter Silhouette, reicher Dachlandschaft, Erkern und gruppierender Auflösung des Baukörpers befürwortete, sondern der traditionellen, symmetrischen Vierflügelanlage den Vorzug gab. Hier mag auch der Text des Wettbewerbsprogramms von Einfluß gewesen sein, das forderte: »Die Architektur des Neubaues soll der Würde der Hauptstadt entsprechen; dabei können die Ansichten gegen die Hirsch-, Eich- und Metzgerstrasse, als untergeordnete, sehr einfach gehalten sein. Die Wahl des Baustils steht dem Verfasser frei.«[105]
Die Freiheit der Stilwahl erstaunt nicht, da sich in dieser Zeit bereits eine Konvention festgesetzt hatte, die für den Stil von Rathäusern die Spätgotik oder die deutsche Renaissance als verbindlich ansah. Beides sind Epochen, in denen der Höhepunkt städtischer Unabhängigkeit und Macht gesehen wurde.

Die Übernahme spätgotischer Formen in Stuttgart, z. T. nach flandrischen Vorbildern, trägt dieser Auffassung ebenso Rechnung wie der hohe Mittelturm, der, auch zeitgenössisch, als abhängig vom Turm der nahen Stiftskirche gesehen wurde. Das Rathaus war in den Jahren 1898 bis 1905 weitgehend nach den Wettbewerbsentwürfen (erweitert durch einen rückwärtigen Flügel) ausgeführt worden (vgl. Abb. S. 293). Waren somit städtebauliche Lage und Stil deutliche Verweise auf das historische Selbstverständnis, so bezeugte das noch unmittelbarer die Ausstattung durch Malerei und Skulptur. Außer den beiden Standbildern der württembergischen Könige Wilhelm I. und Wilhelm II. wies der restliche Schmuck auf bürgerliche Bereiche.[106] *Der Bezug zum alten Rathaus wurde dadurch hergestellt, daß einzelne Teile, gleich Spolien, vermauert wurden und man vor allem die alte Rathauskapelle in den Neubau einfügte.*

40

Hermann Muthesius

Der Wettbewerb um Entwürfe für ein Rathhaus in Stuttgart

(1895)

Wer Stuttgart kennt, für den mußte auch noch ein besonderer Reiz der Aufgabe in der Eigenthümlichkeit der örtlichen Verhältnisse liegen. Als Bauplatz war die Stelle des jetzigen Rathhauses am alten Marktplatze, dem Mittelpunkte der Altstadt ausersehen, einem Platze, der dicht besetzt ist mit malerischen alten Bürgerhäusern, die mit ihren überstehenden Stockwerken, ihrer unregelmäßigen Anordnung zur Straßenflucht und ihrer behäbigen Bürgerlichkeit dem Beschauer ein Bild alter tüchtiger deutscher Kunstübung in ihrer ganzen Schlichtheit und Einfalt geben. Die Wahl gerade dieses Plat-

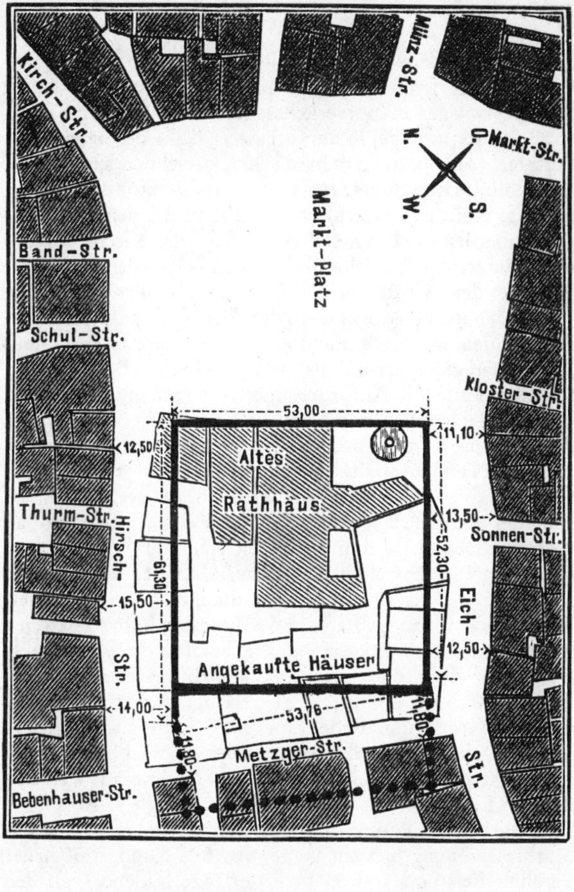

Stuttgart. Marktplatz um 1895. Schwarze Linie: Bauplatz für das geplante neue Rathaus. Punktierte Linie: Erweiterung in der Ausführung bis 1905

zes muß als äußerst glücklich gelten. Er liegt da, wo ein Rathhaus hingehört, im Mittelpunkte der Stadt, hier nur einige Schritte von der Hauptverkehrsader Stuttgarts, der Königstraße entfernt, dabei in unmittelbarer Nähe der prächtigen, Stuttgart vor andern Städten so sehr auszeichnenden Anlagen des Schloßplatzes mit seiner stolzen architektonischen Umgebung. Auf den Marktplatz münden an der dem Rathhaus gegenüberliegenden Seite drei Straßen, die Kirch-, Bären- und Münzstraße, beinahe strahlenförmig ein: sie weisen dem Thurme, der, wie zu erwarten war, an fast allen Entwürfen vorhanden ist, von vornherein den Platz im Treffpunkte dieser Strahlen an. Nach allem erfüllt der Platz in Bezug auf Zweckmäßigkeit sowohl als in künstlerischer Beziehung in seltenem Maße die Anforderungen, die man an einen Rathhausbauplatz stellen muß, und besonders erfreulich ist wie gesagt seine altehrwürdige, eine geschichtliche Sprache redende Nachbarschaft. Ein auffallender Umstand ist nun aber, um dies gleich vorweg zu nehmen, die geringe Anpassung der meisten, ja fast aller Entwürfe des Wettbewerbs an diese schlichte Umgebung. Die meisten Entwürfe arbeiten mit jenem überschwenglichen Aufwand an architektonischen Hülfsmitteln, der unsere heutige Baukunst kennzeichnet, und von dem man sich erst in der jüngsten Zeit zu befreien anfängt. Freilich werden wir uns nicht auf die Empfindungsweise der Zeit, die jene schlichten Bürgerhäuser schuf, zurückschrauben können; auch verlangt immerhin ein Bau von der Größe und Bedeutung eines Rathhauses reichere künstlerische Mittel. Aber eine größere Einfachheit der Gestaltung und etwas weniger »gemachte« Architektur wäre den meisten Entwürfen zu wünschen.

Der eigentliche Bauplatz nimmt die westliche Hälfte des Marktplatzes ein, hier ein Trapez von 52,30 und 61,30 m der Parallelseiten und von 53 m Frontlänge bildend (vgl. den Lageplan). Der vorn verbleibende Marktplatz behält etwa seine jetzige Größe, die man für die künstlerische Wirkung des Bauwerks übrigens als vortheilhaft bezeichnen muß insofern, als sie zwar einen vollkommenen Ueberblick über die Gebäudefront gestattet, dabei aber eine Beeinträchtigung des Maßstabs durch eine etwaige allzugroße Ausdehnung der Vorfläche ausschließt. Im vorliegenden Falle wird übrigens die Kleinheit der Nachbarschaft von selbst schon eine vortreffliche Maßstabswirkung des Neubaues sichern. Zu beiden Seiten der Marktplatzfront gehen zwei durch die neuen Baufluchtlinien des Rathhauses auf rd. 12,50 m verbreiterte Straßen, die Hirschstraße und die Eichstraße ab, an der Rückfront führt die auf 11,80 m verbreiterte Metzgerstraße entlang. [...]

Ein Entwurf, der der grundsätzlichen Ansicht des Preisgerichts, daß einer ruhigeren, mehr systematischen Anordnung der Baumassen der Vorzug gegenüber einer malerischen Gruppirung zu geben sei, in weitgehendstem Maße entgegenkommt, ist der dritte der an erster Stelle ausgezeichneten Entwürfe von *Vollmer* u. *Jassoy* in Berlin. An ihm ist alles streng symmetrisch, und zwar nicht nur im Aufbau, sondern sogar im Grundriß. Das Bestreben in dieser »systematischen« Richtung ist soweit gegangen, daß die Verfasser sogar die Schiefwinkligkeit des Hofes beseitigen zu müssen glaubten und so die Hinterfront gegen die Straßenflucht der Metzgerstraße verschoben.

Bei den gothisirenden Stilformen, die das Gebäude trägt, begreift man die Nothwendigkeit dieser Maßnahmen nur sehr schwer; in der That läßt sich für sie wohl kein anderer Grund aufbringen, als die Bequemlichkeit beim Zeichnen auf dem Reißbrett und die Erleichterung, daß die beiden Seitenfronten im Spiegelbild genau gleich ausgebildet werden können. Denn die schiefe Stellung zur Straßenfront, die sich daraus ergiebt, ist keineswegs als Vorzug zu betrachten, und was die Rechtwinkligkeit des Hofes anbetrifft, so wird mehr der bürgerliche Ordnungssinn, als künstlerisches Feingefühl einen Vorzug darin erblicken. Im übrigen zeigt der Grundriß jedoch große Vorzüge bei einer unübertrefflichen Klarheit. Der Haupteingang liegt in der Mitte des Erdgeschosses und

führt in die 6 m breite, in allen Geschossen wiederkehrende Rathhausdiele; zwei weitere Nebeneingänge sind in der Längsachse der Diele, die Durchfahrt ist von der Metzgerstraße aus angeordnet. Auffallend schlecht bedacht ist nur der Rathskeller, er nimmt nur einen sehr kleinen Raum an der Ecke des Marktplatzes und der Hirschstraße ein. [. . .]
Etwas Verlegenheit haben die für die äußere Architektur erfundenen Erker im Grundriß bereitet, wie denn überhaupt der Entwurf manche Züge aufweist, die als Opfer der erstrebten »systematischen« Anordnung aufzufassen sind. Eben hierin beruht der Vorzug einer mehr malerischen Gruppirung, daß sie gestattet, jeden Bautheil seinem Wesen entsprechend auszubilden und sich den Forderungen des Bedürfnisses aufs innigste anzuschmiegen. Freilich muß dabei vorausgesetzt werden, daß die Gruppirung eben als Folgeerscheinung und nicht als Selbstzweck auftritt, daß der Künstler dem Bedürfniß folgt und nicht etwa ohne Rücksicht auf dieses seine Architektur künstlich wild macht, wie es viele thun, die zwar in Anlehnung an unserer Väter Werke zu schaffen vorgeben, dabei aber dem Geiste dieser Werke hierin gerade am meisten widersprechen. Die Architektur des Entwurfs hält sich in Formen, die vielfach an französische Vorbilder erinnern, aber doch eine selbständige Gestaltung erfahren haben. Das zweite Obergeschoß ist seiner Bedeutung entsprechend und im Gegensatz zu den schlicht behandelten unteren Stockwerken durch einen Kranz reicher Maßwerksverzierung hervorgehoben, die Mitte trefflich betont durch den breit sich öffnenden Eingang, einen hallenbildenden Rücktritt im ersten und zweiten Obergeschoß und einen reichen Giebel darüber, hinter dem sich straff und mächtig der stattliche Thurm erhebt. Die vier Erker schaffen einen reizvollen Wechsel in der Vorderfront. Die Seitenfronten und die Hinterfront, an denen das Hauptgesims der Vorderfront in gleicher Höhe durchläuft, sind sehr einfach gehalten.

Stuttgart. Entwurf für ein neues Rathaus, 1895. Architekten J. Vollmer und H. Jassoy. In der Ausführung geringfügig verändert

»Die Sammlungen, welche man gemeiniglich ›Museen‹ nennt, enthalten alle die Denkmäler und Forschungs-Materialien früherer Kulturepochen sowohl als der Jetztzeit, welche der Erhaltung werth, zur Gewährung eines ästhetischen Genusses und zur gemeinnützigen Belehrung dienen. [...] Für einzelne Gebiete vereinigen sie die gesammte Geistesarbeit der Vergangenheit und Gegenwart in weitestem Umfange zu genussreicher Anschauung und zur gründlichen künstlerischen Bildung für das Volk. [...] Erst in der Neuzeit hat man in Deutschland [...] den Bau eigenartig konstruierter Gebäude für Sammlungen begonnen. Der hohe Werth ihres Inhalts fordert eine würdevolle, monumentale Gestaltung solcher Gebäude und stellt dieselben unter den neueren Architekturwerken überall an die hervor ragendste Stelle. Es sind Zierden der Städte und Denkmale der Kunstübung ihrer Zeiten.«[107] Das mit diesen Sätzen gezeichnete Bild vom Museum, einem repräsentativen Bauhandbuch der 80er Jahre des 19. Jahrhunderts entnommen, wurde in knapp hundert Jahren herausgebildet. Aus den fürstlichen Kunst- und Wunderkammern, wie sie besonders seit der Renaissance in vielen Residenzen eingerichtet worden waren, entstand in Deutschland erst in der zweiten Hälfte des 18. Jahrhunderts die auch baulich vom Schloßbereich geschiedene Anlage des Museums.

Die Bildergalerie im Park von Sanssouci (1755–63) ist noch eng mit dem begrenzt öffentlichen Schloßbereich verbunden, während das Museum Fridericianum (1769–79) in Kassel als einer der ersten selbständigen Museumsbauten gelten kann, wenn auch seine Sammlungen, eine Bibliothek, Objekte aus der Naturgeschichte und einige antike Skulpturen noch auf den überkommenen Typ der Raritätenkammer verweisen und die Öffentlichkeit nur beschränkt Zugang hatte. Die seit dem ausgehenden 18. Jahrhundert entwickelte Ordnung der Ausstellungsgegenstände bedeutete vorrangig eine Trennung und Differenzierung möglicher Sammlungsgebiete, die dann im Laufe des 19. Jahrhunderts zu Spezialsammlungen und Spezialmuseen führte. In den Hauptstädten des 19. Jahrhunderts sind seit etwa 1850 Kunstmuseen, Kunstgewerbemuseen, Naturkundemuseen und allgemeinhistorische Museen zu finden, die alle wieder Untergruppen möglich machten. Schließlich richteten einzelne staatliche oder private Stellen Museen ein, wie etwa Patentsammlungen oder firmengeschichtliche Museen.

Diese Entwicklung kann hier nicht aufgezeigt werden, dazu bedürfte es eines viel größeren Raumes. Vielmehr soll am Beispiel eines frühen Kunstmuseums, des Alten Museums in Berlin, und eines bereits nach 1900 errichteten sogenannten kulturgeschichtlichen Museums, Museum Altona, das Gesagte ausschnitthaft verdeutlicht werden.

Konkrete Pläne für ein Museum, das den Kunstbesitz des Herrscherhauses aufnehmen sollte, gingen in Berlin von dem Akademieprofessor und Kunstgelehrten Aloys Hirt (1759 bis 1836) aus, der 1798 in einer Denkschrift einen Museumsbau anregte und Pläne beilegte. Der Zugang einer breiteren Öffentlichkeit zu den Sammlungen war zu dieser Zeit bereits üblich geworden, weshalb die Ausstellungsstücke auch aus dem engeren fürstlichen Wohnbereich herausgenommen werden mußten und möglichst in einem eigenen Gebäude untergebracht werden sollten. Zwei Jahre nach Hirts Plan entwarf auch Schinkel einen Museumsbau, einen fast fensterlosen Kubus mit vorgelegtem Eingangsportikus, der sicher in Zusammenhang mit den Berliner Neubauplänen steht.[108]

Die Napoleonischen Kriege verhinderten eine konkretere Planung, lösten aber indirekt ein neuerliches Aufleben der Museumsidee aus. 1815 wurden die unter Napoleon geraubten und nach Paris verbrachten Kunstwerke, z. B. die Quadriga vom Brandenburger Tor, unmittelbar nach der Rückgabe öffentlich gezeigt; dieses Ereignis und der Ankauf weiterer Sammlungen weckten den Wunsch nach einem ständigen Ausstellungsort, der jetzt auch für das nationale Selbstbe-

wußtsein wichtig gewordenen Werke. Aloys Hirt faßte die Ideen in einer kurzen Stellungnahme zusammen: »Es ist erfreulich, zu sehen, mit welcher lebhaften Theilnahme Personen von allen Ständen jene wiedereroberten Kunstschätze besuchen. Mögen sie in Zukunft nie wieder vereinzelt werden, sondern mit einer Auswahl anderer [...] nach dem Beispiel anderer Hauptstädte ein großes Ganzes bilden. In einem hierzu zweckmäßig eingerichteten Gebäude aufgestellt, seien sie den Freunden der Kunst zum Unterricht und zur höheren Bildung leicht zugänglich. [...] Die Zeit hat uns über manches belehrt, und man hat sich lebhafter als je überzeugt, daß sich zu dem Waffenruhm die Wissenschaft und die Kunst gesellen müsse, um einem Volke das wahre Gefühl seiner Würde zu geben [...].«[109]

Verschiedene Planungen, die u. a. die Umgestaltung von Räumen der Akademie zu Ausstellungszwecken vorsahen, können hier übergangen werden; sie sind nur insofern von Bedeutung, als sie über funktionale Mängel hinaus auch nicht die erwartete repräsentative Gestaltung für ein zukünftiges Museum brachten. Diese Schwierigkeiten führten wohl hauptsächlich dazu, daß Schinkel im Januar 1823 mehrere Pläne und eine erläuternde Denkschrift vorlegte, in denen das Museum in seiner dann auch ausgeführten Form und städtebaulichen Lage schon fast vollständig durchgearbeitet erschien. Für die hohe Bedeutung, die dem Museum zugebilligt wurde, spricht die Lage am nördlichen Rand des ehemaligen Lustgartens, an dessen östlicher Langseite der Dom und, gegenüber dem Museum, im Süden das königliche Schloß standen. An der Westseite wurde der Platz vom Arm der Spree begrenzt, an dessen Ufer das Zeughaus stand, so daß die Interpretation von Rave, hier repräsentiere sich der preußische Staat in seinen wichtigsten Gewalten, modifiziert sicher richtig ist. Die städtebauliche Anschaulichkeit von regierender, geistlicher und militärischer Macht, die auch die Kunst in ihren Dienst nehmen, war sicher gewollte planerische Maßnahme (vgl. Abb. S. 151). 1823 wurden Schinkels Pläne ge-

nehmigt und bis 1829 ausgeführt; am 3. August 1830 konnte das Museum offiziell eröffnet werden (vgl. Abb. S. 302 und 303).
Schinkels Beschreibung seines Baus gibt eine hinreichende Vorstellung von den Räumlichkeiten und gleichzeitig auch einen Eindruck des funktional denkenden und planenden Architekten. Selbstverständlich stand die technische Funktion des Museumsbaus nicht im Vordergrund des Plans oder richtiger gesagt, eine Priorität des einen vor dem anderen kann nicht festgestellt werden, wenn auch Schinkels Äußerungen zu den gestalterisch und repräsentativ bedeutsamen Formen weniger ausführlich formuliert sind. Gerade der ja sichtbar ins Auge springende bauliche Aufwand spricht aber für den Anspruch, den Auftraggeber und Architekt mit dem Gebäude erhoben. Äußere Säulenhalle und innere Rotunde waren die wichtigsten Teile der repräsentativen Architektur. In den ersten Erläuterungen vom Januar 1823 rechtfertigt Schinkel die aufwendige Frontgestaltung folgendermaßen: »Die Fronte gegen den Lustgarten hin hat eine so ausgezeichnete Lage, man könnte sagen die schönste in Berlin, daß dafür auch etwas ganz Besonderes getan werden mußte. Eine einfache Säulenhalle in einem großartigen Stil und mit dem bedeutenden Platze im Verhältnis stehend wird dem Gebäude am sichersten Charakter und schöne Wirkung geben.«[110] Einen Monat später verteidigt er diese Säulenstellung gegen den Vorschlag Hirts, hier eine zweigeschossige Säulenordnung anzuwenden, genau im Sinne dieser einfach-monumentalen Wirkung und setzt sie auch in Beziehung zum nahegelegenen alten Dom: »Die Größe der projektierten Säulen gegen den Lustgarten hin ist ungefähr wie der der Domsäulen. Man denke sich Säulen von der halben Höhe in einer langen Reihe an diesem mächtigen Platze: Wie würde das Gebäude dadurch an Einfachheit und Würde verlieren und wie würde die Seitenansicht des Gebäudes aussehen?«[111] Der Gedanke Schinkels, in dieser Halle Standbilder bedeutender Persönlichkeiten seiner Zeit aufzustellen, erinnert an die Vorstellungen, die dann in

der Walhalla Klenzes verwirklicht wurden, und weist auf die enge Verbindung des Museums mit den umliegenden Staatsbauten hin. Hinter dieser Ruhmeshalle mit der offenen Treppenanlage folgte der wichtigste Raum des Museums, die Rotunde, von Schinkel als »Pantheon« und »Heiligtum« bezeichnet. In Entsprechung zur außen liegenden, gleichsam öffentlich wirksamen Ehrenhalle sollte dieser Raum die bedeutendsten antiken Kunstwerke in bevorzugter Aufstellung enthalten: »Endlich auch kann die Anlage eines so mächtigen Gebäudes, wie das Museum unter allen Umständen werden wird, eines würdigen Mittelpunktes nicht entbehren, der das Heiligtum sein muß, in dem das Kostbarste bewahrt wird. Diesen Ort betritt man zuerst, wenn man aus der äußeren Halle hineingeht, und hier muß der Anblick eines schönen und erhabenen Raums empfänglich machen und eine Stimmung geben für den Genuß und die Erkenntnis dessen, was das Gebäude überhaupt bewahrt.«[112]

Schinkels Museum stand in Konkurrenz mit der gleichzeitig in München gebauten Glyptothek Leo von Klenzes (1830 fertiggestellt) und der Alten Pinakothek von 1836, ebenfalls von Klenze in München errichtet. Das Berliner Museum verband in seinen Sammlungen die Bereiche, für die in München zwei Museen zur Verfügung standen. Im Erdgeschoß wurde die Antikensammlung und im Obergeschoß die Gemäldesammlung untergebracht. Gerade hier erwies sich die Einführung von senkrecht zu den Außenwänden gestellten Schirmwänden zur Hängung der Bilder als bedeutender Raumgewinn durch Bildung kleiner Kabinette, aber gleichzeitig als beleuchtungstechnisch unzureichende Maßnahme, da die zur Mitte der Räume hängenden Bilder zu wenig Licht erhielten. Der Hauptmangel von Schinkels Neubau war in dieser Beziehung das Fehlen von Oberlichtern, wie sie etwa die Alte Pinakothek aufwies; erst bei späteren Umbauten wurden sie auch in Berlin eingeführt. Als Hindernis erwies sich jedoch der unzureichende Raum für die immer schneller anwachsenden Sammlungen, so daß schon bald Pläne zur Vergrößerung not-

wendig wurden, wie etwa die des Architekten Ernst Kopp von 1835–37, die eine Erweiterung durch Seitenflügel an der Front zum Lustgarten hin vorsahen.[113] *Die ständige Vergrößerung des gesamten Areals durch weitere Neubauten von Museen in den folgenden Jahrzehnten führte zu einem Museumszentrum, das bis heute als »Museumsinsel« weiterlebt.*

41

Karl Friedrich Schinkel

Sammlung architectonischer Entwürfe. Das neue Museum in Berlin

(1825)

Daß zur Erlangung so vieler für den Hauptzweck unbedingt nothwendigen Nebenzwecke, aus vorher bestimmten Geldmitteln, eine besondere Oekonomie überall eintreten mußte, wird einleuchtend, dennoch sollte das Gebäude des Museums selbst einen hinreichenden Raum darbieten, unsere Kunstschätze aufnehmen zu können und auch sowohl um seiner selbst willen, als wegen der Stellung, die es auf dem schönsten Platze der Hauptstadt, dem Königlichen Schlosse und dem Zeughause gegenüber erhält, würdig in seiner Form erscheinen. Diese mit vielen Schwierigkeiten verknüpfte Ausmittelung, die nur durch vielfältige Umänderung des Plans zu Stande kommen konnte, blieb die Aufgabe des Architecten.
Hiernach entstand endlich für das Museum selbst folgende

Anordnung des Gebäudes.

Das Gebäude erhielt die Form eines Vierecks [...]. [...]
Das erste Hauptgeschoß ist für die Sculpturen, das obere für die Bilder, in dem Unterbau sind die ökonomischen Erfor-

dernisse einer solchen Anstalt bedacht, die Wohnung des Castellans und der Unteraufseher, einige größere und kleinere Räume für die Arbeiten der dabei angestellten Gelehrten und Künstler, so wie für Vorlesungen über Kunstgegenstände, endlich die Einrichtungen zum Aufwinden der Kunstwerke, um den Transport über Treppen zu ersparen, die Heizungs-Anstalten, die Räume zur Aufbewahrung von Verpackungs-Kisten, Holzgestellen, Staffeleien, Utensilien aller Art, des erforderlichen Brennmaterials für die Erwärmung der Räume im Winter, und andere dergleichen Einrichtungen. [...]

Um dem Bau des Museums, auf dem schönsten Platze der Hauptstadt, ein würdiges Aeußere zu geben, ist die Anlage einer öffentlichen Halle [...] gedacht worden, in welcher Denkmäler, die man verdienstvollen Männern neuerer Zeit errichtet, im Schutz vor der Witterung aufgestellt werden können; diese längst erwünschte Einrichtung für die Hauptstadt, nimmt die ganze dem Königlichen Schlosse zugekehrte Hauptfronte des Gebäudes in der Länge von 276 Fuß 3 Zoll ein.

Achtzehn frei stehende jonische Säulen und zwei Anten unterstützen die Halle, [...]. [...]

Die Façade giebt [...] die Verhältnisse der Halle an. Die Hinterwand ist mit Bildern in *Fresco*-Malerei gedacht, deren Gegenstände auf die Bestimmung des Gebäudes Bezug haben. Die Wirkung dieser Bilder durch die Säulenreihe gesehen, soll dem Gebäude ein heiteres Aeußere gewinnen.

Eine Treppe von 21 Stufen, in der Länge von 91 Fuß, führt von dem Platz hinauf in die Halle. Auf den hervortretenden Wangen [...] dieser Treppe, wäre der Wunsch: dem erhabenen Stifter des Werkes und einem durchlauchten Nachfolger, welchem die Stiftung eine besondere Erweiterung und Wirksamkeit auf die Kunstausbildung des Volkes verdankt, eherne Reiterstatuen zu widmen. Zwischen den fünf mittleren Intercolumnien vertieft sich die Säulenhalle, um die Anlage der doppelarmigen Haupttreppe [...] aufzunehmen, in denen

hier zunächst liegenden Durchgängen [...] sind metallene Gitterpforten angebracht, welche den Eingang ins Innere des Gebäudes schließen. Der doppelte Aufgang der Haupttreppen [...] ist so angeordnet, daß man im Hinaufsteigen und auf dem oberen Ruheplatz, der einen Altan in der Halle bildet, die Aussicht durch die Säulenhalle auf den Platz behält. [...]
Um die Treppenanlage herum und hinter dem Verschluß der oben gedachten 3 Gitterpforten, bleibt sowohl im ersten als zweiten Geschoß die Communication durch 5 Thüren zu den verschiedenen Sälen des Museums. Die Vertheilung der Säle findet um die zwei inneren Höfe herum statt, welche hinter der Haupttreppe durch die Mittelgebäude getrennt werden, in welchem ein runder gewölbter Saal angelegt ist. Neben dieser Rotunde sind auf beiden Seiten Communications-Gallerien angeordnet, welche in den langen Saal führen, der an der Hinterfronte liegt. [...]
In der Rotunde unterstützt ein Kranz von 20 Säulen eine Gallerie, welche in der Höhe des Fußbodens vom 2ten Geschoß liegt und einen 9 Fuß breiten Umgang gewährt, und theils die Communication des Ober-Geschosses vermehrt, theils mehr Raum an den Wänden darbietet, um Bildwerke aufzustellen. Im untern Raum der Rotunde sollen im Kreise herum antike Statuen, in der Mitte ein Paar colossale antike Wannen von Granit aufgestellt werden. Aus der Rotunde geht man in eine Gallerie von 204 Fuß Länge, 30 Fuß Breite, deren Decke von 20 Säulen unterstützt wird. Diese Gallerie liegt längst der Hinterfronte des Gebäudes und soll antike Statuen, Büsten, Basreliefs, Vasen etc. aufnehmen. Die Aufstellung ist so angeordnet, daß sämmtliche Sculpturen das vortheilhafteste Seitenlicht von 2 großen Fenstern erhalten, welche zwölf Reihen von Bildwerken nach der Tiefe des Saals zulassen, in denen diese in mannigfaltiger Gruppirung vor und neben den Säulen des Saals stehen, und einen freien Durchgang an der, der Fensterwand gegenüberliegenden Seite offen lassen. Der Raum vor jedem Fenster bildet dem-

Berlin. Altes Museum. Architekt K. F. Schinkel, 1829.
Kupferstich nach einer Zeichnung Schinkels

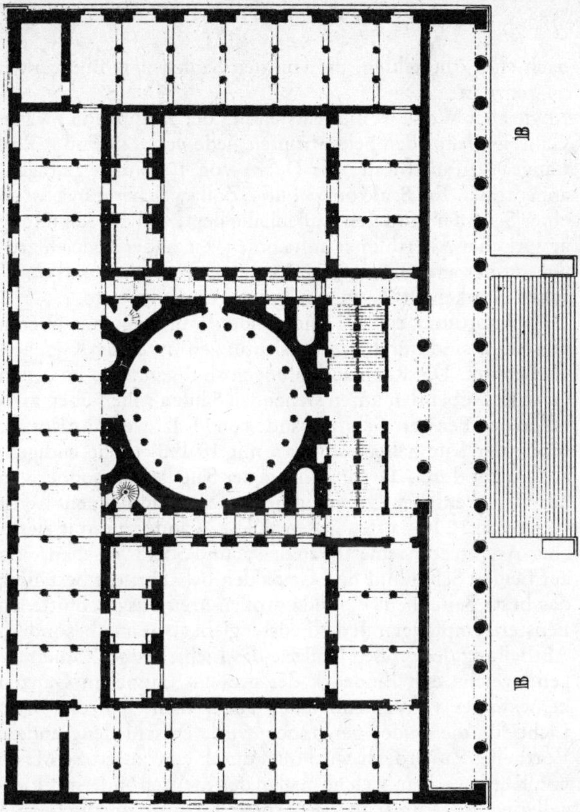

Berlin. Altes Museum. Grundriß des Hauptgeschosses

nach eine Abtheilung, die von den Säulen und Bildwerken begrenzt ist.
In gleicher Weise ist die Aufstellung der Abgüsse in zweien Gallerien längs den Seitenfronten, jede von 123 Fuß 4 Zoll Länge, 20 Fuß Breite, die Decke von 10 Säulen getragen, angeordnet. Ein Saal von 53 Fuß 7 Zoll, welcher zunächst an einer Seite der vorderen Säulenhalle liegt, soll die Sammlung ägyptischer Alterthümer aufnehmen, ein anderer gleich großer auf der andern Seite, die kleinen griechischen und römischen Antiken an Vasen, Bronzen, Terracotta's etc. [...]
Die Anordnungen für die Bildersammlung im oberen Geschoß, sind durch die Einrichtungen im ersten Geschoß vorbereitet. Die Raumabtheilungen sind ganz wie im ersten Geschoß, über den unten stehenden Säulen ruhen oben zwischen den Fenstern Schirmwände von Holz, welche nicht die Höhe der Säle haben, sondern mit 18 Fuß Höhe endigen, auch nicht durch die ganze Tiefe der Säle laufen, sondern an der den Fenstern gegenüberliegenden Wand einen freien Gang von 10 Fuß offen lassen. Diese Wände sind mit zierlicher Architectur, einer Kranzleiste und Socle versehen, und auf beiden Seiten mit den Gemälden behängt, die beständig das beste Seitenlicht von den großen breit ausgeschnittenen Fenstern empfangen. Jedes Fenster giebt also einer besondern Abtheilung der großen Gallerie das Licht. Diese Abtheilungen, welche den Eindruck der großen Räume im Ganzen keinesweges vernichten, haben außer dem, daß das beste Licht für die Bilder gewonnen wird, entschiedene andere Vortheile. Zuvörderst wird man durch eine zu große Masse von Kunstwerken, welche man in den meisten andern Bildergallerieen auf einmal übersieht, nicht zerstreut und im Genuß des Einzelnen gestört, sondern kann sich im kleineren behaglicheren Raume der ruhigen Betrachtung besser hingeben; dann gewähren diese Abtheilungen den Vortheil, die Maler-Schulen gehörig zu trennen, und überhaupt jede nöthige Sonderung und Vereinigung vorzunehmen, welche der Charakter der Bilder und das Princip der Aufstellung irgend fordert,

ferner ist das Hängen der Bilder auf Holz ungleich vortheilhafter für deren gute Erhaltung, als auf der Mauer, und endlich wird der Flächeninhalt der Bilderwand durch diese Abtheilungen sehr vermehrt, zumal da für das Unbedeutendere, und für die sehr großen und in Ausführung des Einzelnen weniger sorgfältig behandelten Bilder, auch noch die lange Wand den Fenstern gegenüber benutzt werden kann, auf welcher dann die Bilder unter einem Neigungswinkel angebracht werden müssen.

Der gesammte Flächeninhalt aller Bildwände beträgt 37910 Quadratfuß, auf welchem Raum, nach den Bestimmungen Seiner Majestät des Königs, die Hauptbilder aus den Gallerieen und Zimmern der Schlösser zu Berlin und Potsdam, aus den angekauften ehemaligen *Giustiniani*'schen und *Solly*'schen Sammlungen, und viele einzelne erworbene schöne Bilder vereinigt, in einer Folge neben einander gestellt werden sollen, in welcher sich die geschichtliche Entwickelung der Kunst in ihren aufsteigenden und abfallenden Linien aussprechen wird.

Zwei Räume an den Ecken der Hinterfronte sind für das Hinaufwinden der Bilder und für Aufbewahrung von Leitern, Staffeleien etc. und 6 kleine Cabinete gegen den Hof zu, für das Copiren der Bilder und für den Aufenthalt des Gallerie-Inspectors bestimmt.

Sämmtliche Räume des Museums werden mit erwärmter Luft geheitzt, wozu die Anstalten im gewölbten Unterbau eingerichtet sind. [...]

Was den Styl der Architectur betrift, der sowohl im Aeußeren als durch das ganze Innere herrscht, so war die Einfachheit der Hauptformen dabei der vorzüglichste Gesichtspunkt. Die Ausdehnung des Platzes, auf welchem das Gebäude steht, die Nachbarschaft des Königlichen Schlosses und des prächtigen Zeughauses, verlangten großartige Verhältnisse, deshalb habe ich vorgezogen, anstatt die beiden Haupt-Geschosse durch zwei übereinander stehende Ordnungen zu charakterisiren, eine einzige Ordnung durchzuführen, die aus der vorderen großen Säulenhalle hervorgeht. Diese Säulenhalle bezieht sich, im architectonischen Zusammenhange des Ganzen zunächst auf den großen Mittelbau der Rotunde, welcher die Höhe beider nebenliegenden Geschosse und mehr noch einnimmt, wodurch das Verhältniß der Höhe der Halle zu der des Rundbaues gerechtfertigt ist. Das Gebäude, von demselben jonischen Gebälk und dem Unterbau der Säulenhalle rings umgeben, und an den vier Ecken mit Pilastern der Ordnung versehen, bildet in diesen Theilen eine einfache, großartige, seinen Verhältnissen angemessene Hauptconstruction, in welche die Etagen-Baue untergeordnet eingefugt sind.

Das Berliner Museum Schinkels steht hier als Beispiel für die große Zahl von Kunstmuseen, die in den folgenden Jahrzehnten errichtet wurden. Die Verwissenschaftlichung des Umgangs mit Kunst hatte schon in Berlin eine Hängung der Gemälde nach Malerschulen und Chronologie zur Folge; hierin zeigte sich einer der wichtigsten Unterschiede zur fürstlichen Sammlung, die nach ästhetischen Gesichtspunkten eingerichtet war.

Eine andere Form des herrschaftlichen Sammelns fand im Laufe des 19. Jahrhunderts ebenfalls ihre Fortsetzung in den öffentlichen Sammlungen: Was in den Kunst- und Wunderkammern, später in Naturalienkabinetten vor allem wegen seines Kuriositätswertes gesammelt wurde, kam jetzt in der Folge naturwissenschaftlicher Systematisierung in die Museen. Das wachsende Nationalbewußtsein nach 1815 forderte außerdem die Bewahrung von technischen und kunsthandwerklichen Produkten des Landes, gleichsam als Nachweise einer stetigen Aufwärtsentwicklung, des Fortschritts. Zu diesem Bereich gehörte die Darstellung vergangener und gegenwärtiger Lebensweisen in Form von Schaubildern und Figurengruppen in möglichst originaler Ausstattung und

Umgebung. Unter dem Vorzeichen »vaterländische Geschichte« wurden Zeugnisse der Vergangenheit des Staates, der Provinz oder einzelner Städte gesammelt. Alle hier erwähnten Bereiche zusammengenommen ergaben erst das Bild einer Gesamtkultur, deren Darstellung in den sogenannten kulturhistorischen Museen zu finden sein sollte. Besonders die Museumsgattung Provinzial-/Landesmuseum und Stadtmuseum folgt diesem Grundmuster in vielen Fällen bis heute.[114]

Das Museum der bis 1866 dänischen und erst 1937 Hamburg eingemeindeten Stadt Altona steht hier als Beispiel für solche kulturhistorische Museen, wie sie in vielen Städten gerade seit der zweiten Hälfte des 19. Jahrhunderts gegründet wurden. Typisch dafür ist, daß die Gründung auf bürgerliche Sammlungstätigkeit zurückging, die in einem Museumsverein ihren ersten organisatorischen Rahmen fand. 1863 wurde die schon länger bestehende Sammlung öffentlich zugänglich gemacht und in einem Spendenaufruf, der zugleich einen Abriß der Gründungsgeschichte gab, um Mittel für die Ausgestaltung der vorläufigen Ausstellungsräume und die Vergrößerung der Bestände gebeten: »Altona, jetzt schon eine Groszstadt und durch seine Handelsbeziehungen mit allen Welttheilen in Verbindung stehend, entbehrt noch immer eins der wichtigsten allgemeinen Bildungsmittel, das selbst viele kleine Städte des Binnenlandes ziert, nämlich ein öffentliches Museum. Um endlich diesem fühlbaren Mangel abzuhelfen, haben bekanntlich die Vorsteher der hiesigen Sonntagsschule im Jahre 1856 den Anfang gemacht, in ihrem Schullocale naturhistorische, ethnologische und andere geeignete Gegenstände für ein künftiges Museum zu sammeln, und der Erfolg hat auf überraschende Weise dargethan, ein wie grosses Interesse ein solches Unternehmen in unserer Stadt gefunden. Obgleich von allem dort Vorhandenen Nichts angekauft, Alles nur von verschiedenen Seiten her geschenkt ist, haben die Sammlungen bereits einen solchen Umfang genommen, dass der für die vielen Besucher ohnehin unbequeme Raum lange nicht mehr ausreicht, und daher hat sich der Wunsch, ein öffentliches selbständiges Museum zu besitzen, das gerade in der Seestadt Altona unleugbar eine grosse Zukunft verheisst und mit der Zeit gewiss manche der werthvollen hiesigen Privatsammlungen in sich aufnehmen wird, immer lauter und allgemeiner ausgesprochen. Um diesen Wunsch zur Ausführung zu bringen, haben die Unterzeichneten im festen Vertrauen auf die kräftige Unterstützung von Seiten ihrer Mitbürger, sich zu dem Versuche vereinigt, ein Institut in's Leben zu rufen, das, wenn es die rechte Theilnahme findet, Altona zur Ehre und den Besuchern zu lehrreicher Unterhaltung dienen wird. Die Vorsteher der Sonntagsschule haben sich bereit erklärt, die dort gesammelten Gegenstände als Grundlage zu einem solchen allgemeinen öffentlichen Museum herzugeben, und ebenfalls sind demselben bereits mehre kleinere Privatsammlungen als Geschenke angekündigt. Die Unterzeichneten haben auch bereits ein eignes Local gemiethet, um die vorhandenen Gegenstände gehörig zu ordnen, zweckmässig aufzustellen und sie dem Publicum zugängig zu machen.«[115]

Erst 1897 konnte ein Wettbewerb für einen Museumsneubau ausgeschrieben werden. Unter den 82 eingegangenen Projekten fand keines die Zustimmung der Kommission, so daß erst nach einer engeren Konkurrenz der Entwurf des Berliner Architekturbüros (seit 1894) Heinrich Reinhardt und Georg Süßenguth zur Ausführung angenommen wurde. 1898 bis 1901 entstand der Neubau in Formen der ausdrücklich gewünschten deutschen Renaissance, nachdem unter den Wettbewerbsarbeiten noch die italienische Renaissance überwogen hatte. In städtebaulich hervorragender Lage, in der Umgebung der städtisch-bürgerlichen Repräsentationsbauten lag das neue Museum, selbst Ausdruck städtischen Selbstbewußtseins: »Wer lange Altona nicht besucht hat, wird jetzt, wenn er aus dem Dunkel der mächtigen Halle des neuen Hauptbahnhofs ins Freie tritt, erstaunt sein: vor ihm liegt eine prächtige, breite Promenade, die an der einen Seite mit den Bäumen der Allee, im Hintergrunde mit dem aus dem alten

Bahnhof neu erstandenen Rathaus, sowie dem Kaiser-Wilhelm-Denkmal und rechts mit stolzen Gebäuden geziert ist: dem Riesenbau der Eisenbahndirektion und dem neuen städtischen Museum [...]. Im Stile nordischer Renaissance errichtet, äußerlich mit Basalt-Lava bekleidet, fällt der Bau mit seinem reichen figürlichen Schmuck, mit seiner äußerst geschickten Gliederung sofort dem Betrachter angenehm ins Auge [...]. In seiner ganzen Bauart dem Stile des Bahnhofs und des Rathauses [Neuromanik bzw. italienische Renaissance] ganz fremd, fügt er sich doch in diese Umgebung so wunderbar ein, daß man glauben möchte, alle diese so verschiedenen Zeiten angehörenden und divergierenden Zwekken dienenden Nachbargebäude wären nach einem gemeinschaftlichen Plane erbaut.«[116]

Die Würdigung des Neubaus in der »Zeitschrift für Bauwesen« gibt eine Darstellung für die fachlich interessierte Leserschaft. Für sie haben zunächst die Verkehrserschließung des Komplexes, seine Lage im Stadtbild und die räumliche Organisation Vorrang. Ein wichtiger Punkt beim Bau war die Möglichkeit einer Erweiterung, die auch bereits 1912 vorgenommen wurde. Die Beschreibung legt nur geringen Wert auf den Baustil des Museums, der beim Wettbewerb eine so große Rolle gespielt hatte. Die Wahl der deutschen Renaissance wird in den Berichten nicht begründet. Es steht zu vermuten, daß hier sehr bewußt für das städtische Museum auf die eindrucksvollen Formen der italienischen Renaissance verzichtet wurde, die so viele Wettbewerbsteilnehmer verwendet hatten, denn gerade sie war der verbreitete Stil für die großen Kunstsammlungen und Provinzialmuseen in ganz Deutschland. Die Anknüpfung an die deutsche Renaissance, also an einen Stil, der an die bürgerliche deutsche Vergangenheit erinnerte, wie es seine Verfechter seit etwa 1870 sahen, mag hier durchaus Ausdruck städtischen Selbstbewußtseins sein. Der Satz des Architekten Hubert Stier, auf der Versammlung der deutschen Architekten 1884 über diesen Stil gesprochen: »Hier liegen gesunde Vorbilder für das so lange und so schwer

vernachlässigte Kunst-Bedürfnis unserer Mittelklassen«, war damals noch auf das bürgerliche Wohnhaus gemünzt und fand jetzt auch Anwendung für den Monumentalbau.[117] *(Vgl. Abb. S. 312.)*
Die Sammlungen des Museums waren in ihren drei wichtigsten Bereichen in den drei Geschossen getrennt untergebracht. Im Keller befand sich die Fischerei- und Seefahrtsabteilung, im Erdgeschoß die naturkundliche Abteilung und im Obergeschoß die kulturgeschichtliche Sammlung.
Die dramatisierende Konzentration auf den Lebenskampf in den Tierbildern und die Schilderung eines kernig-urwüchsigen Lebens in der kulturgeschichtlichen Abteilung zeigen trotz aller wissenschaftlichen Bemühungen einen Hang zur Inszenierung der Natur und der gesellschaftlichen Verhältnisse, die mehr Wunschbildern als der Wirklichkeit entsprachen, die dem Museumsbesucher allerdings auch einen gewissen Spannungseffekt sicherten.[118] *So wie einzelne Ausstellungsstücke zur großen Szene gruppiert waren, war auch die Architektur in der Fassadengestaltung und der inneren Raumaufteilung auf starke Wirkung angelegt. Die mächtige Eingangshalle mit der aufwendigen Treppenanlage gehörte ebenso zum monumentalen Museumsbau wie die im folgenden Bericht zitierte »monumentale Wirkung« der Raumfluchten. Dieser Form des Museums und der Aufstellung der Bestände setzten damals bereits weitsichtige Museumsleute wie der Direktor der Hamburger Kunsthalle, Alfred Lichtwark (1852–1914), eine neue Konzeption entgegen. Lichtwark forderte eine zurückhaltende, gewissermaßen eine leise Architektur, die die Ausstellungsstücke nicht erschlagen sollte, bei der nicht der bauliche Aufwand, sondern die Sammlung im Mittelpunkt stand: »Für ein Museum, das sich rühren und wirken soll, ist nun die Fassade nichts, das Innere alles. Und an seiner Grundrißanlage sind alle architektonischen Spielereien mit Perspektiven, die eine Flucht von Sälen innerlich zerreißen, mit großen Sälen und Hallen, in denen die Kunstwerke ertrinken, mit großen Prunktreppenhäusern, die Raum fres-*

sen, einfach Größenwahn [...]. [...] die Architektur als Ausgangspunkt ist eine Anmaßung, wenn nicht eine Sünde. [...] Wenn man sich entschließt, den Götzen der monumentalen Fassade zu zertrümmern – und wer möchte nicht einmal ein Museum ohne Fassade erleben? – so wird mit dem einen Schlage eine neue Art von Nutzbauten entstehen, die, wie es sich gehört, auf die Brauchbarkeit des Innern angelegt ist und wesentlich wohlfeiler zu stehen kommt als das jetzt herrschende System kostspieliger Fassaden, die hohe Erwartungen erwecken, und enttäuschender, armseliger Innenräume, die zu nichts zu brauchen sind. Neunzig Prozent aller unserer Museumsbauten sind auf dem bisherigen Wege verunglückt.«[119]

42

C. Mühlke

Der Neubau des städtischen Museums in Altona

(1902)

Mit der im September 1901 erfolgten Eröffnung des von den Architekten *Reinhardt* u. *Süßenguth* neu erbauten Museums in Altona ist eine Bauanlage ihrer Bestimmung übergeben worden, welche nach den verschiedensten Richtungen bemerkenswerth und vorbildlich ist. In seiner äußeren Erscheinung bildet das Haus einen Merkstein in der Entwicklung des bisher namentlich in seinen neueren Bauten der Eigenart entbehrenden Stadtbildes von Altona. Die mannigfaltigen und glücklichen Raumbildungen des Innern werden für lange Zeit hinaus einen vorzüglichen Rahmen für die lehrreichen Sammlungen und eine zweckmäßige Arbeitsstätte für die Museumsverwaltung liefern. [...]
Das von vier Straßenzügen umschlossene Gelände [...] ist in vieler Beziehung für einen Museumsbau günstig. Die Nähe

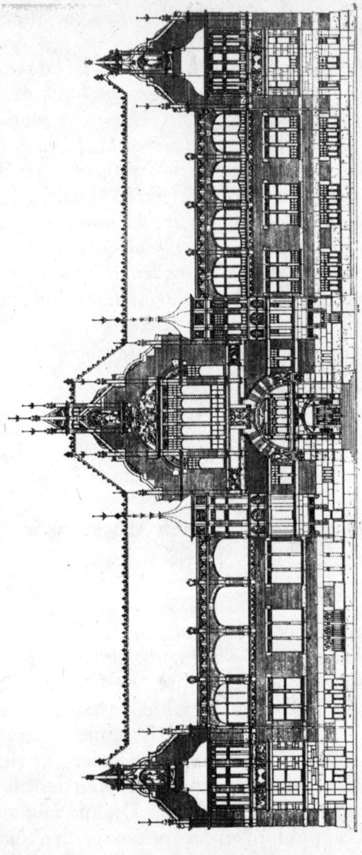

Hamburg, Altona. Städtisches Museum. Architekten H. Reinhardt und G. Süßenguth, 1901

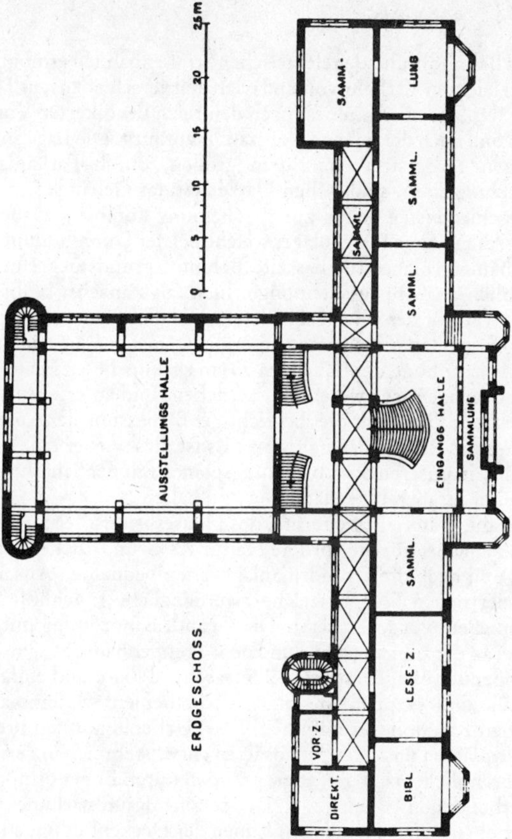

Hamburg, Altona. Städtisches Museum. Grundriß des ersten Hauptgeschosses

des Bahnhofs und der elektrischen Straßenbahnen ermöglicht den leichten Verkehr von und nach den verschiedensten Theilen des Stadtweichbildes, nach den reich bevölkerten Vororten und nach der nahen Großstadt Hamburg. Die Lage an der neuen Kaiserstraße mit dem großen, durch Parkanlagen geschmückten, städtischen Platze läßt das Gebäude von den verschiedensten Seiten zur Erscheinung kommen. Dabei ist allerdings diese Platzanlage, welche bei der Durchbildung des Bebauungsplanes für das alte Bahnhofsgrundstück eine erheblich größere Ausdehnung erhielt, als zunächst beabsichtigt war, für den reich gegliederten und nicht zu hoch emporragenden Bau nicht gerade besonders günstig. Eine nachträgliche Erhöhung des Baues um 50 cm konnte diesen Fehler der Platzanlage nicht wesentlich aufheben, und so erscheint das Gebäude kleiner als dies bei richtiger Bemessung der Ausdehnung des Platzes der Fall wäre. Es ist dies wieder eine Mahnung, in unseren Stadtbebauungsplänen mit der Schaffung zu breiter Straßen und Plätze Maß zu halten.
Für die spätere Erweiterung des Hauses ist insofern gesorgt, als zunächst nur die vordere Hälfte des Grundstückes bebaut ist und auch die Grundrißanlage einen bequemen Anschluß dreier neuen Flügel, welche zwei längliche Innenhöfe umschließen würden, zuläßt. Die Grundrißanordnung mit den drei an der Eingangshalle und dem Treppenhause zusammenstoßenden Flügeln ist eine überraschend klare und einfache. Halle und Treppenhaus fügen sich zu einem weiten malerischen Raumbilde zusammen. [...] Ueberall auf den breiten Flurplätzen und Treppenabsätzen entwickeln sich malerische Durchblicke nach den angrenzenden durch Bogenöffnungen verbundenen Sälen. [...] Die schöne Raumwirkung wird gehoben durch die ruhigen Linien der Deckenbildungen, der Spiegelgewölbe der Vorhalle, der Kreuzgewölbe des Säulenganges und des hohen Tonnengewölbes der Obertreppe. Undurchbrochene gemauerte Wangen begleiten die Treppenläufe und steigern die monumentale Wirkung dieser Raumfluchten. [...]

Eine letzte Steigerung der Raumwirkung wird noch durch den großen Ausstellungssaal des Mittelbaues erzielt, welcher durch Erdgeschoß und Oberstock hindurch mit seiner hohen Tonnendecke bis ins Dachgeschoß hineinreicht. [...] Der den Saal von drei Seiten umgürtende, vom Absatz der Haupttreppe zugängliche obere Umgang ist gleichfalls für Ausstellungszwecke nutzbar gemacht. Während die untere Saalfläche zur Aufstellung der großen Thiergruppen der Säugethiere (Hirsch, Elch, Bären, Schwarzwild usw.) dient, ist auf der Empore das Reich der kleinen Vögel eingerichtet. [...]
Im ersten Stockwerke ist die culturgeschichtliche Sammlung untergebracht, in den Sälen rechts vom Mittelbau die »Altonensien«, die Werke des Altonaer Handwerks und Gewerbes, Andenken an die Zünfte und schleswig-holsteinischen Fayencen. Der anstoßende Ecksaal ist der altheimischen Webekunst des Landes gewidmet, den Beiderwandgeweben, den Knüpfarbeiten und Hautelissearbeiten.[120] [...]
Durch die Formengebung des Aeußeren geht trotz der reichen Gliederung des Baues mit Erkern und Risaliten ein großer Zug. Breite Fenstergruppen unterbrechen die aus Backstein, untermischt mit Haustein, hergestellten Mauerflächen. Für die Architektur der Fronten bildet die ruhige Fläche des mit naturrothen unglasirten und ungemusterten holländischen Pfannen gedeckten Daches den richtigen Hintergrund. Noch günstiger würden die Farben des Hauses wirken, wenn auch die Dachflächen der Erkervorbauten anstatt der glänzend grün glasirten Ziegel dieselbe Bedachung erhalten hätten. Weisen die Umrißlinien der Erker und der Wechsel zwischen Werkstein und Backstein auch Anklänge an die alten Bauten der Wasserkante auf, und ist in der Technik eine Anlehnung an gute mittelalterliche Bauweise nicht verschmäht, so sprechen doch die Einzelformen eine neue zeitgemäße Sprache, selbst wenn gelegentlich z. B. am Holzwerke der Portale und Thüren auch skandinavisch-norwegische Einflüsse nicht zu verkennen sind. [...] Für reichere Bildhauerarbeit sind auch die Mittel nicht gespart. Dabei ist

in anerkennenswerther Weise Bedacht genommen, Beziehungen des Schmuckes zum Inhalt des Hauses zum Ausdruck zu bringen. Diese künstlerische Beziehung zwischen Ornament und Bestimmung der Räume ist in noch weitgehenderem Maße im Innern des Hauses zur Durchführung gebracht. Die heimische Pflanzen- und Thierwelt hat für die im Antragestuck[121] durchgeführten Capitelle, den Schmuck der Treppenwangen, Kragsteine, Thürumrahmungen usw. die Vorbilder geliefert. Köstlich sind vor allem die Thierbilder der aufsteigenden Treppenwangen gelungen [...]. Die Säulen der Emporen des großen Ausstellungssaales ruhen auf Fabelthieren, [...] . Leider können dieselben nach dem Einbau des Museums nicht in rechter Weise zur Geltung kommen.
In der Farbengebung des Innern herrscht im allgemeinen ein lichter Steinton vor, der nur in den Haupträumen, an der Decke des Vorplatzes der Treppe und des Hauptsaales den Untergrund für einfachere und reichere ornamentale Malerei bildet. Die hohen Wände des Vortrags- und Ausstellungssaales sind mit Bildern aus der Vergangenheit der Stadt Altona geschmückt.
Alle Architekturtheile der Vorderfront sind aus schlesischem Altwarthauer Sandstein, die der Höfe aus Deutmannsdorfer Sandstein gefertigt. Der Sockel ist mit graugrüner Basaltlava verblendet, deren Flächen rauhgesprengt belassen sind. Der Backstein der glatten Mauern ist rother Rathenower Handstrichstein, dessen Farbenwirkung durch die helle Fugung belebt und mit dem Sandstein in besseren Einklang gebracht ist. Das Dach ist mit holländischen naturrothen Pfannen, die kleinen Thürme und Erker sind mit Biberschwänzen gedeckt. [...]
Ein Museumsbau erfüllt erst durch den Einbau des Museums selbst seine Zweckbestimmung. Vielfach ist der Einbau der alten Kunstwerke, namentlich wenn es sich um geschlossene Zimmereinrichtungen handelt, auch für die künstlerische Wirkung der Räume maßgebend. Wenn bei Gebäuden jeder

Art schon eine Zusammenwirkung der Architekten mit der Anstaltsleitung erforderlich ist, so gilt dies daher in noch höherem Grade bei einem Museumsbaue. [...]
In der naturwissenschaftlichen Sammlung ist Bedacht genommen, die Thiere nicht um ihrer selbst willen, losgelöst von der Umgebung, sondern in Lebensbildern und lebensvollen Gruppen, im Kampfe ums Dasein und gegen Feinde, in beschaulicher Ruhe und in der Familiengemeinschaft zur Darstellung zu bringen. [...]
Auch in der culturgeschichtlichen Abtheilung ist der Grundsatz durchgeführt, die werthvollen Zeugnisse alter Volkskunst in ihrer Umgebung lebendig vorzuführen. Da in Schleswig-Holstein die Stammesunterschiede und die landschaftliche Eigenart mehr als die zeitlichen Modeströmungen der Volkskunst den Stempel aufgedrückt haben, so ist, abgesehen von den Gegenständen der Schnitzkunst, nicht die zeitliche Aufeinanderfolge, sondern die landschaftliche Zusammengehörigkeit maßgebend für die Aufstellung gewesen. So sehen wir zunächst Modelle der einzelnen Bauernhaustypen, behufs besseren Vergleiches alle in einem einheitlichen Maßstabe 1:20 ausgeführt. [...]
Als besonderes Verdienst muß es schließlich der Museumsleitung angerechnet werden, daß sie eine Reihe von Bauernstuben nach dem Vorbilde der nordischen Museen in den Bestand des Museums aufgenommen hat. Wie schon vorher erwähnt, sind nachträglich die hinteren Theile der Flügelbauten in kleinere Geschosse zerlegt und mit Bauernstuben ausgefüllt. [...]
So lockt die ganze Einrichtung des Museums den Besucher, sich näher in die Eigenart unserer Vorfahren zu versenken. Das Gebäude und der Inhalt vereint sich zu einem reichen Bilde. Das Museum birgt einen Schatz alter Cultur vereint mit dem Abbilde heimischer Thier- und Pflanzenwelt. Das Haus ist nicht nur ein geeignetes Kleid für den Körper, sondern zugleich ein Zeichen der steigenden Werthschätzung,

welche die Gegenwart der deutschen Vergangenheit entgegenbringt und ein Wendepunkt in der hoffentlich weiter fortschreitenden baulichen Entwicklung der aufblühenden Stadt Altona.

Kirchen

Die ungeheuer große Zahl von Kirchen, die im 19. Jahrhundert infolge des starken Bevölkerungsanstiegs gebaut wurde, führte zu verschiedensten Theorien über die beste Form einer Kirche. Bei diesen Auseinandersetzungen spielte die Debatte um den protestantischen Kirchenraum eine wesentlich größere Rolle als die Suche nach neuen Formen bei den Katholiken. Da alle Strömungen auch nicht andeutungsweise hier belegt werden können, sollen einige Beispiele exemplarisch verschiedene Standpunkte innerhalb des protestantischen Kirchenbaus beleuchten. Als bedeutendste protestantische Macht in Deutschland hatte Preußen den größten Bedarf an Kirchenbauten. Eine der ersten Auseinandersetzungen um die protestantische Kirche fand in Berlin anläßlich des Wiederaufbaus der 1809 abgebrannten Petrikirche statt. Schinkel publizierte 1811 einen Entwurf mit einem kurzen Erläuterungsbericht, der hier in Auszügen wiedergegeben ist.[122]

Schinkel benutzte weitgehend den Grundriß des Vorgängerbaus und überwölbte die Vierung mit einer hohen Kuppel. Der Altar wurde in die Mitte gestellt – eine Neuerung im protestantischen Kirchenbau. Rundbogenformen, die er mit antikisierenden und gotischen Elementen zu vereinigen suchte, bestimmen den Stil. Um die Kirche als städtebauliche Dominante zu nutzen, wählte er eine zentrale Kuppel über hohem Tambour mit Rundbogenfenstern zwischen Pilastern mit gotisierender Laterne. Die Eckpilaster an Vorhalle und Hauptbau tragen spitze Aufsätze, während das Dachgesims mit Palmetten geschmückt ist; alle Rundbogenfenster scheinen mit dünner Verstabung gefüllt zu sein, die Fensterrose

über dem Altar zeigt reiches Maßwerk. Hier sind wohl die Elemente zu sehen, die Schinkel als »Verschmelzung beider entgegengesetzter Prinzipien zu einer Synthese der Kunst« beschreibt – die Vereinigung von Antike und Mittelalter. Das architekturgeschichtliche und stilistische Charakteristikum sind jedoch die Rundbogenfenster und Portale, die weder direkt auf antike noch auf renaissancezeitliche Vorbilder zurückgehen. Diese Rundbogenarchitektur gibt eine der frühesten Formulierungen wieder, die bis in die 60er Jahre des 19. Jahrhunderts bei Architekten der sogenannten Schinkelschule in Gebrauch blieben (vgl. Abb. S. 321).
Gegen diesen Entwurf richtete 1815 der Baumeister Louis Catel seine in einigen Passagen wiedergegebene Streitschrift. Der Sieg über Napoleon wird von ihm nicht, wie nach 1813 vielfach geschehen, als Grundlage für eine patriotisch motivierte Mittelalterverehrung und in deren Folge für die Forderung nach dem gotischen Stil benutzt. Im Gegenteil, ausgehend von einem der Aufklärung verbundenen Staats- und Religionsverständnis, interpretiert er den protestantischen Wortgottesdienst als Teil einer von der Vernunft bestimmten staatsbürgerlichen Erziehung. Antike Formen in der Kirchenarchitektur spiegeln nach seiner Auffassung die aufklärerische Haltung einer neuen Zeit wider. Zudem erhob er den Anspruch, seine Entwürfe als Norm für den Kirchenbau in Preußen zu verwenden, womit er allerdings erfolglos blieb. Trotzdem ist seine Systematisierung der Bedingungen einer protestantischen Kirche für das frühe 19. Jahrhundert ein erster Schritt zur Festlegung von Kirchentypen, wie sie dann einige Jahrzehnte später, als in Preußen Hunderte von Neubauten entstanden, wichtig wurden.[123] (Vgl. Abb. S. 321 und 325.) Weder Schinkels noch Catels Pläne wurden ausgeführt.

43

Karl Friedrich Schinkel

Architektonischer Plan zum Wiederaufbau der eingeäscherten St. Petrikirche in Berlin

(1811)

Bei dem Wunsche, diese Kirche als ein Hauptgebäude der Stadt charakterisiert zu sehen und besonders auch durch sie ein Mittel zu finden, das Ansehen der Stadt von außen zu heben, da es ihr an ragenden Gebäuden im Vergleich mit anderen Hauptstädten so sehr mangelt, ward dennoch die höchste Sparsamkeit empfohlen, um die Möglichkeit der Ausführung bei so manchen ungünstigen Umständen der Zeit herbeiführen zu können.

Nach diesen Bedingungen war also Platz, Grundform und Mittel für den Wiederaufbau vorgeschrieben und insofern die Freiheit für den Entwurf aufgehoben. Aber die Auflösung der Frage: wie überhaupt die protestantische Kirche sein solle, möchte vielleicht, selbst bei vollständiger Freiheit in obigem Sinne, nicht leicht sein, wenn man erwägt, daß zuförderst die protestantische Kirche durch die ganze Geschichte ihrer Entwicklung hindurch bis jetzt keine eigentümliche Form hervorgebracht hat. Sie bediente sich der älteren Gebäude zu ihrem Gottesdienste, und diese erlitten keine andere Veränderung, als etwa die, daß durch den aufgegebenen Dienst der Heiligen, und weil überhaupt durch das Zurückführen dieser Religion zur reinen Verehrung der einen gestaltlosen Gottheit (wodurch wenigstens zu Anfang und im Gegensatz zu dem Bisherigen jede Art in irdischer Form dargebrachter Opfer verworfen werden mußte) diesen Gebäuden der bisher übliche Schmuck genommen wurde, sie sich vereinfachten, bis endlich im Verlaufe der Zeit bei dem mehr und mehr verblassenden Hange zur Religion in ihnen sich eine zurückstoßende Nüchternheit verbreitete.

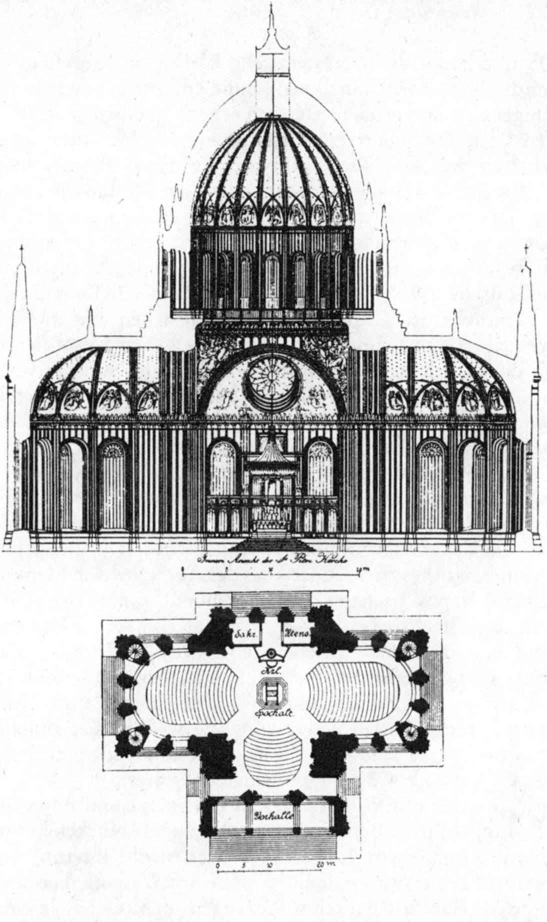

K. F. Schinkel, Entwurf für die Petri-Kirche in Berlin, 1811.
Querschnitt und Grundriß

Ob überhaupt die protestantische Kirche eine durchaus eigentümliche Form annehmen könne und etwa, wie man seit einiger Zeit und großenteils noch jetzt zu glauben geneigt ist, den Charakter eines Hörsaals für moralische Vorlesungen erhalten müsse? – Die Beantwortung dieser Frage scheint auch schon durch die Erfahrung, welchen Einfluß die in dieser Art getriebene Religion, besonders seit der letzten Hälfte des vorigen Jahrhunderts hatte, sich wenigstens gegen diese letzte Meinung zu erklären. Da überdies beide, die christlich-katholische sowie die christlich-protestantische Religion das Wesentliche des Christentums gemein haben und nur dies Wesentliche imstande sein konnte, die neuen Gestaltungen für die christliche Baukunst im Mittelalter hervorzubringen, wodurch dieser Teil der Baukunst als ein zweiter notwendiger Teil der Entwicklung der gesamten Kunst neben der Antike dasteht, so kann wenigstens nicht plötzlich ein das Ganze völlig neu Gestaltendes in das Prinzip der aus ihr hervorgehenden Kunst eintreten. Vielmehr scheint es, daß die beiden Pole der Kunst schon entwickelt vor uns liegen, und daß die Verschmelzung beider entgegengesetzter Prinzipien zu einer Synthese der Kunst – das der Antike, welches unmittelbar vom praktischen Leben ausgeht und zum Leben treibt, und das der christlichen Zeit, welches von einem Höheren ausgeht und aus dem irdischen Leben in ein höheres, im tiefen Innern sich findendes zurückzuziehn begehrt – Aufgabe werde für die gesamte Folgezeit, und daß die stufenweise Entwicklung dieser Vereinigung notwendig hervorgehen werde aus dem jedesmaligen korrespondierenden Zustande der Gesamtkultur des Menschengeschlechtes.

Inwieweit es nun in unserer Zeit überhaupt und unter den oben angeführten Bedingungen insbesondere glücken könne, eine protestantische Kirche zu entwerfen, die ihrem Zweck entspricht, ist hier versucht worden. Im Wesentlichen ward bei dem Entwurf darauf ausgegangen, dem Gebäude einen Charakter von Erhabenheit zu geben und es besonders zu unterscheiden von den Gebäuden weltlicher Zwecke. Die

anstrebende hohe Kuppel schien hierzu vorzüglich geeignet, wobei die frühere Anlage der Kirche zu Hilfe kam, die, wie aus dem beigefügten Plan hervorgeht, auf eine ähnliche Anordnung berechnet scheint.
Aus der Idee dieser Kuppel sowohl als aus der Ansicht, dies Gebäude von den für weltliche Zwecke bestimmten Gebäuden durch einen tieferen Ernst und selbst durch eine kühnere, mehr symbolische Art eines überall konsequent durchgeführten Konstruktionssystems zu unterscheiden, ging die Gestalt aller Teile hervor. [...]
Bei Anordnung des Innern der Kirche war die Stellung des Hochaltars, als Hauptsymbol der christlichen Religion, zunächst zu berücksichtigen. In der Mitte des Gebäudes unter dem Gewölbe der hohen Kuppel, in das man aus der unteren Kirche emporblickt, war für ihn der würdigste und einzige Platz, dessen Feierlichkeit noch gehoben wird durch die Beleuchtung eines großen Sonnenfensters, das von der Höhe der hinteren Fassade das Licht herunterwirft und durch einen aus dem Zenith der Kuppel herabhängenden großen Baldachin, der den Altartisch bedeckt. Um den Altar schwingen sich in Kreislinien konzentrisch mit dem Grunde der Kuppel die Sitze der Kirche und lassen von den umlaufenden Gängen vier Zugänge zum Platz des Altars. Die Kanzel steht an dem Platze, wo sie am vorteilhaftesten die drei Auditoria, die durch die Grundform der Kirche gegeben sind, beherrscht. Hinter derselben in dem heraustretenden Raum der Kirche ist die Orgel angebracht, über die hinab das große Sonnenfenster Licht verbreitet. Die Emporkirchen, die als fremdartige Einbaue dem Verhältnis der Gebäude dieser Art so großen Schaden tun, sind hier möglichst vermieden worden, um so mehr, da diese Kirche nur eine einzige große Halle bildet, die nicht in verschiedene Schiffe abgeteilt ist, von denen, wie sonst gewöhnlich, das mittlere wenigstens von dergleichen Einbauen ganz freibleiben könnte.
Die Ausschmückung des Innern besteht in aufstrebenden Wandpfeilern, die die Hauptgrate des Kirchengewölbes tra-

gen. Die Grate bilden vergoldete Palmzweige, die sich unter dem Blau eines Sternenhimmels wölben; zwischen den Zweigen schweben Seraphine. In den vier sich bildenden Ecken unter der Kuppel sieht man die Bilder der vier Evangelisten in die Architektur eingefügt, von erhabener Arbeit. Über diesen Bildern tritt eine Galerie heraus, die bestimmt ist, die Vokal- und Instrumentalmusik anzubringen, die aus dieser Höhe herunter in die Kirche schallt. Die Fenster am Kranze der Kuppel verbreiten hier ein Licht, das sich nach dem Zenith der Kuppel zu immer mehr verliert, so daß dort ein Dämmerlicht entsteht, das sehr vorteilhaft wirkt für das durch die Fenster der kleinen Kapelle auf dem Gipfel der Kuppel beleuchtete transparente Bild der Sonne, das durch eine Öffnung in dem Zenith der Kuppel erblickt wird.

44

Ludwig Catel

Grundzüge einer Theorie der Bauart protestantischer Kirchen

(1815)

Eine unmittelbare Folge jener Großthaten der eben abgelaufenen Zeit, muß eine allseitige Erregung zu Verbesserungen alter, im Zeitgeist unbrauchbar gewordener Formen sein.
Die Mängel in Religion, Staat und bürgerlichen Verhältnissen, welche die Leiden der Zeit verschuldeten, bestehen noch größtentheils in ihrer äußeren Form, wenn auch der Geist des Zeitalters mächtig über ihre Hindernisse hinweggeschritten ist, dem höheren Ziel nach Vollendung der menschlichen Verhältnisse mit Freiheit entgegen zu eilen.
Sind diese Formen auch ihrem Wesen nach bedeutungslos geworden, so ist dadurch dennoch nicht ihr hemmender Ein-

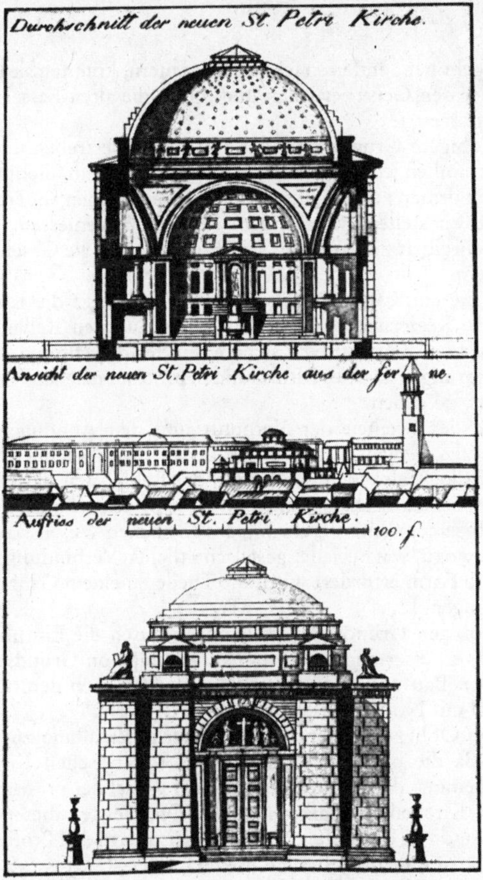

L. Catel, Entwurf für die Petri-Kirche in Berlin, 1815. Querschnitt, Ansicht und Fassade. Kupferstich

fluß gehoben, und in so fern sie fortdauern, könnten sie leicht wieder den Geist berücken und ihn in die alten Fesseln zurückführen. [...]

Aus obigem Grunde muß das allgemeine Bestreben und die Wirksamkeit jedes Einzelnen dahin gerichtet sein, nicht allein diese Formen zu vernichten, sondern auch ihnen andere entgegen zu stellen, welche dem Zeitgeist angemessen, ohne seine Freiheit zu hemmen, sein Einwirken in die Geschichte fördern.

Von diesem Standpunkte ausgehend, bezweckt die Königl. Preuß. Regierung, dem nach einer geläuterten Religiosität strebenden Zeitgeist eine sichere und feste Richtung, durch ein ihm angemessenes Ritual für den protestantischen Gottesdienst, zu geben.

Ohne der Freiheit der Vernunft und den Ahnungen des Gemüths Gewalt anzuthun, soll das Ritual nichts anders bezwecken, als ein äußeres Band der Religiösität der christlich-protestantischen Gemeinde zu sein, den religiösen Sinn durch gemeinsame Verehrung des göttlichen Wesens zu steigern; wozu, wie bei jeder gesellschaftlichen Verbindung, eine äußere Form erfordert wird, die Theile zu einem Ganzen zu vereinigen. [...]

Aus obigen Gründen wird demnach durch die Einführung eines verbesserten Rituals die Aufstellung von Grundsätzen für den Bau der protestantischen Kirchen nach dem neuen Ritual mit Nothwendigkeit bedingt.

Dieses Obliegen ist um so dringender in Erfüllung zu bringen, da die bisher vorhandenen protestantischen Kirchen nicht einmal dem bisher bestandenen Ritual der protestantischen Kirchen angemessen waren. Die meisten dieser Kirchen sind von den Zeiten des Katholicismus in den Protestantismus zu seinem Gebrauch übergegangen. [...]

Die mit vielen Pfeilern besetzten Räume dieser Kirchen, durch die übermäßige Höhe und Länge ihres Schiffes, widersprachen allen Gesetzen der Akustik, welche die Predigt als der wesentlichste Theil des Protestantismus bedingte. [...]

Seine politischen und staatsbürgerlichen Verhältnisse auszubilden, ist die nächste Bestimmung des Zeitalters. In diesem praktischen Treiben können schwärmerische Bauprojecte der colossalen Bauten altdeutscher Cathedralen schwerlich aufkommen.
Die Anstrengungen für die Ausbildung der Staatsverhältnisse und des bürgerlichen Lebens, werden die moralischen und physischen Kräfte des Zeitalters ganz bedingen. [...]
Ein frommes Gemüth, ein emsiges Bestreben kann jeder Zeit eigen seyn und wird bestimmt eine kommende Zeit wieder hervorrufen. In einer solchen Zeit werden wir dann Christus und Madonnen mahlen mit Albrecht Dürers Gemüthlichkeit und mit der Kunstausführung eines Raphaels und, vielleicht hierinn noch höher steigend, mit der Vollendung der Antiken.
Die Einführung der altdeutschen Baukunst kann den bildenden Künsten also keinen Nutzen bringen. [...]
Die kirchliche Form, welche der Protestantismus in seinen zwei Hauptsekten, Lutheraner und Reformirten, in diesem Zeitpunkt angenommen hat, kann allein die Richtschnur für die Grundform der unsrer Zeit sich eignenden Bauart der protestantischen Kirchen sein. In beiden Religionssekten ist die Vernunftansicht, der Gemüthsansicht zur Seite stehend, vorwaltend; daher wird die Rede, als das Organ der Vernunft, der wesentliche Theil des Gottesdienstes, und die Symbolik, mehr das Gemüth anregend, tritt in den Hintergrund. [...]
Das, was die Kanzelrede für die reine Vernunft ist, wird die Kirchenmusik für das Gemüth; wie in der Kanzelrede auf dem Wege des geordneten Vortrages Wahrheiten der Religion und der Vernunft erläutert werden, so entwickelt die Kirchenmusik einzelne Momente des Gefühls, durch die Macht der Töne die höchste geistige Erhebung zu bewirken. [...]
Da Rede und Gebet mit einander ein Ganzes machen und auf einander wechseln, so muß Kanzel und Altar so mit einander

verbunden seyn, daß der Prediger mit Bequemlichkeit, Anstand und Würde den Standpunkt verändern könne. [...]
Insofern das Abendmal die heiligste Function des christlichen Gottesdienstes ist, und sich dadurch wesentlich von der Predigt unterscheidet, daß es rein gemüthlich wirken soll, so muß ihm, und dem Altar seiner Feier, ein eigener besonderer Raum angewiesen seyn. Dieser Raum muß so mit dem Hörsaale verbunden seyn, daß die feierliche Handlung von der gesammten Gemeinde gesehen werden könne.
Wird die Kanzel so gelegen sein, daß sie vor der Altarnische steht, ohne die Aussicht nach dem Altar zu begrenzen, so entsteht ein symbolisch bedeutsames Verhältniß zwischen Altar und Kanzel, zwischen Gebet und Predigt, zwischen Glaube und Lehre, indem die Lehre aus dem Allerheiligsten des Glaubens der versammelten Gemeinde zugeführt wird. [...]
Da aber in den protestantischen Kirchen die Gemeinde die Gesang- und Gebetbücher lesen muß, so müssen sie bis in die Mitte hinein ein volles Licht haben.
Eine Kuppel mit einfallendem Lichte, kann obigen Zweck allein erfüllen. [...]
Die Höhe des Raums erlaubt zwei Emporkirchen anzubringen, wovon die obere die Höhe des Gurtbogens des Gewölbes hat. Die Emporkirchen werden von dünnen Säulen unterstützt, welche die Aussicht nach dem Prediger nur wenig hemmen. [...]
Aus den Bedingungen des Zweckes und der Construktion geht hervor, daß für protestantische Kirchen nur allein die Grundformen der griechischen und römischen Baukunst anzuwenden sind, wobei für die Formenbildung des Ganzen der Kuppel und ihres Unterbaues, die römischen Bogenformen in Anwendung treten. [...]
Colossalität der Massen aus der Größe des Gebäudes, ist bei den protestantischen Kirchen nicht zu erwarten. [...]
Eine einfache, auf einem Tambour ruhende Kuppel, mit einfallendem Lichte, soll den inneren Raum überdecken.

Das Bild des über die Erde gewölbten Himmels sinnbildlich dargestellt, giebt unmittelbar die erhabenste aller Beziehungen für die Decke eines Tempels der Gottheit. Durch ihren geöffneten Mittelpunkt strahlt sinnbildlich das Licht einer höheren Verklärung auf die betende Gemeinde herab. Die edelste und einfachste Verzierung dieser Decke, ist der gestirnte Himmel selbst im Bilde dargestellt. [...]
Wenn das Aeußere eines Gebäudes sich unbedingt durch seine äußere Bestimmung charakterisiren muß, so wird die Grundform der größeren protestantischen Kirchen ein Kubus seyn, auf dem die Kuppel und ihr Tambour in mehreren Absätzen und Stuffen ruht.
Vier Eckpfeiler, welche die Kuppel unterstützen, werden bedeutsam aus der Masse heraustreten und einer Krönung mit colossalen Statuen bedürfen. Die Nische, der Hauptaltar mit dem Umbau der Sakristei, wird am Hintertheile des Gebäudes hervortreten und mit einer sich an die Hauptmasse anlehnenden Halbkuppel gedeckt seyn.
Am Vordertheile des Gebäudes bildet sich, zwischen den beiden viereckten Glockenthürmen, ein bogenförmiger Portikus von imponirender Größe, dem sie zu Widerlagen dienen. Er bildet die Vorhalle zu der colossalen Hauptthür mit reich verzierten ehernen Pforten. [...]
Könnte die typische Form, welche die Bauart der protestantischen Kirchen annimmt, nicht bei den Baukünstlern die Klage erwecken, daß ihrem Genius durch Feststellung jener Normal-Form Fesseln angelegt würden? Die Antwort auf diese Frage wird ihnen die Geschichte der Baukunst selbst geben. [...] Selbst in der Blüthezeit der Griechen und in der höchsten Blüthe des Mittelalters, hatten ihre Bauwerke Normalformen zum Grunde, welche die Baumeister treulich befolgten.

Zu den wichtigsten Vorgängen im protestantischen Kirchenbau der zweiten Hälfte des 19. Jahrhunderts gehörte die Verabschiedung des sogenannten Eisenacher Regulativs. Seit den frühen 50er Jahren war auf verschiedenen Konferenzen eine anzustrebende Verbindlichkeit im Kirchenbau beraten worden; jedoch brachte erst die 1861 in Eisenach abgehaltene Kirchen-Konferenz neue Richtlinien, die in den folgenden Jahren fast alle Landeskirchen übernahmen, so daß fast von dem Versuch gesprochen werden kann, eine protestantische Sakralbaukultur zu begründen.[124]
Unter der Mitarbeit der Architekten Hase, Leins und Stüler waren die Empfehlungen ausgearbeitet worden, deren augenfälligstes Ergebnis die Bevorzugung einer längsrechteckigen gotischen Kirche war. Allgemein bedeutsam sind die Verweise auf die landschaftliche Gegebenheit der Formen und die Einbeziehung der gesamten Ausstattung in das Stilkonzept. Der größte Mangel dieses Regulativs bestand darin, daß es nicht auf die Erfordernisse sehr großer Kirchen einging, die zwangsweise, für einen Predigtgottesdienst, den Zentralbau erforderlich machten. Dreißig Jahre blieb das Regulativ, besonders bei kleinen und mittelgroßen Kirchen, nahezu verbindlich, wobei allerdings die dezentrale Gliederung der evangelischen Kirche einen weiten Spielraum ließ. Die Johannes-Kirche in Altona (1867–72), erbaut von dem Architekten Johannes Otzen, zeigt den Einfluß des Regulativs: gotischer Stil, kreuzförmiger Grundriß, Bildung eines Zentralraumes im Bereich von Chor und Querhaus, sehr schmale Seitenschiffe (vgl. Abb. S. 332 und 333).[125] *Erst die Überlegungen des Wiesbadener Pfarrers Veesenmeyer und des Architekten Johannes Otzen, anläßlich eines Neubaus, 1891 veröffentlicht, brachten eine Wendung in die schon fast erstarrte Frage nach der besten Form eines protestantischen Gotteshauses. Die nur vier Leitsätze, in keiner Weise verbindlich für andere Kirchengemeinden, provozierten ein weites Echo. Die selbstbewußte Forderung nach dem protestantischen Versammlungssaal, gesehen als zentralisierter Raum, der die Gemeinde und die Kulthandlungen als Ein-*

heit erlebbar machen sollte, stellte eine Neuerung dar, die nach dem 1. Weltkrieg in der Form auch den modernen katholischen Kirchenbau beeinflußte. Gemäß den Vorschlägen Veesenmeyers wurden mehrere große Kirchen gebaut, von denen vorrangig Johannes Otzens sogenannte Ringkirche in Wiesbaden (1892–94) zu nennen ist.[126] *(Vgl. Abb. S. 338 und 339.)*

Entgegen den Erwartungen besonders der Architektenschaft brachte eine neuerliche Konferenz in Eisenach, 1898, keine Vorschläge nach dem Wiesbadener Modell, sondern eine abermalige Wendung zum Längsbau in mittelalterlichen Stilen, veröffentlicht als »Eisenacher Ratschläge«. Erst die »Eisenacher Leitsätze« von 1908 machten die Baugestalt von den Bedürfnissen der jeweiligen Gemeinde abhängig und gaben für den Baustil keine Empfehlung mehr.[127]

45

Ueber ein Regulativ für evangelischen Kirchenbau

(1861)

1. Jede Kirche sollte nach alter Sitte *orientirt*, d. h. so angelegt werden, daß ihr Altarraum gegen den Sonnenaufgang liegt.

2. Die dem evangelischen Gottesdienst angemessenste *Grundform* der Kirche ist ein längliches Viereck. Die äußere Höhe, mit Einschluß des Hauptgesimses, hat bei einschiffigen Kirchen annähernd ¾ der Breite zu betragen, während es um so mehr den auf das akustische Bedürfniß zu nehmenden Rücksichten entspricht, je weniger die Länge das Maß seiner Breite überschreitet.

Eine Ausladung im Osten für den Altarraum (Apsis, Tribüne, Chor) und in dem östlichen Theile der Langseiten für einen nördlichen und südlichen Querarm gibt dem Gebäude die bedeutsame Anlage der Kreuzgestalt.

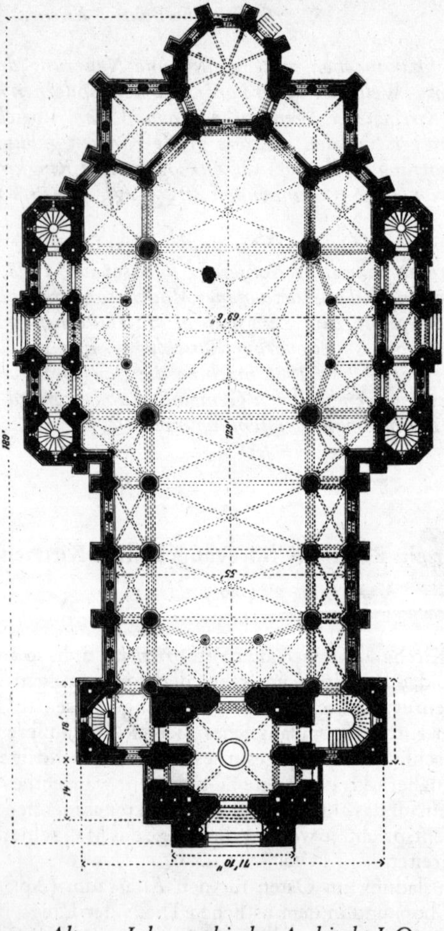

Hamburg, Altona. Johanneskirche. Architekt J. Otzen, 1872.
Grundriß

Hamburg, Altona. Johanneskirche

Von Centralbauten ohne Kreuzarmansätze ist das Achteck akustisch zulässig, die Rotunde als nicht akustisch zu verwerfen.
3. Die Würde des christlichen Kirchenbaus fordert Anschluß an einen der geschichtlich entwickelten *christlichen Baustyle* und empfiehlt in der Grundform des länglichen Vierecks neben der altchristlichen Basilika und der sogenannten romanischen (vorgothischen) Bauart vorzugsweise den sogenannten germanischen (gothischen) Styl.
Die Wahl des Bausystems für den einzelnen Fall sollte aber nicht sowohl dem individuellen Kunstgeschmack der Bauenden als dem vorwiegenden Charakter der jeweiligen Bauweise der Landesgegend folgen. Auch sollten vorhandene brauchbare Reste älterer Kirchengebäude sorgfältig erhalten und maßgebend benutzt werden.
Ebenso müssen die einzelnen Bestandtheile des Bauwesens in seiner inneren Einrichtung, von dem Altar und seinen Gefäßen bis herab zum Gestühl und Geräthe, namentlich auch die Orgel, dem Styl der Kirche entsprechen.
4. Der Kirchenbau verlangt *dauerhaftes Material* und solide Herstellung ohne täuschenden Bewurf oder Anstrich. Wenn für den Innenbau die Holzconstruction gewählt wird, welche der Akustik besonders in der Ueberdachung günstig ist, so darf sie nicht den Schein eines Steinbaues annehmen. Der Altarraum ist jedenfalls massiv einzuwölben.
5. Der *Haupteingang* zur Kirche steht am angemessensten in der Mitte der westlichen Schmalseite, so daß von ihm bis nach dem Altar sich die Längenaxe der Kirche erstreckt.
6. Ein *Thurm* sollte nirgends fehlen wo die Mittel irgend ausreichen, und wo es daran dermalen fehlt, sollte Fürsorge getroffen werden, daß er später zur Ausführung komme. Zu wünschen ist, daß derselbe in einer organischen Verbindung mit der Kirche stehe, und zwar der Regel nach über dem westlichen Haupteingange zu ihr.
Zwei Thürme stehen schicklich entweder zu den Seiten des Chors oder schließen sie die Westfront der Kirche ein.

7. Der *Altarraum* (Chor) ist um mehrere Stufen über den Boden des Kirchenschiffes zu erhöhen. Er ist groß genug, wenn er allseitig um den Altar den für die gottesdienstlichen Handlungen erforderlichen Raum gewährt.
Anderes Gestühl, als etwa für die Geistlichen und den Gemeindevorstand, und, wo der Gebrauch es mit sich bringt, der Beichtstuhl, gehört nicht dorthin.
Auch dürfen keine Schranken den Altarraum von dem Kirchenschiffe trennen.
8. Der *Altar* mag je nach liturgischem oder akustischem Bedürfniß mehr nach vorne oder rückwärts, zwischen Chorbogen und Hinterwand, darf aber nie unmittelbar (ohne Zwischendurchgang) vor der Hinterwand des Chors aufgestellt werden.
Eine Stufe höher als der Chorboden, muß er Schranken, auch eine Vorrichtung zum Knieen für die Confirmanden, Communikanten, Kopulanden u.s.w. haben.
Den Altar hat als solchen, soweit nicht confessionelle Gründe entgegenstehen, ein Crucifix zu bezeichnen, und wenn über dem Altartische sich ein architektonischer Aufsatz erhebt, so hat das etwa damit verbundene Bildwerk, Relief oder Gemälde, stets nur eine der Hauptthatsachen des Heils darzustellen.
9. Der *Taufstein* kann in der innerhalb der Umfassungswände der Kirche befindlichen Vorhalle des Hauptportals oder in einer daranstoßenden Kapelle, sodann auch in einer eigens dazu hergerichteten Kapelle neben dem Chor stehen. Da, wo die Taufen vor versammelter Gemeinde vollzogen werden, ist seine geeignetste Stellung vor dem Auftritt in den Altarraum.
Er darf nicht ersetzt werden durch einen tragbaren Tisch.
10. Die *Kanzel* darf weder vor noch hinter oder über dem Altar, noch überhaupt im Chore stehen. Ihre richtige Stellung ist da, wo Chor und Schiff zusammenstoßen, an einem Pfeiler des Chorbogens nach außen (dem Schiffe zu); in mehrschiffigen großen Kirchen an einem der östlicheren Pfei-

ler des Mittelschiffs. Die Höhe der Kanzel hängt wesentlich von derjenigen der Emporen (13) ab, und ist überhaupt möglichst gering anzunehmen, um den Prediger auf und unter den Emporen sichtbar zu machen.

11. Die *Orgel*, bei welcher auch der Vorsänger mit dem Sängerchor seinen Platz haben muß, findet ihren natürlichen Ort dem Altar gegenüber am Westende der Kirche auf einer Empore über dem Haupteingang, dessen perspektivischer Blick auf Schiff und Chor jedoch nicht durch das Emporengebälke beeinträchtigt werden darf.

12. *Wo Beicht-* oder *Lehrstuhl* (Lesepult) sich findet, da gehört jener in den Chor (7), dieser entweder vor den Altar auf eine der Stufen, die aus dem Schiffe zum Chor emporführen, doch so, daß der Blick der Gemeinde nach dem Altar nicht verhindert werde, oder an einen Pfeiler des Chorbogens, um für den Zweck der Katechese, Bibelstunde u. dgl. vor den Altar hingerückt zu werden.

13. *Emporen*, außer der westlichen (11), müssen, wo sie unvermeidlich sind, an den beiden Langseiten der Kirche so angebracht werden, daß sie den freien Ueberblick der Kirche nicht stören. Auf keinen Fall dürfen sie sich in den Chor hineinziehen.

Die Breite dieser Emporen, deren Bänke aufsteigend hintereinander anzulegen sind, darf, soweit nicht die Ausladung von Kreuzarmen eine größere Breite zuläßt, ⅕ der ganzen Breite der Kirche, ihre Erhebung über den Fußboden der Kirche ⅓ der Höhe derselben im Lichten nicht überschreiten.

Von mehreren Emporen über einander sollte ohnehin nicht die Rede seyn.

Bei der Anlage eines Neubaues, worin Emporen vorgesehen werden müssen, ist es sachgemäß, statt langer Fenster, welche durch die Empore unterbrochen würden, über der Empore höhere Fenster, die zur Erhellung der Kirche dienen, unter der Empore niedrigere Fenster zur Erhellung des nächsten von der Empore beschatteten Raumes anzubringen.

14. Die Sitze der Gemeinde (*Kirchenstühle*) sind möglichst so zu beschaffen, daß von ihnen aus Altar und Kanzel zugleich während des ganzen Gottesdienstes gesehen werden können.
Vor den Stufen des Chors ist angemessener Raum frei zu lassen. Auch ist je nach dem gottesdienstlichen Bedürfniß ein breiter Gang mitten durch das Gestühl des Schiffes nach dem Haupteingange zu, oder, wo kein solches Bedürfniß vorliegt, sind zwei Gänge von angemessener Breite an den Pfeilern des Mittelschiffes oder an den Trägern der Emporen hin anzulegen. Die Basen der Pfeiler sollen nicht durch Gestühl eingefaßt werden.
15. Die Kirche bedarf einer *Sakristei*, nicht als Einbau, sondern als Anbau, neben dem Chor, geräumig, hell, trocken, heizbar, von kirchenwürdiger Anlage und Ausstattung.
16. Vorstehende Grundsätze für den evangelischen Kirchenbau sind von den kirchlichen Behörden auf jeder Stufe geltend zu machen, den Bauherren rechtzeitig zur Kenntniß zu bringen und der kirchenregimentlichen Prüfung, beziehungsweise Berichtigung, welcher sämmtliche Baurisse unterstellt werden müssen, zu Grunde zu legen.

46

K. E. O. Fritsch

Dritte evangelische Kirche für Wiesbaden

(1891)

Auf der gegenwärtigen internationalen Kunstausstellung zu Berlin nimmt auch ein Entwurf unseres, z. Z. wohl in reichster künstlerischer Thätigkeit begriffenen deutschen Kirchenbaumeisters, Geh. Reg.-Rth. Prof. Joh. *Otzen* theil, der eine mehr als gewöhnliche Beachtung beanspruchen darf.

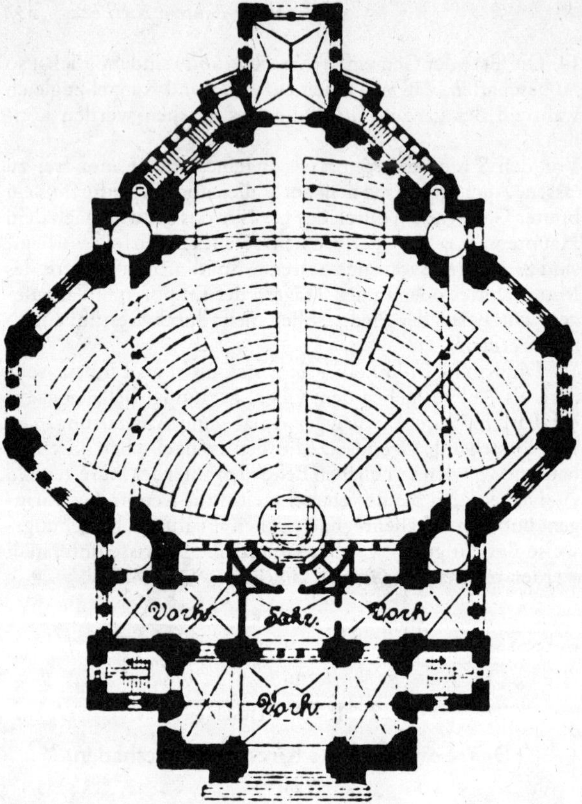

Wiesbaden. Ringkirche. Architekt J. Otzen, 1894. Grundriß

Wiesbaden. Ringkirche

Denn mit der bevorstehenden Ausführung dieses, für eine dritte evangel. Kirche in Wiesbaden bestimmten Entwurfs wird die seit Jahren schon gährende, bisher fast ausschließlich in Architektenkreisen genährte Bewegung, welche das Gebiet des protestantischen Kirchenbaues auf der alten, seit 50 Jahren aus romantischen Liebhabereien aufgegebenen Grundlage der eigenartigen kirchlichen Bedürfnisse des Protestantismus selbständig weiter entwickeln möchte, endlich einen entschiedenen Schritt vorwärts gelangen. Nach so vielen in Wort und Bild gemachten Vorschlägen soll nunmehr eine *That* folgen, der eine nachhaltige Wirkung kaum fehlen dürfte. Vielleicht ist sogar die Annahme nicht zu kühn, dass diese neue Wiesbadener Kirche in der Geschichte des protestantischen Kirchenbaues dereinst ebenso als Ausgangspunkt für eine Rückkehr zu den alten, gesunden Bahnen wird angesehen werden, wie wir heute die Hamburger Nicolai-Kirche Scott's[128] als Ausgangspunkt für die noch heute herrschenden, sich in blinder Nachahmung des mittelalterlichen katholischen Kirchenideals gefallenden Anschauungen des letzten halben Jahrhunderts ansehen.
Ohne den Antheil unterschätzen zu wollen, welcher bei den in Wiesbaden gefassten Entschlüssen der anregenden, klärenden und durch die künstlerische Gestaltung der in Vorschlag gekommenen Baugedanken überzeugenden Mitwirkung des Architekten gebühren dürfte, müssen wir das Verdienst und den Ruhm jenes Schritts in erster Linie doch der betreffenden Wiesbadener Gemeinde und ihren Geistlichen, namentlich Hrn. Pfarrer *Veesenmeyer* zusprechen. [...] Anscheinend ist es der in den rheinischen Gemeinden trotz der Union noch vielfach lebendig gebliebene Geist ihres ursprünglichen reformirten Bekenntnisses, der auch bei den vorbereitenden Maaßnahmen für den jüngsten Wiesbadener Kirchenbau eine wesentliche Rolle gespielt und Gemeinde wie Geistlichkeit veranlasst hat, ihrem zur Aufstellung eines Entwurfs aufgeforderten Architekten von vorn herein die Bedingung zu stel-

len, *daß er jeden Anklang an die übliche Anordnung der katholischen Kirche vermeiden solle.*

Nach eingehenden, unter Theilnahme von Hrn. *Otzen* gepflogenen Berathungen wurde diese Forderung in folgenden Punkten näher bestimmt:

1. Die Kirche soll im allgemeinen das Gepräge eines Versammlungshauses der feiernden Gemeinde, nicht dasjenige eines Gotteshauses im katholischen Sinne an sich tragen.

2. Der Einheit der Gemeinde und dem Grundsatze des allgemeinen Priesterthums soll durch die Einheitlichkeit des Raums Ausdruck gegeben werden. Eine Theilung des letzteren in mehre Schiffe sowie eine Scheidung zwischen Schiff und Chor darf nicht stattfinden.

3. Die Feier des Abendmahls soll sich nicht in einem abgesonderten Raume, sondern inmitten der Gemeinde vollziehen. Der mit einem Umgang zu versehende Altar muss daher, wenigstens symbolisch, eine entsprechende Stellung erhalten. Alle Sehlinien sollen auf denselben hinleiten.

4. Die Kanzel, als derjenige Ort, an welchem Christus als geistige Speise der Gemeinde dargeboten wird, ist mindestens als dem Altar gleichwerthig zu behandeln. Sie soll ihre Stelle hinter dem letzteren erhalten und mit der im Angesicht der Gemeinde anzuordnenden Orgel- und Sängerbühne organisch verbunden werden.

Von den sonstigen Bestimmungen des Programms sei hier nur erwähnt, dass die Anzahl der zu beschaffenden Sitzplätze, von denen 300–400 auf Emporen angelegt werden durften, auf rd. 1200 bestimmt wurde, während die Orgel- und Sängerbühne für 50–60 Sänger Raum gewähren sollte. Als Baustelle wurde der Platz an der Einmündung der Rheinstraße in die westliche Ringstraße zur Verfügung gestellt. Es wurde als erwünscht bezeichnet, dass das in die Axe der Rheinstraße zu stellende und als architektonischer Abschluss derselben zu behandelnde Bauwerk mit einer größeren Thurm-Anlage ausgestattet werden möge. [...]

Als Grundform liegt dem inneren Kirchenraum ein Quadrat zugrunde, an das allseitig 4, mit Emporen versehene Nischen von der Form eines halben Achtecks sich anschließen. Die nach Osten gelegene Empore dient als Sängerbühne; sie hängt durch eine weite Oeffnung mit dem ersten Obergeschoss der dieser Seite des Bauwerks vorgelagerten Thurmanlage zusammen, in welchem die entsprechend erhöhte Orgel ihren Platz findet. [...]
Beim äußeren Aufbau der Kirche, welchem der Künstler die Formen des Uebergangsstils zugrunde gelegt hat, war in erster Linie auf die Entwickelung der Ostseite Bedacht zu nehmen, weil die Lage des Bauwerks im Stadtplan diese zur Haupt-Schauseite macht. [...] Für die hier angeordnete Thurmanlage ist das Motiv eines sogenannten Zwillingsthurms auf rechteckigem Grundriss gewählt worden; derselbe ermöglichte es, mit dem geringsten Kostenaufwande diejenige Wucht der Erscheinungen zu erreichen, welche der Thurm in seinem Verhältniss zu den breit gelagerten Massen des eigentlichen Kirchenbaues nothwendig haben musste. Die Errichtung eines Vierungsthurmes über letzterem, auf welche der Grundriss hinwies, die jedoch konstruktiv nicht leicht zu lösen war, hatte die Gemeinde ausdrücklich nicht gewünscht. [...] Für die Raumwirkung der Kirche, welche eine höchst eigenartige zu werden verspricht und sicherlich der weihevollen Würde und des kirchlichen Gepräges eben so wenig entbehren dürfte, wie ein Gotteshaus nach üblicher Anordnung, dürfte die Beleuchtung des mittleren Theils durch ein von der Vierungs-Laterne aus erhelltes Oberlicht von besonders günstigem Einflusse sich erweisen. [...]
Dass dasselbe nicht nur durch seine eigenartige Anordnung Interesse erringen, sondern auch als Denkmalbau an sich eine neue, hervor ragende Zierde der schönen Taunus-Stadt bilden wird, darf man als sicher annehmen. – Möge das mit ihm gegebene Beispiel bald Nachfolge finden!

Anmerkungen

1 Zit. nach: Anna Teut-Nedeljkov, »Zwischen Revolution und Reform: In Preußen entsteht das erste deutschsprachige Polytechnikum«, in: *100 Jahre Technische Universität Berlin, 1879–1979*, Ausstellungskatalog, Berlin [West] 1979, S. 58 ff., Zitat S. 73. Vgl. auch: Erich Konter, »Die preußische Bauverwaltung und ihre Ausbildung von 1770 bis 1850«, in: *arch plus*, H. 25 (1975) S. 18 ff. Zur Standesgeschichte: Herbert Ricken, *Der Architekt. Geschichte eines Berufs*, Berlin [Ost] 1977, S. 97 ff.

2 Dreisatzrechnung; bei Proportionsrechnung im Entwurf notwendig.

3 Diemen (Mieten, Feimen) sind Gerüste von oft beträchtlichen Ausmaßen, zum Lagern von Heu oder zum Nachreifen von Getreide auf dem Feld. Auch das gebündelte, in Formen aufgestellte Stroh ohne stützendes Gerüst wird so genannt.

4 Freiarchen sind Abflußkanäle für das zum Betreiben eines Mühlrades nicht benötigte Wasser an einem Stauwehr.

5 Friedrich Weinbrenner, *Architektonisches Lehrbuch*, T. 1, Tübingen 1810, S. X. Zum Klassizismus allgemein die immer noch lesenswerte Darstellung von Leo Balet / E. Gerhard, *Die Verbürgerlichung der deutschen Kunst, Literatur und Musik im 18. Jahrhundert*, Frankfurt a. M. / Berlin / Wien 1973 (zuerst 1936). Grundlegend Robert Rosenblum, *Transformations in late eighteenth century art*, Princeton (N. J.) ^{3}1974. Ferner Dieter Dolgner, *Die Architektur des Klassizismus in Deutschland*, Dresden 1971; Oswald Hederer, *Klassizismus*, München 1976; Werner Oechslin, »Zur Architektur des Klassizismus«, in: *Klassizismus in Bayern, Schwaben und Franken. Architekturzeichnungen. 1775 bis 1825*, München 1980, S. 1 ff.; Eva Maek-Gérard, »Die Antike in der Kunsttheorie des 18. Jahrhunderts«, in: *Forschungen zur Villa Albani. Antike Kunst und die Epoche der Aufklärung*, hrsg. von Herbert Beck und Peter C. Bol, Berlin [West] 1982, S. 1 ff. (Frankfurter Forschungen zur Kunst, 10).

6 Oswald Hederer, *Leo von Klenze. Persönlichkeit und Werk*, München 1964, S. 300 ff.; Klaus Fräßle, *Carl Haller von Hallerstein (1774–1817)*, Diss. Freiburg i. Br. 1971, S. 137 ff.; Ruprecht Stolz, *Die Walhalla. Ein Beitrag zur Denkmalsgeschichte im 19. Jahrhundert*, Diss. Köln 1977.

7 Leopold Ettlinger, »Denkmal und Romantik. Bemerkungen zu Leo von Klenzes Walhalla«, in: *Festschrift für Herbert von*

Einem [...], hrsg. von Gert von der Osten und Georg Kauffmann, Berlin [West] 1965, S. 60 ff. Den Zusammenhang von Architektur, Landschaft und Geschichtsbezug betont Veit Loers, »Walhalla und Salvatorkirche. Der Ehrentempel zwischen Bildungsgarten und ästhetischer Landschaft«, in: *Verhandlungen des Historischen Vereins für Oberpfalz und Regensburg* 118 (1978) S. 137 ff.; Veit Loers, »Walhalla zwischen Historie und Historismus«, in: *Verhandlungen des Historischen Vereins für Oberpfalz und Regensburg* 119 (1979) S. 345 ff., gekürzt auch (mit weiteren wichtigen Beiträgen) in: *Die Walhalla. Idee, Architektur, Landschaft*, hrsg. von Jörg Traeger, Regensburg 1979.

8 Zitate aus: Fuss, [Rezension zu] »Sammlung architektonischer Entwürfe [...] von Leo von Klenze«, in: *Allgemeine Bauzeitung* 7 (1842), Beilage Literatur- und Anzeigeblatt für das Baufach, Nr. 54, S. 527 ff., Zitat S. 528, und Fuss, »Die Eröffnung der Walhalla«, in: *Allgemeine Bauzeitung 7* (1842) S. 329 ff., Zitat S. 334.

9 Forster in seiner Beschreibung der St. Jakobskirche in Brüssel, eines klassizistischen Baus, weist in demselben Werk darauf hin, daß er sich zumindest der »romantischen« Verklärung der Gotik entziehen konnte: »Die St. Jakobskirche am Königsplatz [...] überraschte uns nach so vielen theils gothischen, theils in einem barbarischen Geschmack mit Kleinigkeiten und Spielerein überladenen Kirchen, auf eine sehr angenehme Art. Ihre Facciate ist edel und groß, [...] in der schönen korinthischen Architektur ist Reichthum mit Simplicität auf die glücklichste Art verbunden. Noch mehr gefiel mir der Anblick des Inneren von diesem höchst regelmäßigen Tempel. Die Proportionen der korinthischen Säulen sind untadelhaft [...] die Dekorationen [...] von ausgesuchter Eleganz. Die ganze Form des Schiffs, und die Verhältnisse des Kreuzes entzücken das Auge, und diese durch keine kleinliche, unnütze Zierrathen verunstaltete, durch nichts Heterogenes gestörte Harmonie wird durch die weiße Farbe, womit die ganze Kirche überzogen ist noch erhöhet. Hier ruhet das Auge und der Geist; hier fühlt man sich wie zu Hause, und glaubt an die Verwandtschaft des Bewohners mit unserm Geiste; hier ist nichts Finsteres, nichts Schauerlicherhabenes. Größe ist es, mit gefälliger Grazie, mit Schönheit und Liebe umflossen« (zit. nach: Georg Forster, *Werke*, 4 Bde., hrsg. von Gerhard Steiner, Bd. 2, Frankfurt a. M. 1969, S. 556 f.). Zu Forster: Ulrich Enzensberger, *Georg Forster. Weltumsegler und Revolutionär*, Berlin [West]

1979. Siehe auch: Heinrich Lützeler, »Der Kölner Dom in der deutschen Geistesgeschichte«, in: *Der Kölner Dom. Festschrift zur Siebenhundertjahrfeier*, Köln 1948, S. 195 ff.; Paul Frankl, *The Gotic*, Princeton (N. J.) 1960, S. 460 ff.

10 Zit. nach: *Der Kölner Dom im Jahrhundert seiner Vollendung*, Köln 1980, Bd. 1: *Katalog*, S. 218. Zur Geschichte der Domvollendung: *Der Kölner Dom im Jahrhundert seiner Vollendung*, Köln 1980, Bd. 2: *Essays*; Gertrud Klevinghaus, *Die Vollendung des Kölner Doms im Spiegel deutscher Publikationen der Zeit von 1800 bis 1842*, Diss. Saarbrücken 1971, Köln 1972; Georg German, *Neugotik. Geschichte ihrer Architekturtheorie*, Stuttgart 1974, S. 77 ff.; Thomas Nipperdey, »Kirche und Nationaldenkmal. Der Kölner Dom in den 40er Jahren«, in: *Staat und Gesellschaft im politischen Wandel. Beiträge zur Geschichte der modernen Welt*, Festschrift Walter Bußmann, hrsg, von Werner Pöls, Stuttgart 1979, S. 175 ff.; Thomas Nipperdey, »Der Kölner Dom als Nationaldenkmal«, in: *Historische Zeitschrift* 233 (1981) S. 595 ff; Arnold Wolff, »Der Kölner Dom«, in: *Kunst des 19. Jahrhunderts im Rheinland*, hrsg. von Eduard Trier und Willy Weyres, Bd. 1: *Architektur I. Kultusbauten*, Düsseldorf 1980, S. 55 ff.; Arnold Wolff, *Dombau in Köln. Photographen dokumentieren die Vollendung einer Kathedrale*, Stuttgart 1980; Christian Baur, *Neugotik*, München 1981 (Heyne Stilkunde, 26).

11 Vgl. Alexander von Knorre, *Turmvollendungen deutscher gotischer Kirchen im 19. Jahrhundert*, Köln 1974, bes. S. 57 f.; Klaus Döhmer, *»In welchem Style sollen wir bauen?« Architekturtheorie zwischen Klassizismus und Jugendstil*, München 1976, S. 104 f.

12 Heinrich Heine, *Deutschland. Ein Wintermärchen*, nach dem Erstdruck hrsg. von Werner Bellmann, Stuttgart 1979 [u. ö.], Caput IV, S. 16 f.

13 K. E. O. Fritsch, »Zum fünfzehnten Oktober 1880«, in: *Deutsche Bauzeitung* 14 (1880) S. 445 ff., Zitat S. 446 f.

14 Hans Vogts, *Vincenz Statz. 1819–1898*, Mönchengladbach 1960; Ulrike Planner-Steiner, »Friedrich von Schmidt«, in: *Die Wiener Ringstraße. Bild einer Epoche*. [...], Bd. 8,2, Wiesbaden 1978, S. 1 ff.

15 Günther Kokkelink, »Die Neugotik Conrad Wilhelm Hases«, in: *Hannoversche Geschichtsblätter* N. F. 22 (1968) S. 1 ff.; Günther Kokkelink, »Conrad Wilhelm Hase und seine Selbstbiographie«, in: *Geschichte und Architektur der Bauhütte Hannover. Jubiläumsschrift zum einhundertjährigen Bestehen*, Hannover 1980,

S. 51 ff.; Günther Kokkelink, »Conrad Wilhelm Hase. Architekt und Lehrer der Baukunst«, in: *Festschrift zum 150-jährigen Bestehen der Universität Hannover*, Stuttgart 1981, Bd. 1: *Universität Hannover 1831–1981*, S. 180 ff. Zu Ungewitter: Jutta Schuchard, *Carl Schäfer 1844–1908. Leben und Werk des Architekten der Neugotik*, München 1979, bes. S. 44 ff.

16 Gemeint ist Preußen.

17 Eugène Viollet-le-Duc (1814–79), französischer Architekt, Denkmalpfleger und Fachschriftsteller, hat in seiner Baupraxis eine große Zahl mittelalterlicher Bauten Frankreichs (Paris, Notre Dame), ja ganze Stadtanlagen (Carcassonne) nach einem idealisierten Mittelalterbild wiederhergestellt. In den architekturtheoretischen Werken, besonders in seinem *Dictionnaire raisonné de l'architecture française du XIe au XVIe siècle*, Paris 1854–1868 (10 Bde.) hat er eine Realienkunde mittelalterlicher Kultur, nicht nur der Baukunst, erarbeitet, die als Vorlage für das Mittelalterbild, auch im Ausland, von großer Bedeutung war.

18 Dagmar Waskönig, »Konstruktion eines zeitgemäßen Stils zu Beginn der Industrialisierung in Deutschland. Historisches Denken in H. Hübschs Theorie des Rundbogenstils (1828)«, in: Michael Brix / Monika Steinhauser (Hrsg.), *Geschichte allein ist zeitgemäß. Historismus in Deutschland*, Lahn-Gießen 1978, S. 93 ff. Zu Hübsch: *Heinrich Hübsch. 1795–1863. Der große badische Baumeister der Romantik*, Ausstellungskatalog, Karlsruhe 1983; Heinrich Hübsch, *In welchem Style sollen wir bauen?*, Repr. der Ausg. von 1828, hrsg. von Wulf Schirmer, Karlsruhe 1984.

19 Rudolf Wiegmann, »Gedanken über die Entwicklung eines zeitgemäßen nazionalen Baustyls«, in: *Allgemeine Bauzeitung* 6 (1841) S. 207 ff., Zitat S. 212 f. Wiegmanns stark bürgerlich-demokratisch geprägte Argumentation muß im Zusammenhang mit diesen Bestrebungen in der gleichzeitigen Malerei gesehen werden; vgl. Hanna Gagel, »Die Düsseldorfer Malerschule in der politischen Situation des Vormärz und 1848«, in: *Die Düsseldorfer Malerschule*, Ausstellungskatalog, Mainz 1979, S. 68 ff. (Vgl. auch in Bd. 1, Beitrag Busch, die Texte Nr. 34 und 35.)

20 Heinz Quitzsch, *Die ästhetischen Anschauungen Gottfried Sempers*, Berlin [Ost] 1962; Heinz Quitzsch, *Gottfried Semper – Praktische Ästhetik und politischer Kampf*, Wiesbaden 1981. Rudolf Zeitler, »Sempers Gedanken über Baukunst und Gesellschaft in seiner Schrift ›Vorläufige Bemerkungen [...]‹«, in: *Gottfried Semper und die Mitte des 19. Jahrhunderts. Symposion* [...], Zü-

rich 1974, Basel 1976, S. 11 ff. Zu Semper vgl. auch die Beiträge in: *Gottfried Semper zum 100. Todestag*, Ausstellungskatalog, Dresden 1979.

21 Leopold Ettlinger, *Gottfried Semper und die Antike. Beiträge zur Kunstanschauung des deutschen Klassizismus*, Diss. Halle 1937.

22 Assignaten sind schnell an Wert verlierendes Papiergeld, während der Jahre nach der Französischen Revolution ausgegeben.

23 Klaus Eggert, »Sempers Kunsttheorie und der Historismus«, in: *Die Wiener Ringstraße* (Anm. 14), S. 81 ff.

24 Im römischen Haus Empfangsraum des Hausherrn und Speiseraum an der Rückseite des Atriums, gegenüber dem Eingang.

25 Nach Kenntnisstand der Zeit zentraler Raum des römischen Hauses mit mittlerem Oberlicht, das in einem Obergeschoß von Räumen umgeben ist, so daß das Haus einen mittleren, turmartigen Aufbau erhält. Für Semper in Verbindung mit dem Tablinum Grundform byzantinischer, überkuppelter Zentralbau-Kirchen.

26 Eva Börsch-Supan, »Der Renaissancebegriff der Berliner Schule im Vergleich zu Semper«, in: *Gottfried Semper Symposion* (Anm. 20), S. 153 ff.; Jutta Zander-Seidel, *Kunstrezeption und Selbstverständnis. Eine Untersuchung zur Architektur der Neurenaissance in Deutschland in der ersten Hälfte des 19. Jahrhunderts*, Erlangen 1980.

27 Zur Problematik des Historismus sollen hier nur wenige, für die unterschiedliche Bewertung wichtige Arbeiten genannt werden: G[ustav] F[riedrich] Hartlaub, »Zur Sozialpsychologie des Historismus in der Baukunst«, in: G. F. H., *Fragen an die Kunst. Studien zu Grenzproblemen*, Stuttgart 1950, S. 45 ff.; Christian Schädlich, »Stilbestrebungen in der deutschen Architektur des 19. Jahrhunderts. Ein Versuch über den Historismus«, in: *Wissenschaftliche Zeitschrift der Hochschule für Architektur und Bauwesen Weimar* 20 (1973) H. 2, S. 143 ff.; Wolfgang Götz, »Die Reaktivierung des Historismus. Betrachtungen zum Wandel der Wertschätzung der Baukunst des späteren 19. Jahrhunderts«, in: *Beiträge zur Rezeption der Kunst des 19. und 20. Jahrhunderts*, hrsg. von Wulf Schadendorf, München 1975, S. 37 ff.; Michael Brix / Monika Steinhauser, »Geschichte im Dienste der Baukunst. Zur historistischen Architektur-Diskussion in Deutschland«, in: Brix/Steinhauser (Anm. 18), S. 199 ff.; Heinz Gollwitzer, »Zum Fragenkreis Architekturhistorismus und politische Ideologie«, in: *Zeitschrift für Kunstgeschichte* 42 (1979) S. 1 ff.; Wolfgang Hardtwig, »Kunst und Geschichte im Revolutionszeitalter. Hi-

storismus in der Kunst und der Historismusbegriff der Kunstwissenschaft«, in: *Archiv für Kulturgeschichte* 61 (1979) S. 154 ff. Einen etwas verkürzten Überblick vor allem über die Erscheinungen der ersten Jahrhunderthälfte gibt Döhmer (Anm. 11).

28 Edwin Oppler (1831–80), Architekt. Erste Praxis in den Büros von Hase (s. Text 8) und Viollet-le-Duc (s. Anm. 17) in Paris. Stark von den neugotischen Tendenzen dieser Architekten beeinflußt. Seit 1861 Architekt in Hannover. Geschäftshäuser, Villen für den Adel (meist in gotischem Stil) und mehrere Synagogen in romanischen Formen gehören zu seinem umfangreichen Werk. Auch als Architekturschriftsteller tätig. – Albert Schmidt (1841–1913), Architekt. Großbauten wie die Synagoge (1887), die St. Lukaskirche (1896), der Löwenbräukeller und verschiedene große Bankgebäude, alles in München, sind in unterschiedlichsten Stilen gebaut, immer jedoch in sehr imposanten Formen. – August Hartel (1844–90), Architekt. Besonders als Kirchenbaumeister in Westfalen tätig (Christuskirche in Bochum, 1879). Für den protestantischen Kirchenbau sehr wichtig die zusammen mit Konstantin Lipsius bis 1885 gebaute Petrikirche in Leipzig. 1889 wird er Dombaumeister in Straßburg. Auch als Architekturschriftsteller tätig. – Otto March (1845–1913), Architekt, besonders von Kirchenbauten. Zu seinen bedeutenden Bauten gehören das Fest(spiel)haus in Worms (1889/90) und die Amerikanische Kirche in Berlin am Nollendorfplatz (1902). Daneben gibt es von ihm verschiedene Wohnbauten in Berlin.

29 Friedrich von Gärtner (1792–1847), Architekt. Seit 1820 Professor für Baukunst in München. Bedeutender Einfluß auf die Architektur in Bayern durch seine umfangreiche gutachterliche Tätigkeit. Baute vielfach in einem Rundbogenstil, der seine Formen aus der Renaissance, der Antike und in geringem Maße der Romanik erhielt. Ludwigskirche (1829–40), Staatsbibliothek (1831–40), Feldherrnhalle (1840–44) in München. Befreiungshalle bei Kelheim (seit 1842, vollendet von Klenze). Architekturgeschichtlich bedeutsam ist sein Eintreten für unverputzte Backsteinbauten, eine Forderung, die von seinen zahlreichen Schülern, wie Friedrich Bürklein und August Voit (München), Hermann Hunaeus (Hannover) oder Gottlob Ungewitter (Kassel) (vgl. Text 7), auch in anderen Stilen zum Konzept einer »ehrlichen«, nicht zur Maskerade greifenden Architektur geführt wurde.

30 Hans Mottek, *Wirtschaftsgeschichte Deutschlands. Ein Grundriß*, Bd. 2, Berlin [Ost] 1964, ^{2}1973.

31 Für die Stadtplanung um 1800 waren noch besonders wichtig die älteren Werke: Marc-Antoine Laugier, *Essai sur l'architecture*, Paris 1753–55 (dt. 1756); Marc-Antoine Laugier, *Observations sur l'architecture*, Paris 1765 (dt. 1768); Pierre Patte, *Mémoires sur les objets les plus importants de l'architecture*, Paris 1769; Francesco Milizia, *Principi d'architettura civile*, Finale 1781 (dt. 1784–86); Johann Peter Willebrand, *Grundriß einer schönen Stadt in Absicht ihrer Anlage und Einrichtung*, Hamburg 1775–76.

32 Fächer, Fächerform.

33 Zur Geschichte: Theodor Sachau, *Die ältere Geschichte der Stadt Bremerhaven*, Bremerhaven 1927; *Johann Smidt. Ein Gedenkbuch zur Säcularfeier seines Geburtstages*, Bremen 1873; Georg Bessell, *Heimatchronik der Stadt Bremerhaven*, Köln 1955; Dietrich Bartels, *Nachbarstädte. Eine siedlungsgeographische Studie*, Bad Godesberg 1960; Herbert und Inge Schwarzwälder, *Bremerhaven und seine Vorgängergemeinden. Ansichten, Pläne, Landkarten. 1575–1890*, Bremerhaven 1977; Rita Kellner-Stoll, *Bremerhaven. 1827–1888. Politische, wirtschaftliche und soziale Probleme einer Stadtgründung*, Bremerhaven 1982 (Veröffentlichungen des Bremer Stadtarchivs, Bd. 4). Einen allgemeinen Überblick geben Heinz Stoob, »Zur Städtebildung in Mitteleuropa im industriellen Zeitalter«, in: *Probleme des Städtewesens im industriellen Zeitalter*, hrsg. von H. Jäger, Köln 1978, S. 316 ff., bes. S. 322 ff.; Carl Haase, »Die Hafenstädte im Nordseeraum«, in: *Die alte Stadt. Zeitschrift für Stadtgeschichte, Stadtsoziologie und Denkmalpflege* 10 (1983) S. 197–227.

34 Werner Sombart, *Der Bourgeois. Zur Geistesgeschichte des modernen Wirtschaftsmenschen*, München ^{3}1923, S. 152.

35 Burchard Scheper, *Johannes Jacobus van Ronzelen. 1800–1865*, Bremerhaven 1965.

36 Das Straßennetz der Gründungen ist bis heute erhalten geblieben, die Reste baulicher und technischer Anlagen der Hafen- und Stadtgründungen beschreibt Wolfgang Brömer, »Technische Zeugen bremischer Hafengeschichte«, in: *Deutsche Kunst und Denkmalpflege* 39 (1981) S. 51 ff. Die Abbildung gibt die Stadt im Zustand von etwa 1850 wieder; der Neue Hafen wurde in etwas anderer Weise verwirklicht.

37 Georg Behrens, *Geschichte der Stadt Geestemünde*, Wesermünde 1928.

38 Zur ökonomischen Position Smidts: Karl H. Schwebel, »Johann Smidts Wirtschaftsdenken«, in: *Jahrbuch der Wittheit zu Bremen* 5 (1961) S. 29 ff. Zur Beziehung Goethes: Klein, »Goethe und die Anlage des Bremer Hafens«, in: *Bremisches Jahrbuch* 14 (1888) S. 172–176; Burchard Scheper, »Goethe ließ sich Hafenpläne schicken«, in: *Niederdeutsche Heimatblätter*, Nr. 195 (1966) S. 2; Ernst Beutler, »Die Philemon und Baucis-Scene«, in: *Beiträge aus Frankfurter Bibliotheken zum Gutenbergjahr*, Frankfurt a. M. 1942, S. 3 ff.

39 Goethe, *Faust II*, V. 11091–106.

40 Alfred Schinz, *Berlin. Stadtschicksal und Städtebau*, Braunschweig 1964, S. 115; Ingrid Thienel, *Städtewachstum im Industrialisierungsprozeß des 19. Jahrhunderts*, Berlin / New York 1973, S. 29 ff.

41 Es gibt bis heute keine Arbeit, die den Plan umfassend nach den Originalen publiziert hätte, und auch keine vollständige Aufarbeitung der Quellen. Die wichtigsten Arbeiten sind: Werner Hegemann, *Der Städtebau nach den Ergebnissen der allgemeinen Städtebau-Ausstellung in Berlin*, T. 1, Berlin 1911, S. 14 ff.; *Dritter Verwaltungsbericht des Königlichen Polizei-Präsidiums von Berlin für die Jahre 1891 bis 1900*, Berlin 1902, S. 101 ff.; Werner Hegemann, *Das steinerne Berlin. Geschichte der größten Mietskasernenstadt der Welt*, Berlin 1930, Repr. Braunschweig 1976, S. 197 ff.; Ernst Heinrich / Hannelore Juckel, »Der ›Hobrechtplan‹«, in: *Jahrbuch für Brandenburgische Landesgeschichte* 12 (1961) S. 40 ff.; Schinz (Anm. 40), S. 121 ff.; Dieter Radicke, »Der Berliner Bebauungsplan von 1862 und die Entwicklung des Wedding«, in: *Festschrift Ernst Heinrich*, hrsg. von Goerd Peschken [u. a.], Berlin [West] 1974, S. 56 ff.; Paolo Sica, *Storia dell'urbanistica*, Bd. 2,1: *L'Ottocento*, Bari/Rom 1977, S. 258 ff.; Johann Friedrich Geist / Klaus Kürvers, *Das Berliner Mietshaus, 1740–1862*, München 1980, S. 481 ff.; Johann Friedrich Geist / Klaus Kürvers, *Das Berliner Mietshaus, 1862–1945*, München 1984, S. 142 ff., 316 ff. Zum Einfluß der Hausbesitzer: Wolfgang Hofmann, »Preußische Stadtverordnetenversammlungen als Repräsentativorgane«, in: Jürgen Reulecke (Hrsg.), *Die deutsche Stadt im Industriezeitalter. Beiträge zur modernen deutschen Stadtgeschichte*, Wuppertal 1978, S. 31 ff.

42 Noch der Polizeibericht von 1902 hält an der Fiktion fest, der Plan sei nie veröffentlicht worden. Vgl. Anm. 41. Zur Rolle der Bauspekulanten: Rudolf Eberstadt, *Die Spekulation im neuzeitlichen*

Städtebau. Eine Untersuchung der Grundlagen des städtischen Wohnungswesens, Jena 1907.

43 Urteil vom 1. Juli 1869, in: *Archiv für Rechtsfälle die zur Entscheidung des Königlichen Ober-Tribunals gelangt sind*, hrsg. und redig. von Theodor Striethorst, Bd. 75 (F. 3, Jg. 7), Berlin 1870, S. 217 ff.

44 Ernst Bruch, »Berlins bauliche Zukunft und der Bebauungsplan«, in: *Deutsche Bauzeitung* 4 (1870) S. 69 ff., 77 ff., 93 ff., 101 ff., 121 ff., 129 ff., 151 ff., 159 ff., 167 ff., 188 ff., 191 ff., 199 ff., Zitat S. 162. Diese Arbeit enthält auch einen Plan, der dem tatsächlichen Bebauungsplan sehr nahe kommt.

45 *Stenographische Berichte über die Verhandlungen der [...] beiden Häuser des Landtages [Preußen]. Haus der Abgeordneten*, Bd. 3, Berlin 1870, S. 1968.

46 *Königl. privilegirte Berlinische Zeitung (Vossische Zeitung)*, Nr. 126, 2. Juni 1870, 2. Beilage.

47 Heute Mehringplatz.

48 Zu Baumeister: Karl-Heinz Höffler, *Reinhard Baumeister. 1833–1917. Begründer der Wissenschaft vom Städtebau*, Karlsruhe 1976.

49 Vgl. Josef Stübben, *Der Städtebau*, Darmstadt 1890 (Repr. Braunschweig 1980), 2. Aufl. Stuttgart 1907, 3. Aufl. Leipzig 1924. Die Probleme der Städte und ihrer Erweiterung behandelt aus der Sicht der Stadtverwaltung der Bürgermeister Brüssels: Charles Buls, *Ästhetik der Städte*, Gießen ^{2}1898 (1. Aufl. Brüssel 1893). Vgl. *Die Städte Mitteleuropas im 19. Jahrhundert*, hrsg. von Wilhelm Rausch, Linz 1983, bes. S. 47 ff., 139 ff., 206 ff.; *Stadterweiterungen 1800–1875. Von den Anfängen des modernen Städtebaus* [...], hrsg. von Gerhard Fehl und Juan Rodriguez-Lores, Hamburg 1983; Giorgio Piccinato, *La costruzione dell'urbanistica. Germania 1871–1914*, Rom 1974 (dt. 1983); Gerd Albers, *Entwicklungslinien im Städtebau. Ideen, Thesen, Aussagen 1875–1945*, Düsseldorf 1975.

50 George R[oseborough] und Christiane Craseman Collins, *Camillo Sitte and the birth of modern City planning*, New York 1965; Gerhard Fehl, »Camillo Sitte als ›Volkserzieher‹ – Anmerkungen zum deterministischen Denken in der Stadtbaukunst des 19. Jahrhunderts«, in: *Städtebau um die Jahrhundertwende. Materialien zur Entstehung der Disziplin Städtebau*, hrsg. von G. F. und Juan Rodriguez-Lores, Köln [u. a.] 1980, S. 173 ff.; Daniel Wieczorek, *Camillo Sitte et les débuts de l'urbanisme moderne*,

Brüssel/Lüttich 1982; Sittes Buch ist wieder verfügbar: Camillo Sitte, *Der Städtebau nach seinen künstlerischen Grundsätzen. Vermehrt um »Großstadtgrün«*, Repr. der 4. Aufl. Wien 1909, Braunschweig 1983.

51 Karl Henrici, *Preisgekrönter Konkurrenzentwurf zur Stadterweiterung Münchens*, München 1893; *Künstlerischer Städtebau um die Jahrhundertwende. Der Beitrag von Karl Henrici*, hrsg. von Gerhard Curdes und Renate Oehmichen, Stuttgart 1981.

52 Ludwig Klasen, *Die Arbeiter-Wohnhäuser* [...] *sowie die Anlage von Arbeiter-Kolonien*, Leipzig 1879, S. 1.

53 Ricken (Anm. 1), S. 88 ff.

54 Zu Huber: Helmut W. Jenkis, *Ursprung und Entwicklung der gemeinnützigen Wohnungswirtschaft*, Hamburg 1973, S. 48 ff.

55 Urspr. ›Raucherlokal‹; im 19. Jh. allgemein ›Kneipe‹.

56 Friedrich Wagner, »Arbeiterwohnungen«, in: *Handbuch der Arbeiterwohlfahrt*, hrsg. von Otto Dammer, Bd. 1, Stuttgart 1902, S. 47. Zur Problematik siehe auch: Friedrich Engels, *Zur Wohnungsfrage*, Leipzig 1872, zit. nach: Karl Marx / Friedrich Engels, *Werke*, Bd. 18, Berlin [Ost] 1962, S. 208 ff. Zur neueren Forschung: Roland Günter, »Krupp und Essen«, in: *Das Kunstwerk zwischen Wissenschaft und Weltanschauung*, hrsg. von Martin Warnke, Gütersloh 1970, S. 128 ff.; Joachim Schlandt, »Die Kruppsiedlungen – Wohnungsbau im Interesse eines Industriekonzerns«, in: *Kapitalistischer Städtebau. Analysen* [...], hrsg. von Hans G. Helms und Jörn Janssen, Neuwied/Berlin 1970, S. 95 ff.; Wolfgang Voigt, *Der Eisenbahnkönig oder Rumänien lag in Linden. Materialien zur Sozialgeschichte des Arbeiterwohnungsbaus* [...], Berlin [West] 1980; Renate Kastorff-Viehmann, *Wohnungsbau für Arbeiter. Das Beispiel Ruhrgebiet bis 1914*, Aachen 1981 (auch als Diss. Aachen 1980 erschienen); Daniel Stemmrich, *Die Siedlung als Programm. Untersuchungen zum Arbeiterwohnungsbau anhand Kruppscher Siedlungen zwischen 1861 und 1907*, Hildesheim 1981; Geist/Kürvers (Anm. 41); Hartmut Frank / Dirk Schubert (Hrsg.), *Lesebuch zur Wohnungsfrage*, Köln 1983; Clemens Wischermann, *Wohnen in Hamburg vor dem Ersten Weltkrieg*, Münster 1983 (dieses Buch ist Bd. 2 der Reihe »Studien zur Geschichte des Alltags«, deren folgende Bände sich mit grundsätzlichen Fragen der Sozialgeschichte des Wohnens beschäftigen werden und für Ende 1984 und 1985 angekündigt sind; Hrsg. jeweils Hans Jürgen Teuteberg und Clemens Wischermann). Zur gegenwärtigen Problematik derartiger Sied-

lungen: *Rettet Eisenheim. Eisenheim 1844–1972. Gegen die Zerstörung der ältesten Arbeitersiedlung des Ruhrgebiets*, hrsg. von Joerg Boström und Roland Günter, Berlin [West] ^{3}1975; Franziska Bollerey / Kristiana Hartmann, *Wohnen im Revier. 99 Beispiele aus Dortmund. Siedlungen vom Beginn der Industrialisierung bis 1933*, München 1975; Klaus Ernst [u. a.], *Arbeitersiedlungen. Instrumente und Möglichkeiten zu ihrer Erhaltung*, Berlin/Köln 1977; *Stadt Gelsenkirchen. Dokumentation von Werkssiedlungen in Gelsenkirchen*, Gelsenkirchen 1980.

57 Zit. nach: »Das Arbeiter-Quartier zu Kuchen«, in: *Deutsche Bauzeitung* 2 (1868) S. 299 ff., bes. S. 300. Eine ähnliche Äußerung findet man auch in dem von Unternehmern stark unterstützten Blatt: *Der Arbeiterfreund* 6 (1868) S. 213 ff. (A. Emminghaus, »Zur Wohnungsfrage«, bes. S. 217). Unter den zahlreichen zeitgenössischen Berichten seien genannt: Ludwig Walesrode, »Eine Arbeiter-Heimstätte in Schwaben«, in: *Über Land und Meer* 20 (1868) S. 555 f., 574 f., 707 f., 716 ff.; »Arbeiterwohnungen«, in: *Jahresberichte der Handels- und Gewerbekammer in Württemberg für das Jahr 1867*, Stuttgart 1868, S. 89 ff.; Dr., »Das Staub'sche Arbeiterquartier in Kuchen (Württemberg)«, in: *Zeitschrift des Vereins deutscher Ingenieure* 13 (1869) Sp. 329 ff., auch in: *Nouvelles Annales de la Construction* 15 (1869) Sp. 100 ff.; »Statistik der Fürsorge für Arme und Nothleidende. Baumwollspinnerei von Staub und Comp. bei Kuchen«, in: *Württembergische Jahrbücher für Statistik und Landeskunde* (1876) S. III, 119 ff. In sozialgeschichtlichem Kontext behandelt die Siedlung: Hubert Treiber / Heinz Steinert, *Die Fabrikation des zuverlässigen Menschen*, München 1980. Zur Baugeschichte: Hans-Joachim Aderhold, »›Als ob sie mit der Fabrik geboren wäre‹. Die Arbeitersiedlung in Kuchen«, in: *Denkmalpflege in Baden-Württemberg. Nachrichtenblatt des Landesdenkmalamtes* 11 (1982) S. 158 ff.; Peter Kirsch, *Arbeiterwohnsiedlungen im Königreich Württemberg in der Zeit vom 19. Jahrhundert bis zum Ende des Ersten Weltkriegs*, Tübingen 1982, bes. S. 40–70. Zur Firmengeschichte: Emil Waibel, *Erinnerungs-Schrift anläßlich des 50jährigen Jubiläums der Firma Süddeutsche Baumwolle-Industrie A.-G. Kuchen, Post Geislingen/Steige (Württ.), 1882–1932*, Stuttgart 1932. Allgemein: Hermann Sturm, *Fabrikarchitektur – Villa – Arbeitersiedlung*, München 1977. Auf die wirtschafts- und sozialgeschichtlichen Verbindungen von Siedlung und Fabrik kann hier nicht eingegangen werden; vgl. Friedrich-Franz Wausch-

kuhn, *Die Anfänge der württembergischen Textilindustrie [...] 1806–1848*, Diss. Hamburg 1974. Die Anlage in Kuchen ist noch weitgehend erhalten.

58 Schwäbisch für ›Hausflur‹.

59 Theodor Goecke, »Das Berliner Arbeiter-Mietshaus«, in: *Deutsche Bauzeitung* 24 (1890) S. 501.

60 E. Engel, »Die Wohnungsnoth«, in: *Zeitschrift des Königlich Preußischen Statistischen Bureaus* 12 (1872) S. 379 ff., Zitat S. 380.

61 Vgl. Jenkis (Anm. 54), S. 40 ff. Allgemein Horant Fassbinder, *Berliner Arbeiterviertel 1800–1918*, Berlin [West] 1975, pass.; *Arbeiter im Industrialisierungsprozeß. Herkunft, Lage und Verhalten*, hrsg. von Werner Conze und Ulrich Engelhardt, Stuttgart 1979; *Arbeiter in Deutschland. Studien zur Lebensweise der Arbeiterschaft im Zeitalter der Industrialisierung*, hrsg. von Dieter Langewiesche und Klaus Schönhoven, Paderborn 1981.

62 Statistische Angaben aus: G. Berthold, »Die Wohnverhältnisse in Berlin, insbesondere die der ärmeren Klassen«, in: *Schriften des Vereins für Socialpolitik*, Bd. 31: *Die Wohnungsnoth der ärmeren Klassen in deutschen Großstädten*, T. 2, Leipzig 1886, S. 199 ff. Vgl. Friedrich Mielke, »Studien über den Berliner Wohnungsbau zwischen den Kriegen 1870/71 und 1914–18«, in: *Jahrbuch für die Geschichte Mittel- und Ostdeutschlands* 20 (1971) S. 202 ff.; Lutz Niethammer / Franz Brüggemeier, »Wie wohnten Arbeiter im Kaiserreich?«, in: *Archiv für Sozialgeschichte* 16 (1976) S. 61 ff.; Geist/Kürvers, 1980 (Anm. 41), S. 510 ff.; Geist/Kürvers, 1984 (Anm. 41), S. 102 ff., 452 ff.

63 Wagner (Anm. 56), S. 94; Annemarie Lange, *Berlin zur Zeit Bebels und Bismarcks. Zwischen Reichsgründung und Jahrhundertwende*, Berlin [Ost] 1972, S. 121 ff.

64 Rudolf Eberstadt, *Handbuch des Wohnungswesens und der Wohnungsfrage*, Jena ^{2}1910. Ein extremes Beispiel solcher Hinterhausbebauung war der berüchtigte »Meyers Hof« an der Ackerstraße, wo sieben Mietshäuser hintereinander mit 10 m breiten Höfen dazwischen das Grundstück füllten. Toiletten waren auf den Höfen eingerichtet. Der Komplex enthielt etwa 300 Wohnungen mit bis zu 2000 Bewohnern. Hervorragend dokumentiert in: Geist/Kürvers, 1984 (Anm. 41), pass. Siehe auch die Bilddokumente in: *Hinterhof, Keller und Mansarde. Einblicke in Berliner Wohnungselend. 1901–1920*, hrsg. von Gesine Asmus, Reinbek b. Hamburg 1982.

65 H. Stolp, »Die Wohnungsfrage [. . .]«, in: *Berliner Städtisches Jahrbuch für Volkswirtschaft und Statistik* 4 (1870), zit. nach: Engel (Anm. 60), S. 383.

66 Zur Geschichte der Berliner Baugenossenschaften: Ernst Wilhelm Johann Gaebler, *Idee und Bedeutung der Berliner gemeinnützigen Baugesellschaft*, Berlin 1848; [Edmund] Krokisius, *Die unter dem Protektorat Seiner Majestät des Kaisers und Königs Wilhelm II. stehenden Berliner gemeinnützige Bau-Gesellschaft und Alexandra-Stiftung. 1847 bis Anfang 1908*, Berlin 1908; Ursula Herzberg, *Geschichte der Berliner Wohnungswirtschaft unter besonderer Berücksichtigung der gemeinnützigen (Klein-)Wohnungswirtschaft*, Diss. [Masch.] Freie Universität Berlin 1957, bes. S. 25 ff., 63 ff.; ferner Jenkis (Anm. 54), S. 60 ff.; Geist/Kürvers, 1980 (Anm. 41), S. 437 ff., bes. S. 453 ff.; Fritz Schmoll, *Wohnungsnot und Wohnungsreform in Deutschland. Das Beispiel der gemeinnützigen Wohnungsunternehmen vor 1870*, Diss. Stuttgart 1979, Stuttgart 1981, S. 312 ff.

67 ' bedeutet ›Fuß‹ (hier: Berliner Werkfuß).

68 Von dem Franzosen Joseph-Marie Jacquard 1805 erfundene Webmaschine, die, gesteuert von einer Lochkarte, mannigfaltigste Techniken und Musterungen erlaubte.

69 Jenkis (Anm. 54), S. 116 ff.; Klaus Novy, *Genossenschafts-Bewegung. Zur Geschichte und Zukunft der Wohnreform*, Berlin [West] 1983.

70 *Die Spar- und Bauvereine in Hannover, Göttingen und Berlin. Eine Anleitung zur praktischen Bethätigung auf dem Gebiete der Wohnungsfrage*, hrsg. von Franz Bork, Wilhelm Ruprecht und Heinrich Albrecht, Berlin 1893 (Schriften der Centralstelle für Arbeiter-Wohlfahrtseinrichtungen, 3); Ewald Gäßler / Ilse Riechmann / Gert Weiß / Marianne Zehnpfennig, *Baugenossenschaften in Hannover*, Hannover 1980.

71 Jenkis (Anm. 54), S. 140 ff.; Gerhard Fehl, »Englischer Arbeiterwohnungsbau und Berliner Baublockreform um 1890«, in: *Berlin. Von der Residenzstadt zur Industriemetropole*, Berlin [West] 1981, Bd. 1: *Aufsätze*, S. 279 ff.

72 Heinrich Albrecht / Alfred Messel, *Das Arbeiterwohnhaus*, Berlin 1896; *Berlin und seine Bauten*, T. 4: *Wohnungsbau*, Bd. B: *Die Wohngebäude – Mehrfamilienhäuser*, Berlin/München/Düsseldorf 1974, S. 119 ff., 148 f.; Julius Posener, *Berlin auf dem Wege zu einer neuen Architektur. Das Zeitalter Wilhelms II.*, München 1979, S. 319 ff., bes. S. 344 f.

73 *Deutsche Bauzeitung* 25 (1891) S. 233; vgl. Eberstadt (Anm. 42).
74 Jahresmiete.
75 Andreas Voigt, »Die Bodenbesitzverhältnisse, das Bau- und Wohnungswesen in Berlin und seinen Vororten«, in: *Schriften des Vereins für Socialpolitik*, Bd. 94: *Neue Untersuchungen über die Wohnungsfrage in Deutschland und im Ausland*, T. 1, Abt. 1, Leipzig 1901, S. 149 ff.; Julius Posener, »Berliner Gartenvororte«, in: *Die deutsche Stadt im 19. Jahrhundert. Stadtplanung und Baugestaltung im industriellen Zeitalter*, hrsg. von Ludwig Grote, München 1974, S. 66 ff.
76 Vgl. *Deutsche Bauzeitung* 4 (1870) S. 237. Hierzu und zu vergleichbaren Unternehmungen: Hartwig Schmidt, *Das Tiergartenviertel. Baugeschichte eines Berliner Villenviertels*, T. 1, Berlin [West] 1981, bes. S. 281 f.; Geist/Kürvers, 1984 (Anm. 41), S. 159 ff.
77 Dacherker oder Zwerchhaus.
78 Turmartig überhöhtes Aussichtsgeschoß.
79 Wahrscheinlich weiße Marmorplatten aus den Brüchen von Hermsdorf bei Altenburg/Sachsen.
80 Farbig glasierte Keramikfliesen, die bis heute in Mettlach bei Merzig hergestellt werden.
81 Mottek (Anm. 30), S. 155 ff.; Hans G. Helms, »Zur politischen Ökonomie des Transportwesens«, in: *Protokolle. Wiener Halbjahresschrift* 1 (1975) S. 163 ff.
82 Caroll L. Meeks, *The Railroad Station. An architectural history*, New Haven (Conn.) 1956; Mihály Kubinszky, *Bahnhöfe Europas. Ihre Geschichte, Kunst und Technik* [...], Stuttgart 1969; Wulf Schadendorf, »Der Großstadtbahnhof nach 1870. Hannover und Dresden«, in: *Die deutsche Stadt im 19. Jahrhundert* (Anm. 75), S. 235 ff.; Ulrich Krings, *Deutsche Großstadtbahnhöfe des Historismus*, Diss. München 1978, Köln 1981, bes. S. 133 ff.; Ulrich Krings, *Die Architektur der Großstadtbahnhöfe*, München 1984. Zu den Berliner Bahnhöfen: *Berlin und seine Bauten*, Berlin 1896, Bd. 1, S. 200 ff., 283 ff.; *Berlin und seine Eisenbahnen 1846–1896*, 2 Bde., Berlin 1896, bes. Bd. 1, S. 160 ff. (Repr. Berlin [West] 1982); Manfred Berger, *Historische Bahnhofsbauten*, Berlin [Ost] 1980, S. 152 ff.; Alfred B. Gottwaldt, *Berliner Fernbahnhöfe. Erinnerungen an ihre große Zeit*, Düsseldorf 1982; Helmut Maier, *Berlin. Anhalter Bahnhof*, Berlin [West] 1983. Zum Bereich Reisen und Bahnhof allgemein im 19. Jahrhundert: Wolfgang Schivelbusch, *Geschichte der Eisen-*

bahnreise. Zur Industrialisierung von Raum und Zeit im 19. Jahrhundert, München 1977.

83 Zur Geschichte des Brückenbaus: Georg Christoph Mehrtens, *Der deutsche Brückenbau im 19. Jahrhundert.* [...], Berlin 1900.; Charlotte Jurecka, *Brücken. Historische Entwicklung – Faszination der Technik*, Wien 1979. Die wichtigsten Arbeiten zum Eisenbrückenbau: Max Becker, *Der Brückenbau* [...], Stuttgart 1854; H. Müller, *Die Brückenbaukunde* [...], 4 Bde., Leipzig 1850–54; Georg Christoph Mehrtens, *Gesamtanordnung der festen Eisenbrücken*, Leipzig 1908; Ernst Häseler, *Die eisernen Brücken*, Braunschweig 1908.

84 [Karl] Lentze, »Die im Bau begriffenen Brücken über die Weichsel bei Dirschau und über die Nogat bei Marienburg«, in: *Zeitschrift für Bauwesen* 5 (1855) Sp. 445 ff.; Georg Christoph Mehrtens, »Zur Baugeschichte der alten Eisenbahnbrücken bei Dirschau und Marienburg«, in: *Zeitschrift für Bauwesen* 43 (1893) Sp. 97 ff. Die Dirschauer Brücke wurde im 2. Weltkrieg zerstört: vgl. Karl Schaechterle, »Die Eisenbahn- und Straßenbrücken über die Weichsel«, in: *Der deutsche Baumeister* 1 (1939) H. 10, S. 11 ff. Die Dirschauer Brücke wurde 1888–91 nur 50 m stromabwärts durch einen Neubau ergänzt.

85 Gemeint ist die von Robert Stephenson (1803–59) über die Meerenge von Menai (Wales) 1846–50 gebaute Britanniabrücke.

86 Mit Zinnen und Schießscharten versehen, befestigt.

87 Gemeint ist Ludwig Passarge (1825–1912), ostpreußischer Reiseschriftsteller; zitiert wird aus seinem Buch *Aus dem Weichseldelta* (1857).

88 Vgl. Anm. 85.

89 Vgl. Anm. 86.

90 Höhlenbewohner. – Auffallend ist, daß – wenn auch beschönigend – das Schicksal der Bauarbeiter erwähnt wird; die eigentlichen Erbauer finden in Architekturpublikationen des 19. Jahrhunderts fast nie Beachtung. Vgl.: Antje Kraus, »Arbeiteralltag auf einer Großbaustelle des neunzehnten Jahrhunderts«, in: *Hamburger Jahrbuch für Wirtschafts- und Gesellschaftspolitik* 24 (1979) S. 109–119.

91 Ludwig Klasen, *Grundrißvorbilder*, Abt. 6: *Gebäude für Handelszwecke*, Leipzig 1884, S. 592.

92 Walter Benjamin, *Gesammelte Schriften*, hrsg. von Rolf Tiedemann [u. a.], Bd. 5,2, Frankfurt a. M. 1982, S. 1041. Der Aufsatz stammt aus dem Jahr 1927.

93 Siegfried Kracauer, »Abschied von der Lindenpassage (Kaisergalerie)« in: S. K.: *Das Ornament der Masse. Essays*, Frankfurt a. M. 1977, S. 327, 332. Der Aufsatz erschien zuerst in der *Frankfurter Zeitung* vom 21. Dezember 1930.

94 Johann F. Geist, *Passagen. Ein Bautyp des 19. Jahrhunderts*, München ²1978. Zu der großen Zahl von Neubauten vgl.: *Bauwelt* 72 (1981) S. 1766 ff., 74 (1983) S. 298 ff.; Wolfgang Lauter / Manfred Sack / Norbert Fischer, *Passagen*, Dortmund 1984. Zur gegenwärtigen Nutzung und Funktion: Olav Behn, *Passagen in der Hamburger City. Eine empirische Untersuchung ihrer Benutzer*, Hamburg 1983 (hrsg. von der Gesellschaft für sozialwissenschaftliche Stadtforschung).

95 *Berlin und seine Bauten*, T. 3, Berlin 1896, S. 100 ff.; Geist (Anm. 94), S. 132 ff.; *Berlin und seine Bauten*, T. 8: *Bauten für Handel und Gewerbe*, Bd. A: *Handel*, Berlin [West] 1979, S. 259 ff.

96 Galleria Vittorio Emanuele II (1865–78) von Giuseppe Mengoni (1829–77).

97 Oskar Begas (1828–83), Historienmaler in Berlin. – Ernst Hildebrand (geb. 1833), Historien- und Porträtmaler in Berlin und Hannover (Ständehaus). – Ernst Ewald (1836–1904), Historienmaler in Berlin, der auch große Wandbilder malte. Wichtig ist seine Rolle als Lehrer verschiedener preußischer Prinzen. Direktor der Kunstgewerbeschule in Berlin seit 1874.

98 Niedriges Geschoß zwischen Erdgeschoß und erstem Obergeschoß.

99 Vgl. Anm. 80.

100 Emile Zola, *Paradies der Damen*, München 1976, S. 25, 27, 40 f.; der Roman ist erstmals in Paris 1883 erschienen; vgl. Thomas W. Gaehtgens, »Das Kaufhaus als Kathedrale. Zur Deutung der Kaufhaus-Architektur in Zola's ›Au bonheur des dames‹«, in: *architectura* 7 (1977) S. 193 ff.; Michael B. Miller, *The Bon Marché. Bourgeois, culture and the department store, 1869–1920*, Princeton (N. J.) 1981; Klaus Strohmeyer, *Warenhäuser. Geschichte, Blüte und Untergang im Warenmeer*, Berlin [West] 1980.

101 Die Neuheit der Bauaufgabe erweist sich darin, daß etwa eine der frühen Entwurfslehrbücher, *Baukunde des Architekten*, T. 2, Berlin 1884, das Warenhaus noch gar nicht als selbständige Baugattung sieht. Man findet die unterschiedlichsten Namen, wie Magazin, Basar, Waren- oder Kaufhaus. Noch 1923 unterschei-

det das *Handbuch der Architektur*, Bd. 4,2,2, Leipzig ^{2}1923, S. 55: »Während das Warenhaus alle Bedürfnisse des Verbrauchers zu befriedigen hat und daher auch sämtliche Waren führt, die das Publikum begehrt, so beschränkt sich das Kaufhaus [...] auf eine Anzahl Artikel oder gar nur eine Warengattung.«

102 »Interpellation betreffend den Detailhandel von Warenhäusern«, in: *Stenographische Berichte über die Verhandlungen des Landtages (Preußen). Haus der Abgeordneten*, Bd. 3, 62. Sitzung vom 19. April 1898, Berlin 1898, S. 2041, 2057, 2061.

103 Zit. nach: Tilmann Buddensieg, »Ein Berlin-Besuch des jungen Bruno Taut«, in: *Schlösser, Gärten, Berlin. Festschrift für Martin Sperlich zum 60. Geburtstag 1979*, Tübingen 1980, S. 161 ff., Zitat S. 164 (Brief vom 2. März 1902). Zu Messel: Walter C. Behrendt, *Alfred Messel*, Berlin 1911; *Berliner Architekturwelt*, Sonderh. 5 (1905), 9 (1911); »Der Neubau des Warenhauses Wertheim in Berlin«, in: *Deutsche Kunst und Dekoration* 15 (1904/05) S. 294 ff.; A[lfred] Messel, *Der Wertheimbau* [...], Berlin 1899; *Berlin und seine Bauten*, T. 8 (Anm. 95), S. 12.; Peter Stürzebecher, *Das Berliner Warenhaus* [...], Berlin [West] 1979, bes. S. 27 ff., dagegen Posener (Anm. 72), S. 369 ff., bes. S. 453 ff., und die Rezension von Eberhard Grunsky, in: *Deutsche Kunst und Denkmalpflege* 39 (1981) S. 211 ff., bes. S. 214. Zum enormen Einfluß von Messels Wertheim-Bau auf die Kaufhausarchitektur vgl. Eberhard Grunsky, *Otto Engler. Geschäfts- und Warenhausarchitektur. 1904–1914*, Köln 1979 (Arbeitsheft 28, Landeskonservator Rheinland).

104 *Baukunde des Architekten* (Anm. 101), S. 487. Zur Baugattung: Charlotte Kranz-Michaelis, *Rathäuser im deutschen Kaiserreich. 1871–1918*, München 1976; Jürgen Paul, »Das ›Neue Rathaus‹ – Eine Bauaufgabe des 19. Jahrhunderts«, in: *Das Rathaus im Kaiserreich. Kunstpolitische Aspekte einer Bauaufgabe des 19. Jahrhunderts*, hrsg. von Ekkehard Mai und Stephan Waetzoldt, Berlin [West] 1982, S. 29 ff.; Hofmann (Anm. 41), S. 31 ff.

105 »Rathaus in Stuttgart«, in: *Deutsche Konkurrenzen* 5 (1895) H. 1/2, S. 2 ff., bes. S. 3; Kranz-Michaelis (Anm. 104), S. 172 f. (mit weiterer Literatur). Der Bau ist z. T. noch erhalten.

106 Siehe anläßlich der Einweihung die wohl auch von Muthesius stammende Besprechung in: *Zentralblatt der Bauverwaltung* 25 (1905) S. 199 ff.; Heinrich Jassoy, *Das neue Rathaus in Stuttgart*, Stuttgart [1906].

107 *Baukunde des Architekten*, T. 2, Hbd. 2, Berlin 1884, S. 501 f.

108 Zu Schinkels Museum vor allem: Paul Ortwin Rave, *Berlin*, T. 1: *Bauten für die Kunst. Kirchen / Denkmalpflege*, München/Berlin 1941, S. 12–78 (Karl Friedrich Schinkel, *Lebenswerk*); Paul Ortwin Rave, »Schinkels Museum in Berlin«, in: *Museumskunde* 29 (1960) S. 1 ff.; Hans Reuther (Hrsg.), *Die Museumsinsel in Berlin*, Frankfurt a. M. / Berlin / Wien 1978, S. 28 ff.; Stephan Waetzoldt, »Bauten der Museumsinsel«, in: *Berlin und die Antike*, Ausstellungskatalog, hrsg. von Willmuth Arenhövel, Berlin [West] 1979, S. 361 ff.; Goerd Peschken, »Schinkels Museum am Berliner Lustgarten«, in: *Glyptothek München,. 1830–1980*, Ausstellungskatalog, München 1980, S. 360 ff.; Gottfried Riemann, »Das Museum am Lustgarten 1823–1830«, in: *Karl Friedrich Schinkel, 1781–1841*, Ausstellungskatalog, Berlin [Ost] 1980, S. 135 ff.; Erik Forssmann, *Karl Friedrich Schinkel. Bauwerke und Baugedanken*, München 1981, S. 110 ff. Zur städtebaulichen Situation: Hermann G. Pundt, *Schinkel's Berlin. A Study in Environmental Planning*, Cambridge (Mass.) 1972, S. 144 ff. (dt. Berlin [West] 1981).

109 Aloys Ludwig Hirt in einem Nachwort zum Katalog *Über die diesjährige Kunstausstellung auf der Königlichen Akademie zu Berlin*, Berlin 1815, S. 24, zit. nach: Volker Plagemann, *Das deutsche Kunstmuseum 1790–1870*, München 1967, S. 66.

110 Schinkels Erläuterungen zum ersten Entwurf vom 8. Januar 1823, zit. nach Rave, *Berlin* (Anm. 108), S. 31. Einen sehr deutlichen Einblick in Schinkels zweckhaft orientierte Denkweise gibt hingegen im selben Bericht sein Verwendungsvorschlag für die Kellerräume des Museums: »Die Nähe der hier projektierten neu anzulegenden Packhöfe macht es sicher, diese Räume als Kellereien und Warenlager aller Art recht hoch zu vermieten und wenigstens aus denselben einen jährlichen Ertrag von 3 bis 4000 Talern zu ziehen. Aus diesem Ertrage könnten die Beamten und Wächter der Anstalt erhalten und der gute Zustand des Gebäudes bewirkt werden, ein Vorteil, der für die Staatskasse sehr in Betracht kommt und der Anstalt höchst förderlich sein wird« (ebd.).

111 Stellungnahme Schinkels vom Februar 1823, zit. nach Rave, *Berlin* (Anm. 108), S. 35. Der Gedanke zur Säulenhalle ist vorgegeben in Jean-Nicolas-Louis Durands Museumsentwurf in Bd. 2 seiner *Précis des leçons d'architecture*, Paris 1805, T. 11; auch die Rotunde findet sich in Durands Entwurf und früher, von Schin-

kel besucht, im Museo Pio-Clementino des Vatikans aus den 80er Jahren des 18. Jahrhunderts.

112 Zit. nach: Rave, *Berlin* (Anm. 108), S. 35.

113 In welchem Verhältnis diese Arbeiten zum seit 1823 konkret geplanten British Museum stehen, ist schwer zu entscheiden, da dessen Pläne bis 1836 unter Verschluß gehalten wurden. Vgl. Joseph Mordaunt Crook, *The British Museum. A case-study in architectual politics*, Harmondsworth 1973, S. 110 ff.

114 Jörn Bahns, »Kunst- und kulturgeschichtliche Museen als Bauaufgabe des späten 19. Jahrhunderts«, in: *Das Kunst- und kulturgeschichtliche Museum im 19. Jahrhundert* [...], hrsg. von Bernward Deneke und Rainer Kahsnitz, München 1977, S. 176 ff.

115 Zit. nach: Gerhard Wietek, *Das Altonaer Museum in Hamburg*, Hamburg 1963, S. 6.

116 Arthur Obst, »Das neue städtische Museum in Altona«, in: *Niedersachsen. Illustrierte Halbmonatsschrift* 7 (1901/02) S. 5.

117 Hubert Stier, »Die deutsche Renaissance als nationaler Stil und die Grenzen ihrer Anwendung«, in: *Deutsche Bauzeitung* 18 (1884) S. 426 ff., bes. S. 435. Der Schritt in Altona wird auch dann verständlicher, wenn man den noch mit leichtem Bedauern formulierten Satz des Hauptverfechters der deutschen Renaissance, Wilhelm Lübke, von 1879 liest: »Wo es Monumentalbauten gilt, namentlich Museen, Theater, Paläste, Bahnhöfe, Universitäten, Akademien u. dergl., da wird der heutige Architekt am liebsten zur italienischen Renaissance greifen« (W. Lübke, »Deutsche Renaissance«, in: *Die Gegenwart. Wochenschrift* 16, 1879, S. 359 f.). Vgl. auch: Kurt Milde, *Neorenaissance in der deutschen Architektur des 19. Jahrhunderts*, Dresden 1981, bes. S. 278 ff.

118 Otto Lehmann, *Festschrift zur Eröffnung des Altonaer Museums*, Altona 1901, S. 19, 45. Nicht nur der Stil der Beschreibung, vor allem die Aufstellung der Gruppen erinnert an gleichzeitige populäre Druckgraphik (Öldrucke), wenn hier auch eine wissenschaftlich exakte Nachstellung der Natur im Museum beabsichtigt war.

119 Alfred Lichtwark, »Museumsbauten«, in: *Die Museen als Volksbildungsstätten. Ergebnisse der 12. Konferenz der Centralstelle für Arbeiter-Wohlfahrtseinrichtungen*, Berlin 1904, S. 115 ff., bes. S. 119 f.

120 Beiderwandgewebe, nach der südindischen Stadt Bidar benann-

ter Stoff, besteht je zur Hälfte aus Baumwolle und Schafwolle; Hautelissearbeiten sind besonders Gobelins und Stofftapeten.

121 Aufwendiger, in Handarbeit geformter Stuck, im Gegensatz zu in Formen vorgefertigten Stuckteilen.

122 Vgl. Georg Friedrich Koch, »Schinkels architektonische Entwürfe im gotischen Stil, 1810–1815«, in: *Zeitschrift für Kunstgeschichte* 32 (1969) S. 262 ff., bes. S. 269 f., 276 ff.; Forssmann (Anm. 108), S. 68 ff.

123 K. E. O. Fritsch, *Der Kirchenbau des Protestantismus von der Reformation bis zur Gegenwart*, Berlin 1893, S. 154 ff.; Oscar Mothes, *Handbuch des evangelisch-christlichen Kirchenbaues*, Leipzig 1898, S. 164, 169, 183 f. Im Jahre 1814 entwarf Schinkel noch einmal, wohl gegen Catel, einen Plan für die Petrikirche, diesmal gotisch – »nach altdeutscher Art«. Zum Gedanken der Verbindung von Antike und Gotik: Norbert Knopp, »Schinkels Idee einer Stilsynthese«, in: *Beiträge zum Problem des Stilpluralismus*, hrsg. von Werner Hager und N. K., München 1977, S. 245 ff.

124 Zur Entstehungsgeschichte des Regulativs: »Protokolle der deutschen evangelischen Kirchen-Conferenz in Eisenach. Sechste Sitzung«, in: *Allgemeines Kirchenblatt für das evangelische Deutschland* 10 (1861) S. 428–431, 523–554, 561–564; Fritsch (Anm. 123), S. 237 ff.; Mothes (Anm. 123), S. 190 ff.; Gerhard Langmaack, *Evangelischer Kirchenbau im 19. und 20. Jahrhundert*, Kassel 1971, S. 179 ff., 272 ff.

125 Johannes Otzen, »Die Johannes-Kirche in Altona«, in: *Deutsche Bauzeitung* 6 (1872) S. 94 ff.; Jörn Bahns, *Johannes Otzen. 1839–1911*, München 1971, S. 131 ff.

126 Fritsch (Anm. 123), S. 298 ff., 403 ff.; Mothes (Anm. 123), S. 246 ff.; Bahns (Anm. 125), S. 38 ff., 156 ff.; Heinrich Schlosser, »Die Ringkirche in Wiesbaden«, in: *Nassovia* 20 (1919) S. 124 f.; Heinrich Schlosser, *Festschrift zum Jubiläum der Ring-Kirche, 31. Oktober, 1894–1919,* [o. O. 1919]; *75 Jahre Ringkirche in Wiesbaden*, hrsg. vom Vorstand der Ringkirchengemeinde Wiesbaden 1969.

127 Langmaack (Anm. 124), S. 280 ff.

128 George Gilbert Scott d. Ä. (1811–78) erbaute die 1842 durch Brand zerstörte Hamburger Nikolaikirche 1846–63 neu, nachdem er aus einem internationalen Wettbewerb als Sieger hervorgegangen war. Vgl. Fritsch (Anm. 123), S. 221 ff.; Mothes (Anm. 123), S. 171 ff.

Ergänzende Literaturhinweise

Architektur um 1800 (Texte 1–3)

›Die Kunst hat nie ein Mensch allein besessen‹. Dreihundert Jahre Akademie der Künste, 1696–1996. Berlin 1996.

Kruft, Hanno-Walter: Geschichte der Architekturtheorie. Von der Antike bis zur Gegenwart. München 1985. 3., durchges. und erg. Aufl. München 1991.

Rohde, Elisabeth: Lehrer und Schüler der Schinkelschen Bauakademie. In: Carl Friedrich Schinkels Berliner Bauakademie in Kunst und Architektur, in Vergangenheit und Gegenwart. Berlin 1996. S. 87–108.

Schönwalder, Jürgen: Ideal und Charakter. Untersuchungen zu Kunsttheorie und Kunstwissenschaft um 1800. München 1995.

Schwarzer, Mitchell: German architectural theory and the search for modern identity. Cambridge 1995.

Severin, Ingrid: Baumeister und Architekten. Studien zur Darstellung eines Berufsstandes in Porträt und Bildnis. Berlin 1992.

Epochen und Stile (Text 4)

Dolgner, Dieter: Historismus. Deutsche Baukunst 1815–1900. Leipzig 1993.

Traeger, Jörg: Der Weg nach Walhalla. Denkmallandschaft und Bildungsreise im 19. Jahrhundert. Regensburg 1987. 2., erw. Aufl. 1991.

Watkin, David / Mellinghoff, Tilman: Deutscher Klassizismus. Architektur 1740–1840. Stuttgart 1989.

Wegner, Reinhard: Nach Albions Stränden. Die Bedeutung Englands für die Architektur des Klassizismus und der Romantik in Preußen. München 1994.

Neugotik (Texte 5–10)

Bernheiden, Christine: Gegen die ›Stilmengerei‹. August Reichensperger und seine Stellung zur Architektur der Gotik und Renaissance. In: Georg U. Großmann: Renaissance der Renaissance. Ein bürgerlicher Kunststil im 19. Jahrhundert. Aufsätze. München / Berlin 1992. S. 224–234.

Bertuleit, Sigrid: Gotisch-orientalische Stilgenese. Englische Theorien zum Ursprung der Gotik und ihr Einfluß in Deutschland um 1800. Frankfurt a. M. 1989.

David-Sirocko, Karen: Georg Gottlob Ungewitter (1820–1864). Ein Beitrag zur Theorie und Geschichte der Neugotik in Deutschland. Diss. Kiel 1995. [Buchausg. voraussichtlich 1997.]

Duffner, Rudolf: Das Posthaus im Wandel der Zeit. Berlin 1936.

Hübner, Hans (Hrsg.): Postpaläste. Posthausgraphiken 1871–1900. Eine Publikation des Museums für Post und Kommunikation Berlin. Berlin 1995.

Krempien, Margot: Der Schweriner Schloßbaumeister G. A. Demmler, 1804–1886. Eine Biographie. Schwerin 1991.

Lewis, Michael J.: The politics of the German Gothic revival. August Reichensperger. New York 1993.

Gegenpositionen zu Antike und Gotik (Texte 11–16)

Brülls, Holger: Farbig statt bunt. Die historische Polychromie der Fassaden in Gründerzeit und Jugendstil. In: Denkmalpflege in Sachsen-Anhalt 3 (1995) H. 1. S. 20–41.

Dolgner, Dieter: Der Rundbogenstil. Ein Versuch der architektonischen Erneuerung im 19. Jahrhundert. In: Wissenschaftliche Zeitschrift der Hochschule für Architektur und Bauwesen 27 (1980) H. 4. S. 199–210.

Hänsch, Wolfgang: Die Semperoper. Geschichte und Wiederaufbau der Dresdner Staatsoper. Stuttgart 1986.

Helas, Volker: Architektur in Dresden 1800–1900. 3., durchges. Aufl. Dresden 1991.

In what style should we build? The German debate on architectural style, Heinrich Hübsch and others. Introd. and transl. by Wolfgang Herrmann. Santa Monica (Calif.) 1992.

Laudel, Heidrun: Gottfried Semper. Architektur und Stil. Dresden 1991.

Magirius, Heinrich: Gottfried Semper in Dresden. In: Zeitschrift für Kunstgeschichte 57 (1994) S. 480–511.
Zanten, David von: The architectural polychromy of the 1830's. New York 1977.

Architektur nach 1870 (Text 17)

Hammerschmidt, Valentin W.: Anspruch und Ausdruck in der Architektur des späten Historismus in Deutschland (1860–1914). Frankfurt a. M. 1985.

Stadtplanung (Texte 18–26)

Collins, George R: Camillo Sitte. The birth of modern city planning. 2. Aufl. New York 1986.
Kieß, Walter: Urbanismus im Industriezeitalter. Von der klassizistischen Stadt zur Garden City. Berlin 1991.
Ladd, Brian: Urban planning and civic order in Germany. 1860 to 1914. Cambridge (Mass.) 1990.
Lubowitzki, Jutta: Der »Hobrechtplan«. Probleme der Berliner Stadtentwicklung um die Mitte des 19. Jahrhunderts. In: Berlin-Forschungen 5 (1990) S. 11–120.
Rodríguez-Lores, Juan / Fehl, Gerhard (Hrsg.): Städtebaureform 1865–1900. Von Licht, Luft und Ordnung in der Stadt der Gründerzeit. 2 Bde. Hamburg 1985.
Wortmann, Wilhelm: Hafenstädte des 19. Jahrhunderts. Bremerhaven, Wilhelmshaven. In: Deutsche Stadtgründungen der Neuzeit. Hrsg. von Wilhelm Wortmann. Wiesbaden 1989.

Wohnbau. Arbeiterwohnungsbau, Arbeitersiedlungen (Texte 27–31)

Bullock, Nicholas / Read, James: The movement for housing reform in Germany and France 1840–1914. Cambridge 1985.
Hafner, Thomas: Kollektive Wohnreform im Deutschen Kaiserreich 1871–1918. Diss. Stuttgart 1988.
Juckel, Lothar: Stadtbildprägende Arbeitersiedlungen. Erhaltung und Erneuerung denkmalwerter Arbeitersiedlungen im Rhein-Ruhr-Gebiet. Duisburg 1992.

Köhle-Hezinger, Christel (Hrsg.): »Der glorreiche Lebenslauf unserer Fabrik«. Zur Geschichte von Dorf und Baumwollspinnerei Kuchen. Weißenhorn 1991.

Rodríguez-Lores, Juan: Sozialer Wohnungsbau in Europa. Die Ursprünge bis 1918. Ideen, Programme, Gesetze. Basel [u. a.] 1994.

Rodríguez-Lores, Juan / Fehl, Gerhard (Hrsg.): Die Kleinwohnungsfrage. Zu den Ursprüngen des sozialen Wohnungsbaus in Europa. Hamburg 1988.

Teuteberg, Hans Juergen / Wischermann, Clemens (Hrsg.): Wohnalltag in Deutschland 1850–1914. Bilder, Daten, Dokumente. Münster 1985.

Bürgerliches Wohnen (Texte 32–33)

Brönner, Wolfgang: Die bürgerliche Villa in Deutschland. 1830 bis 1890. Düsseldorf 1987. 2. Aufl. Worms 1994.

Germersheim, Barbara von: Unternehmervillen der Kaiserzeit (1871–1914). München 1988.

Tomisch, Jürgen: Das Kielgan-Viertel. In: Helmut Engel (Hrsg.): Café Einstein gegenüber. Das Haus Fromberg. Berlin 1996. S. 13–47.

Verkehrsbauten. Bahnhöfe, Brücken (Texte 34–36)

Börsch-Supan, Eva / Müller-Stüler, Dietrich: Friedrich August Stüler 1800–1896. München 1996.

Dauber, Reinhard: Stadtpalais, Landhaus und Stadttor. Zur Ikonographie der Bahnhofsarchitektur im 19. und 20. Jahrhundert. In: Architectura 20 (1990) S. 77–90.

Klinkott, Manfred: Die Backsteinbaukunst der Berliner Schule von K. F. Schinkel bis zum Ausgang des Jahrhunderts. Berlin 1988. S. 360–368.

Bauten für den Handel. Passagen, Warenhäuser (Texte 37–39)

Gerlach, Siegfried: Das Warenhaus in Deutschland. Seine Entwicklung bis zum Ersten Weltkrieg in historisch-geographischer Sicht. Stuttgart 1988.

Lemoine, Bertrand: Les passages couverts en France. Paris 1989.
Schaper, Rainer Michael: Der gläserne Himmel. Die Passagen des 19. Jahrhunderts als Sujet der Literatur. Frankfurt a. M. 1988.
Schramm, Christian: Deutsche Warenhausbauten. Ursprung, Typologie und Entwicklungstendenzen. Aachen 1995.

Öffentliche Bauten. Rathäuser, Museen (Texte 40–42)

Börsch-Supan, Helmut: Die Kunst im Herzen der Stadt. Schinkels Idee vom Museum. In: Jahrbuch der Kunsthistorischen Sammlungen in Wien. N. F. 52 (1992) S. 21–38.
Damus, Martin: Das Rathaus. Architektur und Sozialgeschichte von der Gründerzeit zur Postmoderne. Berlin 1988.
Gaehtgens, Thomas W.: Wilhelm von Humboldts Konzept des Alten Museums in Berlin. In: Aachener Kunstblätter 60 (1994) S. 423–430.
Karl Friedrich Schinkel 1781–1841. The drama of architecture. Hrsg. von John Zukowsky [u. a.]. Tübingen 1994.
Kick, Wilhelm: Konkurrenz-Entwürfe für ein Rathaus in Stuttgart. Stuttgart 1895.
Moyano, Steven: Quality vs. History. Schinkel's Altes Museum and Prussian Arts Policy. In: Art Bulletin 72 (1990) S. 585–608.
Petras, Renate: Die Bauten der Berliner Museumsinsel. Berlin 1987.
Snodin, Michael (Hrsg.): Karl Friedrich Schinkel, a Universal Man. New Haven (Conn.) [u. a.] 1991.
Wegner, Reinhard: Die Einrichtung des Alten Museums in Berlin. Anmerkungen zu einem neu entdeckten Schinkel-Dokument. In: Jahrbuch der Berliner Museen 31 (1989) S. 265–287.

Kirchen (Texte 43–46)

Borger-Keweloh, Nicola: Die mittelalterlichen Dome im 19. Jahrhundert. München 1986.
Brennecke, Hans Christof: Protestantischer Kirchenbau an der Wende zum 20. Jahrhundert. In: Geschichte des protestantischen Kirchenbaues. Festschrift für Peter Poscharsky zum 60. Geburtstag. Hrsg. von Klaus Raschzok und Reiner Sörries. Erlangen 1994. S. 119–127.

Grundmann, Friedhelm / Helms, Thomas: Wenn Steine predigen. Hamburgs Kirchen vom Mittelalter bis zur Gegenwart. Hamburg 1993.

Haus, Andreas: Gedanken über Karl Friedrich Schinkels Einstellung zur Gotik. In: Marburger Jahrbuch für Kunstgeschichte 22 (1989) S. 215–231.

Krüger, Jürgen: Rom und Jerusalem. Kirchenbauvorstellungen der Hohenzollern im 19. Jahrhundert. Berlin 1995.

Schulte, Klaus: Zur Kontroverse im deutschen evangelischen Kirchenbau des späten 19. und frühen 20. Jahrhunderts. Diss. Berlin 1992.

Seng, Eva-Maria: Der evangelische Kirchenbau im 19. Jahrhundert. Die Eisenacher Bewegung und der Architekt Christian Friedrich von Leins. Tübingen 1995.

Strohmaier-Wiederanders, Gerlinde: Die Bedeutung der Antike- und Mittelalterrezeption bei Kirchenbauten Karl-Friedrich Schinkels. In: Geschichte des protestantischen Kirchenbaues. Festschrift für Peter Poscharsky zum 60. Geburtstag. Hrsg. von Klaus Raschzok und Reiner Sörries. Erlangen 1994. S. 75–81.

Umrechnungstabelle historischer Maße

Fuß und Zoll

Preußisch (rheinisch)
1 Fuß = 12 Zoll

1 Fuß	0,31385 m	21 Fuß	6,59085 m
2 Fuß	0,62770 m	22 Fuß	6,90470 m
3 Fuß	0,94155 m	23 Fuß	7,21855 m
4 Fuß	1,25540 m	24 Fuß	7,53240 m
5 Fuß	1,56925 m	25 Fuß	7,84625 m
6 Fuß	1,88310 m	26 Fuß	8,16010 m
7 Fuß	2,19695 m	27 Fuß	8,47395 m
8 Fuß	2,51080 m	28 Fuß	8,78780 m
9 Fuß	2,82465 m	29 Fuß	9,10165 m
10 Fuß	3,13850 m	30 Fuß	9,41550 m
11 Fuß	3,45235 m	31 Fuß	9,72935 m
12 Fuß	3,76520 m	32 Fuß	10,04320 m
13 Fuß	4,08005 m	33 Fuß	10,35705 m
14 Fuß	4,39390 m	34 Fuß	10,67090 m
15 Fuß	4,70775 m	35 Fuß	10,98475 m
16 Fuß	5,02160 m	36 Fuß	11,29860 m
17 Fuß	5,33545 m	37 Fuß	11,01245 m
18 Fuß	5,64930 m	38 Fuß	11,92630 m
19 Fuß	5,96315 m	39 Fuß	12,24015 m
20 Fuß	6,27700 m	40 Fuß	12,55400 m

1 Zoll	0,026 m	7 Zoll	0,183 m
2 Zoll	0,052 m	8 Zoll	0,209 m
3 Zoll	0,078 m	9 Zoll	0,235 m
4 Zoll	0,104 m	10 Zoll	0,261 m
5 Zoll	0,130 m	11 Zoll	0,287 m
6 Zoll	0,156 m	12 Zoll	0,313 m

Bayrisch
1 Fuß (12 Zoll) 0,292 m

Rute

Berlin	3,77 m
Rheinlande	3,77 m
Bayern	2,92 m
Württemberg	2,87 m
Baden	3,00 m
Hannover	4,67 m
Oldenburg	5,33 m
Frankfurt a. M.	3,56 bzw. 4,51 m

Meile

Norddeutscher Bund	7500,00 m
Preußen	7532,50 m
Bayern	7420,40 m
Württemberg	7448,70 m
Sachsen	7500,00 m
Hannover	7419,00 m
Baden	8900,00 m

Morgen

Preußen	25,50 a
Bayern	34,07 a
Sachsen	27,70 a
Württemberg	31,50 a
Baden	36,00 a
Hannover (Calenbergischer Morgen)	26,20 a
Hamburg	25,00 a
Hessen-Nassau	25,00 a

Editorische Notiz

Den Texten liegen nach Möglichkeit die Erstdrucke zugrunde, in einigen Fällen kritische oder andere maßgebliche Ausgaben. Auf besonderen Wunsch des Herausgebers sind Orthographie und Interpunktion nicht modernisiert worden; lediglich offenkundige Druckfehler wurden stillschweigend verbessert.

Abbildungsnachweis

Leo von Klenze: Sammlung Architektonischer Entwürfe für die Ausführung bestimmt. H. 7. München: Literarisch-artistische Anstalt, [1842]. T. 2: 35.

Sulpiz Boisserée: Geschichte und Beschreibung des Doms von Köln [...]. München: Literarisch-artistische Anstalt, ²1842: 45.

Stadtarchiv Hannover. Nachlaß Hase. Nr. 445: 67.

Heinrich Hübsch: Bau-Werke. F. 2. Karlsruhe: Veith, [1852]. Bl. 1: 81.

A. Rosengarten: Die architektonischen Stylarten [...]. Braunschweig: Vieweg, 1857. Fig. 268: 87.

Gottfried Semper: Das Königliche Hoftheater zu Dresden. Braunschweig: Vieweg & Sohn, 1849. T. 2: 105.

Illustrirte Zeitung 16 (1851) S. 28: 143.

Dritter Verwaltungsbericht des Königlichen Polizei-Präsidiums von Berlin für die Jahre 1891–1900. Berlin: C. Heymann, 1902: 151.

Rudolf Eberstadt: Handbuch des Wohnungswesens und der Wohnungsfrage. [...]. 2., verm. und erw. Aufl. Jena: G. Fischer, 1910. S. 66, 232: 153, 209.

Camillo Sitte: Der Städte-Bau nach seinen künstlerischen Grundsätzen. Wien: Graeser, ^{2}1889. Abb. 106: 181.

Über Land und Meer 20 (1868) S. 560: 195.

Arnold Staub: Cité ouvrière à Kuchen. Stuttgart 1868. T. 16, 17: 201.

C. W. Hoffmann: Die Wohnungen der Arbeiter und Armen. Berlin: Schroeder, 1852. T. 1, 2: 216, 217.

Zeitschrift für Architektur und Ingenieurwesen. Wochenausgabe 44 (1898) Sp. 19, 21: 226, 227.

Max Schasler: Villa oder Miethskaserne? [...] Berlin: F. Schulze, 1868. Anhang: 237.

Zeitschrift für praktische Baukunst 30 (1870) T. 3–5: 240, 241.

Die Gartenlaube. Jg. 1880. S. 296, 297: 247, 249.

Zeitschrift für Bauwesen 5 (1855) T. 49: 257.

Handbuch der Architektur. Bd. 4,2,2. Stuttgart: Bergsträsser, 1902. S. 129, 130: 268, 269.

Technische Universität Berlin. Universitäts-Bibliothek. Plansammlung. Nr. 12591: 279.

Deutsche Bauzeitung 32 (1898) S. 231: 283; 35 (1901) S. 396, 397: 312, 313; 6 (1872) S. 94, 95: 332, 333; 25 (1891) S. 257, 259: 338, 339.

Deutsche Konkurrenzen 5 (1895) H. 1/2, S. 19: 289.

Zentralblatt der Bauverwaltung 15 (1895) S. 277: 293.

Karl Friedrich Schinkel: Sammlung architektonischer Entwürfe [...]. 6. Heft. Berlin: Wittich, 1825: 302, 303.

Der Kirchenbau des Protestantismus von der Reformation bis zur Gegenwart. Berlin: E. Toeche, 1893. S. 163: 321.

Ludwig Catel: Grundzüge einer Theorie der Bauart protestantischer Kirchen [...]. Berlin: Maurer, 1815. Fig. 2: 325.

Quellenverzeichnis

ANONYM

(1, 2) Stenographische Berichte über die Verhandlungen des Deutschen Reichstags. Berlin: Norddeutsche Allgemeine Zeitung (Pindter). (1) 3. Legislatur-Periode, 2. Session. Bd. 1. 1878. S. 556–559. (2) 5. Legislatur-Periode, 2. Session. Bd. 2. 1883. S. 1254–58, 1260. — (3) Deutsche Bauzeitung. Jg. 8. Nr. 87. 31. Oktober 1874. S. 346. — (4) Illustrirte Zeitung. Nr. 748. 31. Oktober 1857. S. 283–285. — (5) Unsere Zeit. Jahrbuch zum Conversations-Lexikon. Bd. 3. Leipzig: Brockhaus, 1859. S. 740, 742, 744, 749 f. — (6) Die Gartenlaube. Jg. 1874. S. 780 f. — (7) Allgemeines Kirchenblatt für das evangelische Deutschland. Jg. 10. 1861. S. 561–564.

HEINRICH ALBRECHT

Zeitschrift für Architektur und Ingenieurwesen. Wochen-Ausgabe. Jg. 44. Nr. 2. 14. Januar 1898. Sp. 17 f., 21–23, 35 f., 41 f.

SULPIZ BOISSERÉE

Sulpiz Boisserée: Geschichte und Beschreibung des Doms von Köln, nebst Untersuchungen über die alte Kirchenbaukunst [. . .]. Stuttgart: Selbstverlag und J. G. Cotta, 1823. S. I f., 39–41, 49.

LUDWIG CATEL

Ludwig Catel: Grundzüge einer Theorie der Bauart protestantischer Kirchen. Zur Aufstellung von Normalformen der protestantischen Kirchen [. . .]. Berlin: Maurer, 1815. S. 3–5, 29, 38–40, 42 f., 51, 58, 60 f.

JOHANN ALBERT EYTELWEIN

Sammlung von Aufsätzen und Nachrichten, die Baukunst betreffend. Jg. 1799. Bd. 3. T. 2. S. 28–37.

GEORG FORSTER

George Forster: Ansichten vom Niederrhein, von Brabant, Flandern, Holland, England und Frankreich [. . .]. T. 1. Berlin: Voß, 1791. S. 70–74.

K. E. O. FRITSCH

(1) Deutsche Bauzeitung. Jg. 24. Nr. 72. 6. September 1890. S. 434–440.
(2) Deutsche Bauzeitung. Jg. 4. Nr. 47. 24. November 1870. S. 381. – Nr. 48. 1. Dezember 1870. S. 388 f. – Jg. 5. Nr. 7. 16. Februar 1871. S. 52, 54 f.
(3) Deutsche Bauzeitung. Jg. 13. Nr. 3. 11. Januar 1879. S. 11 f. – Nr. 5. 18. Januar 1879. S. 21 f. – Nr. 9. 1. Februar 1879. S. 41 f. – Jg. 14. Nr. 99. 11. Dezember 1880. S. 531.
(4) Deutsche Bauzeitung. Jg. 25. Nr. 43. 30. Mai 1891. S. 257 f.

CONRAD WILHELM HASE

[Backsteingotik] (1859) 60

Conrad Wilhelm Hase: Vorwort. In: Wilhelm Rösing: Zwölf Entwürfe zu einem Kirchthurme. Ein Beitrag zur Wiederbelebung des Backsteinbaues. Hannover: Rümpler, 1859. [o. S.]

KARL HEINRICH HEYDENREICH

Neuer Begriff der Baukunst als schöner Kunst (1798) 18

Deutsche Monatsschrift. Bd. 3. Leipzig 1798. H. 10. S. 160–164.

JAMES HOBRECHT

[Wohnen in der Mietskaserne] (1868) 208

James Hobrecht: Über öffentliche Gesundheitspflege. Stettin: Nahmer, 1868. S. 14–17.

CARL WILHELM HOFFMANN

Die Berliner gemeinnützige Bau-Gesellschaft (1852) 214

C. W. Hoffmann: Die Wohnungen der Arbeiter und Armen. 1. Heft: Die Berliner gemeinnützige Bau-Gesellschaft. Berlin: Schroeder, 1852. S. 71–74.

ALBERT HOFMANN

Das Warenhaus A. Wertheim in der Leipziger Strasse (1898) . . 278

Deutsche Bauzeitung. Jg. 32. Nr. 35. 30. April 1898. S. 217–219. – Nr. 37. 7. Mai 1898. S. 229–232.

VICTOR AIMÉ HUBER

Die Wohnungsnoth (1861) 186

Victor Aimé Huber: Concordia. Beiträge zur Lösung der socialen Fragen in zwanglosen Heften. H. 2: Die Wohnungsfrage. T. 1: Die Noth. Altona: Haendke & Lehmkuhl, 1861. S. 30–34.

HEINRICH HÜBSCH

Heinrich Hübsch: In welchem Style sollen wir bauen? Karlsruhe: C. F. Müller, 1828. S. 13–15, 20–23, 26, 28 f., 34, 38 f., 42, 46–52.

LEO VON KLENZE

Leo von Klenze: Sammlung Architektonischer Entwürfe für die Ausführung bestimmt. H. 7: Walhalla in artistischer und technischer Beziehung. München: Literarisch-artistische Anstalt, [1842]. S. 1–4, 6.

JOHANN GEORG KRÜNITZ

(1) [Anonymus:] Stadt. In: Johann Georg Krünitz: Ökonomisch-technologische Encyclopädie. Bd. 167. Berlin: Pauli, 1837. S. 656 f.
(2) [Anonymus:] Straße. In: Johann Georg Krünitz: Ökonomisch-technologische Encyclopädie. Bd. 176. Berlin: Pauli, 1840. S. 275 f., 280 f., 293–297, 312–314, 328 f.

CARL MÜHLKE

Zeitschrift für Bauwesen. Jg. 52. 1902. H. 1–3. Sp. 21–36.

HERMANN MUTHESIUS

Zentralblatt der Bauverwaltung. Nr. 25 A. 26. Juni 1895. S. 277. – Nr. 27. 6. Juli 1895. S. 295 f.

ADOLF ROSENBERG

Zeitschrift für Bildende Kunst. Jg. 11. 1876. S. 147 f., 150.

MAX SCHASLER

Max Schasler: Villa oder Miethskaserne? Eine Studie über die architectonische Erweiterung der Gross-Städte mit besonderer Beziehung auf die neuen Projecte von Villenanlagen in Berlin. Berlin: F. Schulze, 1868. S. 74–76, 96–101, 103–106.

KARL FRIEDRICH SCHINKEL

(1) Karl Friedrich Schinkel: Sammlung architectonischer Entwürfe [...]. 6. Heft. Berlin: Wittich, 1825. [o. S.]
(2) Karl Friedrich Schinkel: Architektonischer Plan zum Wiederaufbau der eingeäscherten St. Petrikirche in Berlin. Berlin: Wittich, 1811. Abdr. nach: Paul Ortwin Rave: Berlin. T. 1: Bauten für die Kunst. Kirchen / Denkmalpflege. Berlin: Deutscher Kunstverlag, 1941. Erw. Nachdr. 1981. S. 175–177. (Karl Friedrich Schinkel: Lebenswerk.)

A. SCHOLTZ

A. Scholtz: Villa bei Berlin (Kielgan'sches Bauterrain). Entworfen von den Baumeistern A. Scholtz und O. H. E. Wuttke. In: (Romberg's) Zeitschrift für praktische Baukunst. Jg. 30. 1870. Sp. 9 f.

GOTTFRIED SEMPER

(1) Gottfried Semper: Vorläufige Bemerkungen über bemalte Architectur und Plastik bei den Alten. Altona: Hammerich, 1834. S. VI–XII, XIII f., 16 f., 18 f.
(2) Gottfried Semper: Vier Elemente der Baukunst. Braunschweig: Vieweg, 1851. S. 103.
(3) Gottfried Semper: Ueber den Zusammenhang der architektonischen Systeme mit allgemeinen Kulturzuständen. Vortrag London 1853. In: G. S.: Kleine Schriften. Berlin/Stuttgart: Spemann, 1884. S. 351 f.
(4) Das Königliche Hoftheater zu Dresden. Hrsg. von Gottfried Semper. Braunschweig: Vieweg, 1849. S. 10.
(5) Gottfried Semper: Der Stil in den technischen und tektonischen Künsten oder praktische Aesthetik. Bd. 2. München: Bruckmann, 1863. S. 477.

CAMILLO SITTE

Camillo Sitte: Der Städtebau nach seinen künstlerischen Grundsätzen. Ein Beitrag zur Lösung modernster Fragen der Architektur und monumentalen Plastik unter besonderer Beziehung auf Wien. Wien: Graeser, ^{2}1889. S. 89–93, 97, 112–115, 154–156, 158–163, 174.

JOHANN SMIDT

(1) W. v. Bippen: Die Gründung Bremerhavens. In: Johann Smidt. Ein Gedenkbuch zur Säcularfeier seines Geburtstags. Bremen: Müller, 1873. S. 236–241.
(2) August Friedrich Wilhelm Crome: Geographisch-statistische Darstellung der Staatskräfte, von den sämmtlichen, zum deutschen Staatenbunde gehörigen, Ländern. T. 4. Leipzig: Fleischer, 1828. S. 460 f.

J. H. W. SMIDT

Bremisches Magazin. Jg. 1. 1831–34. H. 7. S. 380 f., 398–400, 408, 416 f.

ARNOLD STAUB

A. Staub: Beschreibung des Arbeiter-Quartiers und der damit zusammenhängenden Institutionen von Staub & Co. in Kuchen bei Geislingen in Württemberg. Stuttgart: Hallberger, 1868. S. 1–5, 7–10, 15 f., 18 f., 21 f.

CHRISTIAN LUDWIG STIEGLITZ

(1) Christian Ludwig Stieglitz: Die Baukunst der Alten. Ein Handbuch. Leipzig: Breitkopf & Härtel, 1796. S. 1–7.
(2) Christian Ludwig Stieglitz: Encyclopädie der bürgerlichen Baukunst. T. 5. Leipzig: Fritsch, 1798. S. 95–97, 100, 105–107.

GOTTLOB UNGEWITTER

Gottlob Ungewitter: Lehrbuch der gothischen Constructionen. Bd. 1. Leipzig: Weigel, 1859. S. I–VI.

Biographische Hinweise

HEINRICH KARL WILHELM ALBRECHT (1856–1931)

Sozialpolitiker und Wohnungsreformer. Eine der bedeutendsten Persönlichkeiten des deutschen Baugenossenschaftswesens. Seit 1896 Leiter des Verbandes Deutscher Baugenossenschaften. Seit 1906 Leiter der Zentralstelle für Volkswohlfahrt. Intensive Tätigkeit in verschiedenen Gremien zur Wohnungsreform. Begründer und Herausgeber der *Zeitschrift für Wohnungswesen* (seit 1902). Umfangreiche publizistische Tätigkeit auf dem Gebiet der Wohnungsfrage und des Baugenossenschaftswesens.

MARTIN ALTGELT (1857–1924)

Berliner Architekt. 1894–1900 assoziiert mit Alfred Messel (Firma Messel & Altgelt), später mit Heinrich Schweitzer. Baute Kauf- und Geschäftshäuser in Berlin (1898 mit Messel das Kaufhaus Wertheim); außerdem Schloßbauten in der Mark.

REINHARD BAUMEISTER (1833–1917)

Bauingenieur. Professor am Polytechnikum Karlsruhe. Neben Camillo Sitte und Josef Stübben Begründer des deutschen wissenschaftlichen Städtebaus. Verfasser theoretischer Schriften.

FRIEDRICH BECHERER (1746–1823)

Architekt. Oberhofbaurat in Berlin (ab 1788). Initiator der »Architektonischen Lehranstalt bei der Akademie der Künste«. Mitglied des Direktoriums der Bauakademie. Werke: Börse am Lustgarten in Berlin (1799–1801) u. a.

WILHELM GOTTLIEB BECKER (1753–1813)

Professor für »Moral und Geschichte« an der Ritterakademie, Leiter der Antikengalerie und des Münzkabinetts in Dresden. Verfaßte, von den Anschauungen des Leipziger Oeser-Kreises ausgehend, Schriften zur Kunst, darunter ein Gartenwerk in der Nachfolge Christian Cajus Lorenz Hirschfelds.

SULPIZ BOISSERÉE (1783–1854)

Kunstgelehrter und Kunstschriftsteller. Mit seinem Bruder Melchior und dem Freund Joseph von Görres engagierter Befürworter der Vollendung des Kölner Doms. Werke: *Geschichte und Beschreibung des Doms von Köln* (1823–32), Tagebücher.

LUDWIG (LOUIS) FRIEDRICH CATEL (1776–1819)

Berliner Architekt. An den Schloßbauten in Weimar und Braunschweig u. a. beteiligt; außerdem Privathäuser. Reiste mit seinem Bruder, dem Landschaftsmaler Franz Catel, in Frankreich und Italien. Verfasser von Schriften über den protestantischen Kirchenbau, über Kriegsbaukunst und Bautechnik.

GEORG ADOLPH DEMMLER (1804–1886)

Architekt. Seit 1837 Hofbaumeister in Schwerin. Baute dort das Hoftheater (1832), das Rathaus (1834), plant seit 1840 das neue Schloß, dessen Bau er bis 1851 leitet, wird dann wegen liberaler und demokratischer Einstellung entlassen. 1877 für die Sozialdemokraten in den Reichstag gewählt.

JOHANN ALBERT EYTELWEIN (1764–1849)

Spezialist für Bautechnik und Bauphysik bei der Kgl. Oberbaudeputation in Berlin, deren Direktor er 1809 wurde. Bis 1830 Vorgesetzter Schinkels, der dann sein Nachfolger wurde. Seit 1799 Lehrer an der Bauakademie. Er verfaßte mehrere Bücher über Baustatik und Baukonstruktion, zusammen mit David Gilly ein Werk über Wasserbaukunst (1803).

HEINRICH VON FERSTEL (1828–1883)

Architekt in Wien, wo er zu den führenden Vertretern seine Faches gehörte. Erster Großbau die Votivkirche in Wien (1856–79), es folgen in Wien die Universität (1873–84), das Museum für Kunst und Industrie (1868–71) und eine Vielzahl von Villen und Palais.

GEORG FORSTER (1754–1794)

Schriftsteller. Professor der Naturwissenschaften ab 1779 am Carolinum in Kassel, ab 1784 an der Universität Wilna, 1788 Universitätsbibliothekar in Mainz, dann als Abgeordneter nach Paris. Bekannt durch seine Reiseschilderungen (1772–75 Teilnahme an Cooks zweiter Erdumseglung) und sein Eintreten für die Ziele der Französischen Revolution. Hauptwerke: *Ansichten vom Niederrhein* (3 Bde., 1791–94); *A Voyage round the world* (1777, deutsch 1778–80).

KARL EMIL OTTO FRITSCH (1838–1915)

Einer der einflußreichsten Architekturkritiker des 19. Jh. Gründete 1866 eine Architekturzeitschrift, die seit 1868 als *Deutsche Bauzeitung* herauskam, von ihm über dreißig Jahre lang geleitet wurde und mit verändertem Programm bis heute besteht. Sie war die am ausführlichsten über alle Bereiche des Bauens berichtende Zeitschrift, die bis in die 40er Jahre unseres Jh. zu einem umfangreichen Abbildungsteil auch sehr ausführliche Texte brachte, während sie nach dem 2. Weltkrieg, wie alle Bauzeitschriften, verstärkt zu Bildberichten überging. Sein Buch über den *Kirchenbau des Protestantismus* (1893) ist bis heute ein Standardwerk.

LUDWIG FRIEDRICH VON FRORIEP (1779–1847)

Der Mediziner, Universitätsprofessor und Leibarzt (1816–18) des Königs von Württemberg übernahm 1818 das »Geographische Institut«, den Verlag seines Schwiegervaters Friedrich Bertuch in Weimar, damit die Herausgabe mehrerer Buchreihen und Zeitschriften von geschmacksbildendem Einfluß, wie des *Journal des Luxus und der Moden*.

DAVID GILLY (1748–1808)

Baumeister und Fachschriftsteller (Land- und Wasserbau). Baudirektor von Pommern, ab 1788 Mitglied des Oberbaudepartements in Berlin. Einer der Hauptinitiatoren der Berliner Bauakademie. Baut vor allem Wohnhäuser und ganze Siedlungen für Kolonisten. 1796–1803 Dorf und Schloß Paretz.

FRIEDRICH GILLY (1772–1800)

Architekt. Sohn von David Gilly. Oberhofbauinspektor, Professor an der Bauakademie Berlin. Schinkel war einer seiner Schüler. Berühmt wurde sein Entwurf für ein Denkmal Friedrichs II. (1797).

FRIEDRICH HAMMACHER (1824–1904)

Jurist. Teilnehmer an der Revolution von 1848, deswegen Entlassung aus dem Staatsdienst. Wurde einer der führenden Unternehmer im westfälischen Bergbau. Für die nationalliberale Partei 1864–85 Mitglied des Preußischen Abgeordnetenhauses und 1871–98, mit geringer Unterbrechung, des Reichstages.

CONRAD WILHELM HASE (1818–1902)

Architekt und Lehrer für Baukunst am Polytechnikum in Hannover. Wie Georg Gottlob Ungewitter sehr stark baugeschichtlich interessiert. Restaurierungsarbeiten mittelalterlicher Bauten in Hildesheim und Lüneburg. Wichtige Neubauten in gotischem Stil: Christuskirche in Hannover (1859–64), Schloß Marienburg (1858–67).

GEORGES-EUGÈNE HAUSSMANN (1809–1891)

1853–70 unter Napoleon III. Präfekt in Paris. Modernisierte die Stadt vollständig unter ungeheuren Kosten und ohne Rücksicht auf das historische Stadtbild: Die Elendsquartiere wurden niedergelegt, ein großzügiges Straßennetz breiter geradliniger und ringförmiger Boulevards wurde angelegt, dazu Grünanlagen. Haussmann verfaßte 3 Bände *Mémoires* (erschienen 1890–93).

FRIEDRICH VON HEINITZ (1725–1802)

Preußischer Staatsminister. Seit 1777 Leiter des preußischen Berg- und Hüttendepartements; Kurator der Berliner Akademie.

ADOLF HEYDEN (1838–1902)

Architekt. 1866 Regierungsbaumeister in Minden. Seit 1868 betreibt er zusammen mit Walter Kyllmann ein Architekturbüro in Berlin. In den Jahren 1870–90 gehört das Büro zu den einflußreichsten der Stadt. Stadtpalais, herrschaftliche Wohnhäuser und Villen gehören zu den vorwiegenden Bauaufgaben; daneben entstehen die Johanniskirche in Düsseldorf (1875–81), Postgebäude in Rostock (1879–81).

KARL HEINRICH HEYDENREICH (1764–1801)

Professor der Philosophie in Leipzig. Wurde vor allem durch sein 1790 erschienenes Buch *System der Ästhetik* bekannt. Wichtig auch für die Herausbildung der Kunstpädagogik am Ende des 18. Jh.

JAMES HOBRECHT (1825–1902)

Architekt für Wasser-, Wege- und Eisenbahnbau. Nach der Ausarbeitung des Bebauungsplans für Berlin Stadtbaurat in Stettin 1861–69, danach wieder in der Bauverwaltung Berlins tätig. International gesuchter Fachmann für Wasser- und Kanalisationsfragen. Verfügte über besonderen Einfluß auch dadurch, daß sein Bruder 1872 zum Oberbürgermeister von Berlin ernannt worden war.

CARL WILHELM HOFFMANN (* 1818)

Landbaumeister bei der Hofbaukommission in Berlin bis 1851, danach wahrscheinlich wegen seines sozialen Engagements in die Provinz versetzt als Kreisbaumeister. In Berlin hat er neben den Wohnbauten für Arbeiter auch Landhäuser gebaut.

VICTOR AIMÉ HUBER (1800–1869)

Der Arzt wurde 1833 Professor für Literatur in Rostock, später in Marburg und Berlin. Seit 1851 verstärkt sozialreformerisch tätig, unterstützte er in einer Vielzahl von Publikationen den Selbsthilfegedanken in der Armenpflege und plädierte für die Gründung und den Ausbau von Genossenschaften mit privaten und öffentlichen Hilfsgeldern.

HEINRICH HÜBSCH (1795–1863)

Architekt. Lehrer am Städelschen Kunstinstitut in Frankfurt a. M., seit 1829 Leiter der badischen Baubehörde in Karlsruhe. Nach Weinbrenner der wichtigste Architekt des südwestdeutschen Raums in der ersten Hälfte des Jahrhunderts. Bauten, oft im »Rundbogenstil« aus Elementen frühchristlicher und nachklassischer italienischer Architektur, u. a. in Karlsruhe (Kunsthalle und Polytechnikum), Mannheim (Hafen), Freiburg i. Br., Rottweil (Kirchen). Sein praktischer Beitrag zur Denkmalpflege ist die Westfront des Speyerer Domes (1854–58).

HEINRICH JASSOY (1863–1939)

Architekt. Seit 1899 Professor an der Technischen Hochschule Stuttgart. Baute vor allem Villen und öffentliche Bauten. Seit 1895 gemeinsames Büro mit seinem Lehrer Johannes Vollmer. Veröffentlichte Arbeiten zur Baugeschichte des Mittelalters (1906 über das Rathaus in Heilbronn) und eigene Musterentwürfe in mittelalterlichen Formen. Herausgeber der Architekturzeitschrift *Berliner Architekturwelt*.

LEO VON KLENZE (1784–1864)

Nach Studium an der Berliner Bauakademie (Gilly-Kreis) und in Paris (Durand, Percier und Fontaine) Hofarchitekt in Kassel 1808–13. Die Berufung nach München 1815 führte ihn in die Position des einflußreichsten künstlerischen Beraters des Kronprinzen und späteren Königs Ludwig I. Klenze nutzte diesen Vorteil zur Durchsetzung zunächst seines akademisch gefärbten Klassizismus und dann eines nicht von Opportunismus freien Stilpluralismus. Für mehrere seiner Bauten verwendete er Formen der Florentiner Renaissance.

JOHANN GEORG KRÜNITZ (1728–1796)

Eigentlich Arzt. Gibt seit 1773 seine Enzyklopädie heraus. Deren Artikel wurden nach dem Tod des Herausgebers von verschiedenen, anonym gebliebenen Autoren verfaßt. Das Werk, das bis zu seiner Einstellung 1858 auf 242 Bände angewachsen war, blieb die umfangreichste Enzyklopädie in deutscher Sprache – nicht in bezug auf die Anzahl der Stichworte, sondern im Umfang der einzelnen Artikel.

WALTER KYLLMANN (1837–1913)

Architekt (s. Adolf Heyden).

GEORG LUDWIG FRIEDRICH LAVES (1789–1864)

Architekt. Studium in Kassel und Göttingen. 1814/15 Rom-Aufenthalt. Ab 1814 Hofbauverwalter, später Oberhofbaudirektor in Hannover. Hauptwerke in Hannover: Umbau (klassizistisch) des Residenzschlosses (1817–42); Bebauungsplan des Ernst-August-Stadtteils (1834); Schauspielhaus (1848–52).

CHRISTIAN FRIEDRICH LEINS (1814–1892)

Stuttgarter Architekt; in allen Stilen bewandert. 1837–40 Paris-Aufenthalt. Seit 1858 Professor an der Technischen Hochschule Stuttgart. Werke: Villa Berg (1844–53), Königsbau (1857–59) und Johanneskirche (1865–76) in Stuttgart; Kirchenbauten. Schriften zum Kirchenbau u. a.

KARL LENTZE (1801–1883)

Architekt. Geh. Oberbaurat. Zunächst Wasserbau-Inspektor in Düsseldorf. Seit 1844 mit der Planung der Eisenbahnbrücken über Weichsel und Nogat befaßt, seit 1858 im preußischen Ministerium für Handel, Gewerbe und öffentliche Arbeiten mit dem Projekt des Nord-Ostsee-Kanals.

WILHELM LÜBKE (1826–1893)

Kunsthistoriker. Professor an den Polytechniken Zürich, Stuttgart (1866–85) und Karlsruhe; nach Übergang von der Philologie zur Kunstgeschichte beim Studium in Bonn und Berlin unter dem Einfluß Gottfried Kinkels, Gustav Friedrich Waagens, Franz Kuglers und Carl Schnaases. Lübkes Epochen- und Gattungsdarstellungen fanden weite Verbreitung und hatten populäre Wirkung, so schon das *Handbuch der Architekturgeschichte*, die erste – mit Holzstichen – illustrierte Publikation dieser Art (1855), und sein auflagenreicher *Grundriß der Kunstgeschichte* (1860), das dritte bedeutende Kompendium nach Kuglers *Handbuch* (1842) und Schnaases *Geschichte der bildenden Künste* (1843–64). *Die Geschichte der Renaissance in Frankreich* (1868) und *Geschichte der Renaissance in Deutschland* (1873) stärkten die Rehabilitierung eines lange verpönten Stils und seine Aufnahme in die Vorlagenbücher für Architekten und Kunsthandwerker.

ALFRED MESSEL (1853–1909)

Architekt, dessen Bauten (die meisten in Berlin) seit den 90er Jahren den Übergang vom Historismus zur Moderne vollzogen. Sein Kaufhaus Wertheim, zusammen mit Altgelt, in Berlin (seit 1896) in mehreren Bauphasen war richtungweisend.

CARL MÜHLKE (* 1851)

Architekt und Architekturschriftsteller, Baurat in Schleswig, wo er mehrere große Bauten errichtete (Reichsbank). Wichtig das Städtische Museum (Kunstgewerbemuseum) in Flensburg (1900–03).

HERMANN MUTHESIUS (1861–1927)

Architekt und Architekturtheoretiker. Durch seine zunächst praktische und seit 1904 administrative Tätigkeit in verschiedenen preußischen Ministerien sowie durch seinen Aufenthalt als Kulturattaché an der deutschen Botschaft in London (1896–1903) von bedeutendem Einfluß auf eine gemäßigte Moderne nach englischen Vorbildern in Architektur und Kunstgewerbe. 1907 Mitbegründer des »Deutschen Werkbundes«. Die große Zahl eigener Bauten, meist Villen, waren seit 1904 frühe Beispiele einer Abkehr vom Historismus und Hinwendung zu aufwendigen, handwerklich gediegenen, auf funktionale Wohnlichkeit angelegten Häusern.

JOHANNES OTZEN (1839–1911)

Einer der einflußreichsten und meistbeschäftigten Kirchenarchitekten im ausgehenden 19. Jh. Professor an der Technischen Hochschule in Berlin. Bauten u. a.: St. Petrikirche in Altona (1884), Kreuzkirche in Berlin (1888).

JULIUS RASCHDORFF (1823–1914)

Architekt und Fachschriftsteller. Studium an der Bauakademie Berlin. 1854–72 Stadtbaumeister von Köln. Ab 1878 Professor an der Technischen Hochschule Charlottenburg. 1892 Dombaumeister in Köln. Als Baustil bevorzugte er die deutsche, später die italienische Renaissance.

AUGUST REICHENSPERGER (1808–1895)

Jurist, katholisch-konservativer Politiker, Kunst- und Architekturschriftsteller. 1867–84 Abgeordneter im Reichstag und seit 1879 im Preußischen Abgeordnetenhaus. Mitbegründer der Zentrums-Partei. Bedingungsloser Verfechter der Neugotik in Architektur und Kunstgewerbe.

HEINRICH REINHARDT (1868–1947)

Architekt. Studium an der Kunstgewerbeschule Offenburg und der Technischen Hochschule Charlottenburg, dort später Professor. Seit 1894 assoziiert mit Georg Süßenguth (Firma Reinhardt und Süßenguth). Werke s. Süßenguth.

HEINRICH AUGUST RIEDEL (1748–1810)

Baubeamter, Landschaftszeichner und -maler. Fachmann für Wasserbaukunst bei der Königlichen Oberbaudeputation in Berlin.

HEINRICH KARL RIEDEL (1756–nach 1820)

Architekt. Fachmann für Landbaukunst bei der Königlichen Oberbaudeputation in Berlin. Lehrer an der Bauakademie Berlin.

HERMANN ROEMER (1816–1894)

Jurist. 1867–90 Mitglied des Reichstages für die nationalliberale Partei. Senator in Hildesheim. Maßgeblich an der Rettung der St.-Michaels-Kirche und anderer Bauten vor dem Abbruch beteiligt. Setzt die Gründung des später nach ihm benannten Kunst- und Naturgeschichtsmuseums in Hildesheim durch. Maßgebliche Stellung in der Baukommission für das Reichstagshaus in Berlin.

JOHANNES JACOBUS VAN RONZELEN (1800–1865)

Hafen- und Kanalbauer aus Amsterdam. Seit 1826 in Bremen; Baudirektor. Neben seinen Arbeiten in Bremerhaven an den Hafenbauten in Cuxhaven (1830) und Kiel (1853–55) beteiligt.

MAX SCHASLER (1819–1903)

Philosoph. 1851–77 in Berlin, später in Jena, als Privatgelehrter Kunstkritiker und Herausgeber der Kunstzeitschrift *Dioskuren*. Aus politischen Gründen ohne amtliche Stellung. Seine *Ästhetik* (1866) auf Hegelscher Basis.

KARL FRIEDRICH SCHINKEL (1781–1841)

Architekt, Maler und Bühnenbildner. Seit 1810 als Beamter in der Baudeputation tätig, deren Leiter er 1830 wurde. Seit 1820 Professor an der Bauakademie in Berlin. Wohl der einflußreichste, nicht nur der bedeutendste deutsche Architekt des 19. Jahrhunderts. Durch seine amtliche Stellung hatte Schinkel riesigen Einfluß auf Staatsbauten in den preußischen Provinzen; auch alle fremden Entwürfe gingen über seinen Schreibtisch. Hauptwerke: Altes Museum (1824–29), Schauspielhaus (1818–21) und Friedrich-Werdersche Kirche (1824–30) in Berlin, Nikolaikirche (1830–37) in Potsdam, Entwürfe für Schloß Orianda (1838) auf der Krim, Bauakademie Berlin (1832–35).

FRIEDRICH VON SCHMIDT (1825–1891)

Architekt. Studium in Stuttgart und Köln. Ab 1843 in der Kölner Dombauhütte (Steinmetz, später Werkmeister); seit 1859 in Wien, ab 1863 Dombaumeister von St. Stephan. Zahlreiche neugotische Bauten. Hauptwerk: Rathaus in Wien (1872–83).

EUGEN SCHMOHL (1880–1926)

Architekt, Mitarbeiter Alfred Messels seit 1901. Baute in Berlin neben Landhäusern und Villen vor allem die Hochhäuser für Borsig (1921) und Ullstein (1926).

A. SCHOLTZ

Baumeister, der in den 1870er Jahren in Berlin Wohnhäuser und Villen in größerer Zahl baute.

FRANZ SCHWECHTEN (1841–1924)

Im letzten Viertel des 19. Jh. einer der meistbeschäftigten Architekten Berlins. Berühmt wurde er durch die Kaiser-Wilhelm-Gedächtnis-Kirche (1891–95) und den Bau des Schlosses in Posen (1910), erfolgreich war er auch mit Denkmalsentwürfen wie dem 1899 enthüllten Kaiser-Wilhelm-Turm auf dem Berliner Karlsberg an der Havel.

GOTTFRIED SEMPER (1803–1879)

Architekt. Seit 1834 Professor für Baukunst in Dresden, das er wegen Unterstützung der Revolution von 1848 verlassen mußte. In seinen theoretischen Schriften und in der Baupraxis einer der herausragenden Künstler des 19. Jh. Wichtig wurden seine Bemühungen um das Kunstgewerbe, die auch international wirksam waren und Anregung für die Gründung von Museen gaben, z. B. des South Kensington Museum in London, des heutigen Victoria and Albert Museum. Werke u. a.: in Dresden Oper (1838–41), Synagoge (1840) und Gemäldegalerie (1847–54), in Zürich das Polytechnikum (seit 1859), heute Teil der Eidgenössischen Technischen Hochschule.

CAMILLO SITTE (1843–1903)

Architekt, vor allem Stadtplaner. Sitte hat eine Anzahl von Stadterweiterungsgebieten geplant, vor allem in Böhmen, Mähren und Schlesien (Reichenberg, Teschen, Olmütz u. a.). Eigentlich wirksam wurde er durch Nachfolger und Schüler, doch waren seine künstlerischen Grundsätze, niedergelegt in *Der Städtebau* (1889), von starkem Einfluß auf die Diskussion der »Stadtbild«-Idee.

JOHANN SMIDT (1773–1857)

Der Theologe wurde 1800 zum Ratsherrn, 1821 zum Bürgermeister in Bremen gewählt. Wichtigster Vertreter der Selbständigkeit der Hansestädte bei den Verhandlungen im Deutschen Bund. J. H. W. Smidt, sein Sohn, unterstützte den Vater auch publizistisch, um die Anfangsschwierigkeiten, in die die Gründung der Stadt Bremerhaven geraten war, überwinden zu helfen.

FRIEDRICH MORITZ STAMM (1793–1843)

Architekt. Seit 1822 Bauinspektor, seit 1839 Stadtbaudirektor in Bremen. Wichtige Bauten in Bremen: Wachthäuser am Ostertor (1825) und Hohentor (1826), Arbeitshaus (1830/31).

VINCENZ STATZ (1819–1898)

Architekt, Landschafts- und Architekturmaler. Bahnbrecher für die Wiedererweckung der mittelalterlichen Kunstformen. Ab 1841 an der Kölner Dombauhütte. Zahlreiche Wiederherstellungen und Kirchenbauten (1864 bereits 125 Kirchen). Hauptwerk: Mariendom in Linz a. d. Donau.

ARNOLD STAUB (1820–1882)

Der Sohn eines schweizerischen Textilunternehmers baute seit 1857 im württembergischen Kuchen einen mit 400 Webstühlen ausgestatteten Betrieb auf, der bereits zehn Jahre später auf 550 Webstühle und 28000 Spindeln einer angegliederten Baumwollspinnerei vergrößert wurde. Die Firma ging 1883, nach Staubs Tod, in Konkurs und wurde von einer Aktiengesellschaft übernommen.

HEINRICH VON STEPHAN (1831–1897)

Postbeamter, Organisator des deutschen Postwesens. Seit 1867 arbeitet er an der Schaffung einer einheitlichen Reichspost und setzt bis heute gültige Postdienste durch. Gründer des Weltpostvereins und damit einer weltweiten Organisation einheitlicher Postleistungen. Bis 1895 wurden in Deutschland 2000 neue Postgebäude eingerichtet, von denen 295 dem Reich gehörten, auf deren Gestaltung Stephan großen Einfluß nahm. Seit 1867 General-Postmeister, seit 1880 Staatssekretär des Reichspostamtes.

CHRISTIAN LUDWIG STIEGLITZ (1756–1836)

Kann als der bedeutendste deutsche Bauhistoriker um die Jahrhundertwende angesehen werden. Der studierte Jurist hatte eine besondere Fähigkeit zu systematischer Darstellung größerer Epochen entwickelt. Seine *Encyklopädie der Baukunst der Alten* (1792–95) faßt das Wissen der Zeit in auch gegenwartsbezogenen Artikeln zusammen.

HUBERT STIER (1838–1907)

Architekt in Berlin, seit 1876 in Hannover, seit 1879 Professor an der TH; bestimmend für die dortigen Großbauten in der zweiten Hälfte des 19. Jahrhunderts. Wichtige Bauten: Bahnhöfe in Hannover (1879), Bremen (1889) und Kreiensen (1887).

HERMANN JOSEPH STÜBBEN (1845–1936)

Architekt und Fachschriftsteller. Schüler der Bauakademie Berlin. 1876–81 Stadtbaumeister von Aachen, 1881–91 von Köln. Bebauungspläne für zahlreiche Städte. Baute Kirchen, Wohnhäuser u. a.;

Wiederherstellung der Rathausfassade in Aachen. Einflußreicher Theoretiker und Praktiker des Städtebaus. Hauptwerk: *Der Städtebau* (1890).

AUGUST STÜLER (1800–1865)

Architekt. Mitglied der Oberbaudeputation, Mitdirektor der Bauakademie Berlin. Schüler und enger Mitarbeiter Schinkels. Hauptwerke: Neues Museum Berlin (1843–55), Universität Königsberg (1844–63), Burg Hohenzollern (1850–67) u. a.

GEORG SÜSSENGUTH (1862–1940)

Architekt. Professor an der Technischen Hochschule Charlottenburg. Werke: Zusammen mit Heinrich Reinhardt (Firma Reinhardt und Süßenguth) Rathäuser Charlottenburg (1899–1900), Dessau (1899–1901), Spandau (1910–13) u. a.; Museum Altona (1898–1901); Hauptbahnhof Hamburg (1906 vollendet); Schulen, Siedlungen in Berlin.

GEORG GOTTLOB UNGEWITTER (1820–1864)

Architekt, vor allem Kirchenbauer, und seit 1851 Lehrer an der Gewerbeschule in Kassel. Rekonstruierte und erweiterte mittelalterliche Bauten, vielfach in Zusammenarbeit mit dem Architekten Karl Schäfer (u. a. Westturm von St. Katharinen in Eschwege, Kloster Haina). Besonders wirksam durch seine Lehrbücher zur (gotischen) Baukonstruktion.

EMIL VEESENMEYER (1857–1944)

Pfarrer seit 1866 in Wiesbaden, tritt auf mehreren Kirchenbaukonferenzen für eine deutlich ausgeprägte protestantische Kirche ein.

JOHANNES VOLLMER (1845–1920)

Architekt. Seit 1885 Professor an der Technischen Hochschule in Berlin. Schüler von Conrad Wilhelm Hase und Johannes Otzen. Spezialist für protestantische Kirchen (Kaiser-Friedrich-Gedächtnis-Kirche in Berlin, 1893–95) und Geschäftshäuser. Seit 1895 gemeinsames Büro mit seinem Schüler Heinrich Jassoy.

JOHANN JAKOB FRIEDRICH WEINBRENNER (1766–1826)

Architekt. Unternahm zahlreiche Reisen in Deutschland, der Schweiz, Österreich, Italien, Frankreich. Bedeutsam für ihn wurden ein Berlin-Aufenthalt 1790, mehrere Italien-Reisen (1792–97), dabei besonders Paestum, und die französische Revolutionsarchitektur. Ab 1801 Baudirektor, ab 1807 Oberbaudirektor in Karlsruhe und damit Leiter des gesamten staatlichen Bauwesens in Baden. Seine Hauptleistung liegt im Städtebau, besonders in Karlsruhe, das er (ab 1800) einheitlich gestaltete.

RUDOLF WIEGMANN (1804–1865)

Architekt und Maler. Seit 1838 Professor für Baukunst an der Akademie in Düsseldorf. Umfangreiche Restaurierungstätigkeit; entwarf, insbesondere für Düsseldorf, viele Privathäuser, ferner Möbel. Hervorzuheben sind die Aufstockung des Schloßturmes in Düsseldorf und die Arbeiten an Schloß Braunfels.

OTTO HUGO EDUARD WUTTKE

Baumeister und Spekulant in den 1860er und1870er Jahren in Berlin, wo er mit dem Gärtnereibesitzer Kielgan zusammenarbeitete.

Personenverzeichnis

Inhalt

Baupraxis

Reclam Wissen

Jürgen August Alt: *Zauberkunst*. Eine Einführung. 219 S. UB 9390

Alfred Brauchle: *Von der Macht des Unbewußten.* Tiefenpsychologie. 88 S. UB 7617

Daten zur antiken Chronologie und Geschichte. Herausgegeben von Marieluise Deißmann. 213 S. UB 8628

Michael Carrithers: *Der Buddha. Eine Einführung.* Mit einem Essay von Günther Debon. 173 S. UB 3941

O. A. W. Dilke: *Mathematik, Maße und Gewichte in der Antike.* 135 S. Mit 59 Abbildungen. UB 8687

Ernst Doblhofer: *Die Entzifferung alter Schriften und Sprachen.* 351 S. Mit 104 Abbildungen. UB 8854

Imogen Holst: *Das ABC der Musik.* Grundbegriffe, Harmonik, Formen, Instrumente. Vorwort von Benjamin Britten. 222 S. Mit 164 Notenbeispielen und 30 Abbildungen. UB 8806

Uwe Jochum: *Kleine Bibliotheksgeschichte.* 232 S. UB 8915

Kurt Johnen: *Allgemeine Musiklehre.* 143 S. Mit zahlreichen Notenbeispielen. UB 7352

Howard Clark Kee: *Was wissen wir über Jesus?* 174 S. UB 8920

Kleines Fremdwörterbuch. Mit einem Verzeichnis gebräuchlicher Abkürzungen. Bearbeitet von Michael Müller. 349 S. UB 8438

Kleines Wörterbuch der Architektur. 144 S. Mit 113 Abbildungen. UB 9360

Angelika und Ingemar König: *Der römische Festkalender der Republik.* Feste, Organisation und Priesterschaften. 152 S. UB 8693

Ingemar König: *Der römische Staat.* Teil 1: Die Republik. 262 S. UB 8834

Heinrich Laag: *Kleines Wörterbuch der frühchristlichen Kunst und Archäologie.* 277 S. Mit einem Anhang altgriechischer Fachwörter und 100 Abbildungen. UB 8633

Johanna Lanczkowski: *Kleines Lexikon des Mönchtums.* 280 S. UB 8867

Peter Niehenke: *Astrologie.* Eine Einführung. 277 S. Mit 28 Abbildungen. UB 7296

Sven Pieper / Bärbel Schmidt: *Kartenspiele.* Vorwort von Detlef Hoffmann. 287 S. UB 4216

Reclams Englisches Wörterbuch. Englisch – Deutsch. Von Dieter Hamblock. 387 S. UB 9476

Reclams Namenbuch. Deutsche und fremde Vornamen nach Herkunft und Bedeutung erklärt. Herausgegeben von Friedhelm Debus. 96 S. UB 7399

Jürgen Roloff: *Einführung in das Neue Testament.* 267 S. UB 9413

Annemarie Schimmel: *Der Islam.* Eine Einführung. 159 S. UB 8639

Hans Schmoldt: *Das Alte Testament.* Eine Einführung. 266 S. UB 8940

– *Kleines Lexikon der biblischen Eigennamen.* 247 S. UB 8632

Willy Ṡteputat: *Reimlexikon.* Bearbeitet von Karl Martin Schiller. 367 S. UB 2876

Wolfgang Trapp: *Kleines Handbuch der Maße, Zahlen, Gewichte und der Zeitrechnung.* 311 S. Mit Tabellen und Abbildungen. UB 8737

Claudia Wisniewski: *Kleines Wörterbuch des Kostüms und der Mode.* 284 S. UB 4224

Hans-Heinrich Voigt: *Das Universum.* Planeten – Sterne – Galaxien. Mit 28 Abbildungen und 8 Tabellen. 301 S. UB 5228

Joachim Wehler: *Grundriß eines rationalen Weltbildes.* 285 S. UB 8680

Philipp Reclam jun. Stuttgart